社会心理学

王 晶 主编

燕山大学出版社
·秦皇岛·

图书在版编目(CIP)数据

社会心理学/王晶主编. —秦皇岛:燕山大学出版社,2021.6(2026.1重印)
ISBN 978-7-81142-384-6

Ⅰ.①社… Ⅱ.①王… Ⅲ.①社会心理学 Ⅳ.①C912.6-0

中国版本图书馆 CIP 数据核字(2020)第 193821 号

社会心理学

王 晶 主编

出 版 人	：陈 玉
责任编辑	：孙志强
封面设计	：刘韦希
出版发行	：燕山大学出版社 YANSHAN UNIVERSITY PRESS
地 址	：河北省秦皇岛市河北大街西段 438 号
邮政编码	：066004
电 话	：0335-8387555
印 刷	：廊坊市印艺阁数字科技有限公司
经 销	：全国新华书店
开 本	：787 mm×1092 mm 1/16 印 张：17.5 字 数：460 千字
版 次	：2021 年 6 月第 1 版 印 次：2026 年 1 月第 2 次印刷
书 号	：ISBN 978-7-81142-384-6
定 价	：68.00 元

版权所有 侵权必究
如发生印刷、装订质量问题,读者可与出版社联系调换
联系电话:0335-8387718

序　言

  不知不觉已是讲授"社会心理学"课程的第八个年头，当一件事情从兴趣变成专业，再变成事业的时候，就总想为了让它变得更好而做更多的事。这些年，为了充实课堂，先后阅读了国内外十余本教材及几十部著作。同时围绕着"社会心理学"课程建设作了一些努力，陆续完成了双语课程建设、多媒体课件制作、微课建设（含公众号开发）、在线开放课程建设（在研）等，这许多资料积累着，编一本教材就势在必行。

  正如人类的社会行为是以互相关联的方式交织在一起的，单独、孤立地呈现各个章节的主体，则只能提供一些支离破碎的见解。共同的概念、维度以及原则才是所有社会行为的基础。通过多年教学经验的累积，让学生清楚以整合的途径探讨社会心理学将使他们受益匪浅。无论是从知识的完整掌握还是从考研的应试角度而言，学习和记忆的一个重要原则是，当材料的不同部分有机地组合在一起时，能够迅速而有效地掌握以及记忆更多的材料。

  本书编者认真比对了国内外多本知名同类教材，尝试站在各自不同视角（社会认知、社会学习、进化心理学）勾勒出整合的理论框架，最终形成"互动中的目标"。本书线索主要体现在如下两个方面：

  第一，社会行为的目标导向特征。首先强调社会反应是目标导向的。目标本身难以用言语表达，甚至难以觉察，但当人们服从权威人物、获得某人的认同、确认自我形象或获取社会地位都是出于某种目标才这样做的。在本书第一章中，会描述日常目标是如何源于基本的社会动机的，如建立社会纽带、吸引配偶以及理解自己与他人。在第二章中，会检视目标是如何运作的。

  第二，个人－情境交互作用。为了完全理解社会行为发生的原因，需要考虑个人的不同方面是如何与他所处的情境产生交互作用的。个体内部的特征，如态度、特质、期望、归因、心境、目标以及情绪都会与情境特征产生交互作用以共同影响社会行为。本书将注重内部力量与外部力量的互相影响。

  近20年社会心理学的研究集中于从认知视角探讨人们加工社会情境信息的方式。社会认知、社会文化和进化心理学的观点协同工作，帮助人们更加全面地理解世界。本书将部分研究精华交织编入书中，采用联结视角：认知、文化和进化是如何使社会心理学更好地发挥桥梁作用,联结心理学的不同领域(认知神经心理学、发展心理学和临床心理学)以及其他行为科学(人类学、经济学、政治科学和动物学)的关系。

本书的内容安排主要突出以下几个方面的特点:

一是目标与重点。打破传统,在每个三级标题下设置教学目标与学习重点。帮助学生在初次阅读时能够明确学习目标;在复习时可以快速掌握内容要点。

二是学以致用。探讨某一特定的实验发现或系列发现是如何与现实中的问题建立联系的。将最新的研究进展进行整合,帮助学生巩固并扩展所学知识。突出了教材的实用性特点。

三是案例导入。筛选典型案例,尤其注重真实事件案例的选择。保证案例的时效性,尽量采用近期发生的、引发讨论较多、影响范围较广的案例。突出了教材的时效性特点。

四是重点概念。将重点概念进行提炼,有利于学生在初学时抓住要点;复习时作为关键词帮助学生快速串联本节重点内容。突出了教材工具性的特点。

五是要点回顾。在章节的最后部分,将本章的知识要点进行系统梳理,包括主要概念、复习思考题、本章知识要点及参考书目等。

六是小调查。在配套在线开放课程中布置课后小组调研作业,使学生将自己与"小调查"专栏中的概念联系起来。小调查中设计的问题不仅强调社会心理学与生活的密切相关性,也能够帮助学生更加高效地学习。突出了教材的应用性特点。

本书能够顺利完成,特别要感谢我的学生们,他们收集了大量的案例充实文稿并对全书文字进行了细致的校对。各章具体执行情况是:第一章,李笑凡;第二章,王熠铭;第三章,郭淦;第四章,谢志强;第五章,牛智欣;第六章,王一涵;第七章,周越;第八章,王熠铭;第九章,郭淦。全书由王晶统筹与统稿、修改。郭淦、王熠铭对全书的英文人名和文献进行了统一修订和整理。

本书完稿后虽几经修改与完善,仍难免百密一疏,如有不当之处,请各位专家和读者批评指正。

王　晶
2019年秋

目　　录

第一章　绪论

- 第一节　社会心理学的定义 ·· 2
  - 一、社会心理学的定义及特征 ··· 2
  - 二、社会心理学的三种取向 ··· 3
  - 三、学习社会心理学的目的 ··· 4
- 第二节　社会心理学的研究对象及研究方法 ································· 7
  - 一、社会心理学的研究对象 ··· 7
  - 二、社会心理学的研究方法 ··· 9
- 第三节　社会心理学的历史发展脉络 ·· 14
  - 一、学派时期的社会心理学 ·· 14
  - 二、社会心理学的产生与发展 ·· 15
- 章节小结 ·· 18

第二章　社会化

- 第一节　社会化概述 ·· 21
  - 一、社会化的定义 ··· 21
  - 二、社会化的内容 ··· 22
  - 三、社会化的历程 ··· 25
- 第二节　社会化的影响因素 ·· 28
  - 一、文化 ·· 28

二、家庭的特殊作用 ………………………………………………………… 29
三、同辈群体 ……………………………………………………………… 29
四、学校 …………………………………………………………………… 30
五、媒体 …………………………………………………………………… 31

■ 第三节　社会化理论 ……………………………………………………… 33
一、精神分析学说的观点 ………………………………………………… 33
二、认知发展论的观点 …………………………………………………… 34
三、社会学习理论 ………………………………………………………… 36

■ 第四节　社会化的结果 …………………………………………………… 37
一、语言与认知能力 ……………………………………………………… 37
二、道德观念与行为制约机制 …………………………………………… 38
三、性别角色的获得 ……………………………………………………… 39

■ 章节小结 …………………………………………………………………… 41

第三章　自我概念

■ 第一节　自我概念及其溯源 ……………………………………………… 45
一、自我概念的相关理论 ………………………………………………… 45
二、自我概念的结构 ……………………………………………………… 48
三、自我概念的特点与功能 ……………………………………………… 50

■ 第二节　自我概念的形成与自我认知 …………………………………… 52
一、自我概念的形成与发展 ……………………………………………… 52
二、自我认知 ……………………………………………………………… 57
三、自我确认 ……………………………………………………………… 60
四、自我服务偏差 ………………………………………………………… 61

■ 第三节　自尊 ……………………………………………………………… 66
一、自尊的结构与影响因素 ……………………………………………… 66
二、自我差距与自我提高 ………………………………………………… 69

三、自尊的测量 70
四、自我效能 71

■ 第四节　自我与文化 72
一、独立自我与互依自我 72
二、来自认知神经科学的证据 75

■ 章节小结 76

第四章　社会认知

■ 第一节　社会认知概述 79
一、社会认知的定义 79
二、社会认知的基本范围 81
三、社会认知的特征 82
四、社会认知的理论假设 83

■ 第二节　社会认知的信息加工 85
一、自动化信息加工 85
二、控制性信息加工 85
三、社会认知的图式 86

■ 第三节　社会认知的影响因素 88
一、认知主体因素 88
二、认知对象因素 90
三、认知情境因素 91

■ 第四节　印象的形成 92
一、印象形成的一般规则 93
二、印象形成的基本模式 95

■ 第五节　归因与归因理论 97
一、归因的概念 97

二、归因理论 ··· 98
三、归因偏差 ··· 103

■ 章节小结 ··· 106

第五章 社会态度

■ 第一节 态度概述 ··· 109
一、态度的定义与功能 ·· 109
二、态度预测行为的影响因素 ··· 112
三、态度的测量 ·· 116

■ 第二节 态度的形成 ·· 118
一、态度形成与学习 ·· 118
二、情感因素在态度形成中的作用 ······································· 119
三、态度形成中的认知理论 ·· 120
四、文化对态度形成的影响 ·· 121

■ 第三节 态度的改变 ·· 122
一、有关态度改变的理论 ··· 122
二、认知失调的因素 ·· 124
三、对认知失调理论的批评 ·· 127

■ 第四节 说服模型 ··· 128
一、三种说服模型 ··· 128
二、影响说服效果的因素 ··· 130
三、从双加工模型到单加工模型 ·· 136

■ 第五节 偏见 ··· 137
一、偏见概述 ··· 137
二、偏见的影响 ·· 140

■ 章节小结 ··· 143

第六章　社会互动

■第一节　人际吸引ー………………………………………………………145
一、人际吸引的社会心理基础…………………………………………145
二、人际吸引规则………………………………………………………148
三、爱情…………………………………………………………………151

■第二节　人际关系…………………………………………………………152
一、人际关系概述………………………………………………………152
二、人际关系的发展过程………………………………………………154
三、人际关系的原则……………………………………………………157
四、人际关系的测量……………………………………………………159

■第三节　人际沟通…………………………………………………………160
一、人际沟通概述………………………………………………………161
二、人际沟通的工具……………………………………………………162
三、人际沟通的障碍和策略……………………………………………163

■章节小结……………………………………………………………………166

第七章　社会影响

■第一节　他人在场…………………………………………………………169
一、社会促进与社会抑制………………………………………………169
二、社会惰化……………………………………………………………173
三、社会影响理论………………………………………………………175
四、去个性化……………………………………………………………176

■第二节　从众………………………………………………………………178
一、从众的含义…………………………………………………………178

二、从众的经典研究 ·· 179
三、从众的原因 ·· 181
四、从众的影响因素 ·· 182

■ **第三节 服从** ·· 186
一、服从的含义 ·· 186
二、米尔格拉姆的服从权威实验 ··· 186
三、影响服从的因素 ·· 188

■ **第四节 顺从** ·· 190
一、顺从的含义 ·· 191
二、顺从行为发生的心理规律 ·· 191
三、增加顺从的效应 ·· 192

■ **章节小结** ·· 196

第八章 利他与侵犯

■ **第一节 利他行为** ·· 200
一、利他行为概述 ·· 201
二、利他行为研究的范畴 ·· 202
三、利他行为成因的解释 ·· 203
四、影响利他行为的因素 ·· 206
五、培养利他行为的方法 ·· 212

■ **第二节 侵犯行为** ·· 215
一、侵犯行为概述 ·· 215
二、侵犯行为的分类 ·· 216
三、侵犯行为成因的解释 ·· 217
四、影响侵犯行为的因素 ·· 224
五、减少侵犯行为的方法 ·· 232

■ **章节小结** ·· 237

第九章　群体心理

■ 第一节　群体概述 ·· 241
一、群体的含义和本质 ··· 241
二、群体的结构要素 ·· 242
三、群体的分类 ··· 243
四、群体的功能 ··· 245

■ 第二节　个体与群体 ·· 246
一、群体的形成 ··· 246
二、群体规范 ·· 246
三、群体成员资格 ··· 247
四、群体对个体的影响 ··· 248

■ 第三节　群体表现 ·· 250
一、群体压力 ·· 250
二、群体凝聚力 ··· 251
三、群体决策 ·· 253
四、领导行为 ·· 256

■ 第四节　群际关系 ·· 258
一、竞争与合作 ··· 258
二、人际—群际非连续性效应 ··· 261
三、群际冲突 ·· 262

■ 章节小结 ·· 267

第一章 绪论

本章学习目标：
1.1 理解社会心理学的定义及特征
1.2 理解社会心理学与其他学科的关系
1.3 明确学习社会心理学的目的
1.4 社会心理学的研究对象及研究方法
1.5 社会心理学的产生和发展及其与心理学发展的相互关系

案例导入

在春秋战国时期，我国古代思想家就对人性的"善"与"恶"进行了讨论；孟子认为"人之初，性本善"，荀子则认为"人之初，性本恶"。在现代社会中，我们身边既有"感动中国十大人物"的程开甲等人的优秀事迹，也有药家鑫、林森浩这类让人痛心的故事。"人性"始终是现代社会心理学致力于研究的方面之一。

通过本章的学习，可以明确社会心理学的定义、研究对象及研究方法，掌握社会心理学的历史发展脉络。

思考

1. 社会心理学的研究对象是什么？
2. 社会心理学与什么学科关系密切？
3. 我们为什么要学习社会心理学？
4. 如何开展社会心理学研究？

第一节　社会心理学的定义

社会心理学是有关人类社会心理与行为的一门现代科学。作为一门系统阐述心理与行为本质规律的学科，它力求对心理与行为的发生、发展、变化的规律做出科学的评价。学习社会心理学这门学科，需要从了解这门学科的定义入手。社会心理学由"社会"和"心理学"两个词组合而成，从这点出发，或许就可以预见，对社会心理学下定义并不是一件简单的事情。

一、社会心理学的定义及特征

> **学习目标1.1　理解社会心理学的定义及特征**
>
> 重点掌握：①定义：社会心理学是研究个体和群体的社会心理、社会行为及其发展规律的科学。②特征：社会心理学主要关注的是人类的社会行为和社会心理；社会心理学家试图寻找导致各种社会行为的原因；社会心理学家对人类的社会心理和社会行为的研究方法是系统且科学的。

（一）各大心理学学者的观点

社会心理学家们从一开始就比较关注个体的心理和行为如何受到社会的影响。美国著名社会心理学权威 G. 奥尔波特（G. W. Allport）认为，社会心理学的含义是"设法了解与解释个人的思想、情感和行为怎样受到他人存在的影响"。这个"他人存在"包括实际存在、想象中的存在或暗指的存在。J. 弗里德曼（J. L. Freedman）指出："社会心理学是对社会行为的系统研究，它探讨我们怎样感知其他人和各种社会情境，我们怎样对他们和他们怎样对我们发生反应，以及我们怎样受社会情境的影响。"另一位美国社会心理学家巴克（K. W. Back）在他的著作《社会心理学》中补充说："社会心理学家对于导致一个人改变他对别人的态度的过程很感兴趣。""只有当某个个体受到与他相互作用的社会成员的影响或者这些成员受到该个体影响的时候，社会心理学家才去考察这个个体。"对某一个人，其他人会作出一定的反应，这个人对这些反应必定会有所知觉，这种知觉会影响他看待自己的方式，而社会心理学家研究的就是这种知觉影响怎样作用于知觉者的整个过程。社会心理学对人与人之间的相互关系和相互影响也比较关注。阿伦（E. Aronson）在《社会心理学入门》一书中提到，"社会心理学研究的是人们对别人的信念和行为所产生的影响"。社会心理学要解释的是：人是怎样受影响的？人为什么会受到影响？所受到的影响究竟是什么？这些影响的效果是永久的还是暂时的？这些变因会增加或减少社会影响效果的长久性吗？西尔弗曼（R. E. Silverman）指出，在现实生活中，人们并不是活动在真空状态中的。大家都是社会的一员，其行为受到许多人际关系的影响。这些人际关系就是社会心理学的主要兴趣所在。迈尔斯(D. Myers)也认为社会心理学是一门对人们如何看待他人、如何影响他人、如何相互关联等种种问题进行研究的科学。

背景人物

G.奥尔波特(1897—1967)(见图1-1)，美国社会心理学家。1897年11月11日出生于美国印第安纳州。1922年获哈佛大学博士学位，并于1924年至1967年留校任教，是该校社会关系系的奠基人。1939年任美国心理学会主席，曾获美国心理学会杰出科学贡献奖。奥尔波特以研究人格著称，是《变态与社会心理学》杂志的主编。

图1-1　G.奥尔波特

（二）综合性观点

国内学者也有人对社会心理学做了定义，比如我国著名的心理学家吴江霖教授就认为"社会心理学是研究个体或若干个体在特定社会生活条件下心理活动的变化发展的科学"。但他的定义明显是以个体为主，尽管也提到了若干个体，但若干个体并不等于集体。实际上吴江霖的观点与他对心理学框架的看法有关，在他看来，心理学的基础有两个：生理心理学和社会心理学。前者揭示心理活动的生理基础，而后者则探讨社会因素对人的心理与行为的影响，两者强调的重点都是个体。除此之外，沙莲香、乐国安、周晓红、金盛华、佐斌和沈德灿等都对社会心理学下过定义，其中沈德灿教授在对所有这些概念作了分析整合之后，认为社会心理学是研究个体和群体的社会心理、社会行为及其发展规律的科学。这个定义也是我们认为最全面的。

社会心理学： 研究个体和群体的社会心理、社会行为及其发展规律的科学。

二、社会心理学的三种取向

学习目标1.2　理解社会心理学与其他学科的关系

心理学家麦独孤和社会学家罗斯在1908年同时出版以社会心理学为题的著作是社会心理学诞生的标志事件。这一事实说明，西方社会心理学从诞生之日起就有着从心理学角度进行研究和从社会学角度进行研究这两种不同取向的社会心理学体系。前者称为心理学取向的社会心理学(psychological social psychology)，后者称为社会学取向的社会心理学(sociological social psychology)。时蓉华(1998)指出，在20世纪80年代后，社会心理学主要是心理学家的研究领域，或者说上述两种取向的社会心理学已经取得了综合，社会心理学在它自身的发展中获得了某种统一。

崔安迪斯(Triandis)等(1980—1981)主编的六卷本的《比较文化心理学大全》中的第五卷《社会心理学》一书首次提出了"比较文化的社会心理学"这一概念，此后，这一取向的研究发展很快,因此,在1980年后又形成了第三种取向,即"比较文化取向的社会心理学"(cross-cultural social psychology)。这种取向的社会心理学注重研究文化作为一种因素对人们的行为所起的影响和调节作用。三种取向的社会心理学并存的现状表明,与社会心理学关系最为密切的学科包括心理学、社会学和比较文化学。此外,有越来越多的社会心理学家认为,社会心理学与人格心理学也有非常密切的关系。

三、学习社会心理学的目的

学习目标1.3 明确学习社会心理学的目的
重点掌握:①认识自己;②认识他人;③认识社会;④认识生活的价值。

(一)认识自己

戴尔菲神庙的入口处上方有一行文字:"认识你自己!"千百年来,这句话一直启示着人们不断地认识和发现自己。对于自我的认识和探索可以追溯到古希腊时代。在亚里士多德看来,自我是一个单纯而主动的实体,即灵魂,它联合了个体多种知觉。亚里士多德的观点影响了奥古斯丁、阿奎那,以及理性时代的笛卡儿。在心理学的范畴中,詹姆斯作为美国心理学的鼻祖,将自我置于心理学研究的中心位置,尽管经历了这样那样的不幸,在现代心理学的框架中,自我已经成为心理学研究的前沿课题是一个不争的事实。特别是伴随着文化心理学的产生与发展,文化对自我的影响受到越来越多的社会心理学家的关注。对自我的研究是社会心理学的核心内容之一,社会心理学家对自我的分类以及对自我概念的测量,使得我们能够更好地认识自己。

抛开学术的探讨,学习社会心理学能够使我们对自己有一个更加清楚的认识。在现实生活中,人们尽管常常可能会反省自己的所作所为,但由于种种原因,人们对自己的认识远远少于对他人或者事件的认识。比如一个母亲能够知道自己的孩子的优点与缺点,但对自己到底是什么样的人则不一定很清楚。三国时期的诸葛亮之所以能够成为那个时代的智者,除了他具有丰富的知识、卓越的能力、很好的机遇之外,更为重要的是他对自己有一个清楚的认识,他了解自己的优点和不足,这样的人往往会赢得他人的尊重。在现实生活中,人们往往由于夸大自己的能力,高估自己的水平,而经常会有一些不切实际的要求,当这些要求不能获得满足时,痛苦也就在所难免。

(二)认识他人

生活中我们时时刻刻在和不同的人打交道,尽管人的行为差异很大,但还是有规律可循的。我们对他人的认识可以从两个方面入手:一个是从对方的人格特点出发,知道对方是一个什么样的人;二是从情境出发,知道他人在什么样的情境之下会有什么样的表现。社会心理学非常强调从第二个方面去认识他人,主流的社会心理学家曾经把这一规律看作是社会心理学的"第一公理":在人和情境之间,外部情境对个体行为的影响大于内在个人特点的影响。人格心理学研究给我们提供了从特质认识他人的思路。在当今心理学研究领域,关于人格特质的理论主要有两个,一是麦克雷(McCrae)、科斯塔(Costa)和哥德伯格(Goldberg)等提出的"大五"人格(big-five)理论,认为由于人类所面临的生活环境具有相似性,因此人类的人格结构也具有共同性。这五个维度是:

神经质(neuroticism):指个体的情绪稳定性和调节状况,得分高的人经常有忧伤、焦虑、愤怒等负性情绪;得分低的人则能够保持情绪平静,不会大喜大悲,并且自我适应良好。

外向性(extraversion):指个体如何对待与他人的交往等,得分高的人乐于交际,精力充沛;得分低的人则比较含蓄稳健。

开放性(openness):指个体能否接受新思想以及对未知事物的探索等。得分高的人不循规蹈矩,喜欢独立思考;得分低的人则喜欢熟悉事物,并且比较传统。

宜人性(agreeableness):指个体对待他人的态度,得分高的人有同情心,古道热肠,并且注重与他人的合作;得分低的人喜欢竞争,会为信念或利益与他人争斗。

尽责性(conscientiousness):指个体对做事的态度,得分高的人做事有计划、有恒心,善于自律;得分低的人则容易转移兴趣和注意力,做事不拘小节。

由于这五个维度的首字母刚好能够构成"ocean"这个单词,所以有人称"大五"人格理论是人类人格的"海洋",适用于所有的文化。

另外一个比较有代表性的人格理论是我国学者王登峰、崔红等人提出的"大七"(big-seven)人格理论。他们认为,个体的人格结构是环境因素与个体特点相互作用的结果,并以中国文化和语言为背景,通过因素分析的方法确认了中国人人格的七因素结构。这七个因素分别为:

外向性:指个体活跃、合群、乐观;

善良:指个体利他、诚信、重感情;

行事风格:指个体严谨、自制、沉稳;

才干:指个体决断、坚韧、机敏;

情绪性:指个体耐性、直爽;

人际关系:指对人热情、宽和;

处世态度:指个体自信、淡泊名利。

人格的七因素理论和五因素理论既有共同的东西,也有中国人独特的内涵。除了从人格特质去理解一个人,社会心理学也为我们提供了其他认识人的思路。

(三)认识社会

每个人都生活在社会中,我们生活的社会是一个怎样的社会,常常决定着我们个体的行为选择。改革开放以来,中国社会经历着前所未有的变化,经济的飞速发展以及由此引发的诸多问题一直困扰着这个时代的人们。社会心理学家在研究中发现,现在人们尽管比20世纪60年代的人拥有更多的机会和财富,但是人们对生活的满意感却比那个时代的人低很多。为什么会如此?社会心理学用社会比较理论解释了这样的现象。

学以致用

与穷人为邻你会更开心！

英国《独立报》报道，你是不是曾经想过要搬到一个高档社区，那里的人开着豪华车，经常外出度假？如果有这种想法，你得再想一想，因为最新研究发现，与富人住在一起会引发失望情绪，而且会对邻居产生嫉妒心理，你的心情会比搬家前更糟糕。美国的研究人员对邻里关系进行了一项长达两年的研究，结果发现不能"赶上邻居的生活水平"是导致人们产生不幸福感的一个主要原因。美国国家经济调查局公布的这一调查结果显示，富邻居会让那些拮据的居民对自己的住房、收入和休闲等各方面更加失望。参与这项研究的哈佛大学经济学教授埃尔佐·卢特默说："我们的幸福与我们邻居的富裕程度成反比，如果你被富有的邻居包围着，你就会感觉不幸福。"搬家对大多数人来说是一件好事，预示着你的生活条件比以前有了提升，进入了一个更高档舒服的社区中。可是人们很快就开始拿自己的衣食住行与富邻居比较了，最后会感到比搬家前更不幸福。这一研究结果解释了"巴凯特现象"。巴凯特是英国广播公司的系列剧《保住面子》里的家庭主妇，她喜欢观察她的邻居们，看人家又有什么收获，如果别人的社会地位提高，她就感觉不舒服，而她自己同时在穷邻居面前又有着强烈的优越感。卢特默总结说：如果我们的邻居都是些穷人，我们的欲望也会低；反之，如果邻居们都比我们富有，我们就会把自己的标准提高，一旦达不到目标，失败感就必然产生。

通过学习社会心理学，我们能够理解自己所处社会的特征以及在这样的社会中个人可能的反应从而有助于我们更好地适应社会。

（四）认识生活的价值

生活的意义到底是什么？这个问题一直是人们不断争论的话题。社会心理学从个人和社会的角度深入地探讨了人类生活的价值。从个人的角度来讲，要想理解生活的意义，首先就必须知道我们最需要什么。谢尔顿（Kennon M. Sheldon，2001）等人在他们的研究中发现，对现在的人而言，生活的意义不在于有钱或者名声响亮，而在于在四个方面有优势：一是能够自主（autonomy），自己的事情自己能够决定，而不是由他人决定；二是能力（competence），能够有足够的实力把自己决定或者他人交给的任务完成；三是关系（relatedness），在生活中和他人建立起密切的联系，而不是孤军奋战；四是自尊（self-esteem），对自己有清醒的认识和积极的评价。

曾经有一位哲学教授，用一个生动的例子说明了我们生活的意义到底是什么，以及如何去追寻这种意义。他用石块、小石子和沙子来比喻人们生活中的不同事件，用一个大的罐子来比喻人生的范畴。对两个问题的回答有助于我们理解自己生活的意义：一是代表人生的罐子里装进了什么？二是这些东西装入的顺序。假如人生是一座房子，那么这个房子的支柱就是他所称的四块基石（用石块表示）：家庭、配偶、孩子和健康。每一个人的一生都离不开家庭,家庭关系、教养方式、孝道等决定着我们将成为什么样的人。夫妻关系也属于家庭关系,但它比家庭的其他内容更核心,如何处理夫妻关系,不仅是个人的事情,也是社会和谐和稳定的基础。孩子对中国人而言尤其重要,中国的父母经常把大部分的心思放在孩子身上,望子成龙,但过分的压力反而有可能阻碍了孩子的发展。健康的作用不言而喻,没有健康的身体,就是心有余而力不足。除了这四块基石,生活中也有一些比较重要的东西(用小石子表示)。一个人的工作,他所拥有的物质财富多少,以及他的社会地位影响,均可以归结到这一方面。拥有这些条件,可能表明你是一个成功人士,但这些东西并不是每个人都渴望。最后,生活中所有琐碎的细腻的事情都可以被看成是有意义生活的填充物(用沙子表示),有这些东西会使生活更圆满,没有它生活也不至于不能维持。另外,这些东西装入罐子的顺序也很重要,只有先放入最重要的,再放入次重要的,最后放入不重要的,整个人生才是充实的。相反,如果一个人的生活被琐碎的事情(比如负性情绪)所充满,那么,再有意义的事情也就无法装入了,这样的生活就没有意义。

第二节 社会心理学的研究对象及研究方法

　　心理学是一门探索心灵奥秘、解释人类自身心理活动规律的科学,它以人类的心理现象作为研究对象,研究人的感觉、知觉、表象、记忆、思维、想象等心理过程的活动规律及人格特征。那么社会心理学的研究对象又是什么呢?社会心理学的研究方法又有哪些呢?

学习目标1.4　社会心理学的研究对象及研究方法
重点掌握:①研究对象:个体过程、人际过程、群体过程;②研究方法:调查法、实验法、观察法、档案研究法。

一、社会心理学的研究对象

　　社会心理学研究常被分为三个领域,这三个领域几乎涵盖社会心理学研究的所有问题:

(一)个体过程

　　个体过程主要涉及与个体有关的心理与行为研究,到目前为止这个领域的主要研究课题包括:

　　成就行为与个体的工作绩效:韦纳(B. Weiner)的成就归因、阿特金森(J. W. Atkinson)的成就动机研究、麦克利兰(D. C. McClelland)和温特(D. Winter)等人对胜任特征的研究,以及各式各样的对工作绩效的研究都包括在这类课题中。

　　态度以及态度改变:态度问题一直受到心理学家的重视,许多理论被用来说明态度的形成及改变,霍夫兰(C. I. Hovland)和西尔斯(D. O. Sears)等人在这一方面作出了重要的贡献。

归因问题:此问题的研究产生于20世纪50年代,到80年代中期已经有许多这样的理论。90年代以来,随着文化心理学的兴起,人们对东西方文化中归因差异的兴趣使得这一领域又受到了人们的关注。

认知过程与认知失调:这是60年代到80年代人们关心的问题,现在人们把对这个领域的研究和消费以及决策问题结合在一起,有时候人们也用它的原理来处理大众传播问题。

个人知觉与自我意识:一直是心理学家关注的问题,随着心理学的进一步发展,心理学家发现,许多问题都和它有关,比如鲍麦斯特(R. F. Baumeister)、巴斯(A. H. Buss)等人对内在自我和公众自我的区分就被用在广告、说服等许多领域。

个体的人格与社会发展:这是社会心理学的一个传统领域,它向人们展示了在个体的人格与社会发展中,许许多多的因素,比如学校、家庭、社会环境以及先天因素是怎样起作用的。

应激和情绪问题:主要针对人们如何处理生活情境中的种种紧张刺激,以及采用何种方式去消除其影响。

(二) 人际过程

这个领域涵盖了人与人相互作用的所有领域,研究的课题主要包括:

侵犯和助人行为:侵犯行为为什么会产生?生活中挫折的来源,如何促进助人行为等都是这个领域的研究课题。心理学家研究这些问题的最终目的,在于减少侵犯,培养人们的利他观念,为创造幸福的生活提供理论指导。

人际吸引与爱情:人际吸引是人际关系的基础,爱情则是一种最亲密的人际关系。对这些问题的研究可以为发展人际关系提供指导。从20世纪80年代以来,心理学家开始对中国人的人际关系模式及影响产生了浓厚的兴趣。

从众和服从:谢里夫(Sherif)、阿希(Asch)和米尔格伦(Milgram)的研究为这一领域树立了一系列榜样,同时也为社会心理学的发展作出了极大的贡献。

社会交换与社会影响:把人际关系与人际交往看成是一种社会交换,看起来是对人的一种讽刺,但是霍曼斯(G. C. Homans)和蒂鲍特(J. W. Thibaut)等人确实证明了交换对人类生活的重要性。与此相反,人们对社会影响的看法倒是很一致,拉内(Latane)提出的社会影响理论就说明了这种影响的大小。

非言语的交流:在人际相互作用过程中,人们常常用非言语的线索表达自己的信念和情感,表情、体态语言以及语气等都是这个领域的研究课题。

性别角色和性别差异:从80年代就引起了心理学家的极大兴趣。性别差异的基础是什么?男性和女性到底有什么不同?这些不同有什么样的影响?所有这些问题都促使心理学家去关注。

(三) 群体过程

群体过程从宏观环境与群体的角度研究人类心理与行为问题,这个方面的研究包括:

跨文化的比较研究：这是产生于20世纪60年代的课题，到90年代末期受到了越来越多的关注，其中有许许多多的人为此作出了贡献。60年代费正清等人提出的"近代化理论"，80年代特里安迪斯(H. C. Triandis)等人对个人主义—集体主义的区分，以及90年代尼斯贝特(R. E. Nisbett)和彭凯平对中国人思维方式的研究就是这一领域最有代表性的研究。

环境心理学：随着人们对地球环境及人类生活环境的关注，心理学家越来越多地考虑环境对人类心理与行为的影响。人口过快增长所引发的人口爆炸，人们对资源的过分消耗所引发的资源枯竭与环境污染等问题都引起了心理学家的关注。人类必须改变自己的行为方式，以保护我们所赖以生存的环境。

团体过程与组织行为：团体生活是人类生活的基本方式，我们所处的团体和组织对人们的心理与行为有着极大的影响。对团体运作过程中的规律进行研究一直被社会心理学所重视，组织结构、团体与组织决策以及团体领导等问题都包括在这一领域。

种族偏见与伦理问题：从20世纪40年代心理学家就研究这个问题，但到目前为止，研究的结论还不足，种族偏见不仅造成了不同民族之间的冲突与仇杀，而且也对世界的和平与稳定构成了威胁，这个领域的研究将会显得越来越重要。

健康心理学：这是自20世纪80年代以来比较受到重视的课题。社会支持、与疾病有关的社会心理因素等都包括在此课题内，这一类问题在21世纪受到更大的重视。

二、社会心理学的研究方法

社会心理学的研究有自己的方法论体系，也有多种多样具体的研究方法。在了解研究方法之前，我们需要掌握社会心理学的研究该如何提出问题。一般从两个方面出发：一是从理论中演绎出来要研究的问题，这种研究的主要目的在于评价该理论；比如我们可以从特里安迪斯提出的个人主义-集体主义这一文化和人格构念中推断出在团体讨论决策时，中国人比美国人更容易达成一致，因为东方人集体主义倾向偏高，所以对和谐共处的要求更高。二是从实践中提出问题，这类研究的目的在于收集更多有关某一特殊现象的资料或解决实际生活中的问题。例如研究不同的社会群体对中国加入世贸组织的态度，从而为有关决策提供科学的证据。

提出问题后需要确定研究方法。社会心理学在具体的学科研究领域中有自己的一套"方法论"，所有的具体方法都要围绕着方法论展开。

（一）专门方法论

专门方法论是一般方法论在具体学科研究领域中的体现。就社会心理学这门学科而言，是指专门适用于社会心理学的方法原则，它是联结社会心理学的哲学方法论与具体研究方法之间的桥梁。社会心理学的方法原则主要体现在以下几个方面：

(1) 客观性原则。所谓客观性原则，是指在社会心理学研究工作中，不论是观察个人的心理现象还是社会互动，都必须坚持实事求是的原则，尊重客观事实，不能主观臆断。只有基于客观实际基础上的研究，所揭示的变化和规律才是科学的、准确的。客观性还体现为

社会心理学

理论联系实际的原则。也就是说,必须以马克思主义的哲学观和方法论作为社会心理学研究全过程的指导思想,以我国社会心理学的实际现象和问题作为研究的出发点,把社会实践作为检验社会心理学研究成果的根本标准。

(2)联系性原则。一方面,社会心理现象、心理活动具有多方面、多层次、多维度的性质,因此在研究社会心理现象和活动时,必须将研究对象看作一个有机的整体。另一方面,社会心理现象和活动受到时间、地域、环境、社会关系、社会情境等多因素的影响和制约,研究者必须研究这些因素间的相关联系和相互影响。

(3)发展性原则。马克思主义要求人们必须用发展的眼光,从动态的视角来观察社会现象和社会活动,社会心理学的研究也是如此。社会心理现象并非静止不动,而是处于不断发展和变化中,因此只有研究这些不断出现的新问题、新变化、新情况,才能促进社会心理学的不断前进。此外,还应该不断更新社会心理学的知识成分和研究工具,使之随着人类科学的总体进步而日趋丰富和完善。

(4)定量研究与定性研究有机统一的原则。定量研究和定性研究都是社会心理学研究的有用工具,因此在实际工作中,应该将两者有机地结合起来,共同为社会心理学发展作出贡献。

(5)批判与继承辩证统一的原则。在我国,社会心理学的研究工作还处于起步阶段,无论是理论方法体系还是实践研究都不甚完善。因此,社会心理学工作者要秉承去粗取精、去伪存真的原则,一方面批判地继承以往社会心理学思想的精华,另一方面积极借鉴国外社会心理学的经验和成果。

(二)具体研究方法

仅仅具备方法论的指导是不够的,在具体的社会心理学研究过程中,需要一套具体的专门工具来检验理论命题。可以说,具体的研究方法是区分科学活动和非科学活动的基本工具。具体的研究方法有很多种类型,每一种方法都有各自的优点与不足,选用哪种工具来完成研究任务取决于不同研究对象的特点、研究课题的要求和实践操作的可能性。同时,在具体的研究工作中,不应该仅局限于使用某一种研究方法,而应该将几种方法结合起来,取长补短,才能发挥最大功效。

1. 信度和效度

一项好的社会心理学研究,必须具备较高的信度和效度,最大限度地减少各种误差。因此,在探讨具体的研究方法之前,首要先分析什么是研究的信度和效度。

信度,即可靠性。信度指标多以相关系数表示,大致可分为三类:稳定系数(跨时间的一致性)、等值系数(跨形式的一致性)和内在一致性系数(跨项目的一致性)。

效度,即有效性。效度分为两种类型:内部效度和外部效度。内部效度是指,研究结果不受其他不相干变量影响的程度。外部效度是指,特殊人群中的被试在特定情境下的偶然

> **信度:** 即可靠性,它是指采用同样的方法对同一对象重复测量时所得结果的一致性程度。
>
> **效度:** 即有效性,它是指测量工具或手段能够准确测出所需测量的事物的程度。

关系被推广到其他人群、情境和时间中仍然有效的程度。

2. 调查法

调查法在研究社会态度、社会知觉等方面十分有效。

(1) 调查的目的

一些社会心理学工作者进行调查的主要目的是为社会心理学的基础理论建设作贡献。比如,关于社会化的过程和结果、歧视和偏见、集体行为的研究等都会利用调查法。

> **调查法**:又被称为询问法,它根据被调查者对事先拟定问题的回答来收集和整理资料,通过统计分析来了解人们的行为和心理活动的特征。

研究者可以通过调查来获得各种社会问题的数据资料。比如,调查20岁以下务工女性的同居状况或是调查20岁以下男女青年酗酒和吸毒状况等。这类调查可以获得活动程度的信息和卷入此类活动的人们的资料,从而有助于形成有效的社会政策。研究者还可以通过调查获得来自个人关于其自身属性(态度、行为、经历)的情况。这种调查可以帮助研究者发现各类属性的群体在人口中的分布情况。

(2) 调查法的分类

根据研究者的提问和被调查者回答方式的不同,调查法一般分为访谈法和问卷法。

访谈法是研究者以口头提问的方式亲自对被调查者进行访谈,记录被调查者对问题的回答。访谈法不仅可以获取详细、典型的个案资料,加深人们对问题的了解,获得研究假设,还可以为问卷设计提供必要的素材,补充定量分析研究的不足。访谈法根据其性质和对象可以分为结构式访谈和非结构式访谈。结构式访谈通过研究者把问题标准化,让所有被访者都回答同一结构的问题。非结构式访谈则是事先不设计问题和程序,由访谈者根据具体情况提问,请被访者自由发表意见。

问卷法是研究者使用书面方式提问,被调查者根据一定形式的问题或表格来填写问卷。问题的形式分为开放式和封闭式两种。所谓开放式问题是指被调查者对问题的回答不受限制,自由回答。封闭式问题则是被调查者根据已有的范围,在几个答案选项中选择答案。

(3) 问卷调查的实施及问卷设计过程中需要特别注意的问题

问卷调查的实施过程需要周密的计划和专业的指导。就问卷本身而言,即使是相同内容的问卷,不同的提问形式、词汇的运用以及上下文联系都可能会使相同的被调查者产生不同的反应。

问题越简明、清晰、集中,问卷的信度和效度就越大。问题千万不能含糊不清,并且研究者所提的问题必须有针对性,能够反映被调查者的实际心理状态。

关于术语的运用。除非被调查者是某方面的专家,否则不应该使用行业术语。在提问的方式、语气和态度方面也要适当注意,不能过于强硬或是诱导被调查者作出某种期望性的回答。对于不同教育程度和阅读水平的被调查者,研究者应该适当调整问题,以适应不同情况。

问题的长度。研究表明,中等长度的问题比非常短的问题更能引起被调查者的重视和使之进行完整的作答。

问题不应该带有潜在的威胁性和敏感性。比如关于性、收入、吸毒等问题，有些被调查者可能拒绝回答或作出虚假回答，致使问卷失效。

3. 实验法

在实验法中一般要划分出控制组和实验组，以便测量结果能够同某些标准相对比。实验法可分为实验室实验法、现场实验法和自然实验法。

实验室实验法。它是指在特定的实验室内，实验者借助各种实验仪器操纵和控制某些自变量，获得精确的数据，从而研究个体或群体心理的方法。实验室实验法可以对所研究的情境进行高度的控制，避免额外无关因素的干扰，因此内部效度较高。但实验环境的严格控制限制了实验结果在真实生活中的应用，因而实验室实验法的外部效度更低。

> **实验法**：是指在控制无关变量的前提下，由实验者任意建立自变量并对其加以操纵和控制，激起被试的某种心理或行为，通过观察因变量，找出自变量和因变量之间的因果关系。

现场实验法。研究者将实验室搬到日常生活的情境中，在自然正常条件下进行的实验研究被称为现场实验法。由于摆脱了实验室高度的人为性，现场实验法观察到的现象更接近客观事实，研究结果具有更大的适用范围。但是为了避免无关因素的过度影响，现场实验法需要对环境条件进行一定程度的控制。由于控制的水平相对较低，现场实验法不但要消耗大量时间，也会遇到很多伦理问题。

自然实验法。自然实验法所研究的变量完全是由环境来操纵和控制的，因此行为的发生完全是按照自然的先后顺利进行的。与现场实验法相比，自然实验法的外部效度无疑更高，但同时无关因素影响更大，耗费时间更久。

4. 观察法

(1) 分类

观察法分为一般观察法和参与观察法。一般观察法又称为非参与观察法。它是指不介入研究的观察，即研究者置身社会群体之外，不参与互动，以避免被观察的行动者产生反应。当行为发生在公共场合时，观察者就可以直接到这些地方进行一般性的自然观察而不用与他人互动。

但是如果行为属于隐私或受限制，研究者就可以使用参与观察法。使用参与观察法的研究者需要加入所研究的群体，与他人互动，并在事件中扮演主动的角色，这样研究者就可以获得通常情况下无法观察到的行为信息。但值得注意的是，参与观察的研究者不能破坏正常的互动交流。在一些情况下，他们甚至需要隐瞒自己的真实身份。因此，参与观察分为两种情况：如果群体成员知道自己的行为是被观察和记录的，这类观察就被称为公开参与观察；如果研究者对群体成员隐瞒了自己的真实身份和目的，这类观察就被称为隐蔽参与观察。

> **观察法**：是指在没有任何干预的情况下，研究者直接地、系统地观察被研究者在日常环境下发生的自然行为，记录客观发生的事实和数据，并根据这些事实和数据来了解其心理活动的方法。

(2) 优缺点

观察法的主要长处是现实性。观察研究技术允许研究者在真实世界里开展研究活动。自然真实的环境不但可以使研究者进行长时间的观察,而且研究者可以得到关于行为发生的先后顺序、发生过程方面的大量信息。由于观察法的技术是相对非介入式的,因此研究者可以研究那些敏感的或私人的行为和心理,如宗教信仰、偏见、消费心理等问题。同时,观察到的现象可以用来解释或验证其他研究方法得出的结论,有助于对研究问题形成全面、完整、正确的认识。

观察法的不足主要体现在以下几个方面:首先,由于研究记录的方法不同,如果使用先观察后记录的方法,研究者所获得的信息就往往没有现场或录像信息可靠;但是如果使用边观察边记录的方法,研究者则可能遗漏许多重要信息。同时,运用观察法获得的材料比较零散,在处理和统计分析时相对烦琐。

其次,观察的效度有赖于研究者所扮演的角色,如果被试突然发现他们在被观察,效度遭到破坏,研究者就难以辨别行为的真伪,甚至导致研究中断。

最后,由于观察事件某种程度上的突发性和不确定性,观察法具有被动性和耗时性。有时观察者要花费大量的时间等待某种行为的发生。

5. 档案研究法

(1) 资料来源

档案研究的资料来源有几个方面:政府机构的文件记录、学校的数据库、正式组织的档案记录、个人信件、日记、报纸、期刊等文献及其他印刷品等。

档案研究法:是指研究者根据研究需要,有目的地收集大量现有资料,获得并分析已有的信息,找出某些社会事实与社会心理之间的关系。

(2) 优缺点

档案研究法的优点主要有四个方面:

节省时间。研究者可以在非常短的时间内,迅速收集到较长时间范围内的相关信息,有利于研究者进行历史研究或跨文化的比较研究。

费用低。档案研究不需要先进的、精密的仪器设备,只需要查找档案资料即可,不但简便易行,而且可以节省相当一部分费用。

档案研究不直接面对被研究者,因此被研究者不会因为察觉到自己正在被研究而作出不自然的反应。

研究者可以检验先前的一些现象假设,也能够为正在开展的研究活动提供一些有用的因果联系。

与此同时,档案研究法也存在不可避免的缺点:

研究者无法控制信息的类型和质量,只能研究现有的资料,这些文献和信息可能不包括研究者希望研究的所有变量,或是有的材料本身的准确性和可信程度不高。

档案研究的工作量大。如果记录相对复杂,可收集的信息量过大,那么创建一个具有代表性的样本是十分困难的。

一些记录可能不连续或丢失了,从而阻碍了研究的进程。

档案研究对研究者自身素质要求较高,研究者必须具备很强的概括总结能力以及高度的洞察力,才能发现新问题。

《《《 社会心理学

对于具体的研究方法,无论是调查法、实验法、观察法还是档案研究法都有其自身的长处和不足。而我们社会心理现象十分复杂,既涉及社会文化层面也涉及个体层面,既涉及群体与群际,也涉及个体和无意识。因此社会心理学给各种研究方法提供了展示的平台。在实际研究过程中,研究者应该依据研究问题、研究对象和研究目的的不同选取不同的方法,或者将几种适合的方法搭配起来,取长补短,以提高研究的总体效度和信度。

第三节 社会心理学的历史发展脉络

著名心理学家艾宾浩斯指出:"心理学有一个漫长的过去,却只有一个短期的历史。"心理学作为一门独立的学科诞生后,其发展的历史虽然短暂,但却发展很快。在此,简要介绍心理学理论学派的发展。从1879年至今心理学发展的短暂历史中,曾出现过许多的心理学流派。我们主要介绍其中最有影响力的三个学派:精神分析、行为主义和人本主义。

学习目标1.5 社会心理学的产生和发展及其与心理学发展的相互关系

一、学派时期的社会心理学

(一)精神分析学派

精神分析学派(psychoanalysis)是由奥地利医生弗洛伊德(Sigmund Freud)创建的治疗神经症的一种方法,也是弗洛伊德及其后继者在医疗实践中建立的一套心理学理论。该理论的中心概念是潜意识学说:不符合社会规范的欲望和冲突被压抑在潜意识中仍影响着意识,并可表现为神经症症状。治疗这种神经症状的关键在于通过自由联想及解梦等手段在潜意识中寻找症状的本源意义。弗洛伊德的潜意识理论、人格结构学说以及人格发展理论在当今社会心理学有关"社会化"与"自我"等章节中仍然是重要的内容。

(二)行为主义心理学

行为主义心理学(behaviorism)是由美国心理学家华生(Watson)于1913年开创的一个心理学派。华生认为科学的心理学要建立在可以客观观察的东西上面。由于意识是不可观察的,因此心理学不应该研究意识,只应该研究行为。人和动物的行为才是心理学研究的对象。心理学的研究要探讨一个刺激使有机体发生了什么反应,在什么环境下产生了什么行为。他认为除极少数的简单反应外,一切复杂行为都取决于环境影响,而这种影响是通过条件反射实现的。

行为主义的观点属于环境决定论,认为要了解人类的行为,只需要研究环境中的强化因素,也就是环境里的正性事件与负性事件是如何与特定行为相关联的。华生的经典行为主义理论,斯金纳(Skinner)的新行为主义理论和班杜拉(Bandura)的社会学习理论主要用于解释人类的学习机制和有关侵犯的形成、社会化等社会心理现象。

(三) 人本主义心理学

人本主义心理学(humanistic psychology)是20世纪五六十年代在美国兴起,七八十年代迅速发展的一个心理学流派,其代表人物有马斯洛(Maslow)和罗杰斯(Rogers)等人。人本主义心理学既反对行为主义把人等同于动物,只研究人的行为,不理解人的内在本性的观点,也反对精神分析学派只研究神经症和精神病人,不考察正常人心理的研究取向,因而被称为心理学的第三势力。

人本主义心理学把人的本性的自我实现归结为潜能的发挥,而潜能类似于本能。它主张心理学学者应关心人的尊严、价值创造力和自我实现,研究对人类进步富有意义的问题,反对贬低人性的生物还原论和机械决定论。这一学派的理论在社会心理学有关社会动机、自我等研究领域中有较大的影响。人本主义心理学主要用于解释人类社会动机问题。

二、社会心理学的产生与发展

(一) 产生阶段(1895—1934)

与心理学的产生相比,社会心理学的产生稍晚,到现在还不到100年的时间。早在1895年美国印第安纳大学的特里普利特(N. Triplett)教授就做了第一个社会心理学实验,实验回答了"当有他人在场的时候个体的作业绩效会有什么样的变化"这一问题。特里普利特发现,当有他人在场的时候,个体骑自行车的速度要比自己单独时快,并且也不费力。后来他又让参加实验的孩子做在钓竿上绕线的工作,也发现一起做的时候要比单独做的时候快。1897年,Triplett发表了他的研究结果,他的工作也因此成了美国实验社会心理学的指向灯,到现在为止,美国的社会心理学一直沿着这个方向发展。

尽管特里普利特的工作开创了美国社会心理学研究的基础,但社会心理学真正建立却是1908年的事情。在这一年有两本以社会心理学为题的书出版:一本是麦独孤(McDougall)撰写的《社会心理学绪论》,另一本是罗斯(E. A. Ross)撰写的《社会心理学》。其中麦独孤的书以个体作为研究的重点,用本能论的观点解释人类个体的行为,认为人类的行为都是由本能(instincts)决定的,本能决定着个体的动机和行为倾向。在这本书中,他罗列了人类的一系列本能,比如:人类的好斗本能使得战争不可避免;而人类的积聚本能使得人们不断地发财致富,积累更多的财富。随着社会心理学的发展,人们意识到仅仅用本能解释人类的行为是远远不够的。尽管人们对本能论有这样那样的批判,但是它的影响却依然存在,许多基于进化的理论在解释人类的社会行为时都用到了它。另外20世纪80年代的社会生物学(sociobiology)在解释人类的利他行为时也用到了这一思路。与麦独孤的思路不同,罗斯则从人际过程,比如模仿和暗示来理解社会影响对人类行为的作用,它认为社会心理学应该研究的是团体而不是个体的心理与行为。

学以致用

本能在人类行为发展中的重要性

尽管本能理论从它提出的时候就受到了人们的批判,因为用本能理解人类的行为显然低估了环境的影响,而这是行为主义者及强调教育的人所不能接受的。但是人们对本能在行为产生与发展中的作用的理论探讨却一直没有停止过。20世纪80年代社会生物学的兴起就说明了这一倾向。90年代末期,美国俄亥俄大学的S. Reiss教授通过对2300多名被试300多种行为所作的因素分析表明,人类的所有行为可以聚类为15种行为,而这些行为大多数是由本能支配的,人类行为的欲望大多数根植于基因。这15种行为是:(1)好奇:学习的欲望;(2)食物:吃的欲望;(3)荣誉:希望遵守某种行为准则;(4)拒绝:害怕被社会排斥;(5)性:性行为和性幻想的欲望;(6)体育运动:开展体育活动的要求;(7)秩序:生活的组织性;(8)独立:独自作决定的欲望;(9)报复:受冒犯时实施报复的欲望;(10)社会交往:与他人交往的欲望;(11)家庭:与亲属在一起的欲望;(12)社会威望:渴望获得地位和受到肯定;(13)厌恶感:对痛苦和焦虑的厌恶;(14)公民身份:对公益服务的需求;(15)权力:对他人施加影响的欲望。这15种行为中只有拒绝、独立和公民身份是环境造成的,其他的行为在很大程度上由基因决定。社会心理学真正开始引起人们注意是在1924年,这一年F. Allport出版了社会心理学历史上第三本教科书,在这本书中他证明了实验方法能够为理解人类的社会行为提供重要的手段,社会心理学也必将成为心理学的一个分支。Allport进一步指出,社会行为受许多不同因素的影响,其中包括他人及其行为。他研究的问题包括从众、非语言沟通以及社会促进。

(二) 起步阶段(1935—1945)

1935—1945年是社会心理学发展的起步阶段,在这段时间内,有两件事情对社会心理学的发展产生了很大的影响:美国的经济大萧条和产生于欧洲的第二次世界大战。1929年的经济危机使得美国许多年轻的心理学家失业,这种经历让他们体会到了失业等社会因素对人类生活的重要性。因此在1936年,美国许多关心社会问题的学者发起成立了一个专门研究社会问题的组织——社会问题的心理学研究协会(Society for Psychological Study of Social Issues,SPSSI),该研究会对包括政治、社会运动等社会问题进行深入的研究。同时种族主义在德国的兴起也引起了心理学家的关注。为了寻找解决这些问题的方法,一些来自欧洲的社会心理学家,海德(F. Heider)、谢里夫(M. Sherif)、勒温(K. Lewin)和阿多诺(T. Adorno)等人开始从更广泛的社会层面去理解人类的行为。其中谢里夫对社会规范的研究和勒温对领导和群体过程的研究在这个时期的影响最大。勒温更是把内部和外部因素结合在一起,分析二者对社会行为的影响,为社会心理学研究指出了一条相互作用的研究思路。

（三）发展阶段(1946—1969)

社会心理学的发展是从"二战"后开始的。在"二战"中，大批心理学家从欧洲移居到美国，从而对美国心理学的发展起了巨大的推动作用。这些人除了继承格式塔心理学的传统，即重视认知过程在人们解释社会行为的作用之外，也开始关注文化等因素对人的影响。1950年，阿多诺和他的同事对权威人格进行了研究，发现在德国出现的反犹太情绪与德国人的权威人格具有重要的关联。十几年之后，米尔格兰姆(Milgram)(1963)对服从行为的研究以及费斯汀格(L.Festinger)(1963)对认知失调的研究都反映了人们对广泛社会因素的关注。20世纪60年代的美国是一个混乱的时代，政治谋杀、城市暴力、社会反叛以及厌战情绪充斥着所有报纸和电视，人们对未来的关注和期望促使心理学家开始考虑更深层次的问题。在这种思路的影响下，心理学家把研究的重点从对个体的分析转入了对人际过程的分析，比如他们研究利他行为、侵犯行为、人际吸引和爱情等问题。

（四）危机阶段(20世纪70年代)

"二战"以后社会心理学的迅速发展吸引了人们的注意力，但是许多问题依然无法解决。比如偏见、侵犯和贫穷等问题就困扰着那个时代的人们，人类的自信产生了危机。在20世纪70年代，人们发现从实验中获得的结果在解释人类行为，如女性问题、种族问题等方面是那么令人失望，对社会心理学的反思使得社会心理学面临着自产生以来的最大的危机。这种危机促使心理学家开始从更广泛的思路去分析人类的文化和社会环境等对行为的影响。心理学家开始对实验社会心理学进行反省，主要是对这些研究结果的外部效度产生疑问，他们想知道从实验室得到的结果是否可以用来理解现实中的人类行为。

（五）繁荣阶段(20世纪80年代之后)

在经历了20世纪70年代的反思之后，社会心理学以更快的速度发展着，它的影响也进入了社会生活的方方面面。从80年代开始，社会心理学的发展进入了一个崭新的时代。就美国的社会心理学发展而言，研究的问题越来越广泛，也越来越贴近现实。比如韦纳的成就归因理论和阿伯拉姆森(L.Abramson)(1978,1994)对归因风格的研究就反映了这种倾向。同时，社会心理学还开始关注诸如环境、性别、偏见与政治生活、健康、司法心理学和犯罪心理学以及市场、消费、营销等所有与人类生活密切相关的问题。就全球的社会心理学发展而言，欧洲、亚洲、拉丁美洲等地区也迅速发展起来，欧洲和亚洲的社会心理学工作者分别成立了自己的研究协会，并出版了相应的社会心理学杂志。到目前为止，这些学术期刊已经成为全球性的主流心理学期刊。

今天，随着国际交流的日益频繁，文化的影响开始受到全世界社会心理学家的重视，各种各样的理论也应运而生，"知己知彼，百战不殆"这句名言对我们显得比任何时候都重要。在与其他文化的对比中分析自己、取长补短，将是今后社会心理学在全球发展的最重要的成就。

章节小结

重点概念

社会心理学、观察法、实验法、档案研究法。

复习思考

1. 社会心理学的定义是什么,如何看待它与其他学科的关系?
2. 社会心理学的具体研究对象有哪些?
3. 学习社会心理学的意义是什么?
4. 社会心理学的研究方法有哪些?
5. 社会心理学的发展经历了哪几个阶段?

本章要点

1. 社会心理学是一门边缘性的独立学科,它系统地研究处于社会环境中的个人和群体,以及其社会行为与社会心理的本质和原因,并预测其发展和变化的规律。

2. 社会心理学的具体研究对象包括个体的心理及行为、社会交往和互动的心理及行为、群体心理及行为,以及社会心理学的应用研究四个主要方面。

3. 在我国,社会心理学的方法论体系分为哲学指导思想、方法原则和具体研究方法三个层面,并突出强调哲学指导思想对社会心理学研究的重要作用。

4. 调查法又称询问法。它根据被调查者对事先拟定问题的回答来收集和整理资料,通过统计分析来了解人们的行为和心理活动的特征。调查法在研究社会态度、社会知觉等方面十分有效。

5. 实验法是指在控制不相干变量的前提下,由实验者任意建立自变量并对其加以操纵和控制,从而激起被试的某种心理或行为,通过观察因变量,找出自变量和因变量之间的因果关系。在实验法中,研究者一般要划分出控制组和实验组,以便使测量结果能够与某些标准对比。实验法可以分为实验室实验法、现场实验法和自然实验法。

6. 观察法是指在没有任何干预的情况下,研究者直接地、系统地观察被研究者在日常环境下发生的自然行为,记录客观发生的事实和数据,并根据这些事实和数据来了解其心理活动的方法。观察法适用于研究群体中的互动。

7. 档案研究法是指研究者根据研究需要,有目的地收集大量现有资料,获得并分析已有的信息,找出某些社会事实与社会心理之间的关系。档案研究法具有比其他方法更节省时间和费用的特点。

8. 由于每一种研究方法都具有自己的优缺点,因此在社会心理学研究中,我们必须根据客观实际综合运用各种方法来提高研究的信度和效度,并且要不断探索和创新。同时我们也要更加重视研究中潜在的研究偏向、研究伦理等方面的问题,做好各类防范措施,积极寻找解决途径。

推荐书目

1. 乐国安. 20世纪80年代以来西方社会心理学新进展[M]. 广州:暨南大学出版社,2004.
2. 吉洛维奇. 社会心理学[M]. 3版. 侯玉波,等译. 北京:中国轻工业出版社,2016.
3. 勒庞. 心理学改变人生[M]. 一兵,译. 北京:民主与建设出版社,2016.
4. 迈尔斯. 社会心理学[M]. 11版. 侯玉波,乐国安,张智勇,等译. 北京:人民邮电出版社,2016.

第二章
社会化

本章学习目标：
2.1 理解社会化形成的过程
2.2 掌握社会化包括的主要内容
2.3 影响社会化的主要因素
2.4 社会化理论的主要派别

案例导入

1920年，在印度加尔各答附近的一个山村里，人们在打死大狼后，于狼窝里发现了两个由狼抚育过的女孩，其中大的年约七八岁，被取名为卡玛拉；小的约2岁，被取名为阿玛拉。后来她们被送到一个孤儿院去抚养。阿玛拉于第二年死去，卡玛拉一直活到1929年。孤儿院的主持人J.E.辛格在他所写的《狼孩和野人》一书中，详细记载了这两个狼孩重新被教化为人的经过。

身体检查结果显示，虽然她们营养不良，但是身体的生物系统是正常的。然而人们发现她们的行为举止却完全和狼一样。她们用四肢走路，而当快走时便弯曲着腿，用手掌和脚掌着地。舔食流质的食物，白天一动也不动，一到夜间，到处乱窜，像狼那样号叫。她们怕光，怕火，怕水，拒绝洗澡。即使天气寒冷，也要把加在身上的衣服、毛毯撕掉。不接近人，有人靠近就咆哮。不久，阿玛拉不幸死亡，卡玛拉也仅活到十六七岁。研究人员在人类的正常社会环境里对其进行训练，教她们识字，并让她们学习人类的基本行为方式和生活技能。刚被发现时卡玛拉的智力水平只相当于一个六个月的婴儿；两年后她才学会直立；六年以后才勉强会独立行走，但快跑的时候还是得手脚并用；临死之前卡玛拉还不会说话，智力水平只相当于三四岁的孩子。

此外，人们还发现过熊孩、豹孩、猴孩以及绵羊所哺育的小孩。他们也和狼孩一样，具有抚育过他们的野兽的那些生活习性。

这些事实表明，人类具有生物性与社会性双重属性，生物性是与生俱来的，而社会性则需要在后天生活中习得。任何人都必须通过学习和文化的熏染，习得语言、规范、社会行为等，参与社会生活，适应社会文化，才能成为一个符合要求的社会成员。这一过程就是人的社会化。

思考

1. 社会化习得是否存在最佳时期？
2. 社会化跨文化差异的建构过程是怎样的？
3. 随着时代的发展，社会化的发生发展过程是否会发生变化？

第一节 社会化概述

社会化在社会科学领域中是一个基础性问题，受到许多学科的关注。正如罗森伯格（M. Rosenberg）和特纳（R. Turner）所言："由于社会科学的发展，社会化的研究在社会心理学、人类学和社会学中有着巨大的重要性。尽管每个学科在探讨个体从婴儿到老年的发展和变化上有着各自不同的方法，但是在所有这三个领域中，社会化过程所起的作用都被看作是社会的维持和个体的福利的一座基石。"在社会化的研究中不同学科有着不同的角度：社会学主要从社会结构角度研究社会化，即如何培养合格社会角色；人类学偏重于文化角度，研究社会向个体输入文化的过程；而社会心理学则从人格形成与发展的角度探讨社会化。

一、社会化的定义

学习目标2.1 理解社会化形成的过程

对于社会化（socialization），不同的心理学家给出了不同的观点，综合各个心理学家的观点可以得出：第一，（社会化是个体学习技能、知识、价值、动机以及在社会群体中应该扮演的角色的过程），它使个体知道社会或群体对他有哪些期待，规定了哪些行为规范；第二，（社会化使个体逐步具备实现这些期待的条件，自觉地以社会或群体的行为规范来指导和约束自己的行为，让自然人变为社会人）；第三，（社会化是使社会和文化得以

社会化：个体通过与社会的交互作用，适应并吸收社会文化而将自己整合到社会中，成为一个合格的社会成员的过程。

继承的手段。)

通过以上的分析,可以把社会化定义为:(社会化是个体通过与社会的交互作用,适应并吸收社会文化而将自己整合到社会中,成为一个合格的社会成员的过程。)

二、社会化的内容

学习目标2.2　掌握社会化包括的主要内容
重点掌握:①道德社会化;②政治社会化;③法律社会化;④性别角色社会化。

社会化包含的内容相当广泛,涉及人类社会生活的方方面面。个体要在社会中生存和发展,就需要通过社会化获得各种相应的技能,这些基本能力是人类随着自身的发展过程而不断习得的。

社会化包括几个重要方面,主要有道德社会化、政治社会化、法律社会化和性别角色社会化等。

(一)道德社会化

道德是一定社会调整人们之间以及个人与社会之间关系的行为规范的总和。将特定社会所肯定的道德规范逐渐内化的过程就是道德社会化(moral socialization)。不同社会中,道德社会化的方法和内容有所差别。

道德社会化:将特定社会所肯定的道德规范逐渐内化的过程。

西方社会心理学中有关道德社会化的理论研究很多,其中最广为人所接受的是由瑞士心理学家皮亚杰(Jean Piaget)提出并由美国社会心理学家科尔伯格(L. Kohlberg)进一步发展的认知发展理论。这种理论将儿童的认识和判断看作道德发展的核心问题,认为儿童的道德社会化是整个认知发展的部分。

(二)政治社会化

政治社会化(political socialization)是个体逐步接受与获取为现有政治制度所肯定和实行的政治行为取向与行为模式的发展过程,或者说,是个体的政治态度和政治信念形成的过程。政治社会化是使自然人变成政治人的过程,其目的是将个体培养和训练成为遵守政府规定、服从国家法律、行使正当权利、承担应尽义务、促进政治稳定的合格公民。政治社会化是一个社会中的年轻人学习该社会中的主流规范行为模式的过程。政治社会化促进了一个社会政治秩序的稳定和活力,在任何一个现存的政治系统中都发挥着一定作用。

政治社会化:个体逐渐接受与获取为现有政治制度所肯定和实行的政治行为取向与行为模式的发展过程。

政治社会化是一般社会化的核心。任何一个社会或政府都非常关注其成员政治社会化的程度,这关系到该社会或政府的稳定、巩固与发展。因此,社会心理学、社会学、政治学均对此十分关注,其中社会心理学家比较注重人的政治意识形成的心理过程、人的发展与政治行为之间的重要联系等。

儿童青少年的政治社会化实际上就是形成对政治的理解和态度,即形成"政治心理"的过程。在一开始,儿童一般通过比较简单的对象,以拟人化的方式来了解政治体系:一类是与自己有接触的人物,比如警察;另一类是遥远的政府概念的某些象征性人物,比如总统。这些人物就代表儿童心目中的"政府"。而随着儿童的进一步发展,他们开始逐渐认识到政府并不是个人,并理解政府机构的存在和意义,这就是对政治体系认识的扩大。

国家意识或爱国情操的培养也是公民的政治态度与政治意识发展的重要部分。心理学家赫斯(R. D. Hess)与托尼(J. V. Torney)曾对1.2万名美国小学生进行调查研究,发现儿童的国家意识按照三个连续阶段逐渐发展。早期儿童以国旗、国歌或国家领袖为具体的国家象征。升国旗、唱国歌与悬挂领袖肖像是培养儿童国家意识的途径。中期儿童以有关国家、政治群体的抽象观念作为爱国的根据。通过他们自己或家庭所享有的公民权利、履行的社会责任、参加的各种社会活动来培养儿童的国家意识。随着年龄增长,儿童逐渐知道世界由许多国家所组成,他们所在的国家是国际社会中的一员。其爱国观念扩展到自己所在国家在国际上所承担的职责上,不再局限于自己所在的国家了。

当然,政治社会化的过程并不是单向的,而是双向的。个体在政治社会化的过程中会通过自己的主观能动作用,整合社会的各种政治观点,接受社会的政治改造,同时反作用于社会政治,这也是政治社会化的实质所在。

(三) 法律社会化

法律社会化(legal socialization)是关于法律信仰的形成、法律准则规范的内化及法律遵从行为等方面的社会化过程。

关于法律社会化的研究最初是在政治社会化和道德社会化的研究领域里进行的。从20世纪60年代末开始,法律社会化的研究才逐渐从这两个领域里分化出来。对法律社会化研究最具代表性的人物首推美国心理学家塔普(J. Tapp),他最先提出了"法律社会化"。从20世纪70年代初期开始,他提出一组关于规则本质的开放式问题,对儿童青少年的法律推力发展做了大量的研究,并得出了法律社会化发展的三阶段结论。

> **法律社会化:** 是关于法律信仰的形成、法律准则规范的内化以及法律遵从行为等方面的社会化过程。

(1) 前习俗(pre-conventional)阶段。这个阶段关键在于服从,其特征为:法律防止具体的身体伤害并被视作限制行动的要求;遵从避免惩罚的原则,权力被看作最终的指针,法律被视为一成不变的。

(2) 习俗(conventional)阶段。这个阶段关键在于维持规则,其特征为:法律惩罚坏人,保护弱者,维持社会秩序;规则被视为促进社会秩序的整体系统,是行动的指南;与法律制定者所想相吻合的就是好的行为,法律只是在极端情况下才会被打破。

(3) 后习俗(post conventional)阶段。这个阶段关键在于制造规则,其特征为:人们被看作是自我调节和管理的,法律不同于道德原则,法律的功能是达到社会福利的理性目的,服从基于理性决定,并达到功利目的,行动由正义感引导,法律可以因为使用目的或公正程度而被改变。

近年来有关法律社会化的研究主要关注儿童青少年发展中的差异对其后法律行为的影响。研究者用法律社会化的发展来解释儿童违反法律的频率和原因，以及儿童和执法者的互动方式。有些研究者则认为，法律社会化属于儿童青少年整体发展的一个特殊维度，可促进儿童青少年学习对法律的顺从以及与执法者的合作。中国学者李伟民应用自编的关于法律的态度量表及关于法律的两难问卷，考察了自小学到大学的不同年龄阶段学生的法律观念的发展，得出了和塔普类似的发展模型。

（四）性别角色社会化

社会角色是指社会群体对处于某一特定地位的个人所规定的一套行为模式。众所周知，男女两性的差异不仅表现为不同的生理特征，而且还表现为不同的社会特征。在不同的社会和文化背景中，人们对不同性别的人有着不同的角色期待，而个人学习自己所属文化所规定的性别角色的过程即为性别角色的社会化（gender socialization）。

> **社会角色：** 社会群体对处于某一特定地位的个人所规定的一套行为模式。

文化人类学家一般是用功能主义的观点来解释性别角色社会化的。他们认为，性别角色的社会化是保持某种特定的生活方式所不可缺少的。心理学家们提出以"能动性"和"合群性"来解释性别角色社会化，认为"能动性"和"合群性"这两种基本形式能代表所有的生存形态。"能动性"将有机体描述为在自我保护、自作主张和自我扩张中表现自己的个体。"合群性"则指在与更大的集团关系中，在与别人的合作所产生的感情中表现自己的单个有机体。"合群性"是女性的特征，"能动性"则成了男性的特征。性别角色的分化就是迫使男孩子培养能动性品质，鼓励女孩子培养合群性品质。当然，这种角色分化不是水火不容的，一个全面发展、成熟的个体将同时具备这两方面的品质（见图2-1）。

图2-1　女孩子模仿妈妈化妆

说明：大多数小女孩会偶尔尝试化妆，女孩子在分清了什么是女人做的事，而什么是男人做的事之后就会穿上妈妈的衣服，戴上妈妈的首饰，偷用妈妈的化妆品化妆，我们很难想象男孩子会模仿这种行为。

以行为主义为基础的性别定型说（sex typing theory）和以发生认识论为基础的自我归类说（self categorizational theory）则认为，对男女两性的差异对待以及个体本身对符合自己的性别角色模式的归类认同是性别角色社会化的关键所在。有趣的是,一项综合资料显示,尝试以无性别化的方式养育子女并没有降低他们在行为与态度方面的性别类型特征。为此,哈里斯(J. Harris)提出的群体社会化(group socialization)理论认为,自我归类成为两个二分群体,使得男女两性在生物学上的差异进一步扩大,男孩与女孩发展了对比的群体基本框架与对比的同辈文化,性别分隔群体在性别角色社会化中发挥着至关重要的作用。

三、社会化的历程

个体的社会化并不会在某个特定的年龄结束,它会在人的一生中进行,是一个持续终生的过程。在丰富的社会生活中,生命展现为一个不断变化的系列。

(一)儿童期的社会化

儿童期的社会化也被学者们称为基本社会化。这一阶段从婴儿期直到学龄初期,社会化的内容主要是由家庭来教授基本生活技能,启发心智发展,同时逐渐进入同辈群体和学校等社会机构(见图2-2)。

> **基本社会化:** 个体在儿童期学习生活知识、语言,培养认识能力,掌握行为规范,建立感情联系,确立道德及价值判断标准的过程。

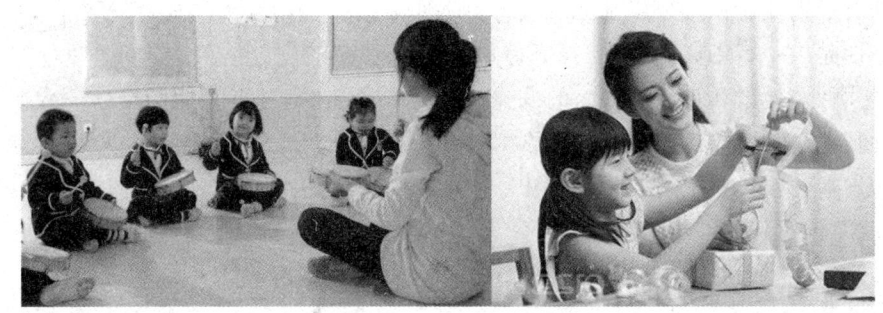

图2-2 儿童期的社会化

说明:社会化过程中,个体、群体和组织都能行使文化传递的职能。例如,左图中的幼儿园教师和小朋友们一起玩游戏,以及右图中的母亲在和孩子一起做手工。

个体的社会化从出生就已经开始了。新生的婴儿生理机能(特别是高级神经系统组织)很不完备,心理活动处于萌芽阶段。但在最初的几个月里,父母对其基本生物需要的满足已经响应了婴儿的情感需求。大约3个月时,婴儿就能辨认出人的面貌,此阶段他必须开始发出和接收强烈的情感信息。到12~18个月时,儿童对外部世界开始产生兴趣和注意。随着语言的发展和对符号的理解,儿童的自我概念开始逐步发展,从这时候起,社会化过程对个体意义重大。3~6岁期间,儿童开始形成最初的人格倾向,这一时期的儿童心理活动带有明显的具体形象性,抽象概括能力还比较差(见图2-3)。而到了学龄初期,儿童社会化发生了质的转变,学校使儿童的身心得到了家庭之外的集体锻炼,儿童社会化有更强的目的性和系统性,儿童的心理向更加抽象的逻辑思维过渡。

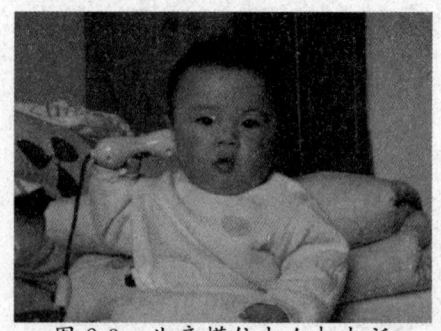

图 2-3　儿童模仿大人打电话

说明：随着延迟模仿这种认知技能的获得，儿童能够模仿他们过去看到的人和情景。如图中的儿童，他也许并不明白手机的用途，但能够用玩具手机模仿过去曾经看到过的大人打电话的样子。

（二）青春期的社会化

大量青少年期的社会化是以预期社会化（anticipatory socialization）的形式出现的，预期社会化是为未来角色及未来的社会生活做准备的社会学习过程。尽管预期社会化跨越了整个生命周期，但预演未来的成人角色在青少年身上表现得特别明显。

> **预期社会化：** 为未来角色及未来的社会生活做准备的社会学习过程。

青春期是一个敏感期，个体需要努力地学习以适应身体、思想、社会地位和角色等方面的变化。在现代社会中，这个时期的个体不仅受到家庭的影响，而且更多的影响来自学校与同辈群体。与儿童期相比，个体的抽象思维能力得到了充分的发展，同时个体能在更大程度上采纳别人的意见，逐渐学会自觉地评价自己的人格，其自我意识得到进一步的发展。

（三）青年期的社会化

尽管青年期属于青春期与成人期之间一个不明朗的时期，但此阶段的个体生理上已经成熟，世界观初步形成，人格发展接近定型，各方面的知识技能日趋完善，个体生活的范围更加广泛。不过有研究表明，现代社会的青年期个体在心理上与经济上独立的时间越来越推迟了。在现代社会以前，从儿童到成年的过渡相对比较简单，这主要是因为生产活动的单一。而工业革命之后的现代社会具有多样化和精细化的生产生活内容。因此，儿童在社会化成为合格的社会成员的过程中要经历一个在自然成熟的基础上进一步学习和熟悉社会生活的过程，这就是青年期社会化的主要作用。因此，青年期的社会化可以说是儿童期和青春期社会化的延伸。

从社会的角度来说，青年期社会化的一个重要内容是确立职业角色，参加社会生产生活。为了真正地进入社会，青年要进行职业的选择，学习所选职业的工作技能。这个时候，个体才正式脱离学生的角色，开始进入具体的社会各行业，过独立的社会生活。这种社会角色的巨大变化可能会给青年带来现实中和心理上的各种困难和不适应，而青年需要克服这些问题，顺利完成这个阶段的社会化，从而成为符合社会期望的合格成员。

（四）成年期的社会化

进入成年期以后，所谓的初级社会化（primary socialization）——在个体的早期阶段为各种成人生活角色所做的基本准备（包括基本社会化和预期社会化）——已经完成，个体的自我已经发展起来，但是个体的人格依然在成长变化。社会生活是不断发展变化的，个体将随着环境和自身状况的变化继续学习社会知识、价值观念与行为规范，接受新的期待和要求，承担新的责任、义务和角色，以适应这些新的挑战，这一过程称为继续社会化或发展社会化。一方面，当社会或群体在发展中出现新的知识时，个体为了适应社会的要求就要继续学习这些新知识。另一方面，由于各种原因，个体有时可能需要进入新的社会群体或新的社会角色，那么个体必须学习一些与新环境相适应的社会知识和规范。

> **初级社会化**：个体的早期阶段为各种成人生活角色所做的基本准备。

在成年期社会化的过程中，个体不断选择、学习与尝试各种社会角色，对现行角色进行重新定义与再创造，其生活与事业趋于稳定，心理上更加成熟。而到了成人晚期、老年期，个体必须调整自己，以面对声望降低、身体衰老以及死亡等。这一时期，个体将不断调适自己与他人的关系、完善自己的人格、适应新的社会角色，并力求达到一个平和的心境，正确地面对自己的过去和将来，度过生命的维持期。

（五）再社会化

尽管社会化在整个生命周期都在进行，但人格所形成的大部分是建立在初级社会化过程中所习得的未发生变化的价值观基础上，建立在当时确立的自我认同上。但是在某些情况下，青少年和成人经历着一种特殊的社会化形式——再社会化（resocialization）。它是指个体的生活环境或所担任的社会角色发生急剧变化，原有的社会化失效的情况下，为了适应新的情况，个体有意将旧的价值观和行为模式等进行重大的调整甚至忘记，接受新的价值观和行为。

一般来讲，再社会化有两种不同性质的基本形式：一是强制性的，当某些人不遵从主流的社会价值和行为规范，主流价值的代言人就认为这些人的社会化失败了，因此会强迫他们接受再社会化，以使其重新认同主流价值观。强制的再社会化一般发生在全面控制机构（total institutions）中，即为了基本改造一个人的人格、价值观与自我认同，把一个人一天24小时都置于管理人员完全控制的地方，如监狱中对罪犯的全面改造。二是非强制性的，是个体需要进入一个文化差异巨大的新社会环境时，为适应社会文化与生活方式的急剧变迁而主动进行的，如新兵入伍、移民国外等。

> **再社会化**：个体的生活环境或所担任的社会角色发生急剧变化，原有的社会化失效的情况下，为了适应新情况，个体有意将旧的价值观和行为模式等进行重大的调整乃至忘记，接受新的价值观与行为。

第二节 社会化的影响因素

一、文化

学习目标2.3 影响社会化的主要因素
重点掌握：①文化；②家庭的特殊作用；③同辈群体；④学校；⑤媒体。

文化因素以其渗透力浸染人的身心，并直接支配和制约着人的成长，从而使人的一切言行举止最终都能够打上深刻的文化烙印。生活世界是一个"文化化"的世界，人的社会化过程实质上就是人的"文化化"过程。文化之所以与社会化紧密相关，其根本原因在于"从广泛的意义而言，文化与社会结构几乎难以区分，它们是同一现象的两种不同概念"（罗伯特，F.墨菲，1991）。

> **文化**：在某一特定群体或社会的生活中形成的并为其成员所共有的生存方式的总和，包括价值观、信仰、艺术、法律、风俗习惯、风尚、生活态度及行为准则，以及相应的物质表现形式。

文化的"化人"作用主要表现在以下几个方面：

其一，文化为个体提供社会化的规范。每种文化都有自成体系的行为规范和价值系统，规定着哪些思想和行为是允许的，哪些是不允许的；哪些是正当、合理的，因而是提倡的，哪些是不正当、不合理的，因而是反对的。如果个体的行为趋向符合规范和准则，就能得到赞许和鼓励，违背规范和准则就必将受到批评和惩罚。一个自然人便是在特定的文化背景下，在不断地被规范强化的过程中最终成为具有特定文化标志的"社会人"。

其二，文化培养人们对身份、地位的认同，以成为特定的社会角色。每个社会角色都代表着一套有关行为的社会准则，这些准则规定了个人在扮演某特定角色时所应有的行为方式。众多社会角色，如法官、警察、教师、学生、演员、观众、父亲、儿子等，都无不具有带特定文化标志的角色规范和行为模式。个人扮演的任何角色都必须经过社会化，通过社会规范的内化而确立，这正是社会文化的责任。

> **角色**：个人在一定社会关系中占有的地位及其规定的行为模式。

其三，文化造就人的心理和人格模式。不同文化背景下人们的心理和人格有一定的差异。就人类而言，轻人伦重竞争，以个体为本，追求自我表现的人格和文化心理只有在西方文化的熔炉中才能形成；而重人伦轻竞争，害怕风险、迷信权威，以群体为本的人格和文化心理也正是东方文化特别是中国传统文化的产物。可以说，某一文化的深层内容正体现在它的心理层面。

二、家庭的特殊作用

家庭是儿童社会化的第一场所、第一课堂,父母是他们的第一交往对象,更是他们在早期发展阶段的核心影响源,所以父母的教育方式对孩子的影响是深刻而长远的。

家庭中父母教养方式、父母的职业背景、婚姻质量、子女人数等都对儿童社会化具有重要的影响。本章导言中的"狼孩",正是由于儿童从小就失去了家庭这一首要的社会化环境,从而错过了社会化的关键时机,导致社会性和智力水平均没有得到应有的发展。

在有关家庭对儿童社会化的影响的研究中,父母的教养方式是最受重视的一个领域。社会心理学家罗林斯与托马斯(Rollins 和 Thomas,1979)发现,家庭中以父母为主导的亲子相互作用,对儿童心理发展的各个方面都有着深远的影响。鲍默琳德(Baumrind,1971)研究揭示,父母的教养方式对儿童的社会化有着重要影响。她将父母教养方式分为专断型、容忍型和权威型三种。三种方式在对待子女的态度和训导方法等方面各不相同,因而对儿童早期的发展也有着各种性质不同的影响。

专断型父母的特点是控制、限制以及过分保护。这种父母不鼓励他们的孩子提问、探索、冒险和主动行为,倾向于把严格的规则强加给孩子而不作说明,甚至用惩罚来强制执行。这种家庭教养方式下的子女,独立性和社会责任感都相对较低。一项对五、六两个年级学生的研究发现,专断型的教养方式与低自尊有关,因为子女在这种家庭氛围中被认为不能独立从事活动,而且没有能力去做。另一些研究发现,父母的专断使儿童在学校和家庭里有更多的攻击行为。

容忍型父母倾向于对孩子采取放任的态度,不加控制,不提要求,也不惩罚。这种没有干涉的方式,同样意味着不鼓励儿童去探索、争取成就和尝试,也不指导儿童判断自己是否胜任,行为是否恰当。鲍默琳德(1967)在早期的小样本研究中发现,那些行为不成熟的儿童大多来自父母属于容忍型的家庭。在某种程度上,容忍型父母的子女也倾向于冲动、攻击,缺乏独立性和担负责任的能力。

权威型父母似乎综合了前两种类型父母的优点。大量研究证明,权威型家庭教养方式是促进儿童心理发展的较为积极的家庭教养方式。具有这种方法的父母对孩子温和且关心,他们鼓励孩子争取成就、独立和探索,他们虽然也用轻微的惩罚来贯彻提出的规则,但会加以说明,并且会随儿童对它们的反应而显示出灵活性。在鲍默琳德的研究中,权威型父母的子女比其他两种教养方式下的子女能力更强、自尊感也相对较高(Comstock,1973)。采用权威方式教育孩子的父母,具有埃里克森(Erikson,1950,1968)描述为"成熟的父母"的特征(即有信心,自我信任,有主张,对儿童有温暖和关心的态度)。按照埃里克森的观点,这类父母最容易鼓励他们的孩子,与孩子有更多的情感沟通和交流。

三、同辈群体

在儿童进入学校之后,其生活中的重要他人的结构开始发生重要变化,同辈群体开始对儿童的影响越来越大。

同辈群体对儿童社会化发生作用的原因主要有:(1)同辈群体是一种非正式群体,它是由个人自由选择的,因此往往容易使其成员产生较高的心理认同感;(2)同辈群体有自己的价值标准,自己心目中的英雄、榜样和偶像,自己的语言、交往方式、消费方式乃至流行的追求,构成独特的亚文化群体;(3)同辈群体的社会化极少带有强制性,它往往是在其成员对个人的社交、安全、尊严、优越感的满足之中自然而然实现的;(4)同辈群体中的交往对象也是儿童进行社会比较时的参照对象,只有通过与同龄人的比较和对照,儿童才能够判断出自我行为正确与否,是否被社会所接受,才能获得对自我的肯定和全面认识,这是儿童自我概念形成过程中的重要一环。

> **同辈群体:** 又称同龄群体,是由一些年龄、兴趣、爱好、态度、价值观、社会地位等方面较为接近的人所组成的一种非正式初级群体。

大多数时候同辈群体的价值观与社会的基本价值观是一致的。但是,当同辈群体和父母双方的价值观不一致时,青少年就必须选择采纳其中的一种。这会对青少年自我概念的发展和一般适应产生不良影响。当大部分同辈群体脱离作为正统社会化代理人的成人控制而独立活动的时候,就可能会在一定程度上成为抵抗成人控制的反作用力,甚至可能演变为反主流文化群体,其消极影响不可低估。

四、学校

现代学校不仅是一个有目的、有计划、有组织地向儿童系统传授科学知识和生活技能的制度化机构,更是一个包容了人际交往、角色定位、制度规范等社会现象,传授社会规范、价值观念,养成社会情感态度、实践社会交往技能的儿童社会化的重要场所。作为儿童学习、生活的重要场所,学校因此成为儿童接受社会化影响最集中、最丰富的生活环境,成为个体通往现代社会的必由之路。学校是儿童从家庭走向社会的第一桥梁。学校作为正规的儿童社会化场所,其作用是从正面将社会规范(social norms)、道德价值观(moral value)、知识、技能传授给新一代人。当儿童进入学龄期后,学校就取代了家庭而上升到对其社会化影响的首要地位。学校的亚文化倾向,教师的期待、威信及风格,师生关系的性质等,都可能对学校的社会化作用产生重要影响。

(一)学校文化的影响

学校文化分为物质文化(外显层)、制度文化(中间层)和精神文化(内隐层)三种形态。

学校物质文化包括对象化的物质形态(如校舍布局、绿化景观、教学设施、娱乐场所、图书馆建设等)以及显现在外的学校主体活动形式(如丰富多彩的文体活动、各类竞赛、公益劳动、社会实践活动等)等,良好的学校环境与丰富多彩的活动使校园充满生机、师生心情舒畅,像无声的语言,通过各种情趣、意向、准则等,潜移默化地在儿童社会化进程中打下美好的烙印。

学校制度文化包括学校特有的规章制度、管理条例、学生守则、领导体制、检查评比标准,以及各种社团和组织机构的职责范围等,其对儿童社会化的影响则是通过直接

> **学校文化:** 一所学校在长期办学实践中形成的,学校成员习得并共同具有和相互作用的,通过一定的物质载体和行为方式表现出来的思想观念、制度规范的总和。

的制度约束以及体现在制度中的观念意识行为准则等实现的。

学校精神文化主要指经过长期努力形成的,学校师生共同认可的行为方式、价值观、群体目标、治学态度以及思想意识,表现为学校的人际关系、校风、传统、审美情趣、道德情操、思维方式、习俗等观念形态,是学校文化的深层次构成和内核所在。学校精神文化作为学校整个精神风貌的体现,虽然无形,却实实在在地对儿童的思想认识、学习态度、社会动机等社会性发展的各个方面乃至整个精神面貌和人格形成发挥着潜移默化的影响,具有独特的感染力和凝聚力,直接影响着学校的办学方向和教育教学的活动方式,因而构成了学龄儿童社会化进程中最基本和最重要的文化内涵和文化背景。

(二) 教师威信和教师期望

学校教育过程中对学生影响最大的是教师。一位教师是否具有威信会对学生的社会化产生不同的影响。学生比较信任有威信的教师,积极主动地学习,乐于接受教师的要求,对于教师的批评和表扬都容易接受。更重要的是,学生会把有威信的老师当作认同的对象并加以仿效。因此,在日常的学校生活中,有威信的教师能够通过自己的言行、思想活动,把伦理原则、道德标准具体化,使学生在富有形象性、感染性和现实性的具体事例中受到教育,从而实现他们的社会化。

学生的学习是一个发展、进步的过程,每位教师都会对学生有一定的期待。教师的期待会影响学生的学习动机、对成功的期待以及自我评价。美国心理学家罗森塔尔(Rosenthal 等,1968)发现了罗森塔尔效应,又称教师期望效应,即如果教师对学生抱有良好期望,一段时间后,这种期望就会成为现实,学生真的如期望的那样获得了良性发展。这种被称为"期望自动实现"的现象启示人们,教师、家

> **罗森塔尔效应:** 如果教师对学生抱有良好期望,一段时间后,这种期望就会成为现实,学生真的如期望的那样获得了良性发展。

长和其他成年人,都应该以某种合适的方式对学生特别是小学生抱有良好期待和愿望,希望他们成功,按照社会要求行事。这样真诚、良好的愿望会引导儿童更好地社会化。

在罗森塔尔的研究中,有一个结果尤其引人注目,即学生年级越低,"罗森塔尔效应"也越明显。这意味着,学生在其发展早期,更容易受到教师或其他教育者期望的定向影响。

五、媒体

媒体通常是指大众传播媒体(massmedia)。在现代社会生活结构中,它已经是人们生活结构的一个有机构成部分,并在某种程度上改变了人们的生活方式,对人的社会化产生了深刻、广泛的影响。雷蒙·威廉姆斯曾说过,电视改变了我们对于现实的认识,从而改变了天与人之间、人与社会之间的关系。其次,通过电影、电视、网络等媒体所塑造的明星形象也成为青少年崇拜和仿效的对象,从而对其社会化产生重要影响。

(一) 网络

网络作为新兴的大众传播媒介对儿童的社会化有很大的影响。从积极方面来看,互联

网为青少年获得各种信息提供了新的渠道。网络学习已经成为很多中学生课余辅导方式的新选择。网校的存在和迅速普及正在深刻影响着现代中学生的学习和生活,同时也对传统的教育特别是学校教育产生了巨大的影响。

但是,网络也给青少年带来了不良的影响。首先,大量的网上信息常常使得青少年应接不暇。他们的注意力往往随着信息的不断变化而转移,集中注意的时间太短。加之网络强化着他们用"看"的思维方式来认知世界,而减少了"想"的时间和机会,使之思维出现广度和深度发展的不平衡。其次,互联网中信息的开放性和不良信息可能对需要引导的青少年的身心健康和安全构成威胁。

一些社会有识之士和教育学、心理学专家认为,青少年长期上网成瘾是一种时代心理疾病,需要引起社会和家长的高度重视。网络已经进入青少年生活的家庭,需要防患于未然。

(二)媒体中的偶像崇拜

媒体中塑造出来并给予大量宣传的明星形象使得当代青少年群体普遍存在着偶像崇拜行为,且已经成为青少年亚文化的突出代表。多数年轻人将崇拜作为一种生活娱乐,他们通过给偶像写信,模仿偶像唱歌、着装,收集偶像的私人资料,参加明星俱乐部等方式来表现自己的崇拜和追求(见图2-4)。近年来世界上不同地区的研究发现,当今青少年的偶像崇拜主要集中在娱乐界和体育界的明星上,体现出一种"三星崇拜"(歌星、影星、体坛明星)的模式。就其个人特征来说,他们通常具有年轻貌美、个性突出、充满青春活力、相当富有叛逆性甚至反叛性强等特点。

图2-4 追星热潮

岳晓东(2002)认为偶像崇拜是青少年个体欲望增强期因脱离对父母的依赖而产生的对情感真空的一种补偿;是在自我同一性的角色冲突期追求自我肯定和理想自我的一种特殊形式;是受大众传媒强化和朋辈团体影响的结果;是填补情感空虚而对认同人物产生的模仿行为;是思想意识、思维方式不稳定、不成熟的表现。

(三)电视

在传统社会中,书刊曾是主要的大众传播媒介,但在今天的社会中,电视在许多方面以其多媒体的优势取代了书刊而占据了主导媒体的地位。

对于儿童的社会化而言,电视的作用具有两面性:一方面,电视的特性决定了它对儿童的社会化具有一定的增强作用,它使儿童更加直观、有效地了解社会和分享经验,增长知识,接受社会公认的价值观和行为方式,因而成为全体社会成员社会化的"第二课堂"。另一方面,有些大众媒体由于过分重视经济效益,常迎合一些低级的生理和心理需要,制作发行低级、庸俗的作品。此外,电视的普及削弱了家庭中的互动关系,减少了家庭成员之间的交流、沟通;电视会缩短孩子的注意力间隔时间,限制孩子运用语言的能力,对他们的学习潜力产生消极影响;电视的连续快速播放使人不能对问题加以有效思考。

第三节　社会化理论

学习目标2.4　社会化理论的主要派别
重点掌握:①精神分析学说;②认知发展论;③社会学习理论。

社会化是社会学家和社会心理学家共同关注的课题,在有关社会化的理论构建中,社会学家和社会心理学家都作出了很大的贡献。不同学派对社会化的认识角度和取向都有所不同,因此形成了内容迥异的社会化理论。

一、精神分析学说的观点

由弗洛伊德首创的精神分析学说比较完整地解释了人格结构和人格发展,它主要从本能和动机的角度对社会化问题进行分析。在弗洛伊德之后,埃里克森进一步发展了精神分析关于社会化过程的理论。

(一)弗洛伊德的观点

弗洛伊德(Freud)是心理分析的奠基人,是人类行为研究领域的一个关键人物。他强调个体与社会之间的冲突,强调生理基础与情感在个体社会化过程中的作用。弗洛伊德认为,心理活动产生于无意识领域,这是意识与理性难以进入的区域。弗洛伊德关于社会化的理论仍离不开他的人格理论,即人格是由"本我""自我""超我"三个部分组成的整体。人的社会化过程就是由这三部分的交互作用所决定的。弗洛伊德认为,如果一个人要达到心理健康,那么人格的这三个部分必须是和谐的,而社会化过程就是促使人格的三个部分平衡发展。他认为,婴幼儿期的生活经验是构成个体人格的主要因素,也是社会化的最重要阶段。童年期的社会化奠定了个人一生发展的基础。

(二) 埃里克森的观点

埃里克森(Erikson,1946)深受弗洛伊德的影响,但是他修正了弗洛伊德的理论。弗洛伊德强调本我的冲动,而埃里克森主要关心的则是更为理性的"自我"的世界。

他把自我的发展分为八个阶段,每一个阶段是由认同危机(identity crisis)来定义的。一个稳定的自我认同源自对这些认同危机的积极解决。埃里克森认为自我发展有如下八个阶段:

> **认同危机：** 人在成长或者说社会化的各个阶段遇到各种心理问题,如果不能成功解决,就会出现危机。

(1) 婴儿期,此阶段面临的是信任对不信任;

(2) 儿童早期,此阶段面临的是自主性对羞怯和怀疑;

(3) 学龄前期,这时的儿童面临的是主动性对内疚;

(4) 学龄期,这时的儿童需要解决的是勤奋对自卑;

(5) 青春期,这一阶段面临的是同一性对角色混乱;

(6) 青年时期,这一时期主要面临的是亲密对孤独;

(7) 中年期,这时期主要面临的是繁衍对停滞;

(8) 老年期,这一时期主要面临的是自我完整对失望。

在弗洛伊德理论的基础上,埃里克森的理论主要有如下发展:第一,他认为人格的发展持续于人的一生,而不是弗洛伊德所认为的童年期的经验就决定了人的一生。第二,他注意了主体的自我作用与社会文化的影响。第三,他对人格发展的每一阶段都提出了一个具体的心理社会问题,对学校教育中人格培养、对精神病的预防与治疗都有很大的现实意义。然而,埃里克森的发展模型建立在对中产阶级的研究基础上,研究了人格的一般发展,没有去考虑社会阶级、种族群体或可能性机会的影响。而且,其立论多从经验观察而来,缺乏客观的科学实验根据。

二、认知发展论的观点

瑞士心理学家皮亚杰提出的认知发展论关心的是人格发展的局部,即主要从认知的发展角度研究人的社会化。认知发展论详细论述了个体出生后在适应环境的活动中认知及思维能力发展的不同阶段,特别是描述了儿童在各个发展阶段是如何思考的。

(一) 皮亚杰的道德发展理论

皮亚杰强调个体在认知过程中具有一定的认知结构,在认知活动中表现出同化和顺应两种功能。同化是把环境因素加以过滤和改变而纳入现有的认知结构之中;顺应则是在现有认知结构不能同化客体时,改变或调整原有的结构而去吸收、掌握新的经验。这样,认知的发展就表现为主体和环境积极互动的过程。因此,社会不能被理解为规范和价值从上一代向下一代的简单传递,个体

> **同化：** 把环境因素加以过滤和改变而纳入现有的认知结构之中。
>
> **顺应：** 在现有认知结构不能同化客体时,改变或调整原有的结构而去吸收、掌握新的经验。

本身也是他所在社会的道德法则的积极加工者。皮亚杰特别强调儿童的道德发展。他认为儿童的道德发展和他的认知发展水平是平行的，即儿童的道德判断能力随着他认知结构的变化和认知水平的提高而提高。皮亚杰把儿童的认知发展水平划分为四个阶段：

(1)感知运动阶段(0～2岁)。在此阶段，孩子对世界的了解是完全通过他们的感觉器官的，与此同时会在大脑中建构和再构(construct and reconstruct)客体。对婴儿来说，"视线之外"的东西，就意味着"存在之外"。但是在感知运动阶段的末期，儿童就能在大脑中获得对客体的影像。

(2)前运算阶段(2～7岁)。在这个阶段，孩子学会使用和理解符号，学会说话，并且第一次有了描摹客体的企图。这个阶段的孩子是高度的自我中心主义者，他们几乎完全是从自己的角度来看待世界的，因而也就不能领悟他人的角色并从他人的角度来看待世界。

(3)具体运算阶段(7～11岁)。在这段时期，儿童懂得如何去构想一个具体的客体，或者以不止一种方式来认识客体的类属。他们能够形成关于事物之间联系的概念，也开始发展起了从他人的位置来想象自我的能力。

(4)形式运算阶段(11～15岁)。这时的青少年发展起了高度抽象思考的能力。他们可以对现实的可能性进行思考，建构理想，以及对未来进行实际的推理。这种能力也使青少年能够逻辑地推敲与事实相反的陈述。

(二) 科尔伯格的道德发展理论

科尔伯格关于人的道德发展的学说是当前最有影响的学说。他设计了些两难故事来测定儿童的道德判断水平。

在科尔伯格设计的两难故事中最为典型的就是"海因茨偷药"的故事。海因茨的妻子患癌症，生命垂危。医生认为只有一种药能救她，那就是城里一位药剂师新发明的镭。但制造这种药要花很多钱，并且药剂师索价还要高出成本的10倍。海因茨四处借钱，才只够药费的一半。他恳求药剂师便宜一点卖给他，或者允许赊账，但药剂师都不同意。海因茨走投无路，不得已只能去撬开店门，为妻子偷来了药。由此询问儿童，海因茨是否应该这么做？为什么应该，为什么不应该？在这些两难故事的测试中，科尔伯格真正关心的不是对它们的回答，而是支持回答的推理或理由。

科尔伯格认为皮亚杰道德发展的阶段划分过于笼统、简单，他在皮亚杰研究成果的基础上，把人的道德发展过程分为前习俗、习俗、后习俗三个水平和六个阶段。

(1)前习俗水平。处于这一水平的儿童，对是非的判断取决于行为的后果，或服从权威、成人意见，并以自身的利益为转移。该水平又可分为两个阶段：

第一，服从与惩罚的定向阶段。判断行为的好坏是根据有形的结果，即是被赞扬还是被惩罚，支配自己行为的是奖励和惩罚。

第二，工具性的相对主义的定向阶段。此阶段的儿童对于规定和原则只有符合其利益时才遵守，行为是为了满足自己的需要，所以这又被称为朴素的利己主义阶段。

(2)习俗水平。处于该水平的儿童在判断是非时能注意家庭与社会的期望，较全面地关心他人的需要。该水平包括两个阶段：

第一,好孩子、好公民的定向阶段。此时的儿童,判断行为的正确与否,是看其能否被别人喜欢,能否帮助人或受人的赞许,而不是考虑行为本身是否正确。此阶段的儿童按照善良人的形象来行事,注重别人的评价,希望在自己和别人心中都是一个"好孩子"。

第二,维护权威与社会秩序的定向阶段。这一阶段的儿童认识到要尊重法律和维护社会秩序,不仅自己应当如此,并且别人也应当如此。

(3) 后习俗水平。处于该水平的人,能发展出一套独立的、超越社会群体的、自己所持有的道德标准,并以此来判断是非。该水平可分两个阶段:

第一,社会制度和良心的定向阶段。处于该阶段的个体,认识到法律和道德准则仅仅是一种社会契约,它是由大家商定的,是可以改变的。所以,不能用这种单一的标准去衡量人们的行为。如果法律和各种规定不合理,就应当加以修改。

第二,普遍的道德原则定向阶段。个人有某种抽象的、超越法律的普遍原则。这些原则包括全人类的正义、人性的尊严、人的价值。个人根据这些带有普遍意义的道德原则来判断是非。

科尔伯格指出,这六个阶段依照次序展开,不能超越,但并不是所有的人都能达到最高水平。他认为道德判断能力的发展除成熟因素外,还依赖于智力的发展和社会经验的获得。

三、社会学习理论

1913年,华生的《行为主义者心目中的心理学》一文开辟了心理学研究的新纪元。心理学研究开始将注重人的内在心理的传统转到了研究外显行为的新航道上来。而社会学习理论就是在行为主义的直接影响下形成的一种社会心理学理论。

在社会化研究中,社会学习理论者的主要观点是将社会化的过程看作有机体和环境交互作用的过程,用以下三种主要机制来解释社会化:

第一,奖励与惩罚。在社会化过程中,教师、家长确实是经常用奖励(正面强化)来肯定儿童青少年的某些行为表现,而用惩罚(负面强化)来否定儿童青少年的另一些行为表现的。当然,除了有外在环境施加的奖励和惩罚外,还有来自社会化对象自身内部的奖励和惩罚,也叫自我奖励和惩罚。这是个体根据在某项活动中是否达到了自定的标准而给自己的奖励或惩罚。这同样是社会化的重要方式之一。一般而言,自我的奖励和惩罚机制会成为一种自我监督机制,对个体的成长和进步有着积极的促进作用。

第二,模仿。模仿是依据模式的示范而产生具体的行为反应。法国社会学家塔尔德提出社会模仿论,认为社会的过程不外乎两方面,即个人创造与个人同化。前者为发明,后者为模仿。塔尔德认为,社会就是由善于相互模仿的一群人组成的。社会学习理论者把模仿的概念引进社会化研究。与传统的行为主义观点不同,他们强调强化和惩罚影响的是儿童再现某种模仿的行为,而不是学习这种行为。社会学习理论将模仿视为人类彼此相互影响的重要方式,认为它是个体行为社会化的基本历程之一。模仿在社会化过程中的必要性是毋庸置疑的。

模仿:依据模式的示范而产生具体的行为反应。

社会模仿论:认为社会的过程不外乎两方面,即个人创造与个人同化。

第三,认同。认同和模仿较为相似,但是认同还包含了对实在或象征对象的一种"视为体"的感觉,它不受时间的限制。一般来说,认同是为了补偿心理上的不足。在成长过程中,个体发现自己在人格方面有某些欠缺,就会把他周围或自己虚拟出来的人物形象作为自己的崇拜对象,在行为和思想上去模仿和趋近,并将这个人的人格特点加以吸收,成为自己的一部分。

第四节 社会化的结果

社会化的本质,是使生物的人转化为社会的人,也就是让人学会像一个正常社会成员一样去行为和承担责任。一个人要成为一名合格的社会成员,他(她)就要获得语言和认知能力,学会根据社会道德规范制约和调整自己的行为,并且学会扮演各种社会角色(包括性别角色),这些也是社会化的目标所在。

一、语言与认知能力

社会化的核心是学习,而学习的核心是掌握语言。

语言是人类在长期经验积累基础上形成起来的描述客观事物的符号系统,是人们理解他人和被他人理解的重要工具,也是社会化的重要工具和基础条件,是个人和社会相联结,并使自己成为整体社会一个部分的桥梁,没有语言就不可能实现社会化。人的系统社会化,就是从学习语言开始的,语言的掌握也是社会化成果的集中体现。

语言是文化最集中的体现,学习一种语言必然要接触相应的文化。学习的过程,也就是在一定程度上被相应的文化"同化"的过程。更为重要的是,语言获得本身就有不可替代的社会化作用,而且其他社会化的实现,是以掌握语言为前提的。因此,语言社会化在人整个社会化过程中有特殊地位。在一定意义上说,在多大程度上掌握了某个社会的语言,就在多大程度上获得了社会化。生活在特定社会中的人要适应和吸收社会文化,成为合格社会成员,就必须首先完成语言社会化。

语言的掌握也好,其他社会化目标的达成也罢,作为学习过程,都必须以认知能力的获得为前提。因此,认知能力的形成是社会化的基础条件,提高认知能力又是社会化要达到的结果之一。认知能力主要是指人类的学习和思维能力。人与其他动物的重要区别在于人类基于语言的思维能力,这种思维能力构成了人类接受社会化和适应社会生活的重要基础条件。

一般动物虽然也有学习与积累知识的能力,但主要的方式是模仿,而缺乏人类这样高度发达的抽象思维能力和创造力。由于抽象思维能力与创造力的存在,人类可以迅速正确、深刻地认识客观事物的本质属性,理解社会环境的意义,接受社会文化的熏陶,学习与积累知识。人们通过实践使知识内化,从而确定自己的思想观念、态度和行为模式,并用来指导自己的行为。此外,与动物相比,人会主动增强学习动机,自觉主动地有计划、有目的地进行某些活动以实现社会化。

二、道德观念与行为制约机制

道德社会化(moral socialization)和法律社会化(legal socialization)是个体社会化的主要内容,是个体作为社会成员存在所必需的行为制约机制建立的原因。当人们认同和接受某种道德规范,并使自己的行为遵循这些社会道德规范时,就实现了道德社会化。当人建立了法制观念,自觉按照法规约束自己的行动时,就实现了法律社会化。

瑞士心理学家皮亚杰,美国心理学家科尔伯格和布鲁纳(J. S. Bruner)等对个体的道德发展问题进行了系统研究并提出了种种理论观点。其中,皮亚杰的认知发展阶段论和科尔伯格的道德发展阶段论,都强调道德发展是一个从低级到高级的过程,具有阶段性、顺序性,这些阶段和顺序从整体看是不可逆转的。而且,个体的道德发展的水平差异是可以测量和判断出来的。布鲁纳的认知策略则强调社会化过程中认知因素的中介作用,认为儿童通过观察自身经历过的事物中的文化准则与道德规范形成认知策略,并使行为受到影响。

陈琦(1988)参照国外认知理论的生成学习模式,提出了学生道德行为学习过程的模式(见图2-5)。

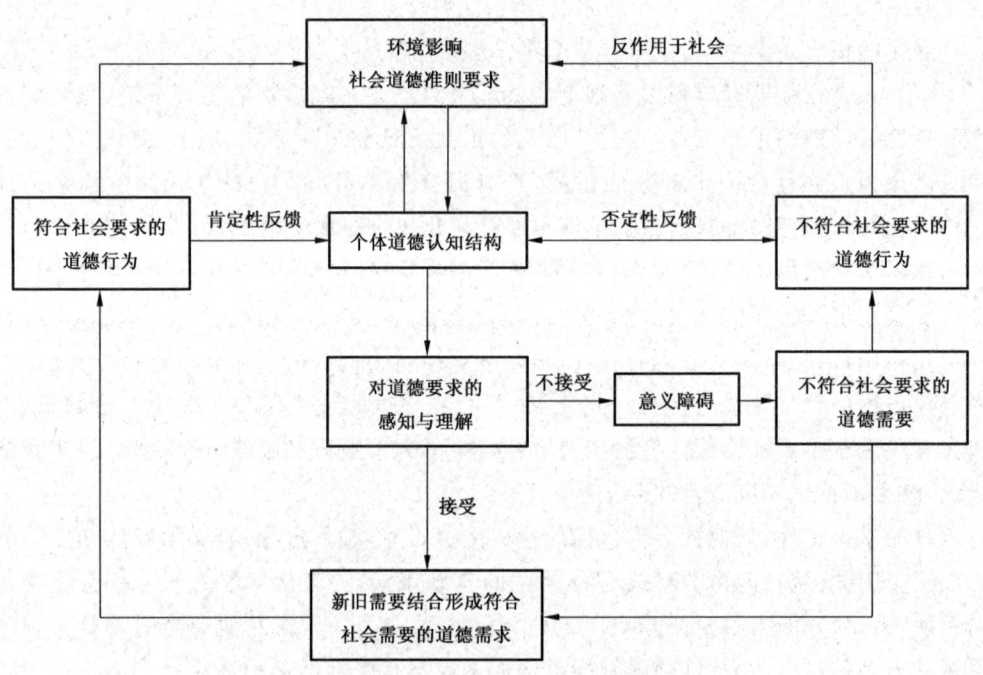

图 2-5　陈琦的道德行为准则学习过程模式

来源:转引自乐国安.中国社会心理学研究进展[M].天津:天津人民出版社,2004:44.

此模式认为,学生在接受道德教育之前,具有不同的道德认知结构和道德需要。在接受道德教育的时候,外部新的道德要求与原有道德认知结构相互作用。如果学生接受了道德教育,就会结合新旧需要形成符合社会需要的道德需要,做出符合社会要求的道德行为,并进一步强化其道德认知结构。如果学生不能完全理解、不能完全接受道德要求,就会出现意义障碍,也就是客观的道德教育和学生原有的认知结构不相符合,产生抵制,产生不符合社会要求的道德需要和道德行为。这会对社会产生消极作用,也会促使学生的认知结构向负面方向发展。

三、性别角色的获得

(一) 性别与性别角色的概念

吉登斯(Giddens,1989)从两个层面上对"性别"进行了解释:一是生理上的差异,指男女性别的生物学或解剖学差异,涉及的主要是生理性特征,英文用"sex"来表达;另一层面的性别含义是指男女心理的、社会的差异,英文用"gender"来表达。根据生理差异,可把男女称为男人(men)和女人(women);根据心理和社会差异,可把男女称为男性(males)和女性(females)(时蓉华,1998)。

弗洛伊德(Freud,1920)和埃里克森(Erikson,1946)的精神分析理论,更多地把性别角色的形成归结为男女生理结构上的差异;班杜拉(Bandura,1971,1977)的社会学习理论认为直接强化、模仿和观察学习是获得性别定型行为的基础;柯尔伯格(Kohlberg,1974)和贝姆(Bem,1974)用认知发展理论进行了解释,认为性别角色的形成与发展具有阶段性,儿童首先要经历性别自认阶段,即对自我性别的认同,然后获得性别恒常性(gender stability),随后通过自我社会化达到性别定型(朱莉琪等,1998)。

(二) 性别角色分化的社会文化因素

社会分工的不同导致了性别角色的分化。男女两性在体力和其他生理能力上的差异,导致了不同的社会分工,也出现了男女两性的责任分化。男子具有强健的体魄,担任狩猎战斗任务;女子要担任妊娠哺育、照料子女、料理家务等任务。这样,男女在不同的劳动生活中获得不同经验,分工的差异延伸出人格倾向和地位上的分化。男子在对外责任中发展了独立性、果断性;女子在对内职责中发展了亲和性、依赖性。由于男子主外,拥有职权和政治势力,因而男性角色比女性角色更容易受到较高评价。最初的劳动分工经过反复实践,逐步成为一种社会秩序。人们根据这种分工所延伸出来的种种要求,形成了有关性别角色的种种规范。社会又用这些规范来要求后代,以保持已经形成的行为规范。

不同的社会中,性别角色规范及其共通性也具有差异。性别角色差异的跨文化研究发现,性别角色受社会文化制约。人类学家米德(Mead,1934)发现,阿佩什部落中的男子和女子都表现出类似西方社会中的女性特征,如富有合作精神,不侵犯别人,文雅,不与人竞争,关心别人的需要等。曼杜古摩部落中的男子和女子则都表现出好侵犯别人,凶猛,冷酷无情,好与人竞争,好斗,容易觉察自己被侮辱并随时准备给予报复,这是西方社会的男性特征。在赞布里部落中,女子掌权,捕鱼,讲究效率,对待男子和蔼、忍耐、欣赏,表现得像西方社会中的男性;而男子从事艺术活动和非物质生活所必需的活动,例如跳舞、雕刻、绘画等,他们注意自己服装的华丽及其制成的艺术品的优良,毕生依靠妇女提供安全,表现得美雅、胆怯、顺从,对别人的意见敏感,这些恰恰像西方社会中女性的特征。可见,性别角色受到社会文化的制约(时蓉华,1998)。

人类早期的社会分工、社会文化、生物学等因素,共同导致了人类社会的性别角色分化,铸成了人类对男女性别的不同认识。

(三) 性别角色社会化的影响源

1. 家庭双亲的影响

个体的早期经验主要是从家庭获得,社会和父母共同的性别角色期望决定了父母对男女不同后代的抚养方式。父母会自觉不自觉地将成人世界的性别规则传递给儿童。有学者研究发现,父母会更多地鼓励男孩玩一些要求肌肉运动的活动,给男孩的玩具更多的是刀枪、汽车等;相反,父母常常鼓励女孩子玩"过家家",阻止女孩做奔跑跳跃和爬树等"危险"活动,要求女孩应该学会斯文,女孩子的玩具也大多是洋娃娃、厨房用具等。久而久之,儿童就表现出性别偏好的倾向。这种差别也出现在父母给子女取名的时候,男孩子的名字更偏向于使用表达勇敢、坚强等字,而女孩子的名字更多地表达了温柔、美丽、乖巧等(魏国英、陈雪飞,2005)。

2. 学校影响

孩子在较早时候与父母生活在一起,性别角色意识受父母的影响较大,到学龄期,孩子则更多地受到学校、教师和同学的影响。

(1) 教材中的性别角色。佐斌(1998)对人民教育出版社出版的小学语文课文的研究分析发现,小学语文分配给男女两性扮演主角的数量,男性是女性的4.3倍;而在男女能力方面,语文教材中描述女性的是无知低能的多,男性则是知识渊博、能力高强的多;在男女性格方面,描述女性更多的是不良性格特征(如小气、狠毒、不信任、迷信等),而男性则具有坚强、勇敢、正直、友爱等优良的性格品质。众所周知,小学语文课本是小学生主要的学习读物,这其中的性别刻板印象势必会对学生的性别观产生潜移默化的影响。

(2) 教师的性别观念。教师自身的性别角色观念影响着他们用不同的态度对待男女生。例如,教师受传统性别观念影响,认为男生刚强、女生顺从,因而采用不同方式对待他们。在一些幼儿园和小学,女性教师占绝对多数的情况引起了心理学家的关注。

史密斯(Smith,1976)认为,教师女性化对学生行为有影响。例如,男生较女生更多地受到女教师的批评;女教师批评男生使用严厉语调更多,但批评女生时使用一般语调较多;在女性教师中,女生和男生的课业相当,但女生有更多机会获得较高分数;女教师的课堂组织常常使男生疏远教师。因此,史密斯认为,要改变教材、学校环境,在初等教育阶段还需配备更多男教师,以满足男生模仿男性的心理需要。

(3) 同伴的影响。由于家庭、学校的性别角色刻板印象,学生也形成了一定的性别刻板印象,这种性别刻板印象会对同伴产生一定的影响。

美国的威廉姆斯等(Williams 和 Best,1990)研究了14种文化背景下的大学生,问他们如下的问题:"女性应该做家务吗","她应该更关心她丈夫事业上的成功吗"。结果,所有男生都作了肯定回答。特别是尼日利亚、巴基斯坦,那里的大学生更表现出浓烈的传统意识;相对而言,荷兰、德国学生的传统意识较淡(时蓉华,1998)。

3. 大众传媒的影响

大众传播工具强化和稳定了文化中人们对男女性别的角色定型。电影、电视、广告、文艺作品、报刊等,都在无意或有意地,但却十分有效地传播和强化着性别差异。例如,在商业广告中,男性广告员较多以广告产品的知识权威或专家身份出现,总是以权威声音向人们推销药品、昂贵的家用设备;女性则更多的是出现在化妆品、洗发水等广告中,这类广告中启用的美女向受众暗示:"作为女性,其价值就在于美丽、年轻。"这实质上强化了女性被观赏性和易被操纵性的刻板印象。

章节小结

重点概念

社会化、道德社会化、政治社会化、法律社会化、社会角色、基本社会化、预期社会化、初级社会化、再社会化、文化、角色、同辈群体、社会学习理论、模仿、认同、解释理论。

复习思考

1. 什么是社会化?
2. 社会化包括哪些内容?
3. 影响社会化的主要因素有哪些?
4. 社会化理论的主要派别有哪些?

本章要点

1. 社会化是个体通过与社会的交互作用,适应并吸收社会文化将自己整合到社会中,成为一个合格的社会成员的过程。

2. 在个体社会化过程中,生物遗传因素以及社会文化环境都具有重要的影响力。

3. 有代表性的社会化的理论主要有:①从本能与动机的取向着手,即精神分析学说,弗洛伊德首创,当代以埃里克森为代表;②从认知取向着手,即认知发展论,以皮亚杰为首,当代以科尔伯格为代表;③强调环境作用的社会学习理论,当代以班杜拉为代表。

推荐书目

1. 阿伦森.社会性动物[M].邢占军,译.上海:华东师范大学出版社,2007.

2. 阿伦森,威尔逊,埃克特.社会心理学:阿伦森眼中的社会性动物[M].侯玉波,朱颖,译.北京:机械工业出版社,2015.

3. 吉登斯,萨顿.社会学[M].赵旭东,等译.北京:北京大学出版社,2015.

4. 阿隆.社会学主要思潮[M].葛秉宁,译.上海:上海译文出版社,2015.

第三章
自我概念

本章学习目标：

3.1 理解并描述自我概念的相关理论
3.2 理解并举例说明影响自我概念形成与发展的因素
3.3 理解自我知觉理论的概念
3.4 掌握自我觉知的概念
3.5 掌握自我图式的概念
3.6 理解自我服务偏差的四种情况及其概念，并举例说明
3.7 掌握自尊的概念及种类
3.8 理解并掌握影响自尊的因素和提升自尊的手段
3.9 理解自我提高的概念
3.10 掌握自我效能的概念
3.11 理解并举例说明东西方文化下的自我概念的差异

案例导入

例一：东西方文化差异导致不同选择。

图3-1为一道测试题：最中央的木制圆柱体是"塔克斯"，请问被选A和被选B中谁是"塔克斯"？

图3-2 西方人认为，被选A为"塔克斯"。

图3-3 东方人认为，被选B为"塔克斯"。

图 3-1　测试题　　　　　图 3-2　西方人　　　　　图 3-3　东方人

例二：安全套，用还是不用？

有两位研究者对大学生性生活进行研究，发现那些意外怀孕的女大学生都认为自己不太可能意外怀孕，因而没有采用避孕措施。这些年轻的女大学生普遍存在侥幸心理："我觉得怀孕发生的概率太小了，它不可能会发生在我的身上。"

图 3-4　2016 年深圳地铁站张贴安全套广告

例三：为什么听力差的人总是不喜欢戴助听器？

如果你视力不好，你就得想办法解决，你可能会戴眼镜或隐形眼镜（见图 3-5）。但如果你听力不好，你有四分之三的可能会不去理睬这个问题，即不会戴助听器（见图 3-6）。对于美国人来说，部分原因在于助听器比较贵。但是在英国和澳大利亚，国家健康系统提供免费的助听器，很多可以通过助听器获得益处的人也不去配戴它。为什么会产生这种现象？社会心理学家关于"焦点效应"的研究给出了解释：人们总是认为配戴助听器会让人觉得自己听力有问题或者自己变老了。

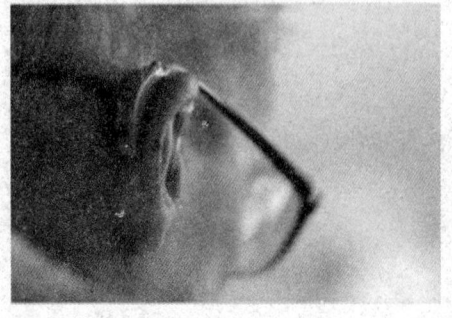 

图 3-5　视力不好　　　　　　　　　图 3-6　听力不好

思考

1. 为什么东西方人的差异会如此之大,什么原因导致了这类差异?
2. 为什么某些女大学生会认为怀孕几乎不可能发生在她们身上?
3. 为什么明明听力很差的人却不配戴助听器?
4. 请你回想一下,你身边是不是也有类似的案例?究竟是什么"控制"了人们的意识呢?

第一节 自我概念及其溯源

"自我"(self)是一个非常抽象的概念。事实上,自我一直伴随着我们的生命历程,自我们出生起,我们便从未停止对自我的探索,我们终其一生都在问自己这样一个问题:"我是谁?"在阅读本节之前,请你先来介绍一下自己,你会用哪些词语和句子来描述你自己呢?你可能会想:"我是个什么样的人?我有什么样的个性?有什么样的优缺点?我有什么潜质?我期望自己成为什么样的人?达到什么样的目标?"

请写下10个句子,以"我"字为主语,这些句子包含最能代表你作为一个独立个体的某些特征。

当你写出答案时,就已经勾勒出了一幅"自我肖像",这幅肖像提示了很多关于"自我"的信息,这些信息就是本节要涉及的内容——自我概念。拿破仑·希尔曾有一句名言:"一切的成就、一切的财富,都始于一个意念,即自我概念。"这句话告诉我们,自我概念乃是万物开始的基础,究竟自我概念是如何产生的呢,它又有什么样的历史等待我们去发掘?接下来让我们打开这本神秘的"自我"之书吧!

一、自我概念的相关理论

学习目标3.1 理解并描述自我概念的相关理论

重点掌握:①詹姆斯的自我理论(主体我、客体我——社会我、物质我、心理我);②米德的自我理论(主体我、客体我;概化他人与重要他人;自我形成和发展三阶段);③弗洛伊德的自我理论(自我、本我、超我);④埃里克森的自我同一性危机理论(自我同一性危机的八个阶段);⑤罗杰斯的自我概念理论(现实自我与理想自我;自我差距理论)。

(一)詹姆斯的自我理论

自我概念研究最早可追溯到美国心理学家詹姆斯(James,1891)对自我的讨论。詹姆斯将自我分为"主体我"(I)和"客体我"(me)，前者表示"自己认识的自我"，也即主动地体验世界的自我；后者表示人们对于自己的各种看法，如人的能力、社会性、人格特征以及物质拥有物等。客体我由三个要素构成：物质我(material self)、社会我(social self)和心理我(mental self)。

生理(物质)自我，指个体对自己躯体、性别、体形、容貌、年龄、健康状况等生理特质的意识。有时候人们也将个体对某些与身体特质密切联系的衣着、打扮以及外部物质世界中与个体紧密联系并属于"我"的人和物(如家属和财产等)的意识和生理自我一起统称为物质自我。

社会自我，在宏观方面指个体对隶属于某时代、国家、民族、阶级、阶层的意识；在微观方面指对自己在群体中的地位、名望、受人尊敬、接纳的程度，拥有的家庭、亲友，以及其经济、政治地位的意识。

心理自我，指个体对自己智能、兴趣、爱好、气质、性格等诸方面心理特点的意识。

生理(物质)自我、社会自我和心理自我既相互联系又相互区别，它们是个体自我意识的有机组成部分。

> "对于人来讲再也没有更有趣的话题了。而且，对于多数人来说，最有趣的正是他们自己。"
> ——罗伊·鲍迈斯特，《社会心理学中的自我》(The Self in Social Psychology)，1999

(二) 米德的自我理论

米德(Mead,1934)以社会整体为研究视角，着重从社会和个体互动的角度来定义自我。他指出自我不是生而俱来的，而是社会化过程中产生的。他的主要观点为自我的主客体分化。

像詹姆斯一样，米德也将自我分为"主体我"和"客体我"两个部分，主体我(I)是自我主动、自主的部分，客体我(me)是自我结构性的稳定部分。米德认为，客体我是"概化了的他人"和团体规范的总和，是从他人的立场上评价和预测自我的反身侧面。与客体我相对，主体我是由个人主体对他人态度进行反应的过程性自我，主体我的反应过程和倾向会受已经形成起来的客体我的引导，但主体我因为其冲动性和能动特征，有时会突破客体我的框架，产生创新性。客体我引导主体我的活动，而主体我的活动又定义和扩展客体我。二者相辅相成的动态过程，就是自我的活动和发展的基本形态。

(三) 弗洛伊德的自我理论

弗洛伊德(Freud)认为自我(ego)是人格结构的重要组成部分之一，另外两个组成部分是本我(id)和超我(superego)。

本我力图表现自己，超我努力压抑本我，形成冲突。按照弗洛伊德的理论，如果本我与超我的冲突不能再被压抑就会出现两个方面的结果：一是出现精神疾病，二是人在痛苦的挣扎中实现人性的升华。弗洛伊德在自我领域产生重大影响的同时，也因为其理论不容易被验证而受到批评。并且,由于弗洛伊德理论过于强调本能与社会的冲突和性本能的解释作用。弗洛伊德的许多弟子都修改发展其理论观点,其中埃里克森提出的自我同一性理论是影响最大的理论之一。

> "其实,我并不知道我为什么如此伤心。"
> ——《威尼斯商人》,莎士比亚,1596

(四)埃里克森的自我同一性危机理论

埃里克森描述了人类发展的八个阶段(Erikson,1950,1968,1982)。他强调自我的作用并不只是调节自我(id)冲动与超我(superego)要求之间的关系。在每一个阶段,个体都有一项心理社会性任务要完成。直面每一项任务都会产生冲突,且伴有两种可能的结果。如果冲突得以解决,一种积极的品质就会在个性内植根,更进一步的发展就会开始。如果冲突持续下去,或者没有得到完满的解决,自我就会受到损害,因为它整合了一种消极品质。(具体内容可见本书34页)

(五)罗杰斯的自我概念理论

罗杰斯(Rogers,1951,1959)认为,自我概念是个人现象场中与个人自身有关的内容,是个人自我知觉的组织系统,他代表一个人看待自身的方式。自我概念控制并综合着对环境知觉的意义,高度决定着个人对环境的反应。此外,罗杰斯还区分了与现实自我相对应的理想自我。

现实自我指个体对自己受环境熏陶炼铸,在与环境相互作用中所表现出的综合的现实状况和实际行为的意识。它是自我状况和社会存在的真实反映。

理想自我指个体经由理想或为满足内心需要而在意念中建立起来的有关自己的理想化形象。理想自我的内容尽管也是客观社会现实的反映,包括对来自他人和社会规范要求的反映以及它们是否满足个体需要的反映。

罗杰斯关于自我研究的一个重要贡献,是对自我差距的关注。他认为,个人的理想自我是自我的一部分,是人们向往的自我。理想自我与真实自我越接近,个人就感到越幸福和满足;如果二者差距很大,就会造成不愉快和不满足。自我差距理论不仅对于解释与自我有关的许多现象都具有重要价值,而且可以直接用于心理治疗实践。

奥普拉·温弗里获奥斯卡人道主义奖,在获奖感言中,她提到了理想中的可能性自我,包括不要超重的自己、富有的自我和健康的自我,这激励她努力工作来追求自己想要的生活(见图3-7)。

图 3-7 奥普拉·温弗里

二、自我概念的结构

所谓自我概念的结构,是指自我概念由哪些心理成分或基本表现形式所构成。许多心理学家一致认为,自我意识内部各要素间既有联系又有区别。但在对待自我意识包含哪些结构元素方面意见却不尽相同。

(一)国外研究学者

詹姆斯提出的是一个"扩大的自我"。这个"扩大的自我"包括物质我、精神我、社会我。罗杰斯(C. Rogers)根据自己的临床实践,将詹姆斯和米德的主我(I)、客我(me)的概念整合到了一起。弗洛伊德在其人格结构理论中深入探讨了自我结构。他把自我结构划分为本我、自我、超我三个部分。社会学家库利(Cooley)、米德(G. Mead)和心理学家沙利文(H. S. Sullivan)从自我形成的角度提出了各自的理论。

库利提出,自我是在社会交往中产生的,并在人的生命历程中不断变化。自我在很大程度上是由他人对其的反应所决定的,库利把自我的这个方面称为"投射自我"(reflected self)或"镜中我"。米德也强调社会经验在自我形成中的作用。他指出自我不是与生俱来的,而是社会化过程中产生的。

背景人物

库利(Cooley,1864—1929)(见图 3-8),出生于美国密歇根州安娜堡市,美国社会学家和社会心理学家,美国传播学研究的先驱。1890 年获得工程学学士学位后,库利进入密歇根大学主修政治经济学和社会学,并在 1894 年以论文《交通理论》(The Theory of Transportation)获得经济学和社会学博士学位,此后一直在密歇根大学执教。1918 年被选为美国社会学学会主席。其主要著作包括《人类本性和社会秩序》(1909,1922)、《社会组织》(1909)、《社会过程》(1918)。

图 3-8 库利

西方对自我意识的内部结构进行分析的理论还有很多,但以上几种观点最为典型,这些理论的共同点在于:他们都论证了自我意识是一种具有多重属性的心理结构,既相互联系又相互区别是自我意识各构成元素的特点。

(二)国内研究学者

在我国,心理学者们对于自我意识的结构划分也存在着几种不同的看法,归纳起来大致有两分法、三分法。持两分法的学者认为,意识和自我意识作为人的主观活动的高级形式,深刻地体现着人类不仅适应环境,而且能改造环境这样一个本质属性。所以,自我意识也必然包含认识活动和意向活动两个方面,即人的自我意识可分为自我认识(自我感觉、自我评价等)和自我意向(独立性、自信心、自制力等)两个辩证统一的大方面。

持三分法的学者认为,人的自我意识是由知、情、意三方面的统一所构成的一种高级的反应形式。知即自我认知,包括自我感觉、自我观察、自我评价、自我概念等;情即自我情感,包括自我感觉、自我体验等;意即自我意向,包括自我控制、自我掌握等。事实上,三分法是将二分法中自我认识囊括的自我感觉和自我体验分化出来,构成三分法中的自我情感部分。这种划分方法较二分法而言,更加明晰,具体如表3-1所示。

表3-1 自我意识结构分析表

	自我认识	自我情感	自我意志
生理(物质)自我	对自己身体、外貌、衣着、风度、家庭、所有物的认识	满意或不满意	追求身体的外表物质欲望的满足,维护家庭利益等
社会自我	对自己在团体中的名望、地位、自己拥有的亲友及经济条件等的认识	满意或不满意	追求名誉地位,与他人竞争,争取得到他人的好感
心理(精神)自我	对自己的智力、性格、气质、兴趣等特点的认识	满意或不满意	追求信仰,注意行为符合社会规范,要求智慧与能力的发展

综上所述,对自我意识结构划分的方法很多,不同的学者从不同的角度来进行划分。目前的许多调查研究中,人们多以三分法来考察人的自我意识的发展问题,即将自我意识的结构划分为自我认知、自我情感和自我意向三个部分。

> "当一种感觉存在的时候,他们感到它好像永远不会离开;当他离开了以后,他们感到它好像从未来过;当它再回来时,他们感到它好像从未离开。"
> ——苏格兰作家、演说家和诗人 George MacDonald, What's mine's mine, 1886

三、自我概念的特点与功能

(一)自我概念的特点

首先,自我意识具有社会性。自我意识是个体社会化的产物,其产生、形成和发展都是在社会化过程中进行的。从内容上看,自我意识是社会意识内化于个体头脑之中的结果。从玛格丽特·米德(Mead,1935)的《三个原始部落的性别与气质》一书中(见图3-9),我们就可以看出,生活于不同的社会意识环境中的人具有不同的自我意识和角色认知。在每一个特定的社会文化环境中生活的个体,其自我意识都不可避免地打上一定社会意识的烙印,如果个人从小脱离社会,没有社会化的过程,他就不会产生自我意识。例如狼孩、熊孩等,他们脱离了人类的社会生活,没有人类社会意识环境的熏陶,只能被称为一个生理意义上的人,而不是一个社会意义上的人。

图 3-9 《三个原始部落的性别与气质》

《三个原始部落的性别与气质》中,阿拉佩什(Arapesh)是个"阴性"社会,阿拉佩什男子并没有养成对女子颐指气使的习惯,也没有要求女子对他们唯命是从。在他们的观念中,男女之间不存在天赋的差异。而蒙杜古马人(Mundugumor)却走向另一极端,无论男女,文化强调他们都应具备一种勇猛刚强的性格特征,以至完全摒弃了那种温柔的特征。

其次,自我意识具有能动性。自我意识为人类所独有,使人类能够将自己与客观世界区分开来。人类一旦有了主体与客体的区别认识,就会为了自己的生存和发展不断地适应外在的客观世界,并且发挥自己的主观能动性去改造世界,为自己的发展创造更好的环境。

最后,自我意识还具有独特性。自我意识是个人对自己存在的意识、对自己以及自己与周围事物关系的意识。而每个人在事物的认知水平、体验能力以及行为调控能力方面都存在着差异,这使得每个人的自我意识必然呈现独特性。

(二)自我概念的功能

1. 自我一致性的维持

一致性维持功能是指自我概念使人保持内在一致性。个体的现实生活总是富于变化的,但是人们的反应却是按一贯的方式进行的,使得个体产生一种活动上、行为上的恒同感,之所以如此,是因为自我意识把自己看成一个统一、连贯的实体,从而产生了维护这种一致性的强烈动机。如果破坏了这种连贯性,个体就会产生不安的感觉。例如,在日常生活中,人们常常会根据自己的身材、性格和气质等特点来装扮自己,从而在穿着上表现出一定的风格。这其实就是自我意识中的自我形象意识在支配着人们的装扮方式和购物行为。如果由于外在因素而突然改变了这种着装风格,人们就会感到不舒服、不自在。

人们的自我概念是相对稳定并且相一致的。积极的自我概念引导人按照社会期望的方向发展,消极的自我概念引导人放松自我约束。

金盛华(1982)在研究失足青少年时发现,工读学生和进入少年管教所的失足青少年在其发展过程中存在着需要特别关注的"破罐子破摔"现象,当青少年给自己打上"坏孩子"的标签,形成不良的自我概念时,他们会放松对自我行为的约束,不再在意自己的名声。行为不良已经成为他们不良自我概念的合理印证。显然,当我们认为自己是一个好人时,"好人"的自我概念也会使人倾向于做与自我概念相一致的行为。而且,通过维持内在一致性的机制,自我概念实际上起着引导个人行为的作用。在这个意义上说,在儿童与青少年的发展过程中,引导他们形成积极的自我概念有着非常重要的意义。

> "哭泣可能会持续整个夜晚,但是快乐会随早晨而到来。"
>
> ——《诗篇30篇》

2. 经验解释

解释功能是指自我概念具有经验解释系统的作用。一定经验对个人具有怎样的意义,取决于个人在怎样的自我概念背景下作出评价。同样的经验对不同自我概念背景的人,会具有不同的意义。人们的自我概念背景不同,对自我与周围世界的关系也就有了不同的解释。

梅德维克(Medvec,1995)等人做过一个有意思的研究,他们发现奥运会上银牌得主感觉不如铜牌得主快乐。一般认为,银牌获得者应该比铜牌获得者感觉好。但是,实验的结果却证明:银牌获得者的感觉比铜牌获得者的感觉差。说明决定获奖者对成绩的情绪反应的因素不是客观成绩本身,而是获奖者如何解释自己的成绩。如图3-10所示,银牌获得者会设想如果他们在策略上作一点改变,或是再努力一点,他们就能得到金牌,因此他们用失败来解释自己的银牌成绩,导致他们自身的感觉是"虽胜尤败",为此他们对胜利的喜悦体验反而不如铜牌获得者。

3. 期望定向

自我概念的期望定向功能是指人们对情境和自己行为的期望是受自我概念引导的。在各种不同的情境中,人们对于事情发生的期待和自己在情境中如何行为,都高度决定于自己的自我概念。

金盛华(1993)有关儿童自我概念的实验研究发现,差生成绩落后并非独立存在,而是整个行为动力系统出现角色偏常(role deviance)的结果。差生的消极自我概念导致自我期望、学习动机、外部评价与对待都偏离应当被鼓励和提升的学生角色,差生的成绩落后是一个新的自我一致系统的有机构成部分。在这个自我一致的系统中,成绩落后是差生自己期待得到的结果;教师、家长和同学也认为那是他们应该得到的成绩。这就决定了他们不再愿意更努力地学习,决定了学习对他们不再有应有的吸引力。为此,积极自我概念的培养在儿童教育中具有尤其重要的地位,因为其作用不仅在现在发生,而且影响着儿童自我的发展方向,罗森塔尔效应更是验证了自我概念的这一作用。

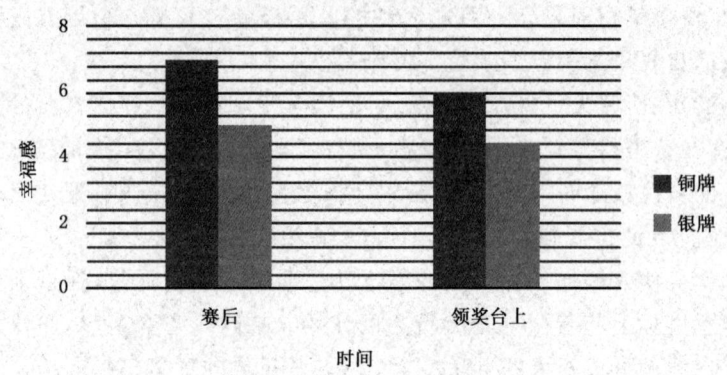

图 3-10　不同获胜者在不同时间的幸福感大小

来源:乔纳森·布朗.自我[M].陈浩莺,等译.北京:人民邮电出版社,2004.

第二节　自我概念的形成与自我认知

一、自我概念的形成与发展

刚出生的小宝宝知道自己是谁吗?他能感觉到自己与家人和周围的玩具是各自独立存在的吗?为什么几乎每个宝宝都会咬自己的手指头直到咬疼了、咬哭了呢?原因就是人不是一生下来就有自我意识的,自我意识的产生必须具备两个前提条件:一是必须要有健全发育的大脑;二是人必须生活在人类社会环境中,感受到他人与自己的语言、表情等交流。

案例:

小然然刚生下来有 5 个月了,经常把自己的手伸在眼前凝视,似乎是在观察皮肤的纹路,又好像是在观看奇异的手指。啼哭的时候她会把手指伸到自己的嘴里,玩耍时也会,不断地吸吮,似乎是要得到与吸吮母乳一样的满足。这时的然然并没有把手指当作是自己身体的一部分,而是当作一个玩具,说明自我意识尚未形成。

随着然然月龄的增加,有一天她终于不把手放在嘴里了,这是一件令然然爸爸妈妈高兴的事情,说明"自我意识"出现了。这多半是因为她曾经把手放在嘴里无意间咬了一口感到了疼痛,才开始觉察这是自己的身体并非无关的玩具或其他东西。

8 个月的然然十分容易啼哭,妈妈为此很着急,因为不知道她是哪里不舒服——可能是肚子饿了?可能是尿床了?婴儿最初的啼哭并不是故意的,这只是他们和外界沟通的唯一渠道。通过啼哭,然然得到了妈妈的帮助,解决了自己的需要,逐渐认识到妈妈是解决问题的媒介。以后当需要出现时,她就会用啼哭作为向妈妈求助的信号。这时的然然开始认识自身和别人的关系,这是自我意识形成的基础。

然然的妈妈是个很好的启蒙老师。她在与孩子互动时,经常不断地告诉孩子这是什么,那是什么。这一重复重复再重复的过程是增进记忆的重要方法,十分有利于孩子自我意识的发育。后来,然然逐渐学会用语言来和妈妈交流,常常温柔体贴地说:"妈妈,我爱你!"

自我意识是在个体生理和心理能力发展到一定成熟程度的基础上发生、发展的,也是在个体与社会环境长期相互作用的动态过程中形成和发展的,许多因素对自我意识的形成和发展起着重要作用。

> **学习目标3.2 理解并举例说明影响自我概念形成与发展的因素**
> 重点掌握:①自我概念形成:个人因素(生理因素)、社会因素(家庭环境、重要他人、社会文化环境);②自我概念发展:个人因素(心理因素)、社会因素(学校环境)。

(一)影响因素

1. 个体因素

(1)生理因素

由然然的成长轨迹我们可以看出,幼儿的自我意识的形成将经历三个阶段:物—我知觉分化、人-我知觉分化和有关自我的词的掌握。

- 物-我知觉分化。1岁末时,幼儿开始能将自己的动作和动作的对象区别开来,在感觉上,对自己的动作与动作对象或结果产生了分化。比如,推球,球滚;拉床单,床单挪位,床单上的小猫吓跑了。这是在物-我感觉分化基础上形成的对自己动作和与动作相联系的外物的分化知觉。

  幼儿开始能将自己和自己的动作区分开来,出现最初的随意动作。幼儿开始觉察到他所做的动作是自己发动的,自己是活动的主体。这标志着儿童出现了最初的(相对于客体,尤其是物理性客体)主体意识。

- 人-我知觉分化。人-我知觉分化可以分为两个阶段:一是对人微笑;二是从形象上区分他人和自己。对人微笑,3个月的婴儿开始出现对他人的微笑,表明婴儿对他人刺激发生了反应,这是一种最初的人际相互作用反应。

  从形象上区分他人和自己。婴儿认识他人的形象比认识自己的形象出现得更早。6个月以前的婴儿已能对不同的他人作出不同的反应,从镜中认识父母的形象。7、8个月的婴儿开始关注镜中的自我像,10个月出现与镜中自我像玩耍的倾向,能准确认识镜中或照片上的自我形象。1岁零8个月开始能区分同伴,包括从照片上区分。2岁零2个月的幼儿能准确认识镜子里或照片上的自我形象,这标志着儿童出现了最初的自我意识——自我知觉。

- 有关自我的词的掌握。语言的出现为我们提供了更多关于自我的信息。1岁以后,幼儿开始能将自己同表示自己的词语(名字)联系起来。同时,发展起对自己躯体的认识和对自己身体感觉的意识。"我"这个词的掌握在儿童自我意识的形成上是一个质的变化。儿童随着年龄的增长,在社会生活中进一步发展起自我评价,产生自我情感,到3岁时出现明显的自尊心和羞耻感。

婴儿知道自己是谁吗?

1972年,阿姆斯特丹(P. Amsterdam)运用盖洛普(G. Gallup)在黑猩猩实验中使用的"红点测验"来研究婴儿的自我意识。在不让婴儿觉察的情况下,在婴儿(3~24个月)的鼻子上涂一红点,然后观察婴儿照镜子时的反应(见图3-11)。阿姆斯特丹假设,如果婴儿在照镜子后能立即发现鼻子上的红点,并用手去摸它,表明婴儿已能将自己的形象和加在自己形象上的东西区别开来。24个月的婴儿几乎都会利用镜子去抹掉不属于自己的"红点"。

图3-11 婴儿照镜子

实验研究表明,婴儿对自我形象的意识要经过三个阶段:第一阶段是游戏伙伴阶段。婴儿看到镜中自己的映像后,对着映像微笑、发声,拍打镜中的映像,还会到镜子后面去找那个并不存在的人。第二个阶段是退缩阶段。婴儿见到镜中的映像似乎感到害怕,从镜前退缩。此时,有些观察家认为婴儿的自我认知迹象已经初露端倪,如有的婴儿见到自我映像似乎显得害羞、窘迫,有的则似乎在自我欣赏。但阿姆斯特丹则认为,婴儿的这些表现很可能在模仿成人照镜子时的模样,不能说就已经具有了自我意识。第三阶段是自我意识或自我认知的出现阶段。婴儿一见到镜中自己的映像,立即去触摸自己鼻子上的红点,而不是去碰镜中映像的鼻子,24个月的婴儿几乎都有这样的表现。

(2) 心理因素

自我过程是影响自我意识形成、方向或目标的心理加工过程,它对自我意识的形成与发展有重要的影响力。其中,自我评价对自我意识有较大的作用力。

自我评价是个体对自身状况所作的肯定与否定的判断。它常常发生在我们希望准确地、客观地描述自我的时候。自我评价通常依赖社会比较和自我估价来实现。社会比较指通过将自己与他人比较以获取有关自我的重要信息的过程。自我估价是指,通过完成能提供有关自我能力或平直的准确信息的任务来检验自我观念的过程。自我评价作为自我意识的一部分,同时也是自我过程的一部分,其本身的发展变化也就影响了自我意识的变化。自我评价发生了变化必然会引起一定的心理行为的变化,而这些变化又会使自我意识出现相应的波动。

2. 社会因素

社会学家米德(Mead)提出的社会互动理论给我们提供了一条新思路。按照米德的观点,社会生活中人们之间有意义的交流导致了自我和社会现实的整合,自我就是一个人通过行为展现自己时使用的符号,自我概念就是一个人用来定义自己的思路和情感的总和。

(1) 家庭环境

家庭环境是指家庭的物质生活条件,社会地位,家庭成员之间的关系及家庭成员的语言、行为、感情的总和。杜亚松等人的研究表明,自我意识得分高者对家庭环境各方面的评价都高于自我意识水平低者。

国外不少研究者发现,父母离异对儿童心理发展(包括自我意识的发展)有显著的消极影响。但也有研究表明,父母分居、离异对儿童自我意识并不产生远期的负面影响,国内学者苏畅、钱秋玲等人的研究结果与之一致。

很多研究者认为,儿童对自己的看法是他们父母如何看待他们的反映。哈特(J. A. Hattie)的研究表明,父母的满意度、教育、兴趣、对待孩子的态度和方式与孩子的自我概念显著相关,如父母对孩子的情感和关注持积极的态度,可以提高孩子的自信心,有利于孩子更好地发展。一些国外研究者还发现,父母的教育兴趣、适度控制和接受性与子女的自我意识显著相关。我国港台地区学者卢钦铭、陈李绸、张春兴等发现,学生愈感觉父母用关怀、奖励、宽容、赞赏、爱护、温暖和高期望的态度来管教他们,他们的自我意识就愈高。劳(S. Lau)等人的研究发现,父母对儿童(8～13岁)的评价,尤其是母亲的评价与儿童自我意识明显相关。父母评价的一致性与儿童自我意识明显相关。父母教育不一致的儿童的自我意识低于父母教育一致的儿童。独生子女自我意识好于非独生子女,两者在自我意识多个因子间的差异有显著性。

(2) 学校环境

按照埃里克森的自我同一性危机理论,此时在学校里,儿童会发展与他人合作的能力。如果在家、在学校或与同伴一起时体验到消极的经验,他们就会觉得自己无能,从而产生自卑感。这时老师对待学生的态度与方式、师生关系和学生学业成绩对学生自我意识的形成与发展具有非常重要的作用。

师生交往是学生的一种重要的社会交往形式,良好的师生关系是促进学生学习和减少学生行为问题的关键因素。在师生交往中,老师对学生行为的评价、情绪反应和行为表现影响着学生对自己的体验和评价,尤其是对学生个性发展中的诸多心理因素如自我意识和自尊心等影响深刻。国内学者林崇德等人的研究发现,处于冷漠型和冲突型师生关系的学生在自我意识发展方面低于亲密型师生关系的学生。

(3) 社会文化环境

社会文化对个体社会化过程有重要的影响力,必然也与自我意识的形成和发展密不可分。政治、经济、国家的宣传体系、宗教团体、风俗禁忌、习惯传统以及生产力发展水平等都在日常生活中潜移默化地渗透到人们的自我意识中。在同文化背景下生活的人们,就可能形成共同的自我意识成分。这在跨文化研究中有明显的例证。例如,美国的儿童更为积极、主动、进取,敢于向环境中的问题挑战;而墨西哥的儿童更为被动、驯良、忠顺,忍受环境压力而不去改变它们。

> "如果我的头脑可以构想,我的内心拥有信念,我认为我一定能实现。消除绝望!树立希望!我是重要人物!"
> ——美国民权活动家杰西·杰克逊,《向华盛顿进军》,1983

(二)性别认同:你是男孩还是女孩?

当一个小宝贝睁开眼睛打量这个陌生的世界时,她看到自己身上淡粉色或是嫩黄色的小衣服,看到小床边各种可爱的洋娃娃,听到有人喊一个温婉、柔美的名字……她绝不会知道这是怎么回事,更不会知道自己是个女孩子!当小家伙还什么都搞不清的时候,她已经被大人带入了一个女孩子的世界,大概要到2岁的时候她才会知道自己与幼儿园或邻居家的男孩子是不同的,到了4~7岁的年龄段,她会开始理解性别是每一个人的基本属性,包括孩子们喜欢的宠物和卡通动物在内。在这之后她会在某种文化、教育背景下自然而然地学习怎样做一个女孩儿、女生和女人。

性别认同是自我意识中的一个很重要的部分,也就是个体可以很清楚地认识到自己的性别,并且采取与性别相符的行为。对于性别的认识过程,心理学家们作出了不同的解释。精神分析学派的创始人弗洛伊德认为儿童对于自己性别的认同主要是通过对自己同性父母的自居作用来完成的,即儿童通过想象或模仿,将自己置身在其同性父母的地位上,以他们自居模仿他们的行为包括衣着、举止等。在弗洛伊德看来,这种自居作用在儿童社会化发展过程中是十分重要的,而且它也很好地解释了"恋母情结"或"恋父情结"。

社会学习理论的代表人物班杜拉认为儿童性别认同的获得主要是通过社会家、庭和学校的影响而实现的。他和弗洛伊德所见略同的是,都认为儿童要通过观察、学习、模仿同性父母的行为来完成自己的性别相符行为;所不同的是,班杜拉所强调的是获得中,当儿童做出性别相符行为时,父母的鼓励、支持和称赞是起决定性作用的,它促进、维持了行为的继续产生,也就是行为强化在儿童自我认同获得中是至关重要的。

(三)性别边缘:关注同性恋

同性恋(homosexuality)一词是由德国医生本克特(Benkert)于1869年创造的。这个词描述的是,对异性人士不能作出性反应,却被自己同性别的人所吸引。今天,同性恋、异性恋和双性恋,被认为是不同类型的"性倾向",其定义是:"持久地对某一特定性别成员在性爱、感情或幻觉不同的吸引。"

同性恋问题一直广受争议,它所带来的社会问题是不容忽视的。随着卫生组织日积月累的经验性研究、跨文化研究,世界卫生组织在修改后的 ICD-10《精神与行为障碍分类》中将同性恋从成人人格与行为障碍的分类中删除(世界卫生组织,1992)。这一分类方案的前言中指出:"一种分类也是一个时代看待世界的方式。无疑,科学的进步和运用这些指导手册的经验,最终将会要求修改这些指导手册,跟上时代。"

美国纽约城市大学城市学院心理学系坎摩尔(Douglas C. Kimmel)博士认为将同性恋从精神疾病分类中删除的决定可以被理解为出于三个理由:首先,那些公开其性倾向的同性恋者出现在生活的所有方面和所有的社会中,而且他们和异性恋者一样,融入这些社会,过着建设性的有意义的生活。其次,经验性科学研究令人信服的证据说明,同性恋不是一个病理学整体。再次,西方心理学界已经开始认为,性倾向是正常人类多样性的一个方面,并且其他文化中有着一系列不同的社会态度,提示这种行为可以被认为是正常或至少是可以接受的,除非存在着强烈的反对这种行为的宗教偏见。

> "别人的过错在我们眼前,我们的过错在自己背后。"
> ——Seneca, De Ira, A.D.43

二、自我认知

(一)自我知觉理论

学习目标3.3　理解自我知觉理论的概念

自我知觉理论(self-perception theory)的提出者贝姆(Bem,1967)认为,与个人通过别人的行为来认识别人的特征的机制一样,个体对自己态度、感情和其他内在状态的认识,也存在根据自己的外显行为和该行为发生的环境而进行推断的机制。在许多情况下内在线索是微弱模糊、不清楚的,因此,个体就要站在外界观察者位置,依据外部线索去推断个人的内在状态。所以,个体需要通过对自己的外显行为及行为发生的环境进行功能分析来获得自我知觉。

自我知觉理论:个体对自己态度、感情和其他内在状态的认识,存在着根据自己的外显行为和该行为发生的环境而进行推断的机制。

(二)自我觉知

学习目标3.4　掌握自我觉知的概念

让我们一起来想象这样一个场景:你来参加一个十分重要的面试,女秘书把你引进一间装修别致的会议室,让你稍作等待。你坐的位置对面刚好有一面落地镜,你下意识地不住地抬头从镜中打量自己。你发现领带在挤车的时候被弄歪了,头发也被风吹得有些凌乱,连笑容也很僵硬……你变得不安起来。趁着女秘书送茶过来的时候,你终于借口要去卫生间而离开会议室。在卫生间里你开始打理自己，以修整镜中那个令你不满意的自我觉察的形象。

自我觉知（self-awareness）是指个体把自己当作注意对象时的心理状态。根据自我觉知理论（self-awareness theory），当我们将注意力集中于

> **自我觉知**：是指个体把自己当作注意对象时的心理状态。

自己时，我们会根据自己的内在标准与价值观来对自己现在的行为进行评价和比较（Carver，2003；Duval 和 Silvia，2002，1972）。在生活中的很多场景里，我们都会情不自禁地把目光投向自己，在意自己的穿着打扮是否合适，行为举止是否得体；在强烈的情感冲击下，我们也会更关注自己的内心体验，夸大一种情绪的感受度。

巴斯（Buss）把自我觉知分为内在自我觉知（private self-awareness）和公众自我觉知（pubic self-awareness），前者是指个体对自己内部特征和感受比较重视，而后者则是指个体对自己的外在方面比较在意。由于内在自我和公众自我的关注点不同，所以他们所引起的反应也完全不同。内在自我的人对自己的感受比较在乎，因此他们常常会夸大自己的情感反应；同时这些人对自己的特征比较关注，所以他们的自我概念中内在事件清楚而明确；也因为上述因素，内在自我的人常常坚持自己的行为标准与信念，不太会受到外界环境的影响。与内在自我的人不同，公众自我的人由于太看重外界他人的影响，所以他们害怕别人评价自己，担心别人对自己有不好的评价；其次，由于看重来自他人的反馈，他们也常常会产生暂时性的自尊感低落，容易在理想自我与现实自我之间产生距离；最后，公众自我高的个体常常比较在乎外在的行为标准。

内在自我与公众自我的测量

下面的量表是心理学家 Fenigstein、Scheier 和 Buss 在 1975 年编制的"自我意识量表"（self-consciousness scale，SCS），其中"0"表示完全不符合我，"4"表示非常符合我，"1、2、3"分别代表不同程度的符合或不符合。请在你认为合适的数字上打"√"。

1. 我经常试图描述自己。	0	1	2	3	4
2. 我关心自己做事的方式。	0	1	2	3	4
3. 总的来说，我对自己是什么人不太清楚。	0	1	2	3	4
4. 我经常反省自己。	0	1	2	3	4
5. 我关心自己的表现方式。	0	1	2	3	4
6. 我能决定自己的命运。	0	1	2	3	4
7. 我从不检讨自己。	0	1	2	3	4
8. 我对自己是什么样的人很在意。	0	1	2	3	4

9. 我很关注自己的内在感受。	0	1	2	3	4
10. 我常常担心我是不是给别人一个好印象。	0	1	2	3	4
11. 我常常考察自己的动机。	0	1	2	3	4
12. 离开家时我常常照镜子。	0	1	2	3	4
13. 有时我有一种自己在看着自己的感受。	0	1	2	3	4
14. 我关心他人看我的方式。	0	1	2	3	4
15. 我对自己心情变化很敏感。	0	1	2	3	4
16. 我对自己的外表很关注。	0	1	2	3	4
17. 当解决问题时我清楚自己的心理。	0	1	2	3	4

第3题和第7题反向计分,代表内在自我的题目包括：1、3、4、6、7、9、11、13、15和17,把它们的总分计算出来;代表公众自我的是2、5、8、10、12、14和16。对大学生群体而言,内在自我的平均得分为26,而外在自我的平均分为19。

(三) 自我图式

学习目标3.5　掌握自我图式的概念

自我图式是指我们用来组织和指引与自己有关信息的一套自我信念,它就像"拼图"一样,每块"经验拼图"共同拼成一幅完整的"自我概念"油画。在马库斯(Markus)和沃夫(Wurf)看来,自我图式构成了我们的自我概念,他可以帮助我们分类和提取经验。

> **自我图式**：是指我们用来组织和指引与自己有关信息的一套自我信念。

自我图式由那些对我们而言最重要的行为方面组成。因为我们每个人生活中的每一部分并不是同等重要的,所以不是我们做的每一件事都能够被称为我们的自我图式的一部分。而且,因为每个人的生活经验不同,所以每个个体形成的自我图式也是不同的。马库斯和沃夫的研究发现,在东方集体主义文化中,母亲是自我图式的一部分,这就使中国人的自我图式中包含和母亲相关的内容。

更令人格心理学家感兴趣的是自我图式中的独特性。自我图式一旦建立,就会起到选择机制的作用,从而影响到与自我有关的信息输入与输出,决定了个体是否关注信息、如何建构信息、信息对其的重要性程度以及随后对信息的处理。

马库斯以"独立—依赖"维度实验为例,把被试分为有独立图式组、依赖图式组和中间型组共三组,然后让他们坐在电脑前,根据屏幕上呈现的形容词在两个按钮之间作选择,一个表明"是我",另一个表明"不是我"。被试的任务就是判断这个词是否可以描述自己,并按下相应的按钮。研究指出,独立图式组做出独立行为的频率高,依赖行为的频率低;依赖图式组刚好相反;而中间型组在两种对立行为维度上的频率分布则是一条水平线,做出独立和依赖行为的频率没有差别。如此,通过定义操作化的过程,马库斯将行为从情境中完全脱离出来。从特质决定行为的假设出发,被试在某种特质维度上是否会随情境而变化的行为成为有无图式的必要条件。

三、自我确认

自我确认(self-verification)是指人们注意和寻找那些与自我概念相符合的信息的倾向。研究表明(Swann,1984,1990)自我认识过程并不是对全部现有信息进行扫描,而是寻找那些与自我概念一致的外部评价性信息。如果个人认为自己是自信的,就会寻找能确认这个自我概念的信息,而排斥否定的信息。

斯旺(Swann,1992)曾经做过实验,证明人们确实偏爱确认自我概念。研究者假设,人们会去寻求能够验证自我概念的伙伴。研究让高自我评价和低自我评价的被试从两类评价者中选择一种与其合作。评价者(假被试)中一部分对被试的评价是肯定的,另一部分对被试的评价则是负面的。是否每个被试都会选择肯定自己的评价者呢?研究获得了有意思的结果,如图3-12所示。

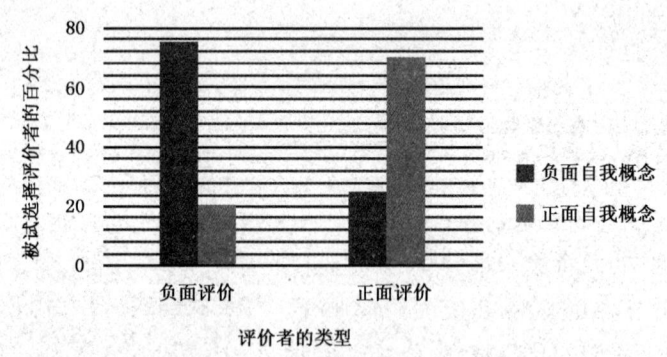

图 3-12 同伴交往偏好

来源:L. A. Bowen.人格科学[M].周榕,等译.上海:华东师范大学出版社,2001.

图3-12的结果表明,负面自我概念的被试选择负面评价者的百分比远远超过选择正面评价者的比例,而自我概念积极的被试则更多选择了正面评价者。实验的结果充分说明,个体更倾向于选择能够证实自己自我概念的交往同伴,这为我们理解为什么负面自我概念常常很难改变提供了有力的证据。

四、自我服务偏差

学习目标3.6 理解自我服务偏差的四种情况及其概念，并举例说明
重点掌握：焦点效应、自利偏差、盲目乐观、虚假一致性和虚假独立性。

（一）焦点效应

焦点效应（spotlight effect）指的是人们在自我观察的时候，会高估自己的突出程度，把自己看作一切的中心，直觉地高估别人对自己的注意度的现象，它是我们自我认知的一种偏差。吉尔洛维奇（Gilovich等，2000）展示了这种焦点效应。在研究中，他们让康奈尔大学的学生穿上某一品牌的T恤，然后走进一个还有其他学生的房间。研究发现穿T恤的学生猜测大约一半的同学会注意到他的T恤，而实际上注意到他的人只有23%。

> **焦点效应**：指的是人们在自我观察的时候，会高估自己的突出程度，把自己看作一切的中心，直觉地高估别人对自己的注意度的现象，它是我们自我认知的一种偏差。

和焦点效应相对应的是透明度错觉（illusion of transparency），即人们认为自己隐藏的情绪一旦外露就会被别人发现的错觉，实际上别人可能根本看不出来。比如我们触按了图书馆的警铃，或者自己是宴会上唯一一个没有为主人准备礼物的客人，我们可能会非常苦恼（"大家都以为我是一个怪人"）。其实，这些都是透明度错觉在发挥它的作用——把过多不必要的焦点聚焦在了别人对我们自己情绪的看法上。

沙维斯基和吉尔洛维奇（Savitsky和Gilovich，2003）在研究中发现人们总是高估自己内在状态外露的程度。比如说谎的人认为他人都会觉察到他在欺骗别人，如果你喝了很难喝的饮料，你就会觉得别人观察到了你对饮料的厌恶。许多人在作公开的陈述报告时，会认为自己看起来不仅紧张而且焦虑，并认为其他人也注意到了这些。

沙维斯基和吉尔洛维奇想知道"透明度错觉"在那些没有经验的演讲者身上是否也会出现？在研究中，沙维斯基和吉尔洛维奇以康奈尔大学的77名学生为被试，让他们作一个3分钟的演讲并录像，内容是关于学校内部种族关系。被试被分为三个组：

告知组——向被试解释了透明度错觉："研究结果已证明观众不会如你们预期的那样注意你们的焦虑——演讲者感觉他们自己很紧张，而实际上并不那么明显。把这个记在心上，你们应该放松并做到最好。要知道如果你们紧张，很可能只有你自己知道。"

安心组——主试告诉被试："你们不必过多地担心他人的想法……把这个记在心上，你们应该放松并做到最好，你们不必担心自己紧张。"

控制组——主试没有给参加实验的被试更进一步的说明。

表 3-2　对演讲的质量和演讲者的紧张度的评定结果　　　　*$p<0.05$

评定类型	控制组	安心组	告知组
演讲者的自我评定			
演讲质量	3.04	2.83	3.50*
放松的表现	3.35	2.69	4.20*
观察者的评定			
演讲质量	3.50	3.62	4.23*
镇定的表现	3.90	3.94	4.56*

在演讲过后,用 7 点量表对演讲的质量和演讲者的紧张度进行评定,结果如表 3-2 所示,告知组的演讲者比另外两个组的演讲者对自己的演讲和表现都感觉较好,观察者也证实了演讲者的自我评价。所以,当你担心自己表现紧张的时候,停下来想一想这些实验带给我们的启示:实际上他人并没有你想象的那样注意你。

(二) 自利偏差

自利偏差也称为自我服务偏见(self-serving bias),当人们加工和自我有关的信息时,会出现一种潜在的偏见:我们一边轻易地为自己的失败开脱,一边欣然接受成功的荣耀,在很多情况下,人们觉得自己比别人好。施密特和艾里科(Schmitt 和 Allik,2005)对 53 个国家的自尊研究作了分析,发现每个国家平均的自尊分数都在中间分数以上。

> **自利偏差**:也称为自我服务偏见(self-serving bias),当人们加工和自我有关的信息时,会出现一种潜在的偏见:我们一边轻易地为自己的失败开脱,一边欣然接受成功的荣耀。

坎贝尔和迪基德斯(Campbell 和 Sedikides,1999)分析了一些实验结果后发现,当得知自己成功后,人们表示只乐于接受成功的荣誉——他们把成功归结为自己的才能和努力,却把失败归咎于如"运气不佳""问题本身就无法解决"这样的外部因素。再看看那些造成交通事故的司机的理由:他们会说"不知从哪里钻出来一辆车,撞了我一下又跑了";"我刚到十字路口,一个东西忽然挡住了我的视线,以至于我没看见别的车";"一个路人撞了我一下,就钻到我车轮下面去了"。在那些能力和运气同样重要的情境里,这种现象尤其容易出现。

金登(Kingdon,1967)发现政治家们也倾向于把胜利归功于自己的勤奋工作、为选民服务,或者声誉或策略;把失败归因于不可控的因素,如本选区政党的组织问题等。梅祖利斯(Mezulis,2004)在研究中也发现当公司利润增加时,CEO 们把这个额外的收益归功于自己的管理能力而当利润下滑时则归于经济不景气。

人们拿自己和别人比较时,也会出现自利偏差。大部分人都觉得自己比平均水平要高。和总体水平相比,大多数人都认为自己道德水平更高,更胜任自己的工作,自己更友善更聪明,更英俊,更没有偏见,更健康,甚至更具洞察力并且在自我评价时也更为客观。像加里森·凯勒的小说《沃伯根湖》一样,"所有妇女都很强壮,所有男子都很英俊,所有孩子都比平均水平要好"。虽然12%的人觉得自己比实际年龄要老,但却有66%的人觉得自己比实际年龄要年轻。就连弗洛伊德也闹笑话,他对妻子说:"如果咱们俩中的一个先去世,我想我会搬到巴黎去住。"

罗斯和西科利(Michael Ross 和 Fiore Sicoly,1979)研究了婚姻中的自利偏差,发现加拿大年轻的夫妇对自己承担的责任的归因比配偶的要多:丈夫们估计自己做了约42%的家务活,而妻子估计她们的丈夫只做了33%。

自利偏差存在于我们生活的方方面面

戴夫·巴里(Dave Bamy,1998)指出:"无论年龄、性别、信仰、经济地位或种族有多么不同,有一件东西是所有人都有的,那就是在每个人的内心深处都相信,我们比普通人要强。"我们也相信我们在多数主观的和令人向往的特质上强于一般人,自我服务偏见体现在以下几方面:

(1)伦理道德。大多数生意人认为自己比一般生意人更道德(Baumhart,1968;Bener 和 Molander,1977)。一个全国性调查有这样一道题目:"在一个百分制的量表上,你会给自己的道德和价值打多少分?"50%的人给自己打分在90分或90分以上,只有11%的人给自己打分在74分或74分以下(Lotett,1997)。

(2)工作能力。90%的商务经理对自己的成就评价超过对其普通同事的评价(French,1968)。在澳大利亚,86%的人对自己工作业绩的评价高于平均水平,只有1%的人评价自己低于平均水平(Header 和 Wearing,1987)。大多数外科医生认为自己患者的死亡率要低于平均水平(Gawande,2002)。

(3)优点。在荷兰,大部分高中生认为自己比普通高中生更诚实,更有恒心,更有独创性,更友善且更可靠(Hoorens,1993,1995)。

(4)驾驶技术。多数司机甚至一大部分曾因车祸而住院的司机都认为自己比一般司机驾车更安全且更熟练(Guerin,1994;McKenna 和 Myers,1997;Svenson,1981)。

(5)聪明才智。大部分人觉得自己比周围的普通人更聪明,更英俊,更没有偏见(Public Opinion,1984;Wylie,1979)。当有人超过自己时,人们则倾向于把对方看成天才。

(6)忍耐度。在1997年的盖洛普民意测验 Gallup Poll 中,只有14%的美国白人在黑人歧视程度的10点量表(0~10分)上打分达到或超过5,可是在给其他白人打分时,44%的白人的分值达到或超过5。

(7)赡养父母。多数成年人认为自己对年迈父母的赡养比自己的兄弟姐妹们多(Lerner 和 others,1991)。

(8)健康。洛杉矶居民认为自己比大多数邻居更健康。而多数大学生认为他们将比保险公司预测的死亡年龄多活十年左右(Larwood,1978;C. R. Snyder,1978)。

(9)洞察力。我们假定,他人的语言和行为能够体现他们的本质。我们私下的想法也是如此。因此我们中的大多数人都认为我们比别人更了解我们自己。我们也认为比起别人来,我们更了解自己(Pronin 和 others,2001)。很少有大学生会认为自己比别人更天真或更傻,但他们会认为别人要比他们傻得多(Levine,2003)。

(10)摆脱偏见。人们往往认为他们比其他人更不容易受偏见的影响(Pronin 和 others,2002)。他们甚至认为自己比多数人更不容易产生自我服务偏见。

(三)盲目乐观

人们对自己的认知有时候会有盲目乐观的倾向(见图3-13)。谢帕德(Shepperd,2003)指出,人们对未来的生活事件盲目乐观,部分是因为他

> **盲目乐观:** 人们对未来的生活事件盲目乐观,部分是因为他们对别人命运的相对悲观。

们对别人命运的相对悲观。例如,在罗格斯大学进行的一项研究发现大学生们往往认为自己远比其他同学更可能找到好工作、领高额薪水和拥有更好的房子。而那些悲惨的事情,如酗酒、突发心脏病等更可能发生在别人身上。

图3-13 盲目乐观:大多数夫妇都憧憬着能与爱人白头偕老,实际上,在个人主义文化中,半数的婚姻都以失败告终

由于相信自己总能逢凶化吉,对一些可能的失败,人们往往不去采取明智的预防措施。博格和彭斯(Burger 和 Burns,1988)对大学生性生活进行研究,发现那些意外怀孕的女生大部分都认为自己不大可能意外怀孕,因而没有采用避孕措施。盲目乐观的人也更有可能选择那些低年费和高利率的信用卡,对一般的借款人来说这是一种很差的选择,他们的利息费用远远超过了年费。

那些开车不系安全带,不肯承认吸烟会危害身体健康或者不仔细经营夫妻关系的人,都在提醒我们,盲目乐观如同傲慢一样,是失败的先兆。吉布森和三本松(Gibson 和 Sanbonmastu,2004)发现在赌博时,乐观者比悲观者更能坚持,即使是连续不断地在输钱。如果炒股票或房地产商认为自己的商业直觉超过自己的竞争者,他们同样也可能会遭到严重的挫败。亚当·斯密预见人类将高估自己盈利的可能性。他认为这种对自己好运的荒谬的推断来源于绝大多数人对自身能力的一种自负的幻想。

心理学的研究表明,随着时代的发展,人们盲目乐观的现象也在上升。特温奇和坎贝尔(Twenge 和 Campell,2008)指出,在19世纪70年代,一半的美国高中毕业生预测他们作为成年人将会成为"很好的"员工——这是可获得的最高的评价;而到了2006年,有2/3的美国青少年相信自己置身于前20%的行列。尽管目标高远对成功是有好处的,但把目标定得太高很有可能要面对失败。

第三章 自我概念

怎样才能把我们从盲目乐观的危险中拯救出来？防御性的悲观主义者会预见问题的发生并克服盲目乐观的弊端。诺勒姆(Julie Norem,2000)提出的防御性悲观主义能预见问题的发生，并促使自己进行有效的应对，正如成语"居安思危"所说的。

（四）虚假一致性与虚假独立性

为了进一步增强我们的自我形象，我们常常表现出这样一种奇怪的倾向：过分高估或低估他人会像我们一样思考和行事。我们过高地估计别人对我们观点少量而现实的赞成度以支持自己的立场，这种现象被称为虚假普遍性中的"防御效应"(false consensus effect)。如果我们赞成加拿大全民公决或是支持新西兰国家党，我们会满怀希望地以为别人也持同样的观点，好像人对世界的理解就只能是一种常识。如果任务失败，我们可能会把这些失误看成是正常的，从而让自己安心。当有人说谎时，便觉得其他人不诚实。觉得其他人也像自己那样思考和行事。

> **虚假普遍性**：过分高估或低估他人会像我们一样思考和行事。我们过高地估计别人对我们观点少量而现实的赞成度以支持自己的立场。

我们常会高估跟我们有同样行为的人。四个最近的研究指出：

（1）在禁澡期间偷洗澡的人会认为很多人也正在做同样的事情(Monin 和 Norton,2003)。

（2）剧烈运动后口渴的人会想象，跟饥饿相比，迷路的徒步旅行者更可能会遭受口渴之苦。博文和洛温斯坦(Bowen 和 Lowenstein, 2003)的一项研究表明，88%刚做完运动的口渴者会作出这样的猜测，而那些将要去运动的人中只有57%会这样想。

（3）当人们自己的生活发生变化时，可能会认为整个世界也在发生变化。具有保护意识的初为人父母者也会认为世界更加危险。此外，节食减肥的人会认为食品广告更具欺骗性(Eibach 和 others, 2003)。

（4）对其他民族怀有消极看法的人推测很多人都会怀有这样消极的僵化思想(Krueger, 1996)。因此我们对别人思维的感知可能会揭示出一些我们自己的东西。塔尔玛德(Tahmud)说："我们并不是客观地看待事物，而是总是从我们自己的角度出发来看待事物。"

虚假普遍性之所以会发生，是因为我们的归纳性结论只是来自一个有限的样本，而这个样本显然还包括我们自己在内(Dawes, 1990)。既然缺少其他信息，何不使用我们自己内心的"投射"呢；何不把我们自己的认识推及别人，用自己的反应作为线索来推断别人的反应呢？此外，我们多半和那些同我们态度和行为相近的人交往，并透过这些熟悉的人来评判世界。

能力方面，当我们干得不错或者获得成功时，虚假独特性效应(false uniqueness effect)则更容易发生。人们倾向把自己的智慧和品德看成是超乎寻常的，以满足个人的自我形象。这样，那些喝得醉醺醺也不系安全带的司机会高估（虚假普遍性）其他开车的酒鬼的数量，而低估（虚假

> **虚假独特性**：人们倾向把自己的智慧和品德看成是超乎寻常的，以满足个人的自我形象。

独特性)系安全带的普遍性(Suls 和 others,1888)。从我们更多地把优点而非缺点归因于自己的倾向出发,似乎可以顺理成章地得出这样的结论(Gross 和 Miller,1997;Krueger,1997;Krueger 和 Clement,1997)。某种行为越不常见,我们就越容易高估它的频率(如果20%的人是自私的,则人们会把相对于自己的其他人中自私者的数目估计得远远高于20%)。这样我们就会觉得自己的失误是相对普遍的,而我们的优点却是非同寻常的。

总之,自我服务归因,自我恭维的比较,盲目乐观,以及认为自己缺点的虚假普遍性,所有这些倾向是导致自我服务偏见的根源(见图 3-14)。

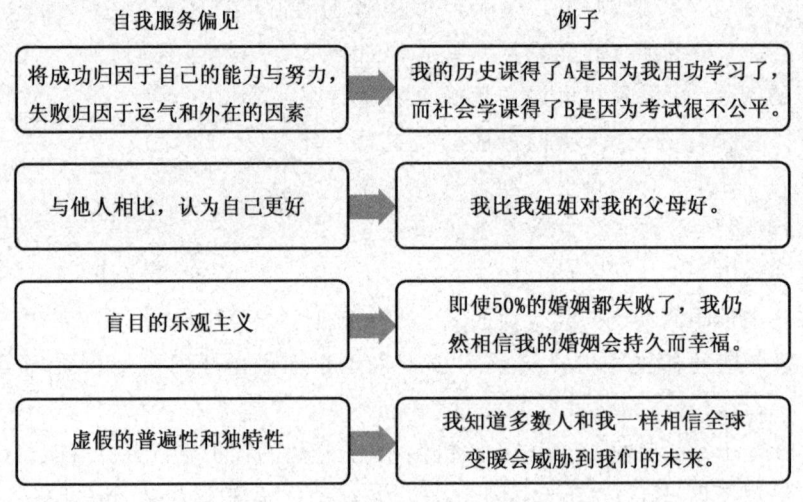

图 3-14　自我服务偏见如何起作用

第三节　自　尊

一、自尊的结构与影响因素

(一)自尊的概念与种类

学习目标3.7　掌握自尊的概念及种类

自尊(self-esteem)是人的自我概念中与情绪有关的内容,它指一个人如何肯定与赞扬自己,是自我评价的重要维度。早在 1890 年,詹姆斯就在他的名著《心理学原理》中论述了自尊的含义和重要性。后来,马斯洛(Marslow,1943)、罗杰斯(Rogers,1951)、罗森伯格(Rosenberg,1965)、库

> **自尊:** 是人的自我概念中与情绪有关的内容,它指一个人如何肯定与赞扬自己,是自我评价的重要维度;在心理学家看来,拥有自尊是人格成熟的重要标志。

柏(Cooper Smith,1967)、布兰登(Branden,1969)等人进一步分析和探讨了这一概念。在心理学家看来,拥有自尊是人格成熟的重要标志。

最早为自尊下定义的是心理学家詹姆斯,他认为个人对自我价值的感觉取决于其实际成就与其潜在能力的比例。由此提出了自尊公式:自尊＝成功(success)/抱负水平(pretension)。目前这方面的研究进一步区分了两种形式的自尊:外显自尊和内隐自尊。

自尊通常是沿着从高级到低级、从正向到负向的等级来测量评定的。如果你觉得自己有很多好品质,具备一些别人没有的长处,对自己的总体感觉是满意的,那么无疑你是个具有高自尊的人。反之,如果你认为自己没有任何值得骄傲的地方,总体来说是个失败者,那么你正在被低自尊感所困扰。这些都体现在罗森伯格(M. Rosenberg,1965)的自尊量表中。

以上我们所得到的是一些关于外显自尊的认识,随着认知心理学的发展,内隐自尊的研究可以揭示出一些外显研究所不能揭示的内容。例如,由于文化背景的差异,亚洲人较欧洲人不大可能在外显自尊量表中给自己太高的分数,而总是报告出比较温和的平均值。但是,在北山和柄泽(Kitayama 和 Karasawa,1997)的内省自尊量表的测查中,研究者发现日本学生在比较有自己名字的字母表和没自己名字的字母表时更喜欢前者,而且他们还更喜欢与他们生日日期有关的数字。个体并未意识到这是为了满足其正向自尊的需要,因而均属于内隐自尊效应。由于内隐自尊是在大量经验累积的基础上所产生的潜意识的自动化的整体性自我评价,因而它也是难以改变的。赫特、萨库玛和佩勒姆(Hetts、Sakuma 和 Pelham,1999)的一项跨文化实证研究发现,集体主义文化背景的个体移居到个人主义的文化区域时,外显自尊随着其接受当地文化规范就已发生改变,并与当地居民一样有偏高现象。而内隐自尊在短期内却难以改变。这表明,内隐自尊就长期来说具有比外显自尊更为稳定的结构。原因可能是外显自尊的形成来自个体对环境的认知,人们会按照外在的文化规范建构新的自我评价,因而外显自尊较容易受到环境的影响而改变。而内隐自尊似乎是较为长期稳定的个人特质(石伟、黄希庭,2003)。

> "直面你的局限性吧,毫无疑问他们是属于你的。"
> —— Richard Bach

(二) 自尊的结构

随着人们对自尊概念的理解不同,所提出的自尊结构也有着高度区别。

1. 国外学者

詹姆斯(James,1892)认为,自尊即个体的成就感,取决于个体在实现其设定目标的过程中成功或失败的感受。波普(Pope,1988)则认为,自尊由知觉的自我和理想的自我两个维度构成。知觉的自我就是自我概念,是个体对自己具备或不具备各种技能特征和品质的客观认识。理想的自我是个体希望自己成为什么人的一种意向和一种想拥有某种特性的愿望。当知觉的自我与理想的自我一致时,自尊就是积极的,当知觉的自我与理想的自我不一致时,自尊就是消极的。这一观点与罗杰斯(Rogers,1951)早期的观点是一致的。

部分学者试图用更为复杂的模型来解释自尊的构成。库珀·史密斯(Cooper Smith,1967)提出,自尊从四个方面来建立:一是个人重要性,指个体是否感到自己受到生活中重要人物的喜爱和赞美;二是能力,指个体是否具有完成他人认为很重要任务的能力;三是个体的道德性,指个体所达到的伦理和道德标准的水平;四是权力,指个体影响和控制自己生活与他人生活的程度。

2. 国内学者

我国学者张静(2002)认为,自尊是个体社会实践过程中所获得的对自我的积极情感性体验,是主客体相互作用的产物,由自我效能(或自我胜任)和自我悦纳(或自爱)组成。蔡建红(2001)调查大学生的自尊结构发现,大学生的自尊结构由一般自我价值感、社交口才、学习能力、他人及社会认同、父母关系、归属群体、人际亲密、演讲、体育运动九个因素构成。有研究表明,自尊是由利他、人际、生理学业、家庭和总体自尊构成的。黄希庭(1998)认为,自尊可以分为总体自尊、一般自尊和特殊自尊。其中特殊自尊是个体对自我某一方面的评价和接受程度,具有特殊性情、境性和不稳定性;一般自尊和总体自尊是在特殊自尊的基础上,抽象概括出来的自我评价与感受;总体自尊不具有情境性和特殊性,是对自我的综合评价和整体体验,具有稳定性。他认为这三个层次是一个有机整体,其中一般自尊和特殊自尊又可分为社会取向和个人取向。

(三)自尊的影响因素

学习目标3.8 理解并掌握影响自尊的因素和提升自尊的手段

影响因素:①父母教养方式;②学业成绩;③个人因素。

提升自尊的手段:①学会用自我服务的方式去解释生活;②用自我障碍的策略;③为失败找借口;④使用防卫机制否认或逃避消极的反馈;⑤学会向下比较以及采用补偿作用;⑥在自己某一方面的能力受到怀疑时转到自己擅长的活动中去等。

首先,父母教养方式是影响儿童自尊发展的重要因素。研究和教育实践都提示,父母对儿童采取民主型的教养方式,尊重孩子的意见,有助于儿童高自尊的形成发展与提高。相反,父母对儿童采取专制型的教养方式,整日对孩子板着张脸,动不动就批评孩子,当孩子取得任何成绩时不是鼓励而是讽刺,这种情境下的孩子自尊水平就会比较低。因为他们几乎没有被赞扬的经历,也没有自主的权利,他们也就很容易否定自己,自尊的发展也受到阻碍。

其次,学业成绩在很大程度上影响着教师、学校、家长和社会对一个学生的整体评价,因此学业成绩的好坏,也就会影响到学生自尊水平的高低。有研究证明学业成绩和自尊的发展水平呈正相关(金盛华,1993,1999)。但是,个体并不仅仅是学习者,他们还和教师、同伴发生互动。如果教师对待个体是支持的、关心的、鼓励的,如果同伴对个体是友善的、理解的,那么就有助于个体自尊水平的提高。个体周围的社会文化环境也影响自尊水平的高低。

怎样才能让一个人拥有自尊呢？大多数的心理学家认为自尊的确立有两条途径：一是让个体有自己控制环境的成功经验，二是让他人对自己有积极的评价。鲍姆斯特（Baumeister,1994）对这些工作作了评价，总结出了一系列提高自尊的方法，这些方法包括：学会用自我服务的方式去解释生活；用自我障碍的策略（self-handicapping strategy）(Jones,1978)为失败找借口；使用防卫机制否认或逃避消极的反馈；学会向下比较以及采用补偿作用；在自己某一方面的能力受到怀疑时转到自己擅长的活动中去等。

二、自我差距与自我提高

（一）自我差距

希金斯（Higgins,1987）提出的自我差异理论（self-discrepancy theory）进一步说明了自我概念的内涵。在他看来，个体知觉到的自我概念包含三个部分：理想自我（ideal self）、应该自我（ought self）和实际自我（actual self）。在 Higgins 看来，理想自我和应该自我具有自我指引的作用。其中理想自我指引着个体对目标的追求，而应该自我使得我们回避一些目标。比如对财富的追求，既可能是我们所追求的理想自我，也可能是我们所回避的。他认为，实际自我和理想自我之间存在的差距，会促使人们缩小二者之间的距离，如果没有缩小这种差距的话，个体会产生沮丧的情绪。而不能缩小实际自我和应该自我之间的距离的话，则会引起愤怒的情绪，导致自尊降低。如图 3-15 所示。

图 3-15　理想自我与现实自我的差距

（二）自我提高

学习目标3.9　理解自我提高的概念

自我提高（self enhancement）也叫作自我美化或者自我强化，它是指个体以一种有利于对自己作正面评价的方式收集和解释有关自我的信息。从某种意义上来看，自我提高实际上是一种自利偏差。它通常和自我确认共同产生提高自尊的作用。自我提高可以使人对自己产生一个较高的评价,有助于自尊的提高。

使用自我提高的人希望被尊敬而不仅仅是被喜欢。自我提高者尤其希望自己的智力和能力被尊重。为了强化他们宣称自己有能力的可信性,自我提高的人可能会告诉别人他们小的缺点和不足,以便使别人相信,他们有力量和缺点,但是总体上对自己的能力很自信。此时,承认错误实际是强化胜利宣言可靠性的策略。

自我提高:是指个体以一种有利于对自己作正面评价的方式收集和解释有关自我的信息。

三、自尊的测量

自尊对人的行为导向和适应的重要价值,激发了研究者对其进行测量的渴望。心理学界编制了许多测量自尊的量表,其中使用较为广泛的是罗森伯格自尊量表(The Self-Esteem Scale,SES,Rosenberg,1965)

罗森伯格自尊量表

请指出下列说法在多大程度上与你的情况相符合,并在最能描述你对自己感受的数字上画圈。

(1)我感到我是一个有价值的人,至少与其他人在同一水平上。　1　2　3　4
(2)我感到我有许多好的品质。　1　2　3　4
(3)归根结底,我倾向于觉得自己是个失败者。　1　2　3　4
(4)我能像大多数人一样把事情做好。　1　2　3　4
(5)我感到自己值得自豪的地方不多。　1　2　3　4
(6)我对自己持肯定态度。　1　2　3　4
(7)总的来说,我对自己是满意的。　1　2　3　4
(8)我希望我能为自己赢得更多尊重。　1　2　3　4
(9)我确实时常感到毫无用处。　1　2　3　4
(10)我确实时常认为自己一无是处。　1　2　3　4

注:分四级评分:1 表示非常符合;2 表示符合;3 表示不符合;4 表示很不符合。带"＿＿"反向计分,即第 3、5、8、9、10 题中,1＝4,2＝3,3＝2,4＝1;然后把这 10 个项目的得分相加。最初样本来自美国纽约州随机选出的 10 所中学的 5024 名高中、初中学生,总分在 10～40 分之间。分值越高,自尊水平越高。

四、自我效能

学习目标3.10　掌握自我效能的概念

自我效能（self-efficacy）是指一个人对自己有能力完成特定任务的信念，是斯坦福大学的心理学家班杜拉在20世纪90年代提出的概念。班杜拉认为，自我效能反映了一种积极思维的力量。在他看来，人对自己能力与效率的乐观信念可以获得巨大的回报。自我效能感较高的人的行为更有韧性，他们较少焦虑和抑郁，他们活得更健康，且有更高的学业成就。

> **自我效能**：是指一个人对自己有能力完成特定任务的信念。

Stajkovic和Luthans（1998）在研究中发现，自我效能指引人们制订有挑战性的目标，并且在面对困难的时候更加坚强。许多研究显示，自我效能可以预测员工的生产力；当出现问题时，自我效能高的人保持平静的心态并寻求解决方案，而不是反复认为是自己的能力不足。

利维（Levy，1996）作了一个通过对自我效能的控制来影响行为的研究。研究者用消极或积极的年龄类型词启动了老年人的自我效能，以0.066秒的时间间隔呈现一系列词语，比如"下降""遗忘""衰老"或"明智""聪明""有学问"。尽管被试仅仅下意识地知觉到了光的闪现，但积极的词会导致他们"记忆自我效能"的提高，使得他们对记忆人的信心也提高，而呈现消极的词则会有相反的作用。因此他们推测说中国的老年人普遍具有积极的受人敬仰的形象，因此其记忆的自我效能也可能会高。沙克特（Schacter，1991）等提出方国家相比，中国的老年人遭受较少的记忆丧失的比例要低。

自我效能作为一种积极的信念，这样的信念能否起作用的第二个因素和有没有控制住结果有关系，对环境的控制感是人的自我效能发挥作用的前提。你可能觉得自己是个合格的司机，但醉酒后你敢开车吗？你可能感觉自己是个有能力的学生，但当你认为自己因为外表而受到歧视的时候，你还敢说自己前途无量吗？

目前，自我效能的应用研究已经伸向了三个主要领域：

教育领域中的自我效能感研究。教师的自我效能感与教学质量和学生成绩有着显著的相关性。学生的自我效能感是对完成学业、调节自己的学习活动以及达到学术期望的信心。学生的自我效能感直接影响到了他们的学习成绩和学习动机，而且这种效能感很容易受到教师和家长的影响。

自我效能感在职业选择中的应用。在女性职业发展研究中最早引入了自我效能感的概念，这是因为女性的天赋和才能在择业中往往受到压制，她们通常很难上升到较高的职业地位，这一现象引起了研究者们的关注。心理学家汉克特和贝茨（Bettz和Hackett，1981）提出了职业效能感对于女性的职业选择有着更重要的作用，它会影响女性的行为选择、行为表现、行为坚持性。在职业选择中，个人的自我效能感越强，其职业选择的范围越大，成功的可能性也越大，测量自我效能感比测量实际的能力能够更好地预测一个人对职业的选择。

社会心理学

自我效能感在管理领域中的应用。管理者的自我效能是指管理者对自己能否利用所拥有的能力或技能去完成管理任务的自信程度的评价。班杜拉以及他的同事们利用计算机模拟程序对自我效能感与绩效之间的关系作了系列研究。发现管理者的管理自我效能感对于他们的工作绩效有显著的影响。具有较高管理自我效能感的管理者比那些低自我效能感的管理者有更高的工作绩效。库曼(Cuman,1994)以荷兰女性管理者为研究对象进行了研究,结果发现,管理自我效能感是影响女性管理者职业成功与否的重要变量之一。

第四节 自我与文化

一、独立自我与互依自我

学习目标3.11 理解并举例说明东西方文化下自我概念的差异

文化心理学作为一个独立的心理学分支被提出只有30余年的时间,其标志是20世纪70年代《跨文化心理学期刊》的创立。该领域最早引起广泛关注,是因为霍夫斯帝德(Hofstede,1980)的工作价值观研究,在这项研究中,他整理了IBM公司对全球几十个国家员工的工作价值观调查结果,提出了不同文化在权力距离、回避不确定性、个体主义—集体主义和男性气质—女性气质四个维度上存在差异,其中,个体主义—集体主义这一维度引发了强烈反响,相比而言,美国人和欧洲人的个体主义倾向更为明显,而亚洲人的集体主义倾向更为明显。

随后,在自我概念领域里,马科斯和北山(Markus 和 Kitayama,1991)提出了"独立自我—互依自我"的二元结构(见图3-16)。

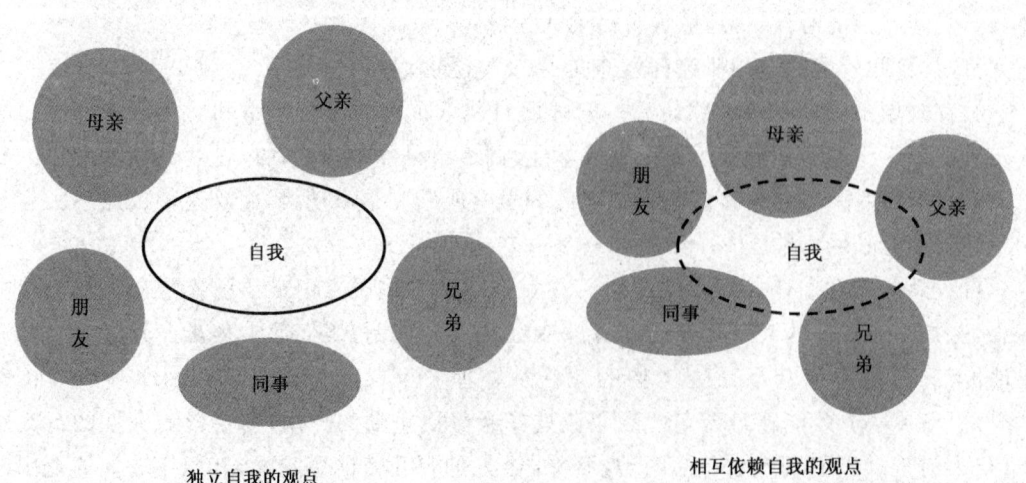

独立自我的观点　　　　　　　　相互依赖自我的观点

图3-16 "独立自我—互依自我"结构图

通过将美国文化与日本文化间自我概念的差异进行对比,他们认为西方文化更注重个人价值，视自我为独立的实体，因而自我概念与社会背景是分离的，他们将这种自我概念的建构称作独立自我(independent self)；而东方文化更强调自我与周围环境相互依存，以及个体和他人之间的相互协调，因而"与自我相联系的他人"在自我概念中有重要的地位，他们将这种自我概念的建构称作互依自我(dependent self)，如图3-17所示。这种自我概念结构上的差异，会影响个体的认知、情绪和动机等多个方面。

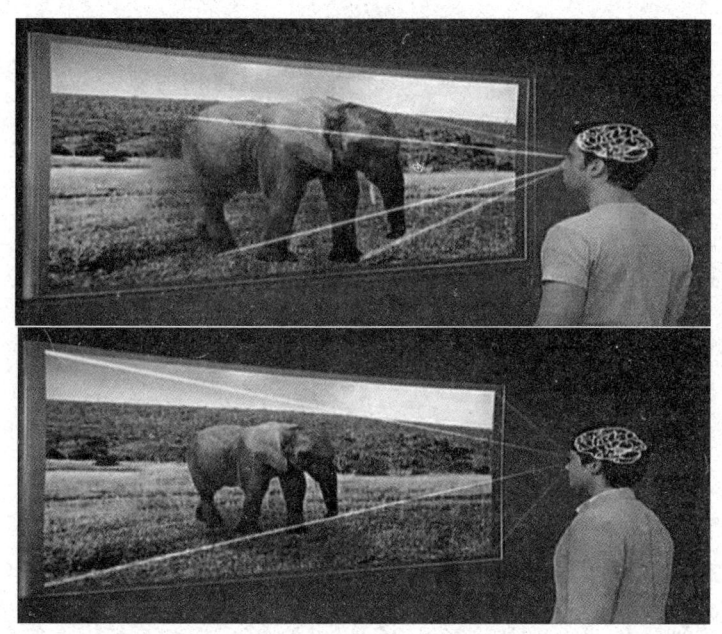

图3-17 个人主义文化导致西方人注重局部的思维；
集体主义文化导致东方人注重整体的思维

"独立自我—互依自我"的文化二分结构一经提出就受到了广泛关注，随后的许多研究结果都证实了这一结果的有效性，例如神奈川等(Kanagawa、Cross和Markus，2001)发现，相比美国人，日本人在描述自我的时候会更多地受到所处情境影响，另外日本人所描述的自我相比美国人更加消极。

从"独立自我—互依自我"二元划分的角度出发，自我概念领域许多研究结果的文化适应性必然受到质疑。在西方文化背景下，人们喜欢用好的眼光去观察自己，倾向于把成功归因于自己的能力而否认对失败负有责任，但是在日本这种以互依自我为主导的国家却很难发现这一现象，不仅没有出现自我服务偏差，反而出现了"谦虚偏差"，即当日本学生感觉自己比他人强的时候，更多倾向于将成功归因于外部因素而当他们感觉自己不如他人的时候，更倾向于认为是自己的能力还不够。在鹿内(Shikanai，1978)的研究中，他让日本大学生做字谜题，之后让其中一半被试认为自己的水平比平均水平高，以此作为成功情境；让另一半被试认为自己的水平低于平均水平，以此作为失败情境。之后让他们对成功和失败的原因作出解释，结果如图3-18所示，日本学生更倾向于将成功归因于外部因素，比如任务难度、运气和情境，而将失败归因于自己的能力和努力。

"独立自我—互依自我"的结构自被提出起就受到了广泛关注，之后一些从这一角度用以

社会心理学

测量自我的文化的量表也随之出现。目前采用最多的是辛格利斯(Singelis,1994)编制的自我建构量表(self-construal scale),用以测量个体对自身独立性与互依性程度的知觉。该量表由独立自我和互依自我两个分量表构成,每个分量表有12个项目。辛格利斯将这份问卷对夏威夷大学学生施测。结果发现亚裔美国人在互依自我分量表上得分较高,而白种美国人在独立自我分量表上得分较高。量表良好的效度使得其很快被广泛使用(张林等,2008)。

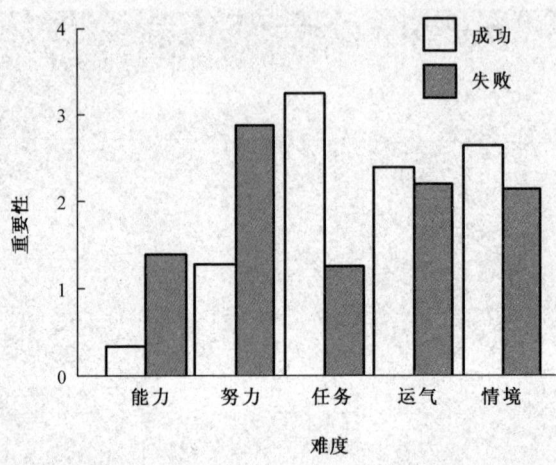

图 3-18 不同成败归因的平均重要性图

Markus 和 Kitayama 的故事

大概是在20世纪80年代初期的时候,Markus(见图3-19)到日本给大学生讲课。听课的学生英语很好,Markus所讲的内容他们基本上都能听懂,但这些学生在课堂上默默无声,没有问题,没有评论,甚至连笑声也没有。Markus以为学生的兴趣点和她不同,否则为什么没有回应呢?一点儿意见、争论和批判思想的迹象都没有。她对这些很奇怪,于是就地直接问学生:"最好吃的面店在哪儿?"答案依然是沉默,然后几个学生回答说要看情况才能确定。

日本学生难道没有偏好、想法、意见和态度吗?如果没有这些东西,那么他们头脑中有什么呢?如果一个人不告诉你他在想些什么,你怎么去了解他呢?Markus于是请学生吃饭,到了饭店之后,她让学生点自己喜欢吃的东西。让她不可理解的是当第一个学生点了牛肉面之后,随后的几个人竟然都点了同样的东西。是学生的口味相同吗?她相信肯定不是,一定是有某种内在的因素在起作用。带着这些问题和疑问,Markus结束了她在日本的讲学。

第二年,作为交换,Kitayama(见图3-20)来到了密西根大学,为美国的学生上课,这时候该轮到他吃惊了。Kitayama发现,美国学生在听课的时候,不像日本学生那样仅仅听,而是经常打断别人的谈话,并与教授互相交谈。为什么美国的学生会这样做?为什么美国学生在评论和提问时带有强烈的情绪情感并且充满竞争意味?这种争论表明什么?这些问题使Kitayama很困惑。

有一次,Markus邀请Kitayama到自己的家里做客,美国主人会给自己的客人各种选择,这使Kitayama深感惊讶。在主人的"你要白酒还是啤酒?软饮料还是果汁?咖啡还是茶?"一系列问题之后,Kitayama选择了日本式的回答:我不渴,不要这些。Kitayama感到纳闷:为什么让客人做这样琐碎的选择?按照日本的做法,主人当然应该知道在这种场合什么是好的饮料,并且应该准备一些适当的饮品。

美国人的想法则不同,作为主人,我给了你选择,我就要尊重你的选择,既然你什么都没有选,那就什么也喝不到,结果可想而知:在 Markus 的家里 Kitayama 什么也没有喝到。在 Kitayama 看来,我说不喝是客气,你应该为我准备一些好东西,在日本,你不选择就意味着你能得到一切好的东西。

两个人在异国的这些遭遇让他们很好奇:Kitayama 想知道美国人的生活为什么如此怪异?Markus 则认为日本也有一些奇妙的事。在一种文化中人们熟悉的事情到了另外一种文化中就成了奇闻趣谈?不同的文化是怎样影响人的心理的?带着这些疑问,两个人开始了他们的合作研究工作。

十年后,这项研究终于结出了丰硕的成果。1991 年,他们在国际最著名的心理学期刊《心理学评论》上发表了一篇名为"Culture and The Self: Implication for Cognition, Emotion, and Motivation"的文章,在这篇文章中,他们以独立型和依赖型的自我构念为基础,分析了东西方文化对人的影响问题。到目前为止,这篇文章仍是关注文化的学者必读的文献。

图 3-19　黑兹尔·罗斯·马库斯
（Hazel Rose Markus）
斯坦福大学

图 3-20　北山忍
（Shinobu Kitayama）
密歇根大学

二、来自认知神经科学的证据

随着认知神经科学的发展,脑成像技术为自我在不同文化情境下的差异找到了更为有力的证据,进一步从神经机制的层面呈现个体的自我概念的差异。这其中,最有说服力的是许多研究者使用功能磁共振(functional magnetic resonance imaging,FMRI)技术进行的自我参照效应的研究。这种任务要求被试首先判断一些人格形容词是否适合描述自己或他人,之后让被试尽可能回忆这些词,典型的实验结果是被试对能够描述自我的词的回忆量要多于不是描述自我的词,这一现象被称作自我参照效应(self-reference effect)。许多脑成像的研究结果发现,与他人的判断相比,自我判断激活了内侧前额叶区域(medial prefrontal cortex,MPFC)(Craik 等,1999;Kelley 等,2002)。

朱滢等(2007)根据"独立自我—互依自我"的二元结构进一步设想,如果中国人的自我结构中,重要他人对自己具有不同一般的意义的话,那么是否能够出现"重要他人参照效应",也即当进行他人参照任务时,同样能激活内侧前额叶区域。于是,他们使用中国被试对比研究的方法,发现当进行自我参照任务和他人参照任务的时候,西方被试的自我记忆成绩明显好于母亲判断记忆的成绩,而对于中国被试却并没有发现这种优势,同时如果将自我判断时的脑成像结果减去一般他人判断时的结果,中西方被试都发现 MPFC 的显著激活现象,而如果使用自我判断时的结果减去母亲判断时的结果,则中国被试并没有出现显著的 MPFC 激活,但在西方被试的结果中却观察到了这种激活。这一结果说明中国人更加强调人与人之间的相互依存、联系,母亲作为重要他人是自我概念中重要的成分,因而出现了相同的神经机制。

章节小结

重点概念

自我觉知、自我图式、焦点效应、自利偏差、盲目乐观、虚假普遍性、虚假独特性、自尊、自我提高、自我效能。

复习思考

1. 自我概念有哪些相关理论?
2. 影响自我概念形成与发展的因素有哪些?
3. 自我图式的概念?
4. 自我觉知的概念?
5. 自尊的概念、种类?
6. 提升自尊的方法?影响自尊的因素?
7. 自我效能的概念?自我概念和自尊是否表述的是同一事物?
8. 自我知觉理论是什么?
9. 自我服务偏差的四种情况和概念是什么?能否举例说明?
10. 独立自我与互依自我的区别是什么?

本章要点

1. 自我概念研究最早可追溯到美国心理学家詹姆斯对自我的讨论。詹姆斯将自我分为"主体我"和"客体我"。前者表示"自己认识的自我",后者表示人们对于自己的各种看法。客体我由三个要素构成:物质我、社会我和心理我。米德以社会整体为研究视角,着重从社会和个体互动的角度来定义自我,他指出自我不是生而俱来的,而是社会化过程中产生的。罗杰斯区分了与现实自我相对应的理想自我。现实自我指个体对自己受环境熏陶炼铸,在与环境相互作用中所表现出的综合的现实状况和实际行为的意识。理想自我指个体经由理想或为满足内心需要而在意念中建立起来的有关自己的理想化形象。

2. 幼儿的自我意识的形成将经历三个阶段:物—我知觉分化、人—我知觉分化和有关自我的词的掌握。

3. 自我图式是指我们用来组织和指引与自己有关信息的一套自我信念。自我觉知,是指个体把自己当作注意对象时的心理状态。自尊是人的自我概念中与情绪有关的内容,它指一个人如何肯定与赞扬自己,是自我评价的重要维度;在心理学家看来,拥有自尊是人格成熟的重要标志。自我提高也叫作自我美化或者自我强化,它是指个体以一种有利于对自己作正面评价的方式收集和解释有关自我的信息。自我确认是指个体寻找和解释情境,以证实自我概念的过程。自我效能是指一个人对自己有能力完成特定任务的信念。

4. 焦点效应指的是人们在自我观察的时候,会高估自己的突出程度,把自己看作一切的中心,直觉地高估别人对自己的注意度的现象。自利偏差也称为自我服务偏见,当人们加工和自我有关的信息时,会出现一种潜在的偏见:我们一边轻易地为自己的失败开脱,一边欣然接受成功的荣耀,在很多情况下,人们觉得自己比别人好。我们过高地估计别人对我们观点少量而现实的赞成度以支持自己的立场,这种现象被称为虚假普遍性。虚假独特性效应是指人们倾向把自己的智慧和品德看成是超乎寻常的,以满足个人的自我形象。

推荐书目

1. 艾森克.心理学:一条整合的途径[M].上海:华东师范大学出版社,2000.
2. 米德.心灵、自我与社会[M].上海:上海译文出版社,2005.
3. 布朗.自我[M].北京:人民邮电出版社,2004.
4. 布里尼克·克里.自我与人格结构[M].北京:北京大学出版社,2008.
5. 格里格·津巴多.心理学与生活[M].16版.王垒,等译.北京:人民邮电出版社,2003.
6. 朱滢.文化与自我[M].北京:北京师范大学出版社,2007.
7. Hamilton. Self-Consciousness[M]. Create Space, 2010.

推荐视频

1. 哈佛大学公开课:幸福课(http://V.163.com/special/sp/positivepsychologY.html)
2. 当前意识与过去意识(http://wwW.iqiyI.com/v_lqrrifgo48.html)
3. 《东西有别》纪录片(https://M.iqiyI.com/v_19rrk16p2W.html#vfrm=30-26-15-7)

第四章
社会认知

本章学习目标：
4.1　掌握社会认知的概念
4.2　掌握社会认知的研究范围
4.3　理解并掌握影响社会认知的因素
4.4　掌握印象形成的概念
4.5　解释归因问题

案例导入

例一：

　　1997年8月的一个夜晚，亨利·保罗驾车从丽兹酒店的后门驶出，随后驶上沿塞纳河方向的巴黎高速公路。车上的乘客是戴安娜王妃和她的伴侣法耶德以及他们的保镖，汽车越驶越快，进入一条隧道。车子突然失去控制并发生倾斜，进而撞向一根柱子，奔驰车随即被挤压为一堆废铁，除了保镖外，车上所有人都命丧黄泉。随后的几周里，人们无休止地分析和争论着。是什么导致了这次车祸呢？是因为司机喝酒了吗？还是归咎于尾随他们并不断对他们进行拍照的狗仔队？"我已经厌恶透了。"法国电视台晚间要闻节目的主持人说道，他将那些狗仔队比喻为"老鼠"。然而流行刊物却对这种解释表示愤慨，上面这样说："那个司机根本就酩酊大醉，而这才是本次事故的关键所在。"

例二：

　　1999年4月的一天，哈里斯和科莱博德残杀了他们在科罗拉多科隆比纳中学的13名同学。对于持枪袭人者痛心不已的父母、同学以及他们的国家来说，其中的原因令人费解。我们应当将他们的杀人行为归因于精神问题吗？或者归因于"其父母或其他人的疏忽",就像后来一桩诉讼中所断言的那样?归因于两人沉迷其中的充斥暴力的游戏,如《世界末日》,及观看暴力电影《天生杀人狂》和《篮球日记》中疯狂的屠杀场面吗?归因于二人在同学中饱受的奚落和排斥吗?还是归因于哈里斯近期约会被拒,以及入学申请被某些大学以及海军陆战队拒绝呢?

所谓社会认知是研究人们如何从社会环境中获取信息,并如何形成推理的过程。有关社会认知方面的研究主要包括人们如何对他人、社会团体、社会角色以及人们自身经验作出判断。在日常生活中,我们并不会认真分析自己是如何作出以上判断的。事实上,作出社会判断的过程比我们所能想象的要复杂得多。在社会认知过程中,我们常常会面临这样的情况,我们所获得的信息有时不完整,有时模糊不清,甚至是相互矛盾的。在复杂的社会认知过程中,我们还要面临大量需要加工的复杂社会信息。我们将如何利用这些信息,并最终作出恰当的判断呢?这就是社会认知所要研究的核心问题。

思考

1. 我们是如何认识别人以及我们所生活的世界的?
2. 人的心理世界与外部世界是如何联系起来的?
3. 为什么在大多数情况下,我们只凭借经验就可以对形势作出非常有效并且准确的判断?
4. 为什么在另外一些时候,我们却未能形成对周围世界的客观了解?
5. 哪些因素影响了我们认识他人和世界的准确性呢?

第一节　社会认知概述

一、社会认知的定义

学习目标4.1　掌握社会认知的概念

社会认知(social cognition)是指人们根据环境中的社会信息推论人或者事物的过程。具体来讲,就是指人们选择、理解、识记和运用社会信息作出判断和决定的过程。它是依据认知者的过去经验及对有关线索的分析而进行的,是认知者、被认知者和情境等因素交互作用的复杂过程。然而由于人们对他人的社会行为进行推测与判断时,往往根据自身的经验与体会来认识他人当时潜在的心

> **社会认知:** 人们根据环境中的社会信息推论人或者事物的过程。具体来讲,就是指人们选择、理解、识记和运用社会信息作出判断和决定的过程。

理状态,因此这种推测与判断往往会发生偏差,造成错误与偏见。在一些社会心理学书中,你可能会看到社会认知也被称为社会知觉,但在这里,我们认为,认知既包括了对人、群体的外部特征的知觉,而且也涉及了推理、判断等思维的深度加工,因而称为社会认知。

社会认知的过程可分为三个连续的阶段:社会认知始于社会知觉研究。1947年,美国心理学家布鲁纳率先提出社会知觉(social perception)这个概念。社会知觉是指受到知觉主体的兴趣、需要、动机、价值观等社会心理因素影响的对人的知觉。随着人际知觉领域研究的兴起,社会知觉概念被等同于人际知觉(或称对人知觉)。人际知觉(interpersonal perception)是指对他人或自我所具有的各种属性或特征的整体反映,其结果即形成关于他人或自我的印象。人际知觉是社会认知的一种特殊形态,即以人作为对象的知觉。社会知觉服从于社会认知的普遍规律,同时也具有一般社会认知所不具有的特点。20世纪60年代之后,随着认知心理学的兴起,社会认知的概念逐渐取代了作为术语的社会知觉和人际知觉的主流地位,指代个体对他人的心理状态、行为动机和意向作出推测和判断的过程,属于人的思想活动的范畴。

> **社会知觉:** 是指受到知觉主体的兴趣、需要、动机、价值观等社会心理因素影响的对人的知觉。
> **人际知觉:** 他人或自我所具有的各种属性或特征的整体反映。

由于学者对社会认知的理解不尽相同,社会认知的定义也有若干种。比较有代表性的有以下几种:(1)有些因素会影响人对信息的获得、表征和提取,社会认知主要研究这些影响因素,以及这些影响因素与知觉者的判断之间的关系。(2)社会认知通常是指两种认知:关于人、群体的认知和人具有情感、动机态度的认知。(3)社会认知通常是指对人、自我、人际关系、社会群体、角色和规则的认知,以及对这种认知与社会行为之间关系的认识和推论。(4)社会认知研究的对象是那些发生在他人和自己身上的心理事件以及人们对社会关系的思考。(5)社会认知是人们根据环境中的社会信息形成的对他人或社会群体、社会角色及自身经历作出的推论。

背景人物

布鲁纳(1915—2016)(见图4-1),美国哈佛大学心理学教授,著名的认知心理学家和教育改革家。他引领了20世纪60年代美国教育改革,构建了认知结构学习理论和教学理论。他在教学理论上提出的一些主张都是建立在他对学生认知和发展的研究结果上的。这些研究成果对我们今天的教学观念和教学策略仍有启示作用。

图4-1 布鲁纳

综合以上定义,可知社会认知有两个基本特征:其一,社会认知是人对社会性事件的认识和加工;其二,人的社会认知对其社会行为能起到一定的调节作用。因而,我们可以知道社会认知就是认知主体对认知客体外在特征的认识、对认知客体内在特征的推理与判断,以及对认知主体与认知客体之间关系的理解与推断。简言之,社会认知感兴趣的是认知主体对他人、对人际关系的社会信息加工以及与之相伴随的自我省察过程。

二、社会认知的基本范围

学习目标4.2　掌握社会认知的研究范围
重点掌握：①他人外部特征；②他人性格；③人际关系。

社会认知涉及很多相关的社会心理学概念，如自我、角色、态度和人际关系等，对这些概念进行深入研究离不开社会信息加工过程，而社会信息加工与社会认知的关系也非常密切，它贯穿于社会认知的全过程。那么，社会认知与其他概念所涵盖的范围应该如何区分呢？本章所讲述的社会认知主要涵盖了以下几个方面：

（一）对他人外部特征的认知

外部特征包括一个人的仪表、表情等可以凭感官觉察的特征。相对而言，仪表（appearance）是一种静态的外部特征，而表情（expression）往往是通过一种动态过程所流露出来的。

在人的各种特征中，仪表是最为重要的组成部分，它构成了人的具体形象。当我们初次和一个人接触时，他的相貌、衣着、高矮胖瘦、肤色以及肢体等情况，会决定他在我们心目中的印象。我们通过把对方的各种物理特征加以整合，很快就会对他作出一些判断，无论这种判断是否准确（见图4-2）。对于仪表的认知是通过感官活动进行的，但是认知主体的经验、知识和性格等也会影响这种认知活动。在我们的社会认知活动中，我们通常不会把他人的仪表特征看作简单的物理现象，而倾向于认为仪表有可能向我们提供有价值的信息，并试图从中发现其所代表的含义。例如某人衣着朴素，我们极有可能会推论他要么生活节俭，要么经济条件差。

图4-2　仪表

说明：在社会认知过程中，我们最先认识到的往往是对方的仪表，并据此判断对方的内在品质。

表情一般可以分为面部表情、眼神、身段表情和语言表情四个部分。面部表情（facial expression）以面部肌肉的变化作为标志，通过观察面部肌肉的各种变化来判断人的情绪是可能的。埃克曼（P. Ekman）认为，人们能够比较准确地从面部表情上辨别出各种情绪，包括快乐、悲哀、惊奇、恐惧、愤怒和懊悔等。不过人的面部表情所能显示的情绪不止以上六种，个人的情绪体验也往往不是其中单独的某一种，而是多种情绪的混合。此外，以上六种情绪还以高低强弱的眼神（expression in one's eyes）的情绪表达功能为我们所熟知，我们经常把眼睛比作"心灵的窗口"，在人的社会认知活动中，一般不应该忽略眼神的奥妙。身段表情（body expression）又称姿势。个体的情绪可以在身体姿态的变化中流露出来，例如低头、颤抖等。在身段表情中双手最为关键，从双手的动作上认知他人情绪，其准确率不亚于对面部表情的认知。语言表情（speech expression）不是指语言本身，而是指说话时的音量、声调、节奏等特征，这些被看作一种辅助语言。日常生活中，我们经常通过别人说话的方式来判断其内心状态，所谓"听话听音"就是对这种经验的总结。有些时候，语言表情所传达的信息比语言本身更加可靠。

（二）对他人性格的认知

性格是一个比较模糊的概念，它除了包括情绪反应之外，还主要包括意志反应特征。要了解一个人的性格，必须了解他对各种社会现实所采取的态度，以及与这种态度有关的习惯化的行为方式。从如上论述可以看出，通过仪表或表情判断出一个人的情绪变化，并不等于说我们已经了解了某人的性格，但在实际生活中，人们倾向于从其他人的情绪表露，甚至是相貌上判定其性格。这种认知倾向具有一定的局限性。在相对准确的性格认知过程中，认知主体需要收集有关客体的尽可能多的信息。实质上，对他人性格的社会认知应该是在与他人的实际交往过程中形成的。长期认真的交往才是实现性格认知的基本条件。

（三）对人际关系的认知

对人际关系的认知主要包括：对认知主体与他人关系的认知、对他人与他人关系的认知等。通常，对他人的社会认知已经暗示了如何选择自己与他人的关系形式。例如：当我们认为某人具有良好的品质时，我们倾向于与之建立亲近的关系；当我们认为某人的性格不好时，我们很可能对他产生反感和疏远的态度。人们愿意与和自己性格相似的人接近，所以，当人们选择交往对象时，非常注意对方与自己的相似点，因此，相似性认知构成了认知主体与他人关系认知的重要部分。估量他人之间的关系状况，也是人际关系认知的重要方面，此外人际关系认知还包括确定某人在群体中的社会位置。

三、社会认知的特征

作为一种特殊的社会心理过程，社会认知具有如下几个基本特征：

（一）互动性

在社会认知过程中，认知主体和认知客体处于对等的主体地位。首先，认知主体与认知客体的划分不是绝对的,认知客体同时也是认知主体,而认知主体也作为认知客体存在;其次,两者之间相互影响,不仅认知客体会影响认知主体,而且认知主体也会影响认知客体,从而使社会认知的发生过程不是单向的,而是双向。社会认知正是产生、发展于这种相互依赖、相互影响的过程之中。

(二)间接性

社会认知是一种间接的心理活动,它不仅是认知主体对他人外部属性的直接反映,更主要的是通过对他人可以感知的外部特征如行为表现等,达到对他人内部人格特征的间接把握和反映。简言之,社会认知是认知主体综合应用所获得的外部信息来推理事件内在本质的信息加工过程,这种信息加工过程是主体对客体的间接反映,而非直接反映。

(三)完形特征

人的社会认知具有完形特征,认知主体在进行社会信息加工的过程中,会自觉或不自觉地贯彻完形特征。所谓完形特征又可以称为格式塔(gestalt)原则,是指人倾向于把有关认知客体的各方面特征材料加以规则化,并形成完整的印象(见图4-3)。

图4-3 格式塔原则

说明:格式塔原则包括接近性、相似性、连续性、封闭性等。其中的封闭性是指人们倾向于将缺损的轮廓加以补充,将其知觉成一个完整的封闭图形。

当我们对一个人的内在品质进行判断时,社会认知的完形特征就会表现得非常明显。如果我们看到这样一个人:他既是好的又是坏的,既是诚实的又是虚伪的,既是热情的又是冷淡的,那么,我们在认知上会感到左右为难和难以接受,我们会认为自己还没有完全认清这个人的真实面目。人们似乎一生下来就无法忍受自相矛盾的判断。认知中出现的相互矛盾的判断被称为认知分离。个体智力和知识的局限性构成了认知的剥夺体验,造成个体认知与认知对象之间的分离。为了消除这种分离,个体一方面会加强其收集新信息的欲望和动力,以寻求更多的信息来摆脱认知剥夺,另一方面也有可能向幻想的方向发展,即利用想当然的办法给认知对象添补细节,使认知带有浓厚的主观色彩。

四、社会认知的理论假设

自从社会认知研究兴起以来,关于社会认知的理论假设经历了几次重要的转变。所谓理论假设是指具体的研究范式,是学者们对社会认知特点的总体看法,实质上就是社会认知研究的前提假设。这些理论假设指导着不同时期的社会认知研究方向。到目前为止,社会认知研究的理论假设大致经历了三个发展阶段。

(一)"朴素的科学家"假设

20世纪70年代以前,社会认知研究的基本前提是"朴素的科学家"假设。这种假设认为,每个人都是一个朴素的科学家,在社会认知过程中,就像科学家一样寻找、确定事件发生的原因,以达到预测和控制的目标。在"朴素的科学家"假设的基础上,社会心理学家提出了一些认知理论和模型,例如海德的朴素归因理论和H.凯利的三度归因理论。

> **"朴素的科学家"假设**:人人都是科学家,都在确定事件发生的原因并达到预测和控制的目标。

(二)"认知吝啬者"假设

20世纪70年代,随着社会认知研究的不断深入,社会心理学家越来越多地发现,人在社会认知过程中并不完全或精确地运用他们所获得的信息,因此,社会认知和社会判断中会出现大量的偏差,特别是随着信息加工心理学对社会心理学研究的影响不断深入,社会认知中"朴素的科学家"假设开始向"认知吝啬者"假设转变。"认知吝啬者"假设认为,人们在社会认知过程中,面临的信息往往是不确定的、不完全的和复杂的。人们在进行信息加工过程中,要想达到最满意的合理性是非常困难的。人的认知资源是有限的,不需要付出的时候我们绝对不会轻易付出。人们偏爱使用最小限度的观察去进行社会判断的策略性加工,这是社会认知偏差产生的根源。

> **"认知吝啬者"假设**:人们在认知过程中面临的信息不确定、不完全和复杂性使得认知过程偏爱走策略性捷径。

(三)"目标明确的策略家"假设

20世纪90年代,社会认知的研究假设再次发生转变,认为人是目标明确的策略家。"目标明确的策略家"假设认为,人有多种信息加工策略可供选择,并在目标、动机、需要和环境力量的基础上对策略进行选择。人能够实用地选取适当的信息加工策略,以应对当前的情境需要,并努力使事情得以完成。因此,在必要的时候人会更多地注意复杂的信息,进行系统、费力的加工。当目标不存在这种必要性时,人会依赖于认知捷径、简单策略和先前的知识结构进行决策。总之,人能够灵活地调节自己的认知过程以适应环境的需要。

> **"目标明确的策略家"假设**:人有多种信息加工策略可供选择,并在目标、动机、需要和环境力量的基础上对策略进行选择。

第二节　社会认知的信息加工

20世纪50年代末,受计算机科学的影响,认知心理学开始借用计算机信息加工的术语和原则解释人的一些心理过程。受其影响的社会心理学家也试着用这种观点来解释人的一些社会心理和社会行为,例如自我态度改变与刻板印象等。其中,社会认知研究无疑是受信息加工理论影响最大的社会心理学领域。

一、自动化信息加工

人们的社会认知过程常常是在无意识中进行的,无意识的社会认知过程主要借助于自动化信息加工过程。对于刚结识的人或面对新的人际关系时,我们常常会迅速地作出判断并付诸实施。例如:当我们认识了一个新人时,我们很快会推论他是一个什么样的人,应该怎样与之进行交往等;当我们加入一个新的团体面对新的人际关系时,我们很快就会明确自己的定位,知道应该如何表现自己等。凡此种种,往往都是没有经过深入思考的、自动化信息加工的结果。自动化信息加工是指无意识的、不带明确意图的、自然而然的社会信息加工过程。自动化信息加工经常是自动运行的,认知主体对其思考过程和思考内容没有过多的了解和意识,这种社会认知方式可以使我们付出很少的思维努力,但其思考结果基本上可以应对多数情况。

自动化信息加工:迅速作出判断并付诸实施的过程。

自动化是人们社会认知的一条心理捷径,虽然信息加工的结果可能不是最准确的判断和最佳的决定,但其优点在于可以帮助我们在最短的时间内作出最有可能正确的判断和决定。我们之所以能够对社会信息进行自动化加工,主要是以我们过去有关社会交往的经验和知识作为基础的。所以,自动化信息加工的正确性受到以往经验和知识的制约。例如,在一次社交场合中我们看到一位男士正在使用润唇膏,有些人可能会马上认为他是一位非常讲究生活质量的人,有些人可能会认为他有女性化的倾向,这些观点通常都不是经过客观的问询和缜密的思考得到的,而是认知主体根据自己以往的经验和知识进行自动化思考的结果。这种思考结果有助于认知主体快速地决定此后的交往策略,但其正确性却是值得质疑的,也许那位使用润唇膏的男士当时正受到嘴唇干裂的困扰,而与他的生活质量或女性化倾向没有任何关系。

二、控制性信息加工

与自动化信息加工不同,控制性信息加工需要认知主体更多的意识参与,并且对思维过程的控制程度更高。控制性信息加工是有意识的、有明确意图的、需要付出努力的社会认知方式。认知主体可以根据自己的意愿开启或关闭这类社会认知方式,并且可能充分意识到所思考的内容。

控制性信息加工需要耗费更多的心理能量,它与自动化信息加工是相互制衡的关系。通常,我们所接触的社会信息是非常庞大的,我们没有能力对全部信息进行深入的加工,自动化思维可以帮助我们处理其中大部分信息,而控制性思维主要运用于处理不同寻常的重要事件。例如,当你置身于一次晚会之中时,你可能会自动记录并判断每一个出现在你面前的人。突然之间你看到了一个人,他很像你久未谋面的初中同学,这时控制性信息加工通常就会启动,你会认真分析眼前的这个人与印象中的同学有哪些相似又有哪些不同。

控制性信息加工:有意识、有明确意图、需要付出努力的社会认知方式。

自动化信息加工在日常生活中使用的频率远高于控制性信息加工。控制性信息加工的启动通常与社会认知动机、事件不同寻常的性质等方面有关。当我们对某人具有较高的社会认知动机时,我们通常会对他的信息进行深入分析和处理。诚然,尽管我们带着强烈的动机并且尽了很大的认知努力,也有可能会得出错误的推理,但是,获得准确信息、形成无偏差判断的动机越高,就越有可能得出正确的社会认知。此外,事件不同寻常的性质也有可能启动我们深入的思维活动,尤其当这种不同寻常的性质与我们切身利益息息相关时。

三、社会认知的图式

图式是认知心理学的一个重要概念。在认知心理学家看来,图式是组织信息的方式,是用来帮助人们认识世界和解释世界的。它不仅是社会认知的结构和有组织的知识,而且是人们组织有关社会信息的思维方式。

(一) 图式的含义与分类

图式(scheme)是认知心理学的一个重要概念。图示的概念是由 Taylor 和 Crocker 提出来的,指一套有组织、有结构的认知现象,它包括对所认知物体的知识,有关该物体个体认知之间的关系及一些特殊的事例。图示包含了我们对人物、事件的知识。心理学家根据图式的内容,将图式分为五类:个体图式、自我图式、团体图式、角色图式和事件图式。

(1) 个体图式(person-scheme):是一种心理认知类型,指我们对某一特殊个体的认知结构,例如"陈世美图式"和"秦香莲图式"就是典型的个体图式。在人们的心目中,对特定认知对象存在典型的形象即特定的图式。人们对认识对象的判断通常是套用典型图式的结果。当我们得知某个男人在发财后与妻子离婚时我们可能会把他看成是"陈世美"那样的人,认为这个我们并不熟悉的男人可能与陈世美有很多共同点,并且应该受到惩罚。

(2) 自我图式(self-scheme):是指人们对自己形成的认知结构,它与自我概念有着紧密的联系。你可能认为自己聪明,有同理心,以及乐于助人,这些都是你的自我图示。

(3) 团体图式(stereotype):指我们对某个特殊团体的认知结构,有时候也叫团体刻板印象。团体图式使得我们将某些特质归于一个特殊团体的成员所共有。比如我们常常根据刻板印象认为山东人勤劳、诚实等。

(4) 角色图式(role-scheme):是一种描述范围较宽的社会角色和群体的心理认知类型,是指人们对特殊角色者所具有的有组织的认知结构,例如人们常常认为教授知识渊博、满头银发等。

(5) 事件图式(event-scheme)：是指人们对于事件或者事件的系列顺序的图式，尤其是指一段时间内一系列有标准过程的行为。有的学者也称事件图式为剧本(script)，它是社会事件的心理分类。它包括社会事件在发生前后以及因果关系上的普遍特征。例如"约会"这一事件图式，典型地包括开始会见、到餐馆吃饭、看电影、送回家、道晚安等。

> **个体图式**：指我们对某一特殊个体的认知结构。
> **自我图式**：指人们对自己形成的认知结构，它与自我概念有着紧密的联系。
> **团体图式**：指我们对某个特殊团体的认知结构，有时候也叫团体刻板印象。
> **角色图式**：是指人们对特殊角色者所具有的有组织的认知结构。
> **事件图式**：是指人们对于事件或者事件的系列顺序的图式，尤其是指一段时间内一系列有标准过程的行为。

(二) 图式在社会认知过程中的作用

图式对社会认知有着重要的作用，人们利用图式加工信息社会、解释人际环境。当我们处于一个新的人际环境时，我们通常不会重新认识它，而是利用过去相似情境中的知识作出解释。正是通过这种方式，图式帮助我们加工社会信息。图式对社会的积极作用主要表现在以下几个方面：

(1) 图式能够帮助记忆。当我们将过去的人或事形成图式化表征时，记忆效果最佳。在科恩(C.E.Cohen)的一项研究中，让被试看一个女人和她丈夫坐在家中的录像，一半的被试被告知这个女人是图书管理员，另一半被试被告知她是个女招待。这个女人既有符合图书管理员的角色图式，例如戴眼镜、弹钢琴；也有符合女招待的角色图式，例如房间里没有书架、吃巧克力蛋糕。结果发现，无论是马上回忆还是一周后回忆录像细节，被试均能较好地记忆与已知图式一致的细节。

但这并不意味着对与图式不一致的信息的记忆就会差。与图式一致及不一致的信息都比与图式根本不相关的信息更好记，而那些与图式无关的信息则容易被忘记。有时，与图式矛盾的信息比一致的信息回忆效果更好，这种现象在图式相当完善的情况下特别明显。

(2) 图式有助于自动化信息加工。认知者通常无须任何有意识的努力，就可以产生一些与图式有关的推论。例如，当我们遇到一个非常热情的人时，我们可能会把与"友好"相关的社会认知特征自动地赋予他，如开朗、善良等，而这一过程几乎完全是在我们无意识的情况下完成的。当环境中的信息强烈地暗示某个特定的图式时，或者当图式涉及我们极其关心的人或事时，这种自动化信息加工最有可能发生。

(3) 图式可以完善剧本的信息。图式可以帮助我们增补剧本或故事中的空白部分。例如，当我们阅读一个有关医生的故事时，虽然故事没有明确指出医生的服饰，但是我们根据医生的角色图式，会认为他在工作时间里穿着白大褂。

(4) 图式中包含着情绪。图式中包含着针对图式内容的情绪。当我们使用某个图式时，就会伴随着某种情绪反应，这种情绪称为图式驱动的情绪。当环境中的信息与图式相吻合时，与该图式相一致的情绪就会被引发出来。仅在头脑中想象具有图式的客体就能强化个体对客体的情感。例如，如果你认为老师对你课堂上的发言不满意，那么你想这件事的时间越长,你的情绪可能会越低落。

虽然图式为我们社会认知的信息加工提供了大量的帮助,但图式加工也有缺点。我们有选择地吸收那些与图式相一致的信息,对那些我们不知道的信息依据图式来给予补充,但是,这些信息未必是合乎真实情况的,即使图式并不适合我们所面临的某种情况,而我们依然按照它作出判断。图式一旦形成,人们就不太愿意去更改。这些都是图式的缺陷,以这种方式进行社会认知的信息加工,可能会产生错误的判断、推理,不正确的期望,刻板印象和僵化的行为模式。

第三节 社会认知的影响因素

学习目标4.3 理解并掌握影响社会认知的因素
重点掌握:①认知主体因素——认知偏见;②认知对象因素;③认知情境因素。

一、认知主体因素

社会认知发生在个体的思维过程之中,个体的原有经验、价值观念、情感状态、认知偏见和文化背景等因素都会影响社会认知的内容与过程。

(一)原有经验

我们原有的经验对社会认知过程有着特殊的影响。原有经验是指个体在先前经验的基础上,形成某些概括对象特征的标准和原型,从而使认知判断更加简洁、明了。如果我们没有关于"聪明"和"大方"的原型,我们就没有办法很快地判断认知对象是否是聪明、大方的人。个体的原有经验还会制约其认知角度,例如面对同一座建筑物,建筑师可能更多地着眼于它的构造和轮廓等,而土木工程师可能更注重于它的建筑材料的质地及工程质量的优劣。

(二)价值观念

个人如何评判社会事物在自己心目中的意义或重要性,直接受到其价值观念的影响,而事件的价值则能增强个体对该事件的敏感性。F. 奥尔波特等人做过一项实验,目的是检测背景不同的被试对理论、经济、艺术、宗教、社会和政治的兴趣。实验者将有关词汇呈现在被试面前,让他们识别。测验结果发现:不同被试对这些词汇作出反应的敏感程度不同;背景不同的被试由于对词汇价值的看法不同,识别能力显示出很大的差异。

(三)情感状态

个人的情感状态会直接影响其认知活动的积极性。巴特利特(F. C. Bartlett)证实,应征入伍的人由于对即将面临的新环境感到不安,与那些未应征入伍的人相比,他们把军官照片看得更加可怕,并且还能指出哪位军官有较强的指挥能力。莫瑞(H. A. Murray)证实,处于恐惧状态下的人对恐惧更为敏感。在一次实验中,他先让一些女孩做一种很吓人的游戏,再让她们和其他女孩一起判断一些面部照片,结果那些做过游戏的女孩与没做过游戏的女孩相比容易把面部照片判定为更加可怕。情绪饱满的人往往活动领域比较开阔,消息比较灵通;而情绪低落的人则容易把周围看成一片灰暗。菲德勒(F. E. Fiedler)的研究还发现好恶感会影响认知主体对他人个性的认识。当我们对某人怀有好感时,容易在对方身上看到与自己相似的个性特点。

(四)认知偏见

在社会认知过程中,个体的某些偏见经常会影响认知过程的准确性,使社会认知发生偏差。这种带有规律性的现象在许多情况下是难以克服的。

(1)晕轮效应(halo effect),又称光环效应,指评价者对一个人多种特质的评价往往受其某一高分特质印象的影响而普遍偏高,就像一个发光物体对周围物体有照明作用一样,其实质是把各种相互独立的、没有必然联系的特性予以叠加,统统赋情予认知对象。如果个体被赋予了一个肯定的或者是有价值的特征,那么,他就有可能被赋予其他许多积极的特征。例如,人们相信一个外表迷人的人会更加聪明,或者相信一个人如果不诚实就不会体谅他人等。

> **晕轮效应**:指评价者对一个人多种特质的评价往往受其某一高分特质印象的影响而普遍偏高,就像一个发光物体对周围物体有照明作用一样。

(2)积极偏见(positive prejudice)。认知主体表达积极肯定的评价往往多于消极否定的评价,这种倾向又叫宽大效应。相关研究表明,无论认知对象是否熟悉,被试对他们的肯定评价要多于否定评价。有些学者解释说,肯定评价就像"奖金"一样,用于别人身上就可以指望获得报偿。每个人都期待着得到别人的承认和接受,因而经常会设身处地地考虑他人意愿,放宽对人的尺度。一些实验证实,积极偏见只适用于对人的评价,当认知对象是不具有人格的物体时,它就不会出现。

(3)类化原则(generalization)。认知主体总是按照一定的标准将认知对象分类,把认知对象归属于一些预设好的群体之中。当社会认知涉及个体时,一旦发现他所属的群体类别,就会将群体的特征加到他的身上。例如,当我们新结识一位日本人后,我们可能会认为他具有日本人注重礼仪的特性。当我们接触认知对象时间不长、机会不多、认识不深入的时候,类化原则最有可能影响我们的社会认知。

(4)首因效应(primary effect)和近因效应(proximate

> **积极偏见**:认知主体表达积极肯定的评价往往多于消极否定的评价,这种倾向又叫宽大效应。
>
> **类化原则**:认知主体总是按照一定的标准将认知对象分类,把认知对象归属于一些预设好的群体之中。
>
> **首因效应**:人们根据最初获得的信息所形成的印象不容易改变,甚至会左右认知主体对后续信息的解释。

effect)。人们根据最初获得的信息所形成的印象不容易改变,甚至会左右认知主体对后续信息的解释,这就是首因效应。在社会认知过程中,个体尽管可以获得多种信息,然而决定印象形成的却是最初的信息,其余信息则被忽略。也就是说,第一印象的作用是非常大的。

相对于首因效应,近因效应远不那么普遍和明显。近因效应的产生,是因为在形成印象过程中,不断有足够引人注意的新信息提供;或者原来的印象已经随时间推移而淡忘。心理学家发现,在人们回忆旧有信息存在困难、对一个人的判断要依赖目前情境时,人们就倾向于以新近信息为依据,从而产生近因效应。当近因效应发生时,我们倾向于注意认知对象的当前表现,而忘记了他最初留给我们的印象。

(5) 相似假定作用(similarity assumption)。在社会认知活动中,人们有一种强烈的倾向,即假定对方与自己有相同之处。初次接触一个陌生人,当我们了解到对方的年龄、民族、国籍以及职业等与自己相似时,最容易作出这种假定。在社会生活中,背景相同的人并不一定有相似的个性和行为特征。但是,人们却往往根据一些外部的社会特征,判断自己与他人之间的相似程度。如果没有新的信息资料,人们就很可能用这种假定的结论来代替实际的认知结果。

相似假定作用:认知活动中人们常会假定对方与自己有更多的相似性。

隐含人格理论:把认知到的各种特征有规则地联系起来并依照人格假定形成整体形象。

(6) 隐含人格理论(recessive personality theory)。每个人在成长过程中都发展了自己关于人格的看法和朴素理论,这是一套关于个人的各种特征怎样相互适应的、没有言明的假定。这种人格理论之所以是隐含的,是因为它很少以正式的词汇表述出来,甚至个体自己也并未意识到它的存在。伯曼(J. S. Berman)等人把这种人格理论称作相关偏见。这种偏见为人们提供了一种方法:把认知到的各种特征有规则地联系起来。每个人都依照自己有关人格的假定,把他人的各种特征组织起来,形成一种整体形象。例如,罗森伯格等人发现,大学生在形容他们所认识的人时,最经常使用的词汇是自我中心、聪明、友好、雄心勃勃、懒惰等;那些被形容为很聪明的人,同时还可能被形容为友好的,但很少被形容为自我中心的。在这里隐含人格理论发挥了作用:聪明与友好应当并列,而聪明和自我中心则无法构成一个整体形象。

(五) 文化背景

不同文化背景下的认知主体面对同一事件可能产生不同的认知关注点。尼斯贝特(Nisbett)向来自日本和美国的被试呈现同一幅描绘水底世界的画面,结果发现日本被试反映画面背景特征的信息比美国被试多出60%,日本被试更多地描述物体间的关系,比如"青蛙挨着水草";而美国被试则更多地描述物体特征,比如"有一条独自游着的大鱼"。可见,日本的集体主义文化和美国的个体主义文化导致认知主体出现了不同的关注点。

二、认知对象因素

认知对象是社会认知客体的重要组成部分,与认知主体一样,是具有主体意识的个体,其魅力知名度、自我表演等因素均影响认知主体的社会认知。

(一)认知对象的魅力

构成个体魅力的因素既有外表特征和行为方式,也有内在的性格特点等。我们常说某人有魅力,这意味着他具有一系列的积极属性,比如容貌美、聪明、友好、正直、有能力等。但是,在实际的社会认知过程中,认知对象只要具备其中一两个特征就可能被认为是有吸引力和有魅力的。

美貌通常是最快、最容易被人认知的外表特征,它是形成个人魅力的重要因素并且容易产生光环效应。戴恩(K. Dion)等人在实验中向被试展示了外表魅力明显不同的人物照片,然后要求被试评定照片人物在其他方面的特征。结果发现:外表有魅力的人几乎在所有特征(如人格的社会合意性、婚姻能力、职业状况、幸福感等)方面都得到了最高的评价,而外表缺乏魅力的人得到的评价最低。

除了美貌之外,高尚的道德、正直的人格、过硬的专业能力、和善、友好等一些品质也可以增加个人魅力。印度圣雄甘地的巨大魅力不是来自外表,而是来自他的精神力量和追求正义的勇气。

(二)认知对象的知名度

一个人知名度的高低也影响着别人对他的认知。在一个人知名度高的情况下,人们通过某些传播媒介或其他人所传递的有关他的信息,在正式结识他之前就已经开始进行社会认知了。根据间接材料所进行的社会认知,受他人的影响比较大,无论认知主体是否相信这些材料,他都会据此形成一定的判断。一旦亲身接触知名人士,认知主体首先会检验原有的看法。一般说来,某人的知名度越高,社会评价越积极,那么,对认知主体的认知活动影响越大,认知主体越会先入为主地将他看成是有吸引力的人。

(三)认知对象的自我表演

在多数情况下,认知对象并不是认知活动中完全被动的一方,而是"让"别人认知的一方。因此,认知对象的主观意图势必要影响他人对自己的判断。

按照戈夫曼(Goffman)的理论,每个人都在通过"表演",即强调自己许多属性中的某些属性而隐瞒其他的属性,试图控制别人对自己的印象。这种办法有时很成功,使得不同的认知者对同一个人形成完全不同的印象,或者使同一个认知者在不同的时间和场合下对同一个人得出不一致的看法。比如,对同一个人,有人觉得他心胸开阔、热情大方,有人则认为他固执、沉静;有时使人感到深不可测,有时又使人觉得他诚挚、坦率。在这里,认知对象的自我表演对于认知者的作用是不可否认的。

三、认知情境因素

社会认知活动离不开认知情境,认知客体、认知主体与认知客体的关系等借助认知情境得以体现,比如空间距离影响认知主体对他人关系的判断,背景环境引发认知主体对认知对象行为的想象等。

（一）空间距离

空间距离可以显示两个人的接近程度。在人们的认知活动中，空间距离构成了一个情境因素。人际空间距离可分为四种：亲密距离（0～0.55米），主要表现在夫妇和恋人之间；个人距离（0.55～1.21米），主要表现在朋友之间；社会距离（1.21～3.66米），主要表现在熟人之间；公共距离（3.66米以上），主要表现在陌生人之间，或者是一般性的社会交往场合。人与人之间的距离是人们无意间确定的，却能够影响认知主体的社会判断。例如，看到两个人相互接近低声交谈，我们会认为他们正在说一些不想让别人听到的话，这反映了两人的关系较为深入。

另外，空间距离也受其他一些因素的影响：(1)民族文化的因素。一般认为欧洲人喜欢保持远距离交往，而阿拉伯人和非洲人则喜欢保持近距离交往。所以我们设想当美国人和阿拉伯人在谈话时，一方是"节节败退"，一方是"步步进逼"，半小时后，两人谈话的位置照先前必定发生了很大的一段位移。(2)气质个性因素。多血质和胆汁质的人喜欢与人保持近距离交往，而黏液质和抑郁质的人则喜欢与人保持远距离交往；外向性格人喜欢与人保持远距离交往，而内向性格人可能更喜欢与人保持近距离交往。(3)性别因素。大多数男性喜欢与人保持远距离交往，而女性则会表现得更加亲密无间。由此可见，空间距离也为社会认知提供了重要的线索。

（二）背景环境

在社会认知活动中，认知对象所处的背景也常常成为判断的参考系统。巴克（K. Back）认为，认知对象所处的环境常常会引起我们对其行为的联想，从而影响判断。人们往往会以为出现在特定背景环境下的人必然是从事某种行为的，他的个性特征也可以通过背景环境加以判断。比如，你经常在舞会上遇见某位同学，你便可能知道她是个喜欢交际、娱乐的活跃分子；如果你经常在图书馆遇到他，那可能会推知他是个肯学、喜欢安静读书的人。

环境背景对于认知的影响可以在判断个体感情的文献中得到证明，20世纪20年代以来的许多实验研究一致表明，画中所描绘的刺激、人所处的背景对于决定被试作出什么样的判断非常重要。被试作出何种判断及判断的准确程度，受到判断对象周围景物和色调的强烈影响。科尔曼（H. C. Kelman）等人认为，单纯从人的面孔和身体姿势中传达出来的信息是很少的，背景可以提供有力的线索，协助我们判断认知对象的感情。假定一个人在笑，只有通过背景线索，才能显示出这一动作到底是高兴还是难堪。

第四节　印象的形成

当代社会认知研究包括两个重要的方面：一是印象；二是归因。所谓印象（impression）是指认知主体对他人外部特征、内在性格的判断和认识；所谓归因是指认知主体对于他人

(偶尔包括自己)的行为原因的判断和推理。在社会认知活动当中,我们一旦对认知对象的某些属性作出判断,印象就已经形成了。从本义上讲,印象组织了人们关于认知对象各方面特征的认知成果,它所反映的应该是认知对象的总体特征,但多数情况下,我们不会等到掌握全部特征之后再形成印象,甚至只要看过认知对象的照片,或者跟他说过几句话,就可以作出不少判断。这种情况是由社会认知本身的特点所决定的。

学习目标4.4 掌握印象形成的概念
重点掌握:对认知对象的某些属性作出的判断。

一、印象形成的一般规则

印象的形成是非常复杂的过程,我们至今还没有完全掌握其形成机制,但总体来说,印象的形成存在某些基本规则。

(一)一致性规则

所谓一致性规则,是指认知主体对客体的印象应该是一致的,而不是矛盾的。如果认知主体收集到的关于客体的信息前后矛盾,认知主体会根据一致性规则把各种矛盾的信息整合起来。在对一个人进行社会认知时,认知主体倾向于把他作为协调一致的对象来观察,尤其是在评价该对象时更是如此。一个对象不会被看成既是好的又是坏的,既是诚实的又是虚伪的,既是热情的又是冷淡的。如果有关某个对象的信息是前后矛盾的,认知主体也会尽力消除或者减小这种冲突,把对方看成是多种特征相融合的、一致的人。

印象形成的一致性规则经常需要解决信息冲突的问题。印象的客体是丰富生动的人,他可能会传达多样的甚至是冲突的信息给认知主体,而认知主体在形成印象的过程中,需要处理这些相互矛盾的信息,分别给予不同的权重,试图把各种特性以一致的线索整合起来。例如,单位来了一位新同事,他外表英俊并且聪明,但是常常以自我为中心,我们在形成对他的印象过程中,就不得不协调他的"优点"和"缺点",最后形成相对一致的印象。最有可能的形式是,他基本上是一个好人,或者基本上是一个不好的人。印象形成的一致性规则最终可能会形成一个以偏概全的结论,但这种结论更加符合认知主体的心理需要。

(二)评价的中心性

假如单位新来了一个同事,他有很多特性如英俊聪明幽默、有能力并且非常自信,但另外一方面,他又比较易怒、喜欢吹嘘自己、对个人得失很计较,在这种情况下,我们会对他形成怎样的一致性印象呢?或者换句话说,我们最终所形成的以偏概全的印象会把他的哪种特性放在中心的位置上进行评价呢?

奥斯古德等人通过实验发现,被试用于描述认知对象的全部形容词主要涉及三个维度,即评价(好还是不好)、力量(强还是弱)、活动(积极还是消极)。好与不好的"评价"维度是主要的,会影响有关"力量"和"活动"的描述。一旦人们判断了认知对象的好坏属性,其印象也就基本确定了。罗森伯格同意奥斯古德将评价维度放在中心的位置上,并进一步区分了评价的内在结构。他们认为,认知主体是根据社会特性和智能特性来评价他人的(见表 4-1)。而后,汉密尔顿(D. L. Hamilton)等人通过实验证明:让被试看到较多的关于社会特性的判断,一般会影响被试对认知对象的喜欢程度;让他们看到较多关于智能特性的判断,则会影响他们对认知对象的尊重程度。

表 4-1 关于评价维度的结构与内容

评价	好的	不好
社会特性	助人的	不幸福的
	真诚的	自负的
	宽容的	易怒的
	平易近人的	令人讨厌的
	幽默的	不受欢迎的
智能特性	科学的	轻浮的
	果断的	动摇不定的
	有技能的	笨拙的
	聪明的	愚蠢的
	不懈的	不可靠的

(三) 中心特性的作用

从以上不难看出,至少有三个大的维度和若干具体特性会影响我们对他人的印象。我们通常把最有分量的特性称为中心特性。评价维度与中心特性分别处于不同的层次。所谓评价的中心性是指,评价这一维度在印象形成过程中处于中心位置。而中心特性则是指某种对于印象形成具有重要作用的具体特征,这种特征甚至可以改变整个印象。阿希通过一系列实验证实了中心特性的存在。

学以致用

阿希的中心特性研究

所罗门·阿希(1907—1996),美国社会心理学家。他的研究工作主要集中于特质的因素分析、测验编制以及文化因素和团体差异对测验分数的影响等方面。1967 年获美国心理学会颁发的杰出科学贡献奖。他最为著名的研究是群体中的从众(conformity)行为。阿希认为,为了形成对某人的印象,我们至少要掌握关于此人的几项特征,但我们不会认为人是由几种不同特征所拼凑而成的,我们会对一个人形成一种总体的印象。阿希通过实验证实了这一点。阿希招募了两组大学生作为被试,A 组有 90 名被试,B 组有 76 名被试。主试要求被试仔细听一组描述人的性格特征的形容词,并对被描述者形成某种印象,两组被试听

到的单词表分别如下:

A组:聪明的、灵巧的、勤勉的、热情的、坚定的、现实的、谨慎的。

B组:聪明的、灵巧的、勤勉的、冷淡的、坚定的、现实的、谨慎的。

两组词中只有一个单词发生了变化,即把"热情的"变为"冷淡的"。然后,阿希请两组被试谈谈自己对这个人的看法。结果发现:两组被试关于某人的印象很不相同。例如,第二组被试中只有大约10%的人相信此人是宽宏大量或者风趣的,其余多数被试认为此人斤斤计较、没有同情心、势利等。而第一组被试中有90%的人将其描绘成慷慨大方的,77%的人认为他是风趣的。因此阿希认为,热情与冷淡是中心特性,这两个词的替换导致印象的显著差别。

阿希还做了大体相似的第二个实验,即招募了两组大学生被试,A组20名,B组26名,也向他们呈现了两组单词表。与上面一个实验相比,"热情的"被替换为"礼貌的","冷淡的"被替换为"粗鲁的",这种替换并没有像第一个实验那样,引起被试对被描述者作出具有较大差异的描述。因此,"礼貌的"与"粗鲁的"不是中心特性;中心特性的作用是非常复杂的,一个特性是否是中心特性,首先取决于描述一个人的其他信息,其次取决于他人作出的判断。换言之,如果关于其他特性的信息很多,"热情"和"冷淡"的具体作用就可能被削弱。同样,当要求一个人对运动技巧作出判断时,"热情"与"冷淡"可能就没有什么特殊影响了。然而,尽管有这样那样的限制,我们仍然可以说,中心特性对大多数印象的形成有着重要影响。

二、印象形成的基本模式

印象的形成有其特定的规则,这些规则对印象的内容发挥着重要的作用。那么,印象形成的模式又是如何的呢?目前存在三种假说,每种假说都有各自的适用范围。

(一)平均模式

平均模式(the averaging-model):它是指在印象形成过程中,我们以简单平均的方式处理所获得的有关他人的信息。我们把认识到的有关他人的特征信息相加,然后再求其平均值,以此平均值为基础,形成对他人的印象。例如,梅子和小王第一次约会时,就发现小王是一个真诚、聪明的人。于是他们有了第二次的约见,梅子又发现他还是一个朴素、大方的人,可是就是少了点幽默感。那梅子对他的两次印象会有什么不同吗?心理学研究指出,人的心理品质在社会交往中所起的作用是有差异的,因而应对不同的品质赋予不同的分值。真诚、聪明可以说是非常优秀的心理品质,我们赋3分;而朴素、大方是比较优秀的品质,我们赋2分,缺乏了些幽默感是负性品质,我们赋-1分。梅子对小王的总体印象见表4-2。

表 4-2 梅子对小王的印象

小王的个别特质	梅子的评定
真诚	3
聪明	3
朴素	2
大方	2
缺乏幽默	−1
总体印象	(3+3+2+2−1)/5=1.8

平均模式可以较好地解释这种情况:一开始我们认为某人很好,可是随着交往的深入,越来越觉得此人没有开始认为的那么好。

(二)累加模式

累加模式(the additive-model):指人们对他人片段信息的整合方式是累加的而非平均。具体来说就是,我们在对他人形成印象时,把认知到的有关他人的各种品质相加,求其和,以此形成对他人的总体看法。

如果依然按照前面假设的例子,小王留给梅子的印象分就是:

$$3+3+2+2-1=9 \text{ 分}$$

也就是说,随着我们了解这人越来越多的特征,包括缺点在内,我们对他的印象会越来越好。

增加模式似乎可以较好地解释这种情况:我们对一个人越熟悉就越喜欢他,虽然我们明知他有许多缺点和不足。

(三)加权平均模式

加权平均模型(the weighted average-model):这个模型是 N. 安德森(N. Anderson)于 1968 年提出来的,按照这一模型,人们对他人形成整体印象的方式是将所有特质加以平均,但对较重要的特质给予较大的权重。比如,对科学家而言,智力因素的权重大;而对演员来说,则是吸引力的权重大。相对前两个模型而言,加权平均模型能够解释的现象范围更广,它是我们对他人形成整体印象时最常使用的模型。

加权平均模式的两个作用影响:

(1) 先行信息加重作用。认知主体在形成印象时,并不是同等地看待对方身上的所有特征。那些首先被发现的特征会影响人们对后来掌握的其他信息的处理方式。

(2) 消极否定信息加重作用。指人们在对他人形成整体印象时,与正性信息相比,对负性信息会给予更大的权重,即在其他条件相同的情况下,负性特质对印象形成的影响比正性特质大。如果其他条件相同,传达消极否定信息的特征比传达积极肯定信息的特征更能影响印象的形成。不管一个人具有其他什么样的特征,一种极端否定的特征会使人产生一种极端否定的印象。所以在生活中常常有这样的事情:当一个人告诉你某位卓越的领导者是个"骗子"以后,不论你对这位领导的其他特质有多少认识,你对他的评价都不会太高。

第五节 归因与归因理论

学习目标4.5 解释归因问题
重点掌握:①归因理论;②归因偏差。

一、归因的概念

归因(attribution)是指人们推论他人的行为或态度之原因的过程。在生活中,我们每天要遇到许许多多的事情,我们也常常要寻找这些事件发生的原因,所以归因问题是心理学家十分关心的问题。在社会认知的过程中由于人们不愿轻易付出自己的认知资源,所以并不是对所有发生的事情进行归因,只在两种情况下人们才会进行归因:一是发生出乎意料的事情,比如飞机失事等;二是有令人不愉快的事情发生,比如患病、被别人责备等。心理学家根据各种研究所提出的有关归因问题的不同概念与观点,则统称为归因理论。

最早用实验法研究归因问题的是海德和西梅尔(Simmel,1944)。他们给被试呈现几个几何图形的运动,并让被试报告自己看到了什么。大多数被试发展出了完整的故事,他们认为小圆圈和小三角正在相爱,但遭到大三角形的破坏,于是小三角形不断反击,带着他的爱人小圆圈跑到房间里,然后他们拥抱在一起,一直过得很幸福(见图4-4)。除了爱情故事,被试还报告了"一伙儿的""帮助"等具有社会意义的词汇。

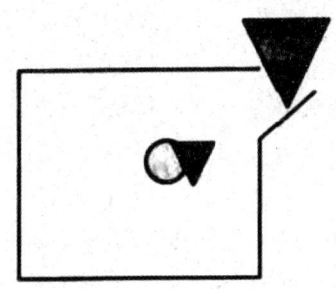

图4-4 海德和西梅尔的归因研究材料

正如自我价值定向理论的命题明确表述的,人本能地寻求和赋予事物以意义,每个人就像一个纯朴的科学家,需要解释社会生活中的各种问题,会习惯地问"为什么",因为人需要对外部世界和自己的行为进行原因解释,从而对事物有预见性,以便对环境有所控制,并使自己的行为有明确引导。人需要知道与自己相处的其他人对自己有利还是有害,需要知道自己的某种行为是带来奖励的后果还是惩罚的效应。因此,归因不仅仅是一种心理过程,更是人们的一种需要。

归因使得人们对事物有预见性,使人们形成一系列从经验中总结出来的有关人的行为与其原因相联系的观念或理论。它使我们对周围世界和自己有一个相对固定、前后一致的看法,使得我们能够适应世界。这些观念或理论可能不够系统,也没有得到科学的验证,也可能来自片面的经验的误解。但它们是每一个人指导自己实际行为的真正的实用"心理学理论"。因此,即便是错误的归因、错误的预见,也起着同样的作用。

归因理论由几种不同理论观点和实验成果集合而成,其共同看法有:第一,归因理论研究人们在社会环境中如何运用信息对事件作出原因分析,它研究人们收集哪些信息,以及如何将这信息结合起来,作出归因;第二,许多归因理论都倾向于将社会知觉者看成朴素科学家,他们可以运用与专业科学家所用的相似方法完成许多任务;第三,归因理论研究,一般或明或暗地认定动机因素是(或可能是)原因分析的动力;第四,归因研究者们最常用的最基本假设是,归因是重要的,归因分析是人行为的基础,也是认知过程和情绪的基础。

二、归因理论

(一)海德的朴素归因理论

海德(Heider,1958)在他的著作《人际关系心理学》中,从通俗心理学(native psychology)的角度提出了归因理论,该理论主要解决的是日常生活中人们如何找出事件的原因。海德认为人有两种强烈的动机:一是形成对周围环境一贯性理解的需要;二是控制环境的需要。而要满足这两个需求,人们必须有能力预测他人将如何行动。因此海德指出,每个人(不只是心理学家)都试图解释别人的行为,并都具有针对他人行为的归因。

背景人物

弗里茨·海德(1896—1988)(见图4-5),美国社会心理学家,社会心理学归因理论的创始人。他生于奥地利维也纳。1920年在哲学家迈农的指导下获得奥地利格拉茨大学哲学博士学位。海德曾赴德国柏林大学心理研究所学习,受到韦特海默、科勒和勒温等人的影响。1927年,他受聘于汉堡大学。1930年赴美国,任职于马萨诸塞州北安普敦的史密斯学院,成为格式塔心理学家考夫卡研究实验室的成员。海德的另一项主要贡献是提出了认知平衡的P-O-X模型。

图4-5 弗里茨·海德

海德认为事件的原因无外乎有两种:一是内因,比如情绪、态度、人格、能力等;二是外因,比如外界压力、天气、情境等。海德还指出,在归因的时候,人们经常使用两个原则:一是共变原则,它是指某个特定的原因将许多不同的情境下和某个特定结果相联系,该原因不存在时,结果也不出现,我们就可以把结果归于该原因,这就是共变原则。比如一个人老是在考试前闹别扭、抱怨世界，其他时候却很愉快，我们就会把闹别扭和考试连在一起，把别扭归于考试而非人格。二是排除原则，它是指如果内外因某一方面的原因足以解释事件，我们就可以排除另一方面的归因。比如一个凶残的罪犯又杀了一个人，我们在对他的行为进行归因的时候就会排除外部归因，而归于他的本性等内在因素。

（二）维纳的归因理论

维纳(B. Weiner, 1972)在海德的归因理论与阿特金森(J. W. Atkinson)的成就动机理论基础上，提出了自己的归因理论。维纳基本同意行为的原因分为内因和外因两种，他还提出一个新的维度，即把原因分为暂时的和稳定的两种。依照这两种维度，维纳对成功行为归因作了分类。

在维纳看来，普通人对成功行为可能有四种归因（见表4-3）：第一，归因于稳定的外在环境因素，例如任务难度非常低；第二，归因于暂时的外在原因，例如机遇问题；第三，归因于稳定的内因，例如当某人形成了很强的个人能力时，那么其在特定领域内的成功就是可以预测的；第四，归因于暂时的内因，例如努力，当某人在考试前做了充分准备和复习时，他很可能会考出好成绩，但是如果他此后不再努力或者不再认真复习的话，其成绩就不好说了。

表4-3　朴素归因理论的四种可能性

	内在的	外在的
稳定的	能力	任务难度
暂时的	努力	机遇

以上两种维度即"内在—外在""暂时—稳定"，在归因中都非常重要。它们分别会导致不同的结果。"暂时—稳定"对预测行为具有非常重要的作用。例如，假如我们认为中国乒乓球队整体作战能力强（稳定因素）、队员个人能力强（稳定因素），那么我们可能预测它与对手相遇时，绝大多数情况会胜利。假如我们认为甲上次考试成绩好是因为试卷简单（暂时因素），恰好他又做了相关的准备（暂时因素），那么，甲下次能否考好就难说了。同理，"暂时—稳定"维度对解释失败也同样有效。当失败被归因于稳定的内因或外因时，可能预测其后依然会失败；当失败被归因于暂时的内因或外因时，其后的情况则很难说。

海德认为，内因对普通人的行为预测具有重要作用；维纳则认为，稳定的因素才有助于行为预测。维纳的归因理论最为引人注目的地方是，归因结果对个体以后的成就行为的影响，对成功或失败不同的归因会引起个体不同的情感和认知反应，例如自豪或羞耻。德韦克(C. Dweck, 1975)发现，把成功归因于努力的学生相比把成功归因于能力的学生在以后的工作中坚持的时间更长，把失败归因于能力的人相比把失败归因于努力的人在未来的工作中所花时间更少。

维纳在20世纪80年代进一步发展了他的归因理论，于1982年提出了归因的第三个维度：可控制性(controllability)，即事件的原因是个人能力控制之内还是之外？在维纳看来，这三个维度经常并存,可控制性这一维度有时本身也可以发生变化。

表 4-4 改进后的归因模型——以对考试成绩的归因为例

	内部		外部	
	稳定	不稳定	稳定	不稳定
可控的	特定的努力	针对某事的暂时努力	老师的偏见	来自他人的偶然的帮助
不可控	特定的能力	心境与情绪	考试难度	一个人的运气

维纳的归因理论引起了人们对归因风格(attributional styles)训练的兴趣,即怎样帮助人们发展出适应性更强的归因风格。德韦克(C.Dweck,1975)的一项现场实验证明这种训练的有效性,实验的被试是一些经常把失败归于自己缺乏能力的小学生。因为如此,当研究者给这些小学生新的学习任务时,他们的毅力很差,实际上已经产生了习得性无助(learned helplessness):一种无论自己如何努力,也注定要失败的信念。德韦克的训练计划包括 25 个时间段,在整个实验过程中,给被试一系列的在解决数学问题上成功或失败的经验。当被试失败的时候,教会他们把失败归于努力不够,而不是缺乏能力。在整个实验结束之后,德韦克发现这些学生的成绩和努力程度都有显著的提高。据此,德韦克提出了成长心态概念,认为人的智力特征并不是固定不变的,智力可以靠后天的努力而改变。与成长心态相对立的是固定心态,认为人的智力是固定不变的,我们常用的智力测验就是以后者为基础建立起来的。德韦克因为提出这一理论,获得了在世界范围内奖金最高的"一丹教育研究奖"。

(三)琼斯和戴维斯的对应推论理论

琼斯和戴维斯(Jones 和 Davis,1965)提出的对应推论理论(correspondent inference theory)适用于对他人行为的归因,该理论试图解释在什么条件下我们可以把事件归于他人的内在特质(dispositional trait),即人格、态度、心情等。琼斯等认为,当人们看到某种行为时,首先需要判定这种行为是不是行为者有意做出的,以及这种行为所产生的效果中哪些是行为者所希望的。如果行为结果只是行为者无意造成的,就不能根据它来判断行为者的品性,即首先判定行为者的动机,然后由此推定行为者的品性。琼斯和戴维斯还提出了几种可能影响对应推论的因素:

第一,行为的自由选择性。如果认知主体观察到某种行为是行为者自由选择的结果,认知主体通常会假定该行为能够反映行为者的意图,进而由此推论其品性。如果认知主体认为外在力量强迫行为者必须如此,便可以使用情境因素来解释行为者的行为。因此,若行为者的选择自由没有受到限制,观察者就更有可能进行对应推论。例如,在一次模拟辩论赛中,甲队抽到正方的签,那么甲队的辩论言辞并不能表明他们支持正方论点;相反,当甲队自愿选择了正方的论点,认知主体就可以比较自信地认为他们支持正方的论点。

第二,行为的社会合意度。社会合意度很高的行为符合社会规范,大多数人会采取该行为，无法由此推论行为者品性。相反，那些社会合意度不高的行为更能反映行为者的动机，可以通过其行为反映其独特的品性。例如，某人在应聘营销职位时表现得非常健谈，我们无法确认他就是性格外向，因为他的行为表现可能是在迎合招聘者的要求；相反，如果他对这份工作很感兴趣，但表现得少言寡语的话，观察者就能比较确定地认为他性格内向。

第三，行为是否为角色要求。特定角色要求的行为模式，难以帮助人们判断行为者的社会动机。例如，消防员帮助市民救火是出于职业角色的要求，并不能说明他乐于助人。若无关的行人帮助救火，就可以推论他是一个乐于助人的人。

人们通常想知道行为者为什么会做出特定的行为，并且试图在个人内在稳定的品质中寻找对其行为的解释。为了实现倾向性归因，认知主体就要使用个体所在情境的线索，还要利用已知的关于个体的信息，这些资料合在一起，就能够帮助观察者进行对应推论。当然，对应推论的恰当与否取决于事实上行为者的内在属性与其行为的一致程度。

（四）凯利的三度归因理论

哈罗德·凯利所提出的三度归因理论，又被称为多线索分析理论，或称共变归因理论，是凯利在海德的共变原则的基础上提出的。他认为，人们多是在不确定条件下进行归因的。人们从多种事件中积累信息，并且利用共变原则来解决不确定性的问题。

凯利认为，人们在试图解释某人的行为时，可能用到三种形式的归因：归因于行为者，归因于客观刺激物（行为者对此做出反应的事件或他人），归因于行为者所处情境或关系。例如，某人连续几天去展览馆看新展出的油画，这种行为的原因可能有三种：(1)他喜欢这幅画；(2)油画很有欣赏价值；(3)这几天他没有什么事做。为了确定哪种解释更加符合实际情况，凯利指出，观察者需要使用三种信息：区别性信息、一致性信息、一贯性信息。

背景人物

哈罗德·凯利(1921—2003)（见图4-6），美国社会心理学家，在心理学和社会学领域都有很大的影响，主要贡献集中于群体社会心理学、归因理论、人际关系等方面。凯利于1943年获得加利福尼亚州大学伯克利分校心理学硕士学位，同年参军，从事美国空军人员选拔等方面的研究。他1950年任教于耶鲁大学，1971年获得美国心理学会颁发的杰出科学贡献奖，1978年当选美国国家科学院院士。

图4-6 哈罗德·凯利

区别性(distinctiveness)信息，是指行为者只对特定刺激对象产生反应，还是对许多不同的刺激对象产生相同的反应。区别性高是指行为者只对特定刺激对象产生反应；区别性低是指行为者对许多不同的对象产生相同的反应。上述例子中的某人如果只看这些油画，而不看其他展品，就说明他对不同刺激物的反应有高区别性。

一致性(consensus)信息，是指行为者的行为与其他人的行为是否一致。如果周围不少人也看了新展出的油画，则表明某人的行为与其他人一致性高；相反，这个人的行为与其他人一致性低。

一贯性(consistency)信息，是指行为者对当前刺激对象是否一贯产生相同的反应。如果行为者一贯产生相同的反应，则一贯性高；相反，则一贯性低。例如，只要这幅油画展出，这个人一定去看，说明他的行为一贯性高，相反，则说明他的行为一贯性低。

上述三类信息的使用情况，决定了我们对行为归因的可靠程度。通过对这些信息的组织，观察者就可以断定引发某种具体行为的原因。社会心理学家麦克阿瑟以实验对凯利的理论进行了较为系统的研究，揭示了三种信息与归因方向的关系。研究者给被试一个假设的事件——玛丽昨晚观看表演。当一位喜剧演员登场的时候，玛丽笑得前仰后合。研究者通过变化区别性、一致性和一贯性等信息，测定被试所进行的归因，结果如表4-5所示。

表4-5 三种信息与归因方向的关系

序号	提供的信息资料			归因
	区别性	一致性	一贯性	
1	高——她对别的小丑没笑过	高——每个人都笑	高——她总是对此小丑发笑	刺激物(外因)小丑,61%
2	低——她对所有小丑都会笑	低——别人很少笑	高——她总是对此小丑发笑	行为者(内因),86%发笑
3	低——她对所有小丑都不笑	低——别人很少笑	低——她以前几乎没对小丑笑过	环境(外因),72%

只有将三个方面的信息综合起来进行分析考察，才能保证归因的准确性。然而，在日常生活中，我们经常无法充分掌握各类信息。例如，我们可能不曾在从前的某些场合观察过这个人，无法获得一贯性信息，或者我们不知道在同样情形下其他人会有怎样的反应，无法获得一致性信息。凯利认为，在信息不充分的情况下，我们有关因果关系的现成观念(即因果图式)就会发挥作用。

因果图式的种类较多，比较常用的有两种：一种是"多种充分原因模式"，可以帮助观察者从多种可能的因素中判断何者是行为的原因。例如，我们知道某人买了一部手机之后，可以想到几种可能的充分原因：他以前没有手机现在想用了，他的旧手机坏了需要新的，他想换一部新手机用。在这些解释中要判断行为的真正原因，取决于我们所掌握的信息。如果我们知道他原来有手机而且也没有坏，那么通常会断定他只是想换一部新手机用。另一种是"多种必要原因模式"，按照这种模式的逻辑，某事件的原因至少有两个。人们经常用这种模式去解释那些极端事件。比如，甲突然和乙打起架来，那么，是因为甲生性好斗，还是乙爱招惹人呢？在这种情况下，大多数人会认为这两种解释都是正确的，或者说，观察者会寻找多个原因来解释一个事件。

三、归因偏差

上述四种归因理论,尤其是凯利的三度归因理论,基本上都假定普通人的归因是一种合理的、有逻辑的过程。但是,社会心理学者指出,普通人在许多情况下,对行为原因的解释是武断的、不符合实际的偏见。近年来,社会心理学者非常重视个体所做归因的内容,因为不管归因是否正确,个体接下来的行为常是以此为基础的。

(一) 基本归因偏差

人们经常把他人的行为归因于人格或态度等内在特质上,而忽视他们所处情境的重要性。罗斯(Ross,1977)称之为基本归因错误(the fundamental attribution error)。

发生基本归因偏差的原因在于:第一,有这样一种社会规范,即个体都应该对自己的行为后果负责,因此,人们的归因重视内部因素,而忽视外在因素的作用;第二,在一个环境中,行为者比环境中的其他因素更为突出,使得我们往往只注意行为者,而忽视了背景因素和社会关系。

在基本归因偏差中存在一个有趣的现象:基本归因偏差通常只发生在我们解释他人行为的时候,而不发生在我们解释自己行为的时候。这种现象被称作行为者与观察的归因效应(actor-observer bias)。它是指当人们作为一个评价者对他人的行为进行归因的时候,往往倾向于稳定的内部的作用。

为什么人们会犯基本归因偏差?一个原因可能是观察者与行为者在解释行为结果时所掌握的信息不同,行为者对于行为过程的环境条件更有体会,他们可以较有把握地做出环境归因;而观察者则不太了解行为过程的环境条件,做出行为者内在因素的归因更加容易。另一个原因可能是,行为者与观察者看问题的角度有所不同。行为者倾向于把自身看作稳定不变的因素,他们的归因焦点在于不稳定的环境因素;观察者倾向于把环境条件看成稳定不变的因素,他们的归因焦点在于无法确定的行为者的个性因素。

(二) 自利性归因偏差

观察者对自身行为的归因则有可能发生自利性归因偏差。自利性归因偏差,又称利己主义归因偏差、自我强化归因偏差、自我防御归因偏差、自我服务偏差等,指人趋向于把别人的成功和自己的失败归因于外部因素,而把别人的失败和自己的成功归因于内部因素。个体一般都对良好的行为采取居功的态度,而对于不好的、欠妥的行为则会否认自己的责任。因为人们总是希望获得成功,正是这种倾向导致了自利性归因偏差。如果我们把成功看作加强自我权威或保护自尊心的手段的话,我们就可能对自己的失败行为做外在归因。人们往往把自己成功的原因归结于内在属性,例如能力、努力和好的品质等;与此相反,又从外在环境中为自己寻找失败的原因。当原因不明确时,这种自利性归因最容易发生。

学以致用

自利性归因偏差的原因与影响因素

自利性归因偏差是指人们偏向于把积极的行为结果归因于自身因素,而将消极的行为结果归因于环境因素。自利性归因偏差最早由维纳在1971年发现,后来在不同的领域得到证实,例如体育比赛、学校成绩等。运动员和体育教练们是否倾向于将成功归因于自己,而为失败找借口呢?当我们留心阅读报纸的体育版或者观看电视上的赛后采访时,可以从中找出一些答案,可以发现他们是如何对自己的行为表现归因的。

如果我们试着对竞技选手的说法进行分析,就可举例来说,在2007年6月至7月,中国队为亚洲杯而战期间先赢后输。赢球后中国队教练认为中国队队员"比较坚决地贯彻了赛前部署",中国队整体实力有所提高,现在已经有希望问鼎亚洲杯(内部归因)。输掉比赛之后,球员们强调"运气太差了"(外部归因),而教练则提出"可能是因为球员体能差而输掉了比赛"(外部归因)。

关于这类自利性归因偏差发生的原因,存在两种分歧意见:一种意见是从认知角度出发,用认知失调理论来加以解释,认为人们把积极结果归因于个人因素而把消极结果归因于环境因素,是由于两种结果与人们事先对结果的预期不同造成的。当一种结果符合个体对结果的预期时,它就和个体的认识处于协调一致的状态,将这种结果归因于个人因素不会导致认知上的失调;相反,当一种结果不符合个体的预期时,将这种结果归因于个人因素会导致认知失调,如果归因于环境因素则能降低失调感,维持个体认知的同一性。另一种意见是从动机的角度出发,用传统的"趋乐避苦"的原则来解释,认为人们之所以会把成功归因于自身原因,是由于成功总是和欢乐、愉快等正面的、积极的情感体验相联系的,而失败总是和痛苦、不愉快等消极情感体验相关。至少有三类动机与自利性归因偏差的产生有关:第一是增强和维护自我估价的动机;第二是给别人留下良好印象的动机;第三是避免认知失调和维持对环境控制感的动机。从本质上讲,这两种解释都是个体主义文化观的反映,只不过侧重点有所不同而已。认知解释观注重的是个体自身的认知体系的和谐一致性,动机解释观则强调维护个体的形象与自尊、保持个体的自我控制能力。它们同时体现了把他人视为竞争对手和自我利益的威胁者,力图通过提高自我、贬低他人来保持自尊的竞争主义文化内涵。

自利性归因偏差在群体中也经常发生。当一个集体合作项目获得成功时,成员很容易将主要功劳归因于自己;相反,在面对失败时,成员又常常责怪其他成员。坎贝尔(D. Campbell)等人做了一项实验:他们让被试和朋友或陌生人一起承担一项任务,而每个人的任务反馈结果被随机分配"成功"与"失败"两种结果,这种结果实际上和他们的实际表现无关。而后,研究者要求被试对反馈结果进行归因。结果发现,与陌生人一起工作的被试更多地把成功归因于自己,而把失败归因于合作者。

与自利性归因偏差相对应的一种偏差是"自我消损",即行为者把消极行为结果完全归因于自己的一种归因方式。近年来的研究结果发现,自利性归因偏差存在着文化差异:美国的被试表现出更多的自利性归因偏差;而亚洲人尤其是日本人则表现出相反的偏差,即自我消损。对此有两种解释:一种解释是美国社会鼓励独立的自我解释。在那里,自我满足是有价值的,个体的唯一性被最大化,行为的意义是根据个人的想法和感情来决定的。与之相反,团体取向的社会,例如日本社会,鼓励和认可的是相依型自我解释。在那里,人际和谐与服从受到鼓励,其文化强调的是个体与他人相适应,行为的意义是在他人的想法和感情中被发现的。另一种解释是个体主义取向社会的成员,例如美国人,通过自我提高偏见,促进并保持了独立的自我观念,即个体是独一无二的、强壮的、有能力照顾好自己的。与此相反,集体主义取向社会的成员,例如日本人,自我提高偏见会产生自我优于他人的意识,从而把自我与他人分离,这与相互依赖的观念是相互矛盾的,会引起很大的心理冲突,所以个体会避免这种情况的发生。

(三) 忽视一致性信息

凯利的三度归因理论指出,人们在归因时需要三种类型的信息:一贯性信息、区别性信息、一致性信息。但是在现实生活中,一致性信息经常被忽视。人们往往只在意行为者本人的种种表现,却不太关注行为者周围的人如何行动。其原因有三点:第一,人们习惯于注重具体、生动、独一无二的事情,往往忽视抽象、空洞和统计类型的信息;第二,人们可能觉得直接信息比间接信息更加可靠,而一致性信息涉及行为者周围的人,这方面的材料比较分散,观察者很难一一获知;第三,周围的人与行为者相比,处于较不突出的位置上,往往只构成观察的背景,因而被忽视。

(四) 低估情境的诱导

观察者对他人出现基本归因偏差时,过高估计个人因素而低估情境因素的情形也同样会发生在自我归因过程中。萨拉希克和考维(Salancik 和 Conway,1975)调查了大学生的宗教行为,大学生被随机分为两组:第一组被试看到的问卷陈述中,描述支持宗教行为的陈述大多包含副词"有时",而反对宗教行为的陈述大多包含副词"经常";第二组被试看到的问卷陈述恰恰相反,即描述支持宗教行为的陈述大多包含副词"经常",反对的陈述多包含"有时"。结果发现,因陈述的措辞不同,用"有时"描述支持宗教行为一组的被试中认为自己支持宗教行为的人数明显多于另一组。可见,学生们在推断自己的行为时,忽略了情境中微不足道的副词。

(五) 文化差异

不同的文化环境中,基本归因偏差现象均普遍存在,只是受集体主义文化的影响,观察者对背景环境的信息更加敏感。而自小被教育从人格特质解释个体行为的观察者,总会倾向于将事件的原因归结为行为者自身。

在西方的归因理论中,基本归因偏差被认为是一条普遍的归因规律。然而,尽管这种归因偏差在西方个体主义文化背景中根深蒂固,但是在集体主义取向的亚洲环境中则明显减少。米勒等(G. Miller)发现,美国人通常把行为结果归因于行为者的个人品质,印度人则把行为结果归因于行为者的社会角色、义务和其他情境因素。

美国人给出的特质归因是印度人的两倍,而印度人在行为评价中给出的情境因素则是美国人的两倍。米勒做过一项调查,分别向印度人和美国人描述一个女孩总是有许多同伴,让其解释该行为发生的原因,结果印度人偏向于情境解释,如"她的朋友总是与她一起",美国人偏向于个人气质,如"她很亲切"。米勒认为,这种归因的文化差异是通过社会化过程逐渐发展起来的。

1994年,莫里斯(M. M. Morris,1994)等人分析了英文报纸和中文报纸对美国发生的两件相似惨案的报道。一件惨案是,一位在艾奥瓦大学的中国留学生认为受到导师的不公正待遇,为此开枪杀死了导师和几位相关人物;另一件惨案是,一位底特律邮递员认为受到了上司的不公正对待,开枪杀死了上司和几位在场者。研究者分析发现,英文报纸对这两件惨案的报道,几乎完全集中在对两位谋杀者的消极心理和个性因素的推论上,而中文报纸的推测则集中在情境、背景以及可能在工作中发生的社会因素方面。研究者进一步调查了中国大学生和美国大学生如何解释这两件惨案之后,得出结论:中国大学生更偏爱情境归因,而美国大学生更偏爱个性归因。这种归因倾向无论是对底特律邮递员还是对中国留学生都是一样的。

社会认知是一个复杂的信息加工过程,它受认知主体、认知客体、认知情境因素的影响。另外,认知主体只能根据所获得的外部信息推理认知客体的本质,形成社会认知的间接性特征的同时,也因信息不全面引发认知偏差。

章节小结

重点概念

社会认知、表情、仪表、自动化信息加工、控制性信息加工、图式、角色图式、自我图式、事件图式、认知偏见、光环效应、积极偏见、类化原则、首因效应、相似假定作用、隐含人格理论、一致性规则、归因、基本归因偏差。

复习思考

1. 社会认知有哪些特征?社会认知过程的信息加工模式有哪两种类型,其区别是什么?
2. 请简述社会认知中的常见图式。
3. 影响社会认知的认知主体因素有哪些?解决冲突的方法有哪些?
4. 影响社会认知的认知对象因素有哪些?哪些情境因素会影响社会认知过程?

5. 请简述对应推论理论的基本内容。
6. 常见的归因偏差有哪些？其内容是什么？

本章要点

1. 社会认知是社会心理学研究的一个重要领域。社会认知是指认知主体对认知客体外在特征的认知、对认知客体内在特征的推理与判断以及对认知主体与认知客体之间关系的理解与推断。

2. 社会认知研究所涵盖的基本范围包括对他人外部特征的认知、对他人性格的认知，以及对人际关系的认知。

3. 社会认知具有三个比较重要的特征：一是互动性；二是间接性；三是完形特征。

4. 社会认知研究的理论假设经历了三个发展阶段：在20世纪70年代以前，社会认知研究的基本前提是"朴素的科学家"假设。从20世纪70年代开始，社会认知中"朴素的科学家"假设开始向"认知吝啬者"假设转向。从20世纪90年代开始，社会认知的研究假设再次发生转变，认为人是"目标明确的策略家"。

5. 社会认知过程中的信息加工有两种形式：一种是自动化信息加工，它可以帮助人们节省心理资源；另一种是控制性信息加工，它可以帮助人们获得更加准确的信息和结论。

6. 影响社会认知的因素主要有三个方面：认知主体、认知客体（认知对象）、认知情境。

7. 印象组织了人们关于认知对象各方面特征的认知成果，它所反映的应该是认知对象的总体特征。

8. 海德是归因理论的创始人。他较早开始研究普通人为什么进行归因，以及如何归因的问题。

推荐书目

1. 章志光,等.社会心理学[M].北京:人民教育出版社,1996.
2. 艾里奥特·阿龙森.社会性动物[M].郑日昌,等译.北京:新华出版社,2002.
3. 金盛华,张杰.当代社会心理学导论[M].北京:北京师范大学出版社,1995.
4. 艾德·凯勒,琼·贝利.影响力[M].北京:中国社会科学出版社,2001.

第五章
社会态度

本章学习目标：
5.1 理解并掌握态度的定义与成分
5.2 理解并掌握态度预测行为时的因素
5.3 理解、掌握并学会运用态度的测量方法
5.4 理解并掌握态度是从哪几个方面形成的
5.5 理解并掌握有计划行为理论的观点
5.6 理解并掌握平衡理论和认知失调理论是怎样解释态度改变的
5.7 能够描述不充足理由、自由选择以及努力是如何证明认知失调理论的，用自己的话概述实验过程
5.8 理解三种说服模型，理解并掌握影响说服效果的因素
5.9 理解并掌握偏见的定义、偏见产生的理论和消除偏见的方法

案例导入

例一：
砌墙工人的命运：三个工人在砌墙。有人过来问："你们在干什么？"第一个人没好气地说："没看见吗？砌墙！"第二个抬头笑了笑，说："我们在盖一幢高楼。"第三个边干边哼着歌曲，他的笑容很灿烂："我们正在建设一个新城市。"十年后，第一个人在另一个工地上砌墙；第二个人坐在办公室中画图纸，他成了工程师；第三个人，是前两个人的老板。

例二：
一个青年来到绿洲碰到一位老先生，年轻人问："这里如何？"老人家反问："你的家

乡如何?"年轻人答:"糟透了!"老人家说:"那你快走,这里同你的家乡一样糟糕。"后来又来了另一个青年问同样问题,老人家也同样反问,年轻人答:"我的家乡很好。"老人家说:"这里也同样好。"旁听者诧异,问老人家为何前后说法不一致呢? 老者说:"你要寻找什么? 你就会找到什么!"

在日常生活中,人们总是更喜欢和态度好的人交友,这是态度的情感方面的体现。

态度是社会心理学的核心问题。社会心理学的目的是解释、预测和控制人们的社会行为,而社会心理学家一直认为态度是行为的决定因素,也是预测行为的最好途径。因此社会心理学研究一直很关注态度问题的研究,早期著名学者托马斯认为社会心理学就是态度的科学。1936年,盖洛普民意测验以不到1‰的误差成功地预测了罗斯福总统的当选,更强化了态度课题在社会心理学中的地位。F.奥尔波特1968年指出,态度的概念可能是美国社会心理学中最有特色、最不可缺少的概念。

思考

1. 态度包含哪几个方面?
2. 他人对我们的态度是否与我们的行为有关?
3. 盖洛普民意测试的成功预测对我们的生活有哪些启示?

第一节 态度概述

"态度"一词广泛出现在日常生活的各个领域中,比如领导批评下属说"态度不端正",消费者不满意商家的服务说"态度真恶劣",会议主持者征求大家意见说"都表个态"等。那么态度究竟是什么? 社会心理学从态度的定义、特性、构成要素及对其与相关概念的辨析等多方面对态度的实质进行了深入研究。

一、态度的定义与功能

学习目标5.1 理解并掌握态度的定义与成分

重点掌握:① 态度的定义;② 态度的认知成分;③ 态度的情感成分; ④ 态度的行为倾向成分。

现代语言词汇中,态度(attitude)被用来指一种社会生活中常见的社会心理现象,但在19世纪中叶以前这一词语的含义是多重的。英语attitude源于拉丁语aptus。其含义一般包含两种,一是指适合或适宜之行为的主观的和心理的准备状态。二是指在艺术领域中雕塑和绘画里人物的外在和可见的姿态。前一种具有心理学上的含义。在现代意义上使用的态度含义是斯宾塞所提出的概念,他在《第一原理》(First Principle)中说道,对有争议的问题的判断依赖于所具有的态度和保持正确的态度。在心理学中,最早设计态度的实验是朗格(E. Langer)的有关反应时间的实验。20世纪初,伴随着托马斯等人的移民研究和实验社会心理学的兴起,对态度的研究迅速发展,并已成为社会心理学中重要的研究领域。

(一) 什么是态度

尽管态度的研究在社会心理学的诸多研究领域中有着很长的历史,但态度的概念依然众说纷纭。社会心理学中有关态度的定义,总的来说可分为这样几类:

(1) 将态度视为认知和评价的组织和倾向,如罗克奇(M. Rokeach)认为"态度是个人对同一对象数个相关联的信念的组织"。

(2) 偏重于情绪情感,如爱德华兹(A. L. Edwards)将态度视为"与某个心理对象有联系的肯定和否定感情的程度"。把态度看作是情感的标志,衡量态度就是衡量赞成与不赞成、好与恶。

(3) 把态度看作行为反应的准备状态,强调态度的行为意向方面,如F. 奥尔波特、格根(K. J. Gergen)等人。奥尔波特认为态度是这样一种心理的神经准备状态。他由经验予以体制化,并对个人心理的所有反应过程起指导性的或动力性的影响作用。这是态度的经典定义。

(4) 把认知、情感和行为都平行地纳入态度中,试图包含上述三类定义的内容,如弗里德曼(G. Fridman)、迈尔斯(D. G. Myers)、安德鲁(H. Aanderw)。弗里德曼认为,态度是个体对某

> **态度**:是个体对某一特定事物、观念或他人稳固的(由认知、情感和行为倾向三个成分组成的)心理倾向。

一特定事物、观念或他人稳固的(由认知、情感和行为倾向三个成分组成)心理倾向。他的定义强调了态度的组成及特性,是目前被大家公认的较好的对态度的解释。

(二) 态度的特征

作为一种重要的社会心理现象,态度具有如下几种特性:

(1) 态度的社会性。态度不是生来就有的,而是个体在后天的社会生活中通过学习获得的。个体在其后天长期的社会生活中,通过与他人的交往和相互作用,通过接受周围生活环境和社会文化的不断影响和浸染而逐渐形成对他人、他事、他物的一定态度。态度本身所包含的内容及其变化充分体现了态度的社会性。

(2) 态度的主观经验性。个体的意识世界可分为两种:一种是观念世界,以后天社会生活中不断积累的各种经验为基础,包括以一定观念形态存在的信念、价值观、人生观及其他各种思想观念;另一种是经验世界,它是在个体与周围环境的直接相互作用中形成的,包括以一定的经验形态存在的认识、判断、评价及各种体验和感受。态度则介于这两者之间,一方面他与个体的观念世界,尤其是其中的信仰和价值观有着密不可分的联系,常常反映个体所持有的各种思想观念,另一方面它又包含了相当大的经验成分。因此态度本身就具有主观经验性。

(3) 态度的动力性。态度对个体自身内隐的心理活动和外在的行为表现都具有一种动力性的影响,同时对个体与他人的相互作用和个体对社会生活环境的适应也具有这种影响,表现为激发、促动、调整和协调的作用。

(4) 态度的双重性。态度具有外显性和内隐性。外显态度能被人们明显地意识到或承认,内隐态度则根据已有经验潜在地影响个体的认知、情感和行为。内隐态度的稳定性强于外显态度,较难被改变。

(三) 态度的心理成分及关系

作为一种具有认知基础的心理反应倾向,态度兼具认知、情感和行为倾向三种成分,并且这三种成分是互相关联的。

态度的认知成分是指人们作为态度主体,对于一定态度对象或态度客体的知识、观念或概念,以及在此基础上形成的具有倾向性的思维方式。

充分理解是人们对一个事物、一个现象形成一定态度的前提,如果没有一个清晰的、全面的认知,那么态度的形成就会是模糊的,可信度较低。态度的认知成分具有倾向性和组织性,这种倾向性和组织性会成为头脑中的既定模式或刻板印象,使人倾向于按照类属思维来认识态度对象,并对其进行思考。因此,态度的认知成分区别于一般的事实认知,有时会带有偏见的性质。

情感成分,指人们对态度对象肯定或否定的评价,以及由此引发的情绪情感,情感成分是态度的核心与关键,情感既影响认知成分也影响行为倾向成分。

行为倾向成分,指人们对态度对象所预备采取的反应。它具有准备性质。行为倾向成分会影响到人们将来对态度对象的反应。但它不等于外显行为。它们之间的关系可用图5-1表示:

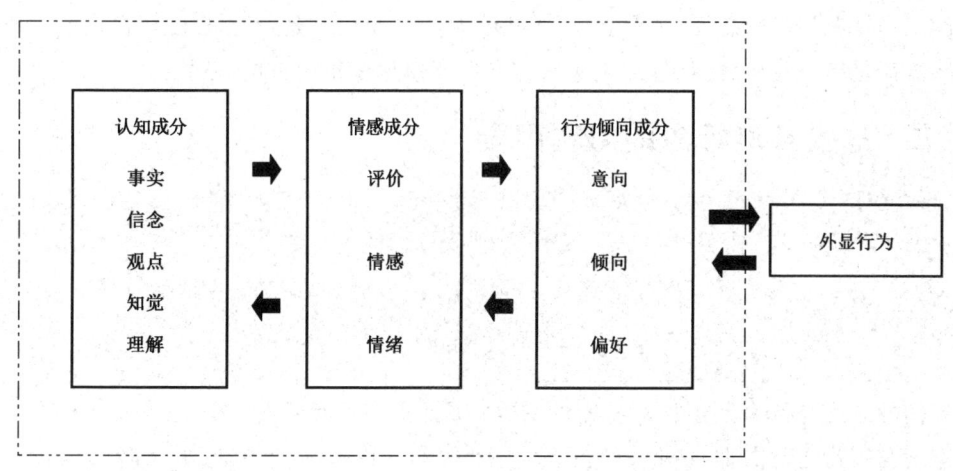

图 5-1 态度的成分及其关系(虚框中的为态度,态度不等于外显行为)

一般来讲,尤其是从理论上来看,态度构成中的这三种成分之间是协调一致的,如果出现了矛盾和不协调,个体则会采用一定的方法进行调整,重新恢复其协调一致的状态。但现实生活中这三者之间关系并不是如此简单,在一定程度上往往存在不协调和不一致。

此外，认知、情感、行为倾向这三种成分相互之间的关联程度也不尽相同。研究结果表明情感和行为的相关程度高于认知与情感和认知与行为的相关程度。由此可见，在三种成分中，认知成分的独立程度要更高些，其他两种成分之间的相互影响相应会较小。

想一想你对一台多功能烤箱的态度就包括：首先，你对这台烤箱功能和价位的认知是什么？在认知基础上所形成的信息是什么？也许你对这种多功能烤箱的认知是，与其他烤箱相比，它耗电更多而且操作程序更为烦琐。其次，你看到这台烤箱的情感反应是什么？也许你感到好奇、兴奋。如果你是一位喜欢传统烹调技术的人，也许你会感到不屑。最后，你的行为反应是什么？你会到商店真的买一台吗？所有这些成分共同结合起来形成你对新型烤箱的总体态度。

（四）态度的心理功能

态度在我们生活中有着重要的意义，态度的功能有以下几个：

效用功能：也叫适用功能，这种功能使得人们寻求酬赏与他人的赞许，形成那些与他人要求一致并与奖励联系在一起的态度，而避免那些与惩罚相联系的态度，如孩子们对父母的态度就是适应功能的最好表现。

知识功能：从认知心理学的观点出发，态度有助于我们组织有关的知识，使世界变得有意义。对有助于我们获得知识的态度对象，我们更可能给予积极的态度，这一点相当于认知图示的功能。

自我保护功能：态度除了有助于人们获得奖励和知识外，也有助于人们应付情绪冲突和保护自尊，这种观念来自精神分析的原则。比如某个人工作能力低，但他却经常抱怨同事和领导，实际上他的这种负性态度让他可以掩盖真正的原因及他的能力。

价值表达功能：态度还有助于人们表达自我概念中的核心价值，比如一个青年人对志愿者的工作持有积极的态度，那是因为这些活动可以使他表达自己的社会责任感，而这种责任感恰恰是他自我概念的核心，表达这种态度能使他获得内在的满足。

二、态度预测行为的影响因素

学习目标5.2　理解并掌握态度预测行为时的因素
重点掌握：①态度的特殊性水平；②时间因素；③自我意识；④态度强度；⑤态度的可接近性；⑥态度的主动性水平；⑦心境的影响；⑧情景的作用。

人们的态度与行为有着非常紧密的关系，所以我们经常从他人的态度来预测其行为。但是态度与行为之间并非一对一的关系，态度只是一种行为倾向，它并不等于实际行为。为了说明这一点，学者们做了大量的研究工作，最后得出的结论也各不相同。有的高，有的低，二者的平均相关系数从 0.20 到 0.73 不等。态度与行为之间的关系并不是固定不变的，它受到大量其他因素的影响。通过态度预测行为的时候，以下几个方面的因素尤其重要。

态度和行为并不一致。前美国国会议员 Mark Souder 和职员 Tracey Jackson 共同录制赞同禁欲的视频后,新闻就爆出了两人的婚外情。家庭价值观倡导者跟当地一家报纸说,"只要你没疯,就一定会觉得这事太讽刺了"(Elliott,2010)。图 5-2 是《赫芬顿邮报》关于此事件的报道。

POLITICS 05/18/2010 09:08 am ET | Updated May 25, 2011

Mark Souder RESIGNS Over Affair With Aide Tracy Jackson (VIDEO)

AP/Huffington Post

INDIANAPOLIS - Indiana Republican Rep. Mark Souder acknowledged an affair with a staffer Tuesday and unexpectedly announced his resignation, giving Democrats a chance at capturing what many had thought was a safe Republican seat.

The eight-term congressman apologized for his actions but provided no details.

图 5-2 《赫芬顿邮报》的报道

(一)态度的特殊性水平

在通过态度预测行为的时候,我们首先应该看看态度是指向一般群体还是特殊个体。比如在拉·皮埃尔(La Piere,1934)的研究中,美国人对亚洲人的态度与对某一个亚洲人的态度在特殊性上不同,因此用态度预测行为时,后者更准确一些。拉·皮埃尔的研究就想说明用态度预测行为到底有多大的准确性。20 世纪 30 年代初,绝大部分美国人对亚洲人持有深度的负性种族偏见。为了研究这种偏见的影响,拉·皮埃尔教授邀请了一对来自亚洲的年轻夫妻驾车环美国旅行,他们所经过的旅馆和饭店的老板会不会以他们对亚洲人的偏见而拒绝接待这对夫妻?结果在 3 个月的旅行中,他们经过的 66 家旅馆只有 1 家拒绝让他们住宿,而 184 家饭店没有一家拒绝他们用餐。后来拉·皮埃尔教授又给他们经过的旅馆与饭店写了一封信,问他们是否愿意接待亚洲人。结果在 128 封回复的信中,90%说他们不会接待。显然他们的态度与行为发生了矛盾。研究者(Newcomb,1992;Weigel,1974)发现态度的特殊性越高,其预测行为越准确。

(二)时间因素

时间因素也影响我们用态度预测行为的准确性。一般说来,在态度测量与行为发生之间的时间间隔越长,偶然事件改变态度与行为之间关系的可能性越大。比如菲什拜因(Fishbein,1974)发现在总统选举中,一周前的民意调查结果要比一个月前的民意结果,对预测谁能当选更为准确。所以在通过态度预测一个人的行为时,必须知道他的态度是什么时候的态度。如果时间太久,我们在预测时就要很小心谨慎。

(三)自我意识

内在自我意识高的人较为关注自身的行为标准,用他们的态度预测行为有较高的效度;而公众自我意识高的人比较关注外在的行为标准,难以用他们的态度对其行为加以预测。

佛明(Froming,1982)等人做了一个实验,实验开始时,研究者测量了大学生对体罚的态度,然后从这些被试中挑选出那些对体罚持反对态度,并且认为其他人也会反对体罚的人,这样操作是为了保证这些人是内在自我意识较强的人(认为别人的看法和自己一致)。几个星期以后,让这些人电击他人,实验类似于米尔格拉姆(Milgram)的电击实验,以被试选择的平均电击强度作为因变量。

实验设置了三种情形,第一种条件下在被试面前放了一面镜子(内在自我情景,放镜子是为了提高他们的自我认同),第二种条件下在被试的面前有少量的观众,实验过程中这些观众把被试评定为有效的"老师"(公众自我情景),第三组为控制组,既没有镜子,也没有观众评价。结果显示,内在自我组比控制组实施电击强度低,而公众自我组比控制组实施更高的电击。如图 5-3 所示:

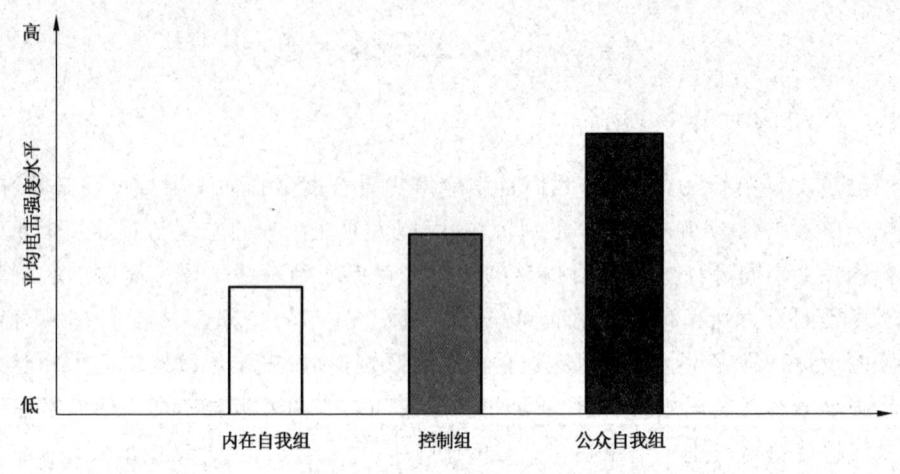

图 5-3 自我意识与侵犯行为的关系

(四)态度强度

与弱的态度相比,强烈的态度对行为的决定作用更大(Petty, 1992)。但是怎样才能使态度变强呢?戴维森(Davidson,1982)发现,对态度对象仅仅要求更多的信息就足以使人们态度的强度增加。在一项研究中,谢尔格伦(Kallgren,1986)先问了被试对一些环境问题的态度,然后让他们参加环境保护活动,结果发现对环境问题有丰富知识的被试的态度与行为的一致性较高。

增加态度强度的另一个途径是让个人参与到态度对象中来,让人们参与某些事情是增强其态度的有效手段,反过来我们也用人们的参与来预测态度与行为的一致性。

(五)态度的可接近性

态度的可接近性(attitude accessibility)指态度被意识到的程度越容易,被意识到的态度,对我们来说它的可接近性就越大。一般说来,来自直接经验的态度对行为的影响大,就是因为这类态度的可接近性大。法齐奥和威廉姆斯等(Fazio 和 Williams,1984)测量人们对里根总统的态度的可接近性,其所用的指标是被试回答与里根有关的问题时按键的反应,反应越快,说明可接近性越大。三个月之后,当总统选举结束以后,再问这些被试选了谁。结果表明可接近性大的被试态度与选举行为之间的相关系数为 0.89,可接近性小的被试的相关系数为 0.66。

当可接近性很高时,一看到或想到某个事物时就对它有某种态度;而当可接近性很低时,人对该事物的态度呈现要慢得多。因此,可接近性高的态度更有可能预测人的行为,因为当人们要求有所行动时,他们能更快地想到自己的态度。法齐奥等通过观察人们对物品的态度和行为证明了可接近程度所扮演的角色。在研究中,研究者首先请人们对几种产品作态度评估,比如对不同品牌的口香糖作评价。态度的可接近性用人们回答态度问题的反应时来衡量。随后研究者在桌上放了十种产品,告诉被试他们可以任选五种带回家作为参加这次研究的报酬。研究者想知道:人们会选择哪些产品呢?

正如研究者所预测的,态度的可接近性起了重要的作用:态度的可接近性高的人,其态度和行为总是高度一致的,而可接近程度低的人,态度和行为的一致性就相对低了。换言之,当人们作决定时,如果态度能很快地呈现在大脑中,人们的行为才会符合他们的态度。那么,对于态度的可接近性低的人而言,是什么决定了他们要选择哪些产品呢?结果发现可接近性低的人更多地受到环境因素的影响,他们会选择那些碰巧在桌子第一排的产品,产品离他们越近,也就越有可能被选中。这个研究说明,环境因素在态度可接近性较低的时候起着重要的作用。现在你可能会理解为什么企业要把自己的产品放在超市最显眼的位置了。

(六)行为的主动性水平

保尔森和洛德(Paulson 和 Lord,2012)的研究发现,行动是主动的还是被动的也会影响态度和行为的一致性。主动的行动一般指那些针对态度对象需要付出努力而且明显直接的行为,而被动的行动则指那些隐蔽、间接、不需要花费多大的精力的行为。比如和理解他人相比,帮助他人显然是更主动的行为。保尔森等人认为,当人们的态度所指向的行为与被测量的行为在主动性上匹配时,态度和行为的一致性会升高。

在一项实验中,被试首先报告自己对男同性恋人群的态度,接着写出根据这些态度他们有可能做出的行为。这些列出的行为的主动性水平会被评分,从而将被试分为主动型和被动型两类。几周后,实验者为被试列出了若干针对同性恋学生的主动和被动行为,属于主动行为的有:签署支持同性恋的请愿书或反对的请愿书;被动行为有:一视同仁或者另眼相看。被试需要为自己做出这些行为的意愿程度评分。结果发现,支持同性恋的被动型被试更可能一视同仁地对待同性恋群体。

(七)心境的影响

霍兰德和维雷斯(Holland 和 Vires,2012)研究了心境的调节作用。以往研究证明了在悲伤状态下,人们会采用更精细的加工方式,消耗较多认知资源。而在高兴状态下,人们的加工过程则更多是自动的,不需要主动控制的。在实验中,他们用内隐联想测验(implicit association test，IAT)测量被试的内隐态度。在关于献血态度的研究中发现，内隐态度在快乐心境的条件下可以很好地预测行为，对献血持消极态度的被试最后表现出较小的献血倾向，而持积极态度的被试献血热情很高。但是悲伤心境的条件下，态度对行为的影响很小。而基于信念的态度则在悲伤心境的情况下可以更好地预测行为。

> 我有自己的想法，强烈的想法，但是我并不总是赞成它们。
> ——乔治·布什

（八）情景的作用

前面主要介绍了态度本身、态度和行为测量方法匹配程度等因素对态度和行为两者关系的影响。勒温曾指出行为是人和环境的函数，即 $B=F(P,E)$，其中 B 代表行为，P 代表个体，E 代表环境。环境在态度影响行为的过程中发挥着重要的作用。

华莱士和保尔森等（Wallace 和 Paulson，2005）分析了近 800 个有关态度和行为的研究，发现社会压力和知觉到的难度将会影响态度和行为的关系。当研究中涉及的行为有强烈的外部限制因素时，比如社会压力和知觉的难度，态度对行为的预测效果明显地降低。因为在这种情况下，环境提供了强有力的外部行为指引，比如默认的社会规范等，行为将向既有的行为模式倾斜，而较少受自身态度的影响。相反，当社会压力和知觉到的难度较小时，态度将会极大地影响行为。实际上，社会压力来源于自身的行为规范，知觉难度对应着控制感。在之后的计划行为理论中，我们将仔细介绍态度、行为规范和知觉到的控制感这三者如何共同影响行为。

三、态度的测量

学习目标5.3　理解、掌握并学会运用态度的测量方法
重点掌握：①直接测量方法（利克特量表、瑟斯顿量表、语义区分量表）；②间接测量方法（投射技术、生理指标测量、反应时测量）。

态度是一种稳定的内在心理倾向，无法用肉眼直接观察，但它也是可以测量的。我们经常用直接测量和间接测量两种方法来测量。

人们对于同一主题可以同时有外显和内隐的态度。外显态度是那些我们能意识到的并容易报告的；内隐态度则是自然的、不受控制的，并且有时是无意识的。所以我们运用直接测量去测量外显态度，用间接测量去测量内隐态度。

（一）直接测量

直接测量的方法包括自陈法（self-report）、行为观察法和问卷法等。自陈法一般采用态度量表测量,而行为观察法通过行为观察推断,问卷法则是把我们要调查的问题编成问卷。

1. 利克特量表

利克特量表(Likert scales)又叫总加量表(summated rating sales),由利克特于1932年创制。这种量表的编制过程较为简单,编制者首先收集或编写关于某一问题或事物的一系列态度表述语,每句态度表述语之后附有一个五种等级的选项,如"人们应该顺其自然地生育"这一表述语后附有选项"非常赞成、赞成、不置可否、不赞成、非常不赞成",对于这五个等级的分数最高为5分,最低为1分。将这样的问卷发给一些被试填答,之后计算每个被试所得总分以及在每一态度表述语上的得分,根据这些分数进行态度表述语的筛选,以确定用于正式量表中的语句。

2. 瑟斯顿量表

瑟斯顿量表(Thurstone scales)又叫等距量表(equal interval scales),由瑟斯顿于1929年首创。与利克特量表类似,唯一不同的是它是一个11点量表,被试在回答的时候用1～11来反映。从结构上来看,瑟斯顿量表与利克特量表的差异仅仅在尺度的大小上不同,但是,它却可以很好地反映比较对象之间的细微区别。比如在对两种化妆品广告效果进行比较时由于这两种产品的知名度都很高,所以一般的小尺度量表就难以反映出这种差异,这时候11点的瑟斯顿量表就能够看出差异。除非情况特殊,我们很少使用瑟斯顿量表,用比11点量表尺度更大的量表就更不行了。因为利克特等人用数学的方法证明了5点和7点量表具有等距性,即量表上数字的差异反映了实际心理上的差异,11点量表也基本符合,其他的没有被证明,所以不能随便使用。

3. 语义区分量表

语义区分量表(semantic differentital scales)又叫语义分化量表,由奥古斯德(C. E. Osgood)和苏西(G. J. Suci)于1957年创制。与前面两种态度量表不同,该量表采用双极形容词,如好坏、强弱等。实际测量时,研究者要求被试在一个7点尺度上评断自己对某事某物的看法。7点尺度的两端是成对的形容词,尺度上的每一点均有相应的分数,被试只需根据自己的看法在尺度上选择出能够代表或表明自己这种看法的那一点,圈画出标记即可。研究者将被试圈画的那一点上的对应分数加在一起,即得到被试态度测量的得分。对被试得分的解释方法类似于总加量表中运用的方法,即要参照量表容纳的所有尺度的分数总和情况。

用上述几种直接测量方法测量被试的态度时,被试容易出现社会赞许性的反应偏差(social desirability response bias),所以,在测量人们对一些比较微妙的问题的态度时,我们在问题的方式上要注意,避免引起这种偏差。

(二) 间接测量

除了直接测量人们对某些问题的态度,我们还可以通过一些间接的方式了解他人的态度。如法齐奥在态度可接近性实验中用的反应时就是一种间接测量,间接测量包括:

1. 投射技术

该技术是心理学研究中常用的一种技术,早在 20 世纪 30 年代,它就已经成为心理学家了解他人内心世界的重要手段。在投射技术中最有代表性的当数主题统觉测验(thematic apperception test,TAT),这种方法通过让人们用看过的画编故事的形式测量人们的内在心理状态,比如对成就动机的研究就经常使用这种方法。

2. 生理指标测量

有时候我们还可以通过测量人们的一些生理指标来了解人们对他人或事物的态度。比如我们可以用皮肤电反应来看一个人的紧张程度,也可以用脑电 P300 波来看一个人有没有说谎。现在很多测谎设备就是利用这些生理指标来测定被测者是否说谎的。

3. 反应时测量

自陈报告法测量态度存在诸多问题。自陈法的前提是人们愿意并且能够报告自己的态度,实际上在很多情况下态度是无法内省的,甚至人们也不愿意公开自己的态度。正如在 Fazio 的研究中可以用反应时衡量人们对某个候选人的态度那样,人们开始用反应时指标测量人们的许多态度。比如格林沃尔德等(Greenwald,1998,2000)在文化心理学研究中使用的内隐联想测验和评估启动范式(evaluative priming task)等,都是以反应时为指标,衡量人们在作与自我一致或不一致的判断时的心理差异。前文曾指出态度可以视作一种联想评估过程。内隐联想测验的前提假设是在人们对那些代表态度目标的评价刺激和分类刺激作出反应时,人们本身的评估联想连接将会造成一定程度的干扰或者促进。因此,不同的反应时可以视作人们内隐态度的指标。

第二节 态度的形成

学习目标5.4 理解并掌握态度是从哪几个方面形成的
重点掌握:态度形成与学习。

我们对任何事物都有一个态度:对自己的祖国、对自己的朋友、对自己的父母、对所有与我们有关的人或事物。在这里有一个问题:我们的态度是从什么地方来的呢?有人认为态度与基因有关,比如泰瑟等(Tesser,1993)发现同卵双生子比异卵双生子在态度上更为相似,即使同卵双生子在不同的家庭长大并且互不相识。不过这些解释与证据并不充分,没有人敢下结论说基因决定着我们的态度,人们相信一些特定的基因和态度有关,但这种关系只是间接的关联。人们更愿意相信:个体的社会经验在态度塑造过程中扮演了一个很重要的角色。社会心理学家认为,人们的认知经验、情感经验和行为经验是他们态度形成的关键。

一、态度形成与学习

态度形成与学习之间的关系可以用学习理论来说明。学习理论是由霍夫兰和他耶鲁大学的同事提出的,该理论假设人的态度和其他行为习惯一样,都是后天习得的。态度的学习有三种机制:一是联结,即把特定的态度与某些事物联系在一起;二是强化,指受到奖励也有助于我们形成对某些事物的态度;三是模仿,通过模仿榜样人物的态度而形成,如孩子经常模仿父母的政治与种族态度。

与霍夫兰的观点相似,凯尔曼(Kelman,1961)认为态度的形成和改变与三个不同的社会化过程有关:一是服从——它是人们由于担心受到惩罚或想要得到预期的回报,而采取与他人要求相一致的行为;二是认同——因为从心理上认可榜样,所以使自己的态度与榜样人物相一致;三是内化——它指个人把态度当作自己内在的行为准则,当态度与个人的价值体系一致时,个体容易形成这样的态度。

二、情感因素在态度形成中的作用

心理学研究表明,有时候人们对他人的态度形成与情感有着紧密的关系。以情感为基础的态度,其来源是各种各样的。它们首先来自人们的价值观和价值取向,比如基本的宗教信仰和道德信念。心理学研究发现,人们对堕胎、死刑和婚前性行为等问题的态度,通常是根据他们的价值观而不是对事实作冷静的考察。这种态度的功能并不在于精确地描绘这个世界,而在于表达和确认一个人的基本价值体系。其他以情感为基础的态度,也可能是基于感觉反应,例如喜欢巧克力的味道(不管它热量有多高),或是基于审美反应,例如对一幅画或一辆车的线条和颜色的欣赏。

在与情感有关的态度形成之中,曝光效应(mere exposure)是最有力的证据,曝光效应是指人们对其他人或事物的态度随着接触次数的增加而变得更积极的一种现象。心理学家扎约克(Zajonc,1968)最早提出了这个概念。在一项研

> **曝光效应**:指人们对其他事物的态度随着接触次数的增加而变得更加积极的一种现象。

究中,扎约克让参加实验的大学生被试学习外语,他向被试以 2 秒一个的速度呈现 10 个汉字,其中两个字只出现 1 次,两个字出现 2 次,两个字出现 5 次,两个字出现 10 次,两个字出现 25 次。看完 10 个汉字后,告诉被试这 10 个汉字是中文形容词,让被试在一个 7 点量表上判断这些词所代表的意思的好坏。结果发现,这些词中出现次数多的词,人们对它的评价越高,如图 5-4 所示。后来扎约克用脸部照片和无意义音节都证明了这一点。

博恩斯坦(Bornstein,1989)在一项元分析的研究中发现,约有 200 项以上的研究支持这一结论。但是由于曝光效应的基本假设是情感反应先于信念,而这一假设恰恰与认知论的观点相反。在持认知论的观点的人看来,认知先于情感,即我们是先知道,然后才有情感!那么哪个理论更符合实际呢?实际上,正如伊格利(Eagly,1993)所说的,许多心理学家发现,基于情感反应的态度只是一些简单的态度,我们绝大部分的态度都是认知与学习的结果。

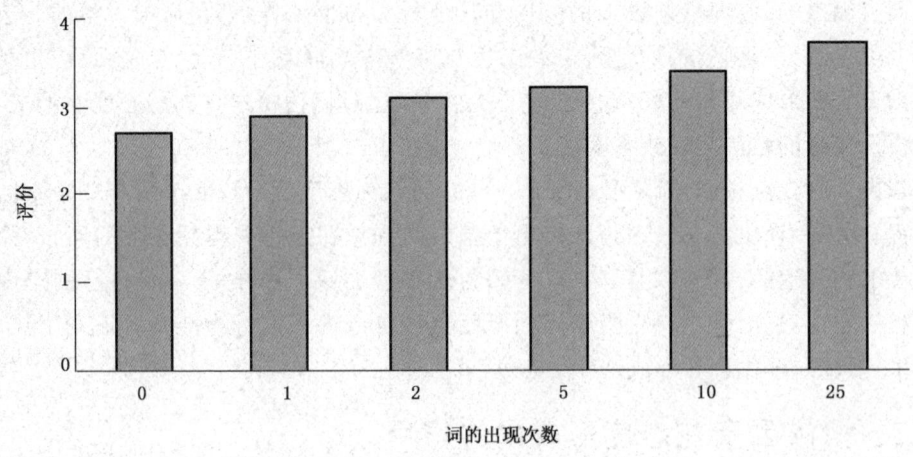

图 5-4　曝光效应的证据

三、态度形成中的认知理论

学习目标5.5　理解并掌握有计划行为理论的观点

重点掌握：人类有意识的行为取决于人们的态度、自身的主观规范以及人们所知觉到的控制感。

认知因素对态度形成具有重要的作用,这是许多心理学家承认的事实。认知影响态度形成中最有代表性的当数有计划行为理论(theory of planned behavior),该理论是阿杰恩(Ajzen,1991)从理性行为理论(theory of reasoned action)中发展出来的理论。按照这理论的思路,人类有意识的行为取决于人们的态度、自身的主观规范以及人们所知觉到的控制感,如图5-5所示：

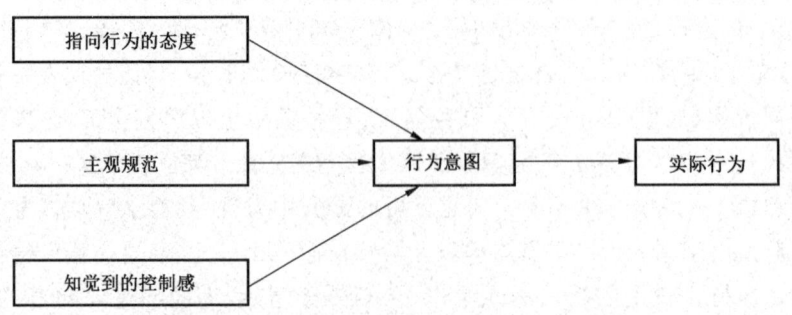

图 5-5　有计划行为理论的理论模型

在有计划的行为理论中指向行为的态度由两方面的因素决定,一是人们对行为结果的信念,二是对这些信念的评价。菲什宾(Fishbein,1979)通过研究妇女对生孩子问题的看法,发现她们的态度确实基于信念和对这些信念的评价。主

主观规范：指一个人对来自他人的社会压力的知觉。

观规范(subjective norms)是指一个人对来自他人的社会压力的知觉,即该不该做出这样的行为的考虑,它也由两个方面决定:一是感受到的其他重要的人的期望,二是遵从这些期望的动机。以生孩子的问题为例,她们在此问题上的主观规范取决于其他重要的人如丈夫的期望(我丈夫想等我们有房子后再要孩子)以及她对此期望的遵从动机(我想取悦我的丈夫)。知觉到的控制感是指人们对完成行为是困难或容易的知觉。阿杰恩指出,只有在人们对完成行为有控制感的时候,态度才有可能影响行为。比如一个烟鬼想要戒掉30多年的烟瘾(对戒烟持正性态度),同时他也知道家人和医生期望他戒烟,而他也想取悦他们(主观规范),然而在以后戒烟的过程中,考虑到改变习惯的难度之后,他可能对自己失去信心(知觉到对行为只有低的控制感)。这样不论态度与主观规范如何,这个烟鬼也戒不了烟。

瑞斯将自我认同引入有计划的行为理论。在一项元分析研究中,瑞斯发现自我认同是独立于态度、主观规范和知觉到的控制感的。在众多行为领域,自我认同都会影响态度/意图关系的强度。即使在考虑了有计划的行为理论中各元素之后,自我认同仍然可以解释行为意图中的部分变异。

有计划的行为理论也受到一些批评:一些心理学家认为,人类的行为有时候是自发的、无意识的;另一些心理学家则提出了习惯的问题,习惯性的行为不受上述因素的影响。但不管怎样说,有计划行为理论在理解态度形成以及预测行为方面依然是非常有效的,不仅是心理学家,包括经济学在内的许多学科都把这个理论作为理解人类态度和行为的基础。

四、文化对态度形成的影响

不同文化下的人们是否可能对同一事物抱有不同的态度呢?我们知道,西方文化强调独立与个人主义,而东方文化则强调互赖与集体主义,这些差异会影响人们所持的态度及态度改变吗?

在西方文化下,人们的态度可能更多基于对自己的关注,而在东方文化下,人们的态度则更多基于对自己在社会团体(如家庭)中的地位的关注。正是因为这个原因,强调自我与个性的广告更易在西方文化中发挥作用,而强调个人所属社会团体的广告会在东方文化中产生效果。为验证这个假设,涵和沙维特(Han 和 Shavitt,1994)为相同的产品设计了不同的广告,或者强调独立(如有则鞋子广告是这样说的"穿对鞋子是很舒服的"),或者强调互赖(如"适合你家人的鞋子"),并让美国被试和韩国被试观看这一广告。结果发现:强调独立的广告更能够说服美国被试,而强调互赖的广告更易说服韩国被试。研究者还分析了实际出现在美国和韩国杂志上的广告,发现这些广告确实有所不同:美国的广告更倾向于强调个性自我完善,以及产品对消费者个人带来的好处,而韩国广告更倾向于强调对家庭、对他人的关注以及对个人所属的社会团体带来的好处。所以,我们的态度形成也体现着我们的文化传统。

第三节 态度的改变

态度改变指的是个体已经形成或原先持有的态度发生了变化。这种变化包括两个方面：一是指方向上的改变，即质的改变。例如，某个人原先对抽烟持赞成态度，认为抽烟可显示个人的成熟特征，后来却反对抽烟，认为抽烟有损身体健康。二是指程度上的改变，即量的改变。例如，某人原先不是很赞成清晨跑步，但后来在他人的带动下也积极起来，赞成并参加清晨跑步。

> **态度改变**：指个体已经形成或原先持有的态度发生了变化。

学习目标5.6　理解并掌握平衡理论和认知失调理论是怎样解释态度改变的
重点掌握：① 平衡理论的理论模型；② 认知失调的理论内容。

一、有关态度改变的理论

与态度改变有关的理论主要有两个：海德（Heider）的平衡理论（balance theory）、费斯汀格（Festinger）提出的认知失调理论（cognitive dissonance theory），这两个理论分别从不同的角度探讨了与态度改变有关的问题。

（一）Heider 的平衡理论

海德（Heider，1958）从人际关系的协调性出发，提出了态度改变的平衡理论。该理论认为在一个简单的认知系统里，存在着使这一系统达到一致性的情绪压力，这种趋向平衡的压力促使不平衡状况向平衡过渡。海德用 P-O-X 模型说明这一理论，其中 P 代表一个人（如张三），O 代表另一个人（如他的女友），X 代表一件事物（如一部电影）。从人际关系的适应性来看，P、O、X 之间的关系有 8 种组合，如图 5-6 所示：张三（P）和他的女友（O）对一部电影（X）的态度就符合这样一个系统。张三喜欢这部电影，他的女友也喜欢这部电影，而且张三喜欢自己的女友，如果这样的话就是一个平衡的系统，谁也没有必要改变态度。但是在其他条件不变的情况下，如果他的女友不喜欢这部电影，这时候，系统就不平衡了，就必须有人产生态度改变。而态度改变遵循最少付出原则，即为了恢复平衡状态，哪个方向的态度改变最少，就改变哪里的态度。

按照海德的观点，与自己喜欢的人态度一致，或者与自己不喜欢的人态度不一致，我们的生活关系就是一个平衡的系统。对平衡理论所做的研究通常支持以下的预测：人们确实能够从不平衡状态调整至平衡状态，并遵循着知觉上的最小付出方式。但是，假如是因为你喜欢某个人而产生不平衡，此时趋向平衡的压力大，而如果是因为你不喜欢某个人而产生不平衡，则压力较小。纽科姆把后一种现象叫作非平衡（non-balance），而不是不平衡（inbalance)。在他看来,人们并不在意和一个不喜欢的人意见是否一致。

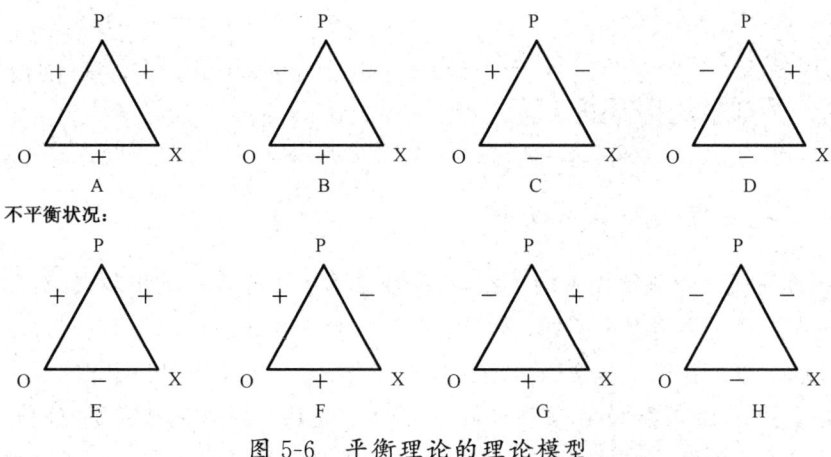

图 5-6　平衡理论的理论模型

(二) 认知失调理论

认知失调理论是认知一致性理论的一种,它最早是由费斯汀格(Festinger,1957)提出来的。在费斯汀格看来,所谓的认知失调是指由于做了一项与态度不一致的行为而引发的不舒服的感觉,比如你本来想帮助你的朋友,实际上却帮了倒忙。费斯汀格认为,在一般情况下,人们的态度与行为是一致的,如你和你喜欢的人一起郊游或不理睬与你有过节的另一个人。但有时候态度与行为也会出现不一致;如尽管你很不喜欢你的上司夸夸其谈,但为了怕他报复而恭维他。当人们的态度与行为不一致,并且无法对自己的行为找出外部理由时,常常会引起个体的心理紧张。为了克服这种由认知失调引起的紧张,人们需要采取多种多样的方法,以减少自己的认知失调。

以戒烟为例,你很想戒掉你的烟瘾,但当你的好朋友给你香烟的时候你又抽了,这时候你戒烟的态度和你抽烟的行为产生了矛盾,引起了认知失调。我们大概可以采用以下几种方法减少由于戒烟而引起的认知失调:

改变态度:改变自己对戒烟的态度,使其与以前的行为一致——我喜欢吸烟,我不想真正戒掉我的烟瘾。

增加认知:如果两个认知不一致,可以通过增加更多一致性的认知来减少失调——吸烟让我放松和保持体型,有利于我的健康。

改变认知的重要性:让一致性的认知变得重要,不一致性的认知变得不重要——放松和保持体型比担心 30 年后患癌更重要。

减少选择感:让自己相信自己之所以做出与态度相矛盾的行为是因为自己没有选择——生活中有如此多的压力,我只能靠吸烟来缓解,别无他法。

改变行为:使自己的行为不再与态度有冲突——我将再次戒烟,即使别人给也不抽。

费斯汀格的认知失调理论在解释许多领域的态度问题上取得了极大的成功,其中以下几个方面的研究,从一定程度上为认知失调理论提供了实证支持。

二、认知失调的因素

学习目标5.7 能够描述不充足理由、自由选择以及努力是如何证明认知失调理论的，用自己的话概述实验过程

（一）不充足理由与认知失调

假想让你完成一项非常无聊的工作，在完成之后给了你极高的报酬，你对此项工作的态度会改变吗？为了弄清这个问题，费斯汀格和卡尔（Festinger 和 Carl，1959）做了一个非常有名的实验。他们让被试做两项极为无聊的工作：第一项工作是解开或绕线，第二项工作是在木板上摆弄48根小木棍，每项进行30分钟。之后告诉被试这项研究的真正目的是想验证完成该工作的绩效如何受他人预先对此工作评价的影响。实验者还给被试说由于人手不够，希望被试能够提供帮助，具体任务就是告诉下一个进来的人这项工作很有意思（撒谎）。被试被分成三种情况，一是没有任何报酬，二是给1美元的报酬，三是给20美元的报酬。实验结束后主试询问了被试对这些任务的喜欢程度，结果如图5-7所示。

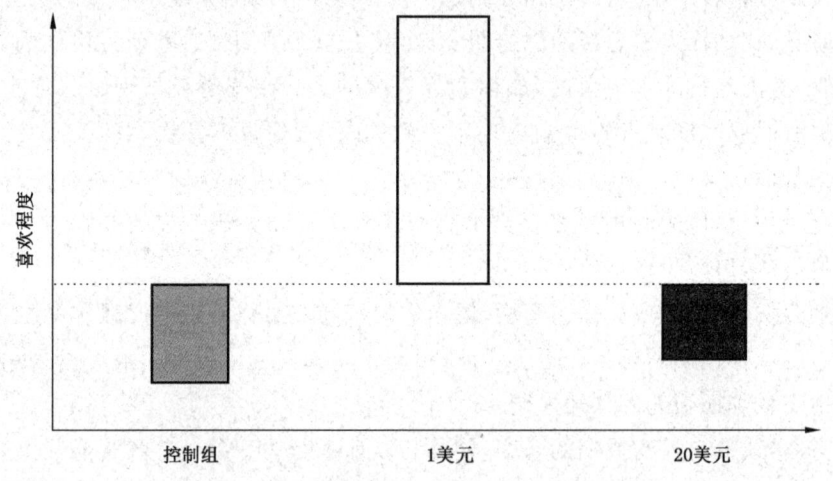

图 5-7　不同报酬下被试对无聊工作的评价

从事无聊工作时，费斯汀格和卡尔预测不充足理由组（给1美元而撒谎）将经历最大的认知失调，并产生最大的态度改变；而充足理由组（给20美元而撒谎）没有产生认知失调，所以态度发生最小的改变，预测得到了支持。

在这项研究中，费斯汀格和卡尔认为撒谎的被试可以通过两种方法减少认知失调：一是增加第三个认知以使态度与行为之间的不一致性减少；二是改变他们对工作的态度。给1美元的被试之所以态度改变大，是因为他们感受到的认知失调高，而给20美元的被试用高的报酬来解释自己的撒谎行为，高的报酬成了解释违背态度行为的充足理由（sufficient justification），相当于增加了一个新的认知用来解释态度与行为之间的不一致性，因此不太需要改变态度。1美元太少，不能成为违背态度行为的正当理由，而是不充足理由（insufficient justification）。

小的奖励可以引发人们对不喜欢工作的兴趣，同样，较轻的惩罚也会成为人们不做某项自己喜欢的事情的不当理由。阿伦森和卡尔（Aronson 和 Carl Smith，1963）在研究儿童游戏行为的实验中证明了这一点。在研究中，实验者给了儿童一堆玩具，其中有一个玩具不许他们玩，如果孩子玩了就会受到或轻或重的惩罚。结果发现：玩了这些玩具并受到较重惩罚的孩子并不改变对玩具的喜欢程度，并且如果有机会的话他们还会再玩这些玩具；而玩了这些玩具受到较轻惩罚的儿童却改变了自己对玩具的态度，在有机会的情况下他们也不再去违背大人的意愿去玩这些玩具了。可见，在第一种情境中，较重的惩罚成了儿童解释自己行为的依据，而在较轻惩罚情况下，找不到这样的理由，只好改变态度。

（二）自由选择与认知失调

另外一个与认知失调有关的因素是人们做了与态度不一致的行为时的自由选择性。有选择时认知失调高，态度改变也大；而无选择时人们体验到的失调少，态度也不会有大的改变。林德（Linder，1967）及其同事就证明了这一点。在研究中他们让大学生写一篇文章，支持禁止有反社会倾向的人在校园发表言论。实际上正在州议会讨论的这项法案遭到了大部分人的反对。实验采用 2×2（报酬×选择）的因子式设计：报酬有 0.5 美元和 2.5 美元；选择分为有选择和无选择。在有选择情况下，向被试强调他们有拒绝写文章的自由；在无选择情况下，没有提到被试有拒绝的权利，只是让他们写这样的文章。结果正如认知失调理论所预期的，在有自由选择时，报酬为 0.5 美元的被试发生了最大的态度改变，而报酬为 2.5 美元的一组则没有发生态度改变。在没有选择情况下，认知失调理论不适用，但符合行为主义的强化原理：行为的结果受到的强化越大，人们对行为的态度也越积极。如图 5-8 所示，只有在有自由选择的时候，人们才能体验到认知失调。

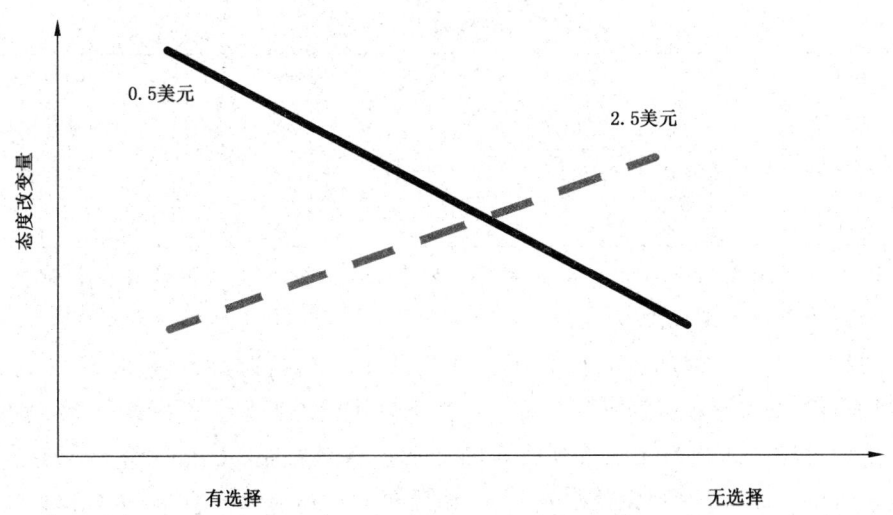

图 5-8　自由选择情境下产生的认知失调

注：此图据 Linder、Cooper 及 Jones1967 年的实验结果所绘制。

（三）努力与认知失调

努力与认知失调的关系用阿伦森（Axsom，1989）的话来说就是：你为某件事情的付出越多，你将会越喜欢它。实际上早在1959年，心理学家阿伦森等人就用实验证明了这一点。在研究中他们让自愿参加实验的女大学生讨论有关性的话题（这个问题在20世纪50年代是人们忌讳的一个话题），同时把被试分为高嘲笑组（被试在公共场合大声念一些淫秽的词）、中等嘲笑组（被试在他人面前读一些与性关联的词）以及控制组。在实验开始之前，研究者告诉被试，为了保证他们讲的是自己的心里话，他们需要参加一个"尴尬测验"（embarrassment test），实际上这样做是为了上面的分组。参加完测验之后，他们让被试戴上耳机，加入一个团体，一起谈论有关性的问题。讨论完之后，研究者让被试用0~100分评价自己对讨论和小组其他成员的喜欢程度。结果发现：高嘲笑组（97）的被试对小组讨论的评价要远远高于低嘲笑组（82）和控制组。阿伦森指出，努力做一件不好的事情，必然带来较高的认知失调，而为了减少失调，人们只能改变自己对这些事情的态度，从不喜欢变得喜欢。

（四）决策后失调

人们在任何一个决策做出之后均会产生失调，这种失调就叫作决策后失调（post-decision dissonance），它可以通过改变对最终选择的评估来减少。布雷姆（Brehm，1965）用实验证明了这种现象。在实验中他先让女性被试看八种东西，如闹钟、收音机、电热水瓶等，然后请她们写出对每件东西的喜欢程度。接着再从其中拿两样东西让被试看，并对她们说她可以拿走其中任何一件她所想要的，最后再请她们对每件产品重新评定一次，结果发现，在第二次评定时被试强烈地倾向于增加对她所选择的物品的评估，而降低对放弃物品的评估。如表5-1所示：

表5-1　决策后失调的减少

情景	所选物品	放弃物品	失调降低总数
高失调	+0.32	−0.53	+0.85
低失调	+0.25	−0.12	+0.37
无失调	0.00	无	0.00

注：表中高失调是指对两件物品最初评定很接近，低失调指两件物品最初评定差别很大，无失调是指没有选择权。

总之，当人们无法为自己的行为找到外部的正当理由时，就会尝试寻找内在的理由——以使自己的态度和行为更为一致。认知失调理论对此作了很好的解释。在很多情况下，当人们对自己的行为无法找到明显的外在正当理由时，往往是"说什么就信什么"（saying is believing），这种现象被称为"反态度倡导"（counter-attitudinal advocacy），即一种诱导人们公开表达一个违背自己意愿的观点或态度的过程。比如你想改变你的朋友对抽烟的态度，那么你可以请他作一次反对吸烟的演讲，但是这种通过改变行为而改变态度的方法，运用在大众传播上就有困难了。因此为了改变尽可能多的人的态度还需要借助于其他态度改变的技巧,例如采用说服的办法。

（五）来自认知神经科学的证据

认知神经科学也为认知失调理论提供了新的证据。在维恩(Veen)等人的研究中,被试需要争论环境糟糕的实验室是一个不错的地方。通过 fMRI,研究者们发现大脑背侧前扣带回和前脑岛在认知失调的过程中被激活,而且这些脑区的激活可以预测被试的态度改变。而控制组没有表现出这些变化,这项研究揭示了认知失调的神经机制。

三、对认知失调理论的批评

认知失调理论也有它的局限,自我知觉理论(self-perception theory)和自我确认理论(self-affirmation theory)就提出了对它的意见。贝姆(Bem)提出的自我知觉理论认为,当人们的态度与行为不一致时,人们首先会从外部去找行为产生的原因,在没有这样的因素时,才把它归于态度之上。这一过程并不一定有认知失调的产生,而是由理性决定的。有人对这两种理论作了比较之后指出：在认知失调理论中,态度是直接观察到的,失调团体中的态度往往被歪曲,并且会产生令人不愉快的感受促使态度改变；而在自我知觉理论中,态度是通过行为来推断的,失调团体中的态度是通过理性分析来处理的,并且没有不愉快的感受使人们去改变态度。

那么到底是认知失调理论合理,还是自我知觉理论更符合实际？法齐奥在分析了有关这方面的研究之后认为,这两个理论可能都对,只是他们解释的情境不一样。认知失调理论在解释与自我密切关联的态度时是成功的,而自我知觉理论最有可能发生在态度与行为的不一致性较低的时候。阿伦森也指出,当一个人自由选择的行为与自我概念中的核心内容发生不一致的时候,用认知失调理论去预测更准确,而当问题与自我关系不大,或者态度与行为之间的差距较小时,自我知觉理论更好。

斯蒂尔(C.Steele)的自我确认理论则从自我同一性的角度出发,认为人们有时候无须在想法等方面保持一致,而是存在着一种动机,使其保持自我的一致性。当一个人做了与态度不一致的行为时,他会重新检查自己的自我概念,在保持自我一致性的条件下才改变态度或行为。所以,斯蒂尔认为自我同一性比认知失调在预测态度改变上更有效。

随着具身认知的兴起,人们发现身体的运动甚至也会影响态度的改变。具身认知是近些年来社会心理学和认知心理学涌现出来的最新研究取向,这种理论取向认为人们的运动系统也会影响人们的认知过程,就像认知会影响身体动作一样。有大量研究证明,借助一些和身体有关的隐喻,态度开始和身体感觉、躯体反应和运动等联系起来。

有研究者发现"温暖"的感觉经验会引起人们在人际交往的态度的微妙改变。在一项实验中,被试握着一杯热的咖啡或者凉的咖啡,几分钟后,他们需要评价某个素不相识的目标人物。结果发现,握着热咖啡的被试对目标人物的特质作出更多的积极评价。学者们认为这些身体经验激活了人们脑中相关的抽象的隐喻概念,比如热的感觉激活了"温暖的人"这样的概念,从而人们可以在意识中提取这些概念作出评判。

> 在很大程度上，我们并不是因为别人对我们好而喜欢他们，而是因为我们对他们好。
>
> ——列夫·托尔斯泰《战争与和平》

第四节 说服模型

学习目标5.8 理解三种说服模型，理解并掌握影响说服效果的因素
重点掌握：①说服者的因素；②说服信息的因素；③被说服者的因素。

一、三种说服模型

（一）霍夫兰的说服模型

从20世纪50年代开始，心理学家就不断地探索说服的问题。霍夫兰（Carl Hovland）及其同事已经做过许多有关有效说服的研究。他们早期的研究主要集中在态度改变的过程上，从信息传递和接受的角度看待态度改变问题。图5-9是霍夫兰模型的最初形式，该模型主要说明了说服在什么时候产生和怎样产生。按照他们的观点，只有当他人注意到说服信息，理解信息内容，并且接受了这些信息的时候，说服才能发生，而注意、理解以及接受三个阶段任何一个阶段出问题，说服都不能引发态度改变。

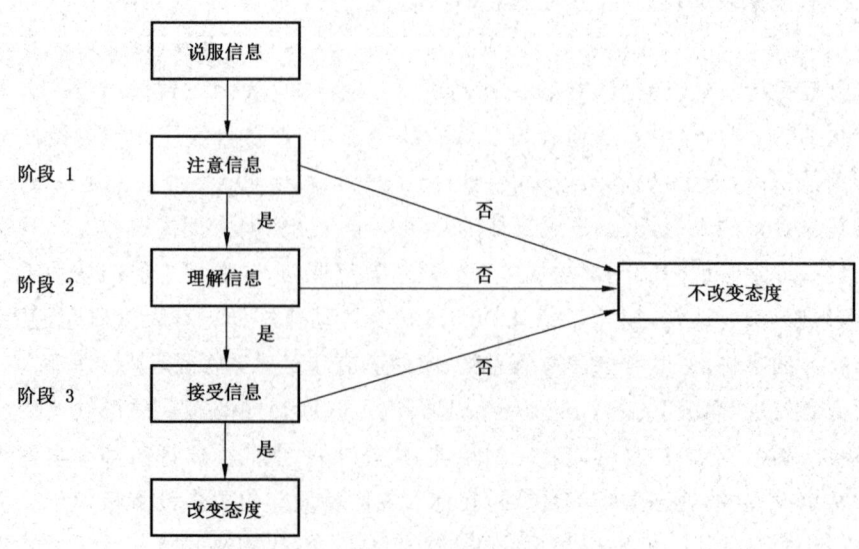

图5-9 霍夫兰的说服模型

（二）说服的中心和外周路径模型

霍夫兰的说服模型说明了说服在什么时候产生和怎样产生，但人们为什么要接受说服而改变态度呢？俄亥俄大学的佩蒂和卡乔波提出的认知反应理论（cognitive response theory）说明了这个问题。该理论认为，在对说服信息作出反应时，人们的想法也起着一定作用：如果信息很容易，但同时包含着无法令人信服的论据，那么你会轻易地反驳它而不会被它说服；如果一个信息提供了令人信服的论据，那么你会更加同意它并且很可能被它说服。佩蒂和卡乔波以及伊格尔和柴肯等人在此基础上进一步认为说服可能通过两种途径产生：当人们有动机、有能力对一个问题进行深入思考的时候，他们更多地使用说服的"中心途径"（central route），也就是关注论据；如果论据有力且令人信服，那么他们就很可能被说服；如果信息包含无力的论据，思维缜密的人会很快驳倒它。

但有时论据是否充分并不重要，因为人们没有足够的动机和能力去仔细地思考。如果人们不花太多的时间去推敲信息的内容，这时人们所采用的是"外周路径"（peripheral route）的说服，即关注那些使人不经过很多考虑就接受的外部线索，而不考虑论据本身是否令人信服。当人们注意力发生了转移或者没有足够的动机去思考的时候，熟悉易懂的表达比标新立异的表达更具有说服力。比如说，对于一个不愿思考的人说"不要把你所有的鸡蛋放在一个篮子里"要比"不要在一次冒险中压上你所有的赌注"更有影响力。

（三）西尔斯的说服模型

霍夫兰的说服模型以及认知反应理论只是从信息传递和接受的角度探讨了说服何时发生和为什么发生的问题。但是，说服本身是一个极为复杂的问题，说服过程中不仅有信息传递和接受的问题，更为重要的则是人的因素。说服者和被说服者是这个说服中的核心环节，另外，情境的因素也不可忽视。为了使说服模型能够更加全面地揭示各种过程以及影响因素，西尔斯等人发展了霍夫兰的说服模型，提出了一个包括四个方面的说服模型。这四个方面分别为：外部刺激、说服对象、说服过程和结果。该模型涵盖了所有与说服效果有关的因素，用一句话概括就是：谁对谁说了什么以及效果如何。

在如下图 5-10 所示的模型中，外部刺激由说服者、说服信息和说服情境组成，其中说服者的影响力取决于他的专业程度、可靠性和他是否受欢迎等。说服对象的特点包括其投入或承诺、是否对说服有免疫力以及人格特征。在态度改变的作用过程中，被说服者首先要学习信息的内容，在学习的基础上发生情感转移，把对一个事物的情感转移到与该事物有关的其他事物之上。当接收到的信息与原有的态度不一致时，便会产生心理上的紧张，一致性机制便开始起作用。一致性机制认为有许多种方式可用来减轻这种紧张。说服结果有两个：一是态度改变，二是对抗说服，包括贬低信息来源、故意扭曲说服信息和对信息加以拒绝掩盖。

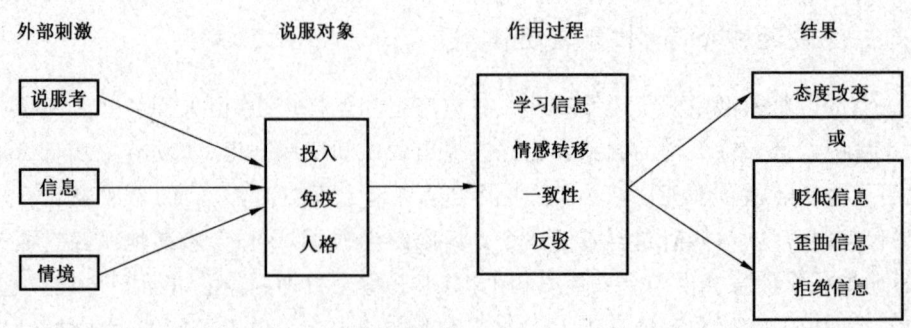

图 5-10 希尔斯修改后的说服模型

二、影响说服效果的因素

从上面的说服模型可以看出,说服效果受到许多因素的制约,这些因素主要包括以下几个方面:

(一)说服者的因素

说服者自身所具备的各种特点常常对说服有着极大的影响,一些个人特性本身就能起到有效说服的作用,仅此就足以使人们信服而不再猜疑。与说服有联系的个人特性主要有:

1. 专家资格

这是由说服者所受过的教育、专业训练和所从事的社会职业、所具有的专业身份决定的。研究表明,拥有专家资格的人比没有专家资格的人更易被人接受,更令人信服。不过,专家资格所具有的劝说效用只是在特定的、有限的范围或领域内才能奏效,一旦涉及与其不相关的领域时,劝说作用就不会有多大的影响。

可信度与睡眠效应

可信度对说服效果的影响在睡眠效应(the sleeper effect)中表现得最为显著。凯尔曼和霍夫兰发现,态度改变的持续时间并不依赖于对该论点细节的记忆,而与说服者的可信度有很大的关系。在一项实验中他们操纵说服者的可信度,事后立即测量态度改变量,发现可信度高的说服者引起较多的态度改变。但是三个星期之后这种差异消失了(见图 5-11),此时低可信度的说服者的影响力与可信度高的说服者的影响力大体相当。凯尔曼和霍夫兰把这种低可信度的说服者的影响力随时间推移而提高的现象叫作睡眠效应。但是三周时如果提醒被试有关说服者可信度的信息,则由可信度所引起的差异将恢复。

库克等人进一步研究了睡眠效应在什么情况下最易发生,他指出当可信度这一线索一开始便与说服信息相联系时,该效应最可能发生。而如果这些线索在说服信息呈现之后出现,由于被说服者已经听完信息并加以认真考虑,这种效应不易出现。如果被试先听到这些线索再去听内容,他可能对内容完全不加注意,因而在忘掉说服者之后对信息内容毫无记忆。

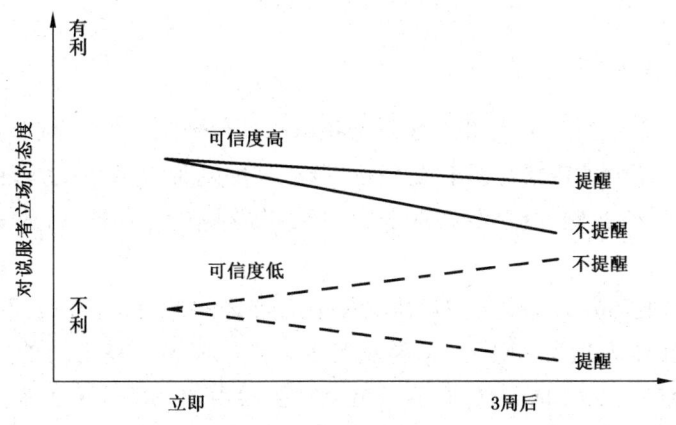

图 5-11　睡眠效应的证据

由可信度引起的态度改变还存在着一个有趣的争论:某一领域的专家能否把他的专业知识的影响转移到其他领域,如果可以,其影响到底有多大?比如一个诗人在文学领域颇受尊敬,他同时还有自己的教育与政治观点,他的意见会不会比其他在这一领域知名度较低的人更有分量?比他们更易让人产生态度改变?到目前为止,人们仍然在寻找答案。

2. 可信度

这是指说服者自身被他人相信和信赖的程度。这种特性主要受被说服者关于说服者的内心动机的知觉的影响。如果说服者被认为是怀有个人目的,出于一己私利,并非公正无私的,说服者就不会为他人所相信,其说服力就会大大降低。如果被说服者认为传播者的观点、看法与说服者自身利益不相符合甚至是矛盾的时候,则被说服者就容易接受说服者的影响,其态度也容易产生较为明显的改变。

3. 受欢迎程度

影响说服者说服效果的另一个因素是说服者的受欢迎程度。人们经常会改变自己的态度,使其与自己喜欢的人一致。而说服者是否受人欢迎却由三个方面的因素决定:说服者的外表(physical appearance)、是否可爱(likability)以及与被说服者的相似性(similarity)。

4. 社会身份

这是指说服者所具有的社会地位、社会名望、知名度、年龄、经验等。事实表明,在一些不属于或不涉及专业性知识内容的问题上,具有较高社会身份的人比社会身份低微的人具有更大的影响力和说服力。

5. 相似性

这是指传播者自身的身份、职业、背景、态度、观点等与被劝说者有相似或相近的特征。

一般来说,说服者与被劝说者之间在身份、职业、参加的团体以及年龄、性别、出生地等方面相似或相近,会促使双方之间在态度上的趋同,从而导致被劝说者态度的改变。例如:在日常生活中,青年人容易接受其他青年人的劝说,同他人取得一致的看法;有着共同的经历、职业、籍贯的人之间也易于互相劝说,求取一致的态度。

(二)说服信息的因素

信息在传播过程中的呈现和组织方式也是影响劝说效果的重要因素。同样的信息内容在传播者采用了不同的传播方式和技巧后,所产生的劝说效果往往是很不相同的,通过对信息内容进行有效合理的组织编排,就有可能提高其劝说效果,增加其对被劝说者的影响。

(1) 说服信息所倡导的态度与被说服者原有态度之间的差距。一般说来,差距越大促使态度改变的潜在压力越大,实际的态度改变也较大。但是它们之间的关系并非如此简单,差异大的确会产生很大的压力,但不一定会产生很大的态度改变。有两项因素对这种关系有影响:第一,当差距过分大时,被说服者会发现自己的态度不可能改变到消除这种差异的地步;第二,差异太大会使人产生怀疑,从而贬低信息,而不是改变态度。弗雷德曼等人对此的看法是:在某一限度内,态度改变随着差异的增加而增加,超过这个水平后,如果差异继续增加,态度改变开始减少。但是如果说服者的可信度高,他能产生最大态度改变的差异水平也就越大。

(2) 信息唤起的恐惧感。这种说服性信息——通过激发人们的恐惧感来改变态度被称为引发恐惧的沟通。公益广告常常采取这种方式来说服人们进行安全的性行为、系安全带、远离毒品等。例如,在加拿大销售的香烟要求外包装至少有50%描绘着有关病态的牙龈或身体的其他部分的生动的图片。它的影响方式与差距相类似:随着信息唤起的恐惧感的增加,人们改变态度的可能性也增加,但是当信息唤起的恐惧感超过某一个界限之后,那么人们可能会采取防御措施,否定该威胁的重要性,无法理性地思考该问题(Janis 和 Feshbach,1953;Liberman 和 Chaiken,1992),因而态度反而不发生改变。

(3) 信息的呈现方式。包括说服所使用的媒体和单面与双面说服。从媒体的角度来看,大众传播(mass media)加上面对面(face to face)的交谈的效果要好于单独的大众媒体。在说服信息非常复杂的时候,不生动的媒介(书面的信息)的效果较好;而当信息简单的时候,视觉最好,听觉次之,书面语最差。从单面与双面呈现信息来看,当被说服者已经处于争论之中时,双面说服的效果要比单面说服好;当人们最初同意该信息时,单面说服的效果好。

"二战"中德国战败以后,接受并承认日本很强大并相信太平洋战争将持续较长时间的美国士兵易被单面信息说服,而怀疑这些信息的士兵易被双面信息说服(Hovland,1949)。图 5-12 就体现了这一点。

(4) 信息的呈现顺序和关联性信息的呈现顺序和关联性。前面已经提到,在单加工模型中,先呈现的信息有可能成为评判后续信息的推断依据,从而影响说服过程。信息呈现顺序同样也会影响双面说服的效果。在一项研究中,和只描述酒店温馨的感觉相比,先后提示酒店温馨的氛围和小客房的广告可以引发被试更积极的评价。因为先正后反的信息呈现顺序可以创造一个锚定点,从而使人对一些消极信息作出积极的评价。而先反后正的双面说服效果则要逊色很多。

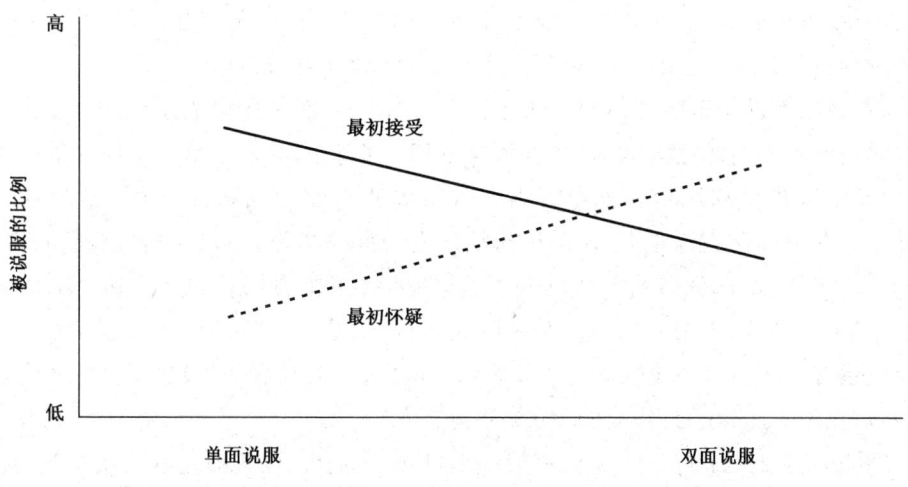

图 5-12　单面说服与双面说服

信息的关联性也是影响说服效果的重要因素。在博纳(Bohner)的研究中,人们首先依据知觉到的信息的专业性来对论据进行评判。当后面的证据模糊不清时,这些基于专家的评判可处于主导地位;当后续的论据能强有力地驳斥之前的信息时,这些新论据将会引导人们形成截然相反的态度。当然,前提是先前的信息能够激活人们用来解释后续信息的判断标准。这样先后呈现的信息才有关联,从而影响最终的说服和态度改变过程。

(三) 被说服者的因素

被劝说者本身所具有的某些特征对劝说效果也具有相当的影响作用,或者是有助于劝说的有效进行,或者是妨碍和抵制劝说的进行。这些特点大体分为以下几个方面:

(1) 被说服者的人格特性。包括个体的可说服性、智力和自尊,有些人能被任何形式、任何内容的信息所说服,霍夫兰等把这种人格称为可说服性人格;而有些人则是任何信息都难以说服的,这样的人不具备可说服性。智力对说服的影响并不像人们想象的那样——智力越高越难以说服,而是智商高的人与低的人一样可以被说服,只是在论点很难的时候,智商才起作用。自尊心较弱的人往往对自己的不足之处很敏感,不太相信自己,因而易被说服。

(2) 说服者的心情。贾尼斯(Janis,1965)和他的同事(1965)通过研究指出,心情好的人更易于接受他人的说服性观点。在一项实验中,他们让有些被试在读说服性信息的时候有东西吃(可以让其心情好),而另一些被试则无,结果前一组发生了更大的态度改变。戈恩(Gorn,1982)和米利曼(Milliman,1986)发现同样的效果也发生在有美妙音乐的时候。博纳(Bohner,1992)与施瓦茨(Schwarz,1990)用认知反应论的观点说明了心情的这种效应,他们认为心情好的人在争论出现时卷入较少,不愿去进行较深入的考虑,所以易被说服。心情对说服效果的影响最明显地体现在幽默的作用上,幽默的说服者常常会使他人心情愉快,为了保持自己愉快的心情,人们不太愿意去追究事情的真正原因,经常容易接受他人的观点。

(3) 被说服者的卷入程度(involvement)。约翰逊和伊格尔(Johnson 和 Eagly,1989)认

为,卷入是一种动机状态,它指向与自我概念相联系的态度,卷入越深,态度改变越难。Petty 等人把卷入分成两种类型:与问题相关的卷入(issue involvement)和与印象相关的卷入(impression relevant involvement)。前者主要强调态度所涉问题与自我概念中重要方面的关联,后者则主要强调个体的态度反应受到他人赞成或反对的影响。

卷入对说服效果的影响也体现在角色扮演对改变人们某些顽固态度的作用上。以吸烟为例,相信没有人不知道吸烟的危害,可是依旧有很多人戒不了烟。怎样才能做到这一点呢?心理学家提出利用角色扮演可以有效地改变人们对吸烟的态度。贾尼斯(Janis,1965)在一项有关戒烟的研究中,让被试扮演成一位肺癌患者。被试对自己的角色特别投入,他们看着 X 射线片,假装自己正在与医生谈话,并想象自己正在手术室外面等待做手术,最后经历了由手术带来的痛苦。对这些人而言,这是一次激烈的情绪体验过程。结果很令人振奋:有这种经历的被试更成功地戒掉了烟瘾,六个月后的追踪研究发现,经历这种经验的被试比没有此经历的被试戒烟效果更好。

(4) 被说服者的动机水平。被说服者的动机水平也会影响说服过程。在 Erb 的一项研究中,学生要评价一项隧洞修建工程,六个先行论据中,其中第一个有强和弱两种情况,后五个保持中等水平。学生需要在高低两种不同动机水平下来评价这个工程。在高动机条件下,学生需要做出支持与否的决定,而在低动机条件下,他们只需描述大概印象。结果表明,学生在强先行论据的条件下会更赞成隧洞工程,但是在低动机水平下,学生将直接使用先行论据来形成自己的态度判断;在高动机水平下,先行论据会影响之后的论据加工过程,而这个过程再影响最后的态度。

(5) 被说服者自身的免疫情况。正如人体对疾病的抵抗一样,过多的预先说服会使被说服者产生免疫力,从而使态度改变变得困难。父母在批评与责备孩子的时候尤其要注意这个问题,因为频繁的责备会使孩子产生免疫力,从而使得以后的说服工作变得很困难。此外,过于强烈的禁止行动同样可能产生反作用,使得对方对被禁止的事产生更多的兴趣。按照抗拒理论的观点,人们不喜欢自己行动和思想的自由受到威胁。当人们感到自己的自由受到了威胁时,不愉快的抗拒心态被激发起来,并且人们可以通过从事受威胁的行为(如吸烟)来减少这样的抗拒心理。

(6) 个体差异。人和人不同,即使面对同样的信息和同样的说服者,人们对待说服的策略也不一样。影响说服效果的个人因素包括认知需求(need for cognition)、自我检控和年龄等因素。

认知需求是个体参与认知活动的意愿,高认知需求的人喜欢从事复杂的认知任务,他们会分析情境,对认知活动做出细微的区分。卡乔波和佩蒂(Cacioppo 和 Petty,1982,1992)指出高认知需求的人对说服往往采取中心路径的处理方式,他们仔细分析说服情境中的信息,并尽量确定论点的好坏。而低认知需求的人往往采取外周路径的加工方式,他们只考虑并依赖于偶然的线索和简单的规则,如说服者的吸引力或信息的长度。

被说服者的自我检控程度也影响说服的效果。高自我检控的人对外界的线索敏感,而低自我检控的人对自己内在的要求更为关注。斯奈德(Snyder,1985)等人把自我检控与两种广告技巧联系在一起,其一叫作软销售(soft sell),它强调产品在广告中的视觉效果,如包装是否精美等,而不注意产品本身的成分。另一种策略叫硬销售(hard sell),它强调产品的质量、价值和用途,而不太强调外在的包装等线索。结果正如他们所预料到的,高自我检控的人易受软销售策略的影响,而低自我检控的人易受硬销售策略的左右,如图 5-13 所示。

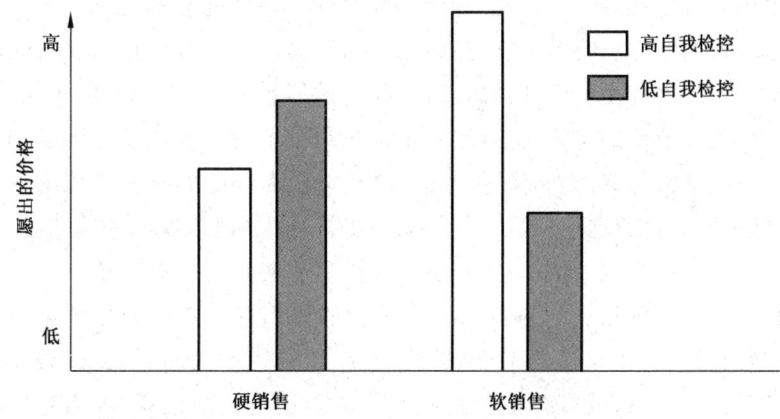

图 5-13　自我检控与说服效果

注:以被试对产品的出价为效价,价格越高表明影响越大。

年龄差异也影响说服效果。舒曼和斯科特(Schuman 和 Scott,1989)提出的敏感期假设(impressionable years hypothesis)认为,从青少年时期到成人早期,由于这一时期的经历对自我概念的形成有着重要的影响,所以处在这一阶段的人对他人的说服敏感,并且易接受他人的观点。克洛尼尔和阿尔文(Krosnick 和 Alwin,1989)对自 1956 年到 1980 年有关这一领域的研究分析支持了这一假设,这些资料来自对 2500 位选民的调查结果。结果表明在所有的年龄段中,18～25 岁的人在 4 年内态度改变最大。从这一点上来讲,大学教育实际上真正塑造着一个人的人生观,因为这个年龄阶段的人的态度最容易改变。

(7) 综合因素。当我们把上述因素放在一起考虑的时候,一些著名的心理学家就提出了一个共同的问题:什么时候该强调沟通的中心因素——比如论据的特性,什么时候该强调论证逻辑的外周因素,比如演讲者的可信度或吸引力呢? 柴肯(Chaiken,1987,1996)等人提出的系统启发式说服模型(heuristic-systematic model)和佩蒂(Petty,1986,2002)等人提出的精细可能性模型(elaboration likelihood model)对此作了系统的说明。

在系统启发式说服模型中,说服性沟通改变态度通过两种途径:一种是系统性的论据处理,另一种是运用心理捷径的方法,比如"专家永远是对的"。而精细可能性模型区分了两种情况,人们何时被强有力的论据说服,何时被表面特征说服。当人们同时具备动机和能力去关注演讲内容时,他们会采取说服的中心路径。这种情况很可能发生在沟通主题与个人有密切关系或当事人拥有很高的认知需求时。当人们既不愿意也无法关注演讲内容时,他们会采用说服的外周路径。在这种情况下,人们会因为演讲者的魅力或演讲的长度等外周线索而被说服。通过中心路径实现的态度改变会比较持久,而通过外周路径的态度改变则不太稳定。

(8) 自我在说服中的角色。尽管我们罗列了一系列与说服有关的因素,比如可信的说服者、有说服力的信息以及充分的论据等,但西蒙斯(Simons,1971)认为人们是不可能说服他人的,除非他人愿意改变自己的态度。在他看来,说服的过程实际上是一个说服者创造适当情境,以使他人愿意改变态度的过程。而在这个过程中,自我起着主要的作用。

心理学家勒温(K.Lewin,1947)就研究了自我与说服的问题,发现人们自己寻找说服原因要比由说服者提供原因更有效。在这项研究中,勒温的任务是要说服美国人吃动物的内脏。他把参加研究的家庭主妇分成两组:一组先让她们看一段45分钟的演讲,演讲者强调吃动物内脏可以支援前线的将士,另外也讲了动物内脏含有大量的微量元素,对人体有利;另一组的家庭主妇则没有看演讲,而是问她们"是否认为自己的家庭应该吃动物内脏?"并给她们45分钟的时间讨论这个问题。结果第一组只有3%的家庭吃动物内脏,而第二组有32%的家庭开始吃动物内脏,可见自己产生的说服更能使人们改变态度。

为什么自己产生的论据更有说服力?最重要的原因在于自我说服使得人们的参与感加强,从而更倾向于自己所支持的态度,另外,当我们觉得他人想要说服我们时,我们往往以消极的态度对待。所以,最有可能的是我们常常采用自己的论据,因为它来源于可靠的信息源——我们自己。

(四)情景因素

影响说服的情境因素包括两个:一是预先警告,如果预先告诉或暗示被说服者他将收到与他立场相矛盾的信息,此时这个人的态度将难以改变,预先的警告会使人产生抗拒,但这仅限于讨厌的信息。帕勒(Apsler,1968)的观点代表了人们对这个问题的一般看法:当个体对问题了解得很多时,预先警告会引起抗拒;而当人们对该问题了解较少时,预先警告反而有助于态度改变。二是分散注意,分散注意力能减少抗拒,因而对改变态度有利。

三、从双加工模型到单加工模型

说服的外周和中心路径模型可视作一种双加工模型,这种模型的前提假设是不同类型的信息对应着不同性质的加工过程,外周路径引发的是一种启发式的加工方法,而中心路径则动用了系统式的更精细的加工过程。但是单加工模型则认为不同类型信息没有本质区别,任何信息都有不同的加工难度和等级。容易加工的信息,比如简短、明显和较早呈现的证据将影响那些不需要付出太多努力的态度判断,而那些难于加工的信息,比如冗长复杂、隐晦和较晚出现的证据则会需要人们进行更深层次的加工才可影响态度。

传统的双加工模型对线索和论据有不同的权重,先出现的线索会压制之后出现的论据信息。由于在这种模型中,线索总是先于论据出现,我们也无法确认这是源于信息类型的差异,还是因为加工顺序的原因。单加工模型从加工顺序入手,认为不论信息类型,先出现的信息会影响态度形成过程。这意味着论据也能作用于线索乃至最后的态度。

博纳等人重点研究了线索和论据直接的相互作用。当线索和论据没有相关性时,两者将会独立影响态度,没有交互作用;当两者有相关性时,模棱两可的论据将会被先前的线索稀释,矛盾的论据会压倒之前的线索判断。如果先呈现的信息能够作为后来信息质量的判断标准,这两者就存在相关性。

布雷诺和佩蒂(Brinol 和 Petty)则强调元认知在说服中的作用,提出了一种自我确认模型。他们关注人们自己对说服的认知反应的思考。这些元认知思维在动机和加工水平高时越发有效。元认知观点强调了除认知加工等级本身之外,信息的可信性、接收者本身、信息内容和情境等因素也会通过人们的元认知偏好来影响态度。他们还发现,如果人们的元认知思维来源于人的自我本身,而不是文化等其他外界因素,人们的想法将最大程度地决定态度。

第五节 偏 见

学习目标5.9 理解并掌握偏见的定义、偏见产生的理论和消除偏见的方法

重点掌握:①偏见的定义;②偏见产生的理论;③消除偏见的方法。

偏见(prejudice)是社会生活中的一种独特的态度,因而也包括态度的三个主要成分,即认知、情感、行为倾向。例如,大男子主义的拥护者对女人持有偏见,他们认为"女子无才便是德"(认知),因此不喜欢她们独立自主(情感),从而经常以不公平的方式来对待她们(行为)。偏见常和歧视联系在一起,所不同的只是歧视偏重于因对某个体或其所属团体存有偏见而引起的不公平、不合理的行为方式。

偏见对社会生活的协调和谐往往产生破坏性后果,因此,社会心理学家对这个问题相当重视。一般情况下,社会心理学家在研究偏见时,往往把重点放在产生偏见的原因、偏见的影响和偏见的消除方法等方面。

一、偏见概述

(一)偏见定义

偏见是人们以不正确或不充分的信息为根据而形成的对其他人或群体的片面甚至错误的看法。偏见与态度有关,但偏见又不同于态度。我们知道态度包含三个成分:认知、情感和行为倾向。与态度的认知成分相对应的是刻板印象(stereotype),它代表着人们对其他团体的成员所持的共有信念,刻板印象可能对,也可能错。偏见(prejudice)则是与情感要素相联系的倾向性,它对他人的评价建立在其所属的团体之上,而不是认识上。从这一点来看,偏见既不合逻辑,也不合情理。行为成分体现在歧视(discrimination)上,我们对某些人的认识和情感都是负面的,所以我们在行为上用不公正的方式对待他们,如招工时排除女性或其他少数民族的人。

(二)偏见产生的理论

对于这个问题的回答,不同的理论有不同的观点,下面我们罗列几种相关的理论:

(1) 团体冲突理论。团体冲突(group conflict)理论认为,为了争得稀有资源,如工作或石油等,团体之间会有偏见的产生,从这一点上来看,偏见实际上是团体冲突的表现。团体冲突理论还用相对剥夺的观点解释偏见何时产生,当人们认为自己有权获得某些利益却没有得到,这时他们若把自己与获得这种利益的团体相比较时,便会产生相对剥夺感,这种相对剥夺感最可能引发对立与偏见。

穆扎非尔(Muzafer Sherif,1961)等人在一项经典研究中,用童子军宿营的实验验证了团体冲突理论。被试是一群正常且适应良好的 12 岁男孩,他们被随机编入"老鹰"和"响尾蛇"队。两队的营区相距很远,每一队都只待在自己的营区。实验开始阶段,研究人员为两队各自安排了许多有趣的活动,比如远足、游泳、盖房子、准备团体膳食等分工合作活动。这样做的目的主要是增加其团体凝聚力。

在两队都有了凝聚力后,研究进入了下一个阶段:研究人员安排了一系列让两队相互对抗的竞争活动,比如足球赛、棒球赛、拔河赛等,获胜的队伍可以得到奖赏。这些竞争性的活动引发了两队间的冲突与紧张情绪。此外,研究者也创造了其他一些情境来进一步强化两队之间的冲突。

在研究的最后阶段,研究者试图改变两队之间正在升级的敌意。然而研究者发现:敌意一旦被引发,仅仅取消竞争并不能消除敌意。事实上,两队之间的敌意仍然持续上升,即使两队一起看电影,或是进行其他温和的活动,也改变不了已经产生的敌意与对立。

(2) 社会学习理论。艾诗摩尔(Ashmore,1980)提出的社会学习理论则认为偏见是偏见持有者的学习经验,在偏见的学习过程中,父母的榜样作用和新闻媒体宣传效果最为重要,儿童的种族偏见与政治倾向大部分来自父母,儿童所接受的新闻媒体的影响使得儿童学习到了对其他人(比如少数民族和妇女)的偏见。

为了证明学习在偏见形成中的作用,埃利奥特(Jane Elliot,1977)将班上的学生根据眼睛颜色分开,并告诉学生说,蓝色眼睛的人比褐色眼睛的人好,更聪明、优秀,更值得信赖,等等。蓝色眼睛的小孩被给予一些特殊的权利。而褐色眼睛的小孩被戴上项圈,标明其属于劣等团体。埃利奥特通过这种操作,在她所教的班上创造了一个偏见社会的缩影。随后,她发现这个班级中开始产生分裂和麻烦,作为优势团体的蓝色眼睛组开始对作为劣势团体的褐色眼睛组加以取笑和排斥。第二天,埃利奥特又颠倒了蓝、褐色眼睛孩子的地位,改变了眼睛颜色的刻板印象,褐色眼睛的孩子开始报复。通过这样的安排,她让学生经历了对偏见的学习。

(3) 认知理论。认知理论用分类、图式与认知建构等解释偏见的产生,认为人们对陌生人的恐惧(贬低对他们的认识)、对内团体与外团体的不同对待方式(喜欢内团体的人,排斥外团体的人)以及基于歧视的许多假相关(多数人与少数人不良行为的比例相同,但少数人的不良行为被过分估计)等都助长了我们对他人的偏见。

在认知理论看来,偏见是人们处理和整合信息的时候不可避免的副产品,阿伦森甚至认为偏见是人类社会认知的黑暗面。人们倾向于将信息分类组合,形成一些架构并用它们来解释新的或不寻常的信息,依赖潜在的不准确的判断法则,以及依赖往往有误的记忆过程——社会认知的所有这些层面都能导致我们形成消极的偏见。

（4）心理动力理论。心理动力理论（psychodynamic theory）用个人内部的因素解释偏见，认为偏见是由个体内部发生、发展的动机性紧张状态引起的。心理动力理论有几种不同的形式：一种形式把偏见看成是一种替代性的攻击，另一种形式则将偏见视为一种人格反常，偏见是一种人格病变。其中最为有名的当数阿多诺（Adorno，1950）对"权威性人格"（authoritarian personality）的研究。他发现20世纪30年代德国人的反犹太情绪是由权威性人格发展起来的，这一人格的特征包括：对传统价值观与行为模式的绝对固执；认同并夸大权威；将对某些人的敌意扩大到一般人身上；具有神秘及迷信的心理倾向。

（5）人格理论。埃特米耶发展了阿多诺的理论。他用右翼权威性（RWA）量表来测量权威性人格中的保守主义、攻击性和服从，发现RWA能聚合成单一维度，而且能有效预测偏见和自我中心行为。斯达纽斯也提出另外一个个体差异维度——社会支配取向（SDO）。SDO是指人们如何看待群际关系，即群体之间是否公平还是内群体优于外群体。SDO量表可以有效预测社会政治和群体想象。SDO量表与RWA量表很相似，但是两者的相关性却很低，学者们认为他们是相互独立作用于偏见的。

达基特的双加工动机理论（DPM）模型认为，SDO和RWA不是人格特质，而是社会政治态度的两种基本维度。SDO可以用来表达基于群体的支配和超越动机，而RWA则代表着社会一致性和集体安全的诉求。这两种动机过程取决于人们的人格和在社会化过程中习得的图式观念。RWA与服从性有关，即大五人格中的开放性。而SDO与倔强性格有关，即宜人性。迪普利和达基特（Sibley和Duckitt）在一项元分析中研究了偏见与大五人格的关系。和DPM模型一致，RWA和SDO分别在开放性和宜人性对偏见的影响中充当中介作用。

（6）不平等的社会地位。戴维·迈尔斯（David G. Myers）等人认为不平等的社会地位滋生了偏见。就像主人视奴隶为懒惰的、不负责任的、缺乏抱负的，正因为他们拥有这些特点，所以他们适合被奴役。历史学家在争论到底是什么力量造成了不平等的社会地位。不过，一旦这些不平等已存在，偏见就在促使那些有钱有势的人在经济和社会方面的特权合理化。告诉人们两个群体之间的经济关系，人们便可以预测群体之间的态度。与穷人相比，上层社会的人更多地把财富视为自身奋斗的结果，是靠技能和努力得来的，而非靠关系、金钱或好运得来的（Kraus和others，2011）。

现实生活中的例子比比皆是。直至今日，在实行过奴隶制的地区中偏见还最为严重。19世纪的欧洲政治家和作家们通过把被剥削的殖民地人民描述成"劣等的""需要保护的"，是一种需要承受的"负担"，从而证明帝国扩张是正当的（Allport，1958）。40年前，社会学家海伦迈耶·哈克（Hacker，1951）指出了有关黑人和女性的刻板印象如何促进其社会地位低等的合理化；许多人认为这两个群体智力低下、情绪化、未开化，对他们从属的角色"心安理得"。黑人是"劣等的"，女性则是"软弱的"。黑人的处境正恰如其分；女性的位置则是在家中。

社会不平等不仅滋生了偏见，也造就了不信任，实验证明了二者之间的相关：群体之间受到的待遇越不平等，群体间的信任和合作就越少（Cozzolino，2011）。

（7）替罪羊理论。痛苦和挫折（目标受阻）常常引起敌意。当我们遭遇挫折的原因令人胆怯或者尚未可知的时候，我们往往会转移我们的敌对方向，这种"替代性攻击"现象，也许助长了美国内战之后南方地区对美国黑人滥施私刑的行为。1882—1930年之间,当棉花价格下跌、经济受挫的时候,滥用私刑的情况可能就更加严重(Hepworth和West,1988;Hovland和Sears,1940)。近几十年来,仇视性犯罪似乎并不随着失业率的波动而波动(Falk和others,2011;Green和others,1998)。但是,当生活水平不断提高的时候,社会民众就对民族多样性和反歧视法案持更开放的态度(Frank,1999)。繁荣时期,民族和睦更容易维护。

这种替代性攻击的目标是变化不定的。德国在第一次世界大战战败之后又出现经济混乱,许多德国人都把犹太人看成罪魁祸首。早在希特勒掌权之前,德国一位领导人就阐述道:"犹太人只不过是替罪羊……如果没有犹太人,反犹太分子也会创造出犹太人来。"在几世纪以前,人们曾经把他们的恐惧和敌意发泄到女巫身上,女巫有时在公共场合被烧死或溺死。在当代,"9·11"以后,那些对移民和中东人表现出更多不宽容态度的美国人,会感到更多的愤怒而不是恐惧(Skitka和others,2004)。愤怒激起了偏见。对社会威胁体验不到消极情绪的特殊个体,比如患有威廉姆斯综合征这类遗传疾病的儿童,他们明显表现出没有种族刻板印象和偏见(Santos和others,2010)。没有愤怒就没有偏见。

二、偏见的影响

(一)偏见的影响

(1)对知觉的影响。偏见会影响人们对他人的知觉,以性别的偏见为例,尽管照片上男性和女性的身高一样,但人们的实际判断依然有很大的差异。

在控制组条件下不告诉被试任何东西;在告知条件下,告诉被试之所以选择这两张相片是因为照片上的男女一样高;而激起条件下,告诉被试他们如果判断准的话有一笔奖金,同时还告知他们照片上的男女一样高。这种知觉还表现在许多其他的领域,比如白人评判者认为黑人儿童画的画比白人儿童的画更冒险。

斯宾塞和斯蒂尔(Spencer和Steele,1995)在研究针对女性数学能力的刻板印象时发现男性与女性数学能力的差异受测验指导语的影响:如果测验前告诉被试该测验不会有性别差异,则实际测验结果没有显著差异;如果在测验之前告诉参加测验的男女生这个测验会有性别差异(男性成绩优于女性),则实际测验能发现这种差异。像这样造成差异的效应我们称之为罗森塔尔效应(Rosenthal effect)。

(2)对自身和他人行为的影响。我们本身持有的一些偏见甚至会影响我们自己的行为。人们一致认为睾酮是反社会行为、自私行为和攻击性的罪魁祸首。实际上很多科学家开始质疑这种民间智慧,因为睾酮只涉及人际地位竞争的行为。费斯汀格在一项研究中发现,给妇女注射睾酮之后,能够减少交易行为中的冲突,甚至促进人际和谐。而那些以为自己服用了睾酮的女性被试,却在交易过程中表现出更少的公平性。研究者认为民间智慧制造了睾酮和公平行为之间的消极连接。由此可见,人们的偏见能激发与之相适应的行为。

我们对他人的偏见也影响他人实际的行为表现,这一点最明显地表现在自证预言(self-fulilling prophecy)中。偏见持有者对对方的预期会使对方按照自己的预期去表现行为,罗森塔尔(Rosenthal,1978)把这种个体使得目标对象产生符合预期行为的现象叫作自证预言,也叫作自我实现的预言。

沃德、赞纳和库珀(Word,Zanna 和 Cooper,1974)证实了这种自证预言现象与刻板印象、歧视之间的相关性。在研究中,研究者要求白人大学生面试几名求职者,在这些人中,有些是黑人,有些是白人。当大学生在和黑人面谈的时候,不知不觉地就表现出了不自在与缺乏兴趣。他们坐得比较远,说话结巴,并且结束谈话也比面试白人的时候更快。为了弄清这些行为会如何影响黑人求职者,研究者进行了第二次实验,这次他们系统地控制面试者的行为,使他们的行为和第一次实验中面试者对白人或黑人求职者的方式一样,但是第二次实验中所有的求职者都是白人。研究者将面谈过程进行录像,并且让不同的人对求职者的表现进行评价。结果发现,那些受到以第一次实验中面试黑人的方式进行面试的求职者,和被以第一次实验中面试白人的方式进行面试的求职者相比较,前者被认为比较紧张并且缺乏实力。总而言之,实验表明,当黑人接受白人面试的时候,他们会不自觉地感到自己缺乏能力,并且很有可能表现得比白人差。

罗森塔尔效应

罗伯特·罗森塔尔(1933—),美国社会心理学家,主要研究兴趣是人际期望,即一个人对另一个人行为的期望本身将导致该期望成为现实。同时他还对非语言交流很感兴趣。

罗森塔尔效应是罗森塔尔在实验中获得的教育效应。一开始,他把一些"聪明"的老鼠交给一位实验员,而把一些"不聪明"的老鼠交给另一个实验员。过一段时间,他把这些老鼠都放进迷宫里进行测试,结果那些"聪明"的老鼠比起"不聪明"的老鼠要灵活得多。其实罗森塔尔事先并没有考察过这些老鼠,"聪明"与"不聪明"都只是对实验员讲讲而已。但实验员根据他的评价却产生了不同的观念,在训练时也就有不同的想法和做法,结果训练效果有所不同。

罗森塔尔马上把这种实验方法扩大到学校。1968 年的一天,罗森塔尔和助手们来到一所小学,说要进行七项实验。他们从一至六年级各选了三个班,对这 18 个班的学生进行了"未来发展趋势测验"。之后,罗森塔尔以赞许的口吻将一份"最有发展前途者"的名单交给了校长和相关老师,并叮嘱他们务必要保密,以免影响实验的正确性。其实,罗森塔尔撒了一个"权威性谎言",因为名单上的学生是随便挑选出来的。八个月后,罗森塔尔和助手们对那 18 个班级的学生进行复试,结果奇迹出现了,凡是上了名单的学生,个个成绩有了较大的进步,且性格活泼开朗,自信心强,求知欲旺盛,更乐于和别人打交道。显然,罗森塔尔的"权威性谎言"发挥了作用。这个谎言对老师产生了暗示,左右了老师对名单上学生的能力的评价,而老师又将自己的这一心理活动通过自己的情感、语言和行为传染给学生,使学生变得更加自尊、自爱、自信、自强,从而使他们的各方面得到了异乎寻常的进步。

(二)消除偏见的方法

在我们社会中,偏见是普遍存在的,并且产生了各种各样的消极后果。但是,偏见并非不可消除的。只要我们对症下药,便可达到预防和消除偏见的目的。社会心理学家们对此做了大量的研究,提出了各种解决措施。概括起来主要有以下几条:

(1) 社会化过程中加入干预。儿童、青少年的偏见主要通过社会化过程形成,因而通过对这一过程的控制可以减少或消除偏见,而在社会化过程中,尤其要注意父母与周围环境以及媒体的影响。

(2) 受教育。接受的教育越多,人们的偏见将越少。有时候人们的偏见更多地来源于自己的无知和狭隘,所以通过让人们接受更多的教育来减少偏见是一种很有效的方法。

(3) 直接接触。艾米尔(Amir,1969)、布鲁尔(Brewer)与米勒(Miller,1984)提出的接触假设(contact hypothesis)认为在某些条件下,对立团体之间的直接接触能够减少他们之间存在的偏见。这里所指的条件包括:地位平等(Pettigrew,1969);有亲密的接触(Cook,1964;Herek,1993);团体内部有合作,并有成功的机会(Aronson,1978);团体内部有支持平等的规范(Blanchard,1991)。基于这一假设,举办国际性的学术会议、奥运会等都可以克服人们之间的偏见。

(4) 自我检控。由于偏见本身也与认知过程有关,所以通过对认知过程的检控也可以减少偏见。当人们意识到自己有偏见时,通过静下心来想、抑制自己的偏见反应等可以减少偏见。在此过程中,内疚感、自我批评、搜寻引发偏见反应的情境线索都有助于偏见的消除或减少。

(5) 消除刻板印象。偏见和一般的态度一样,也具有认知、情感、行为三种成分。而偏见的认知成分往往是一种社会刻板印象。一般人对某些群体的成员常有一定的刻板印象,如白人认为黑人智力低下、不求上进,男人认为女人有依赖性、被动性等。根据研究,由偏见对象表现出与刻板印象相异的行为来,会有助于偏见的消除。例如,如果黑人从事一些社会地位较高的工作,并在其中取得成就的话,就有助于减少人们对黑人持有的偏见。

(6) 共同命运与合作奖励。社会心理学家谢里夫在暑期夏令营的研究中发现,竞争可以引发两组原来互不相识的群体相互间的敌视和偏见。那么,如何消除这种敌视和偏见呢?在该实验中,谢里夫对营区的供水系统加以破坏,使两个群体都面临一个共同的命运,这个困难只有依靠两个群体全部成员的共同合作才能消除。结果证明,共同命运与合作奖励(奖励的给予视全体人员是否共同合作而定)是消除群体间的敌对情绪和偏见的重要途径。

(7) 制定有助于消除偏见的社会规范。人们都有服从并认同社会规范的行为倾向。如果社会规范认为其他群体是可以接受的,人们就有可能改变对其他群体的偏见。

章节小结

重点概念

态度、自陈法、利克特量表、瑟斯顿量表、曝光效应、有计划行为理论、主观规范、平衡理论、认知失调、偏见。

复习思考

1. 什么是态度？它包含哪些心理成分？
2. 通过态度预测行为时我们应该注意哪些因素？
3. 我们可以通过哪些方法测量人们的态度？
4. 简述有计划行为理论的观点。
5. Heider 的平衡理论和 Festinger 的认知失调理论是怎样解释态度改变的？
6. 描述不正当理由、自由选择以及努力是如何证明认知失调理论的？用自己的话概述实验过程。从说服模型论述影响说服效果的因素。
7. 什么是偏见？人们为什么会有偏见？怎样克服人们的偏见？

本章要点

1. 态度是个体对某一特定事物、观念或他人稳固的（由认知、情感和行为倾向三个成分组成）心理倾向。
2. 态度的三个成分包括：①认知成分；②情感成分；③行为倾向成分。
3. 态度的心理功能包括：①效用功能；②知识功能；③自我保护功能。
4. 态度预测行为的影响因素：①态度的特殊性水平；②时间因素；③自我意识；④态度强度；⑤态度的可接近性；⑥态度的主动性水平；⑦心境的影响；⑧情境的作用。
5. 态度的测量分为直接测量和间接测量。
6. 曝光效应是指人们对其他人或事物的态度随着接触次数的增加而变得更加积极的一种现象。
7. 影响说服效果的因素：①说服者的因素；②说服信息的因素；③被说服者的因素；④情景因素。
8. 偏见是人们以不正确或不充分的信息为根据而形成的对其他人或群体的片面甚至错误的看法。
9. 偏见会对知觉和对心存偏见者自身和他人的行为产生影响。

第六章
社会互动

本章学习目标：

6.1　理解并掌握人际吸引的社会心理基础
6.2　理解、掌握并学会运用人际吸引的规则
6.3　理解并掌握爱情三元理论
6.4　理解并掌握人际关系的基本概念
6.5　理解并掌握人际关系的发展阶段
6.6　理解、掌握并学会运用人际关系原则
6.7　理解人际关系测量的三种方法
6.8　理解并掌握人际沟通的基本概念
6.9　理解并掌握人际沟通工具的相关内容
6.10　理解并掌握人际沟通的障碍因素

案例导入

《史记·廉颇蔺相如列传》载：

归国，以相如功大，拜为上卿，位在廉颇之右。

廉颇曰："我为赵将，有攻城野战之大功，而蔺相如徒以口舌为劳，而位居我上。且相如素贱人，吾羞，不忍为之下。"宣言曰："我见相如，必辱之。"相如闻，不肯与会。相如每朝时，常称病，不欲与廉颇争列。已而相如出，望见廉颇，相如引车避匿。

于是舍人相与谏曰："臣所以去亲戚而事君者，徒慕君之高义也。今君与廉颇同列，廉君宣恶言，而君畏匿之，恐惧殊甚。且庸人尚羞之，况于将相乎？臣等不肖，请辞去。"

蔺相如固止之，曰："公之视廉将军孰与秦王？"曰："不若也。"相如曰："夫以秦王之威，而相如廷叱之，辱其群臣。相如虽驽，独畏廉将军哉？顾吾念之，强秦之所以不敢加兵于赵者，徒以吾两人在也。今两虎共斗，其势不俱生。吾所以为此者，以先国家之急而后私仇也。"

廉颇闻之，肉袒负荆，因宾客至蔺相如门谢罪，曰："鄙贱之人，不知将军宽之至此也！"卒相与欢，为刎颈之交。

负荆请罪这个故事现今已经成为无人不知的千古佳话，故事中的两位主人公蔺相如和廉颇从之前的故意避让到后来的刎颈之交反映了其社会互动中吸引、沟通与其关系的变化。人是社会性的动物，与他人进行有意义的社会互动是人类社会生活的前提。

思考

1. 人们为什么会在社会互动中相互吸引？影响人际吸引的原因有哪些方面？
2. 人们在社会互动中的关系为什么会相互变化？
3. 人们在社会互动中是如何沟通的？什么因素阻挡了人们的人际沟通？
4. 怎样才能提高自身的人际沟通能力？

第一节　人际吸引

人与人之间的联系是神奇的，交往中常常发生"有心栽花花不开，无意插柳柳成荫"的现象，友人总是在一起，却渐行渐远，而另一些人虽萍水相逢，却很快成为亲密朋友，彼此间很快发展起充分的信赖和良好的合作。为什么有些人很容易吸引他人并受到欢迎，而另一些人却总是被人忽视并难于与人相处？

人际吸引（interpersonal attraction）是人与人之间的相互接纳和喜欢。近年来，社会心理学家对人际吸引进行了大量的研究。在这一章中，我们将讨论人际吸引问题，首先从人际吸引的社会心理基础开始，然后探讨具有什么特征的人会被喜欢，哪些外部环境因素对人际吸引有着重要的影响，最后是对特殊的人际吸引——爱情进行分析。

> **人际吸引**：是人与人之间的相互接纳和喜欢。

一、人际吸引的社会心理基础

学习目标6.1　理解并掌握人际吸引的社会心理基础
重点掌握：①自我价值寻求的需要；②安全感确立的需要；③独处需要与交往需要。

社会心理学

人需要和别人交往,并建立和保持良好的人际关系。引发人们交往意愿与行为的具体动机很多,但从社会心理学的角度来看,所有这些复杂的具体动机,都可以归结为人们对于确立自我价值、安全、交往以及独处的需要。

(一)自我价值寻求的需要

1. 自我价值感

人是一种理性的动物。从一个人的自我意识出现那一天起,就开始用一定的价值观来进行自我评判。当自我价值得到确立时,人在主观上就会产生一种更加自信、高自尊和自我稳定的感受,这就是所谓的自我价值感。人生有价值,生活才富有意义并使人充满生活的热情。相反,如果一个人的自我价值感得不到确立,他就没有正常的自信、自尊和自我稳定感。此时人就会自卑、自贬、自我厌恶、自我拒绝、自暴自弃。自我价值感完全丧失,人生就不再有意义的支撑,人就只能走上自毁、自绝的道路。

> **自我价值感**:当自我价值得到确立时,人在主观上就会产生一种更加自信、高自尊和自我稳定的感受。

人的自我意识的保持和自我价值感的确立,是通过社会比较过程来实现的。人是社会性的动物,其自我意识是在社会化的过程中随着语言的掌握形成和发展起来的。一个人用来进行自我评判的价值标准,也是从社会化过程中获得的,是社会性的。因此,人只有将自身置于社会的背景之中,通过将自身与别人进行比较,才能确立自己的价值。心理学家大量的研究已经证明,人的自我意识高度依赖于个人的新近经验。而新近经验的变化,也会引起自我意识的变化。一个人必须不断地通过社会比较获得支持性的信息,使自己相信自己是有价值的,才能保持其稳定的自我价值感。如果社会比较的机会被长期剥夺,则会使人因缺乏自我状况的社会反馈信息,而导致个人自我价值感的危机,并使人产生高度的自我不稳定感。人是不能忍受自己的价值得不到肯定的。因此,自我不稳定感会引起人的高度焦虑,并促使人去同别人进行交往,进行有意无意的社会比较,以便获得有关自我状况的社会反馈,了解自我,使自己的行为具有明确的方向,并使自我价值感重新得到确立。

2. 社会比较

社会比较过程是直接以确定自我价值的需要为基础的。因此,它几乎随时随地都在影响着人们的观点、情绪和行为。大量的心理学研究证明(Sherif,1961;金盛华等,1995),在社会比较的过程中,人们会有意无意地将参照群体的反应或状态,当作自己的反应或状态是否恰当的评判依据。当自己的反应或状态与别人的反应或状态出现差距时,人们会产生偏离焦虑,使心理上出现不平衡。这种不平衡会促使人们矫正自己的反应或状态,使其更接近参照群体的反应或状态,并最终消除心理上的不平衡。

(二)安全感确立的需要

1. 生物安全感

社会心理学家大量研究揭示,与人交往,是获得安全感的最为有效的途径。当人们面临危险的情境而感到恐惧时,与别人在一起,可以直接而有效地减少人们的恐惧感,使人们感到安宁与舒适。人们的心理感受有一种倾向,既然别人处于同样的情境不感到害怕,那么自己也没有理由感到害怕。这种心态的相互感染,可直接起到为人们提供安全感的作用。

2. 社会安全感

人不只有生物性的需要,也有社会性的需要。当人置身于自己不能把握或控制的社会情境时,人也同样会缺乏安全感。例如,当一个人调到一个完全陌生的新单位工作,或一个学生转到一所完全陌生的新学校时,由于突然脱离了原来的人际关系支持,新的人际关系支持又尚未建立,其在自我稳定感和社会安全感方面都会出现危机。在新的人际关系建立起来之前,人们会一直处于高度的自我防卫状态。

社会安全感的本质是人与人之间的情感联系。只有在人们通过交往同别人建立起了可靠的人际关系(亦即稳定的情感联系和支持)之后,人们的社会安全感才能得到确立。人到了新的社会环境之中,之所以看重同别人的交往,注重别人对自己的评价,珍视别人对自己的接纳、友好和帮助,以及希望尽快同别人建立良好的人际关系,都是由确立社会安全感的需要决定的。

(三)独处需要与交往需要

1. 独处需要

一方面,人需要获得明确的自我价值感和安全感,需要进行社会比较,因而需要与别人共处,需要与别人交往并建立和维持稳定的关系。另一方面,人也需要有内省的经验,有无拘无束、自由表现自己的机会,因此需要有独处的时间,需要暂时地远离和逃避别人(金盛华,1995)。

2. 交往需要与独处需要的平衡

心理学研究证明,过多的社会接触,常常具有破坏性的后果,即导致正常的人与人之间相互接纳和依赖的情感被破坏,使人变得不能容忍别人、不合作甚至敌对和冲突。有人将这一原理运用于日常的人际关系,认为无论怎样亲密的关系,也需要适度的分离。

(四)人际吸引需要的形成途径

一般认为,人的心理交往需要是通过三条途径形成起来的,它们分别是印刻、本能需要和条件作用(学习)。

1. 印刻

印刻(imprinting)现象最初是由著名的动物心理学家、诺贝尔奖获得者洛伦兹(Lorentz,1935;金盛华等,1995)发现的。他将一组鹅蛋分成两部分。一部分由母鹅自己孵化,这一部分小鹅出壳后,会跟随鹅妈妈,并同它保持接近和依恋。

> **印刻:** 有机体在其生命早期的敏感阶段对最先看到的活动物体产生依附的现象。

另一部分鹅蛋是用孵化箱来孵化的,小鹅出壳后所看到的第一个活动物体是实验者本人。有趣的事情发生了,这些小鹅对待人的行为方式,与母鹅孵化的小鹅对待母鹅的方式完全相同,它们也是紧紧跟随研究者,把研究者当作妈妈来亲近和依恋。这种有机体在其生命早期的敏感阶段对最先看到的活动物体产生依附的现象,就叫作印刻。

心理学家认为,虽然与鸟类比较,人类的生物发展水平要高得多,但是人类也有同印刻相类似的过程。人类历史上出现过大量自幼就与狼、熊、羊等动物生活在一起的狼孩、熊孩、羊孩等。他们都对伴生动物产生了牢固的依恋而逃避人类。

2. 本能

人际交往的生物意义,从婴儿一出生就十分明显。作为有机体,人一出生就需要周围环境存在某个能为其提供温暖、舒适、食物和安全的对象,以满足其本能需要。很自然地,这个对象就是母亲。寻找母亲、需要母亲、依恋母亲,是婴儿出生后自我保护的自然手段。母亲的自然特点,也促使婴儿从一出生就把母亲作为一个特殊对象从周围环境中分化出来。动物学家哈罗(Harlow 和 Harlow,1966)曾对人类的近亲恒河猴做过研究。结果发现,恒河猴的依附行为取决于对象是否具有提供温暖、舒适的机体特点,而不是取决于对象能否提供食物。它们的交往倾向是由本能需要决定的。

3. 条件作用

有关条件作用的研究是心理学对科学的最大贡献之一。大量的研究不仅证明了人际交往需要是条件学习的结果,以及不同性质的人际关系直接导源于不同性质的条件作用经验等事实,而且很好地证明,运用条件学习的规律,可以有效地改善人们的人际关系。

二、人际吸引规则

学习目标6.2 理解、掌握并学会运用人际吸引的规则
重点掌握:①熟悉效应与邻近效应;②个人吸引与个人特征;③相似规则;④互补规则。

在前面我们理解了为什么我们会去追求人际交往,那么究竟什么样的人才能被人喜欢呢?从心理学家对人际吸引的研究来看,决定人际吸引的因素有很多,奥尔波特曾对人际吸引进行了研究,结果发现人际吸引受多种因素的影响。

(一)熟悉效应与邻近效应

1. 熟悉与人际吸引

熟悉导致喜欢的最常见的现象就是曝光效应,某个人只要经常出现在你的眼前,就能增加你对他的喜欢程度。心理学家扎琼克等人(Zajonc,1968)的纯粹接触效应(mere exposure effect)研究证实了这点。在这个研究中,扎琼克向学生们展示了他人的面部照片,有些图片被呈现达25次之多,有些则仅仅被呈现一两次。然后,研究者调查了学生们对每张照片的喜欢程度以及他们对照片上的人的喜欢程度。结果发现,一个人的照片被呈现次数越多,被试对

> **曝光效应**:某个人只要经常出现在你的眼前,就能增加你对他的喜欢程度。

照片就越喜欢,对照片上的人也是越喜欢。

除了扎约克(Zajonc)等人的研究,米塔(Mita,1977)等人还通过人们对自己脸孔的反应说明了这种现象。我们知道,每个人所看到的自己的脸与他人看到的是不一样的,自己看到的经常是镜中的像,而他人看到的经常是客观的形象。根据曝光效应的假设,外人应该喜欢他们从平常的角度所看到的脸,而自己应该喜欢这张脸的镜中影像。之所以如此,因为人们自己经常看到的是镜子中的像,而他人看到的则是正像。当然,曝光效应也有限制:一开始对他人的态度是喜欢或至少是中性时,见得越多才越喜欢。如果一开始就讨厌对方,那么见得越多反而越讨厌。

2. 居住环境邻近对人际吸引的影响

与他人住得近也是影响人际吸引的因素之一,怀特(Whyte,1965)等对社区友谊模式的研究发现,人们所结成的友谊模式受到人们之间物理距离的影响,住得越近就越有可能成为朋友。接近性为什么能引起喜欢呢?

第一,居住环境的接近增加了熟悉程度。相邻的人之间往往"低头不见抬头见",接触的机会比较多,熟悉程度越来越高,彼此间会逐渐有好感,从而使人际吸引增加。

第二,接近常常和相似联系在一起。居住在同一个地方的人,在生活方式上往往一样。另外,我们选择与我们相似的人一起居住和工作,而地理位置的接近又反过来增强了我们的相似性。

第三,人们能从居住接近的人身上以相对较少的代价获得社会性报酬。我们可以很方便地跟邻居聊天维持人际关系,在需要帮助时,从邻居那里能更方便地得到帮助。而那些居住距离远的人之间建立和维持友谊付出的代价要高得多,需要时间、金钱和计划。因此人们倾向于和居住在周围的人发展和维持友谊。

第四,基于认知一致性,如果和我们住在一起或者一起工作的人是我们不喜欢的,会引起我们心理上的焦虑。认知压力会改变我们对他们的看法,从而喜欢他们(Heider,1958)。然而,尽管居住环境邻近为友谊发展提供了机会,但是它并不确保一定会形成友谊。在影响人际吸引的诸多因素中,它只是其中一种,不能被过分强调和夸大。

> 当我不能接近我爱的人时,我便去爱那个离我近的人。
> ——E.Y.Harburg

(二)个人吸引与个人特征

1. 才能

(1)才能与人际吸引。我们似乎总会钦佩、喜欢那些能力高的,甚至是近乎完美的人,这类人在群体中是出类拔萃、引人注目的。但是研究表明,实际上在一个群体中最有能力、最能出好主意的成员往往不是最受喜爱的人。能力与被喜欢的程度在一定限度内其实是成比例关系的,超出了这个范围,其能力所造成的压力这一变量就成了主要的作用因素,使人倾向于逃避或拒绝。

(2) 犯错误效应。阿伦森、魏勒曼和弗洛伊德(Aronson,Willerman 和 Floyd,1966)让被试听录音带。在第一种情况下,里面的人被描述为能力极强,问了他一系列的问题,他回答对了92%,在面谈中,他说他在大学期间是一个出色的学生,是学报的编辑,是一个移动摄影队的队员。在第二种情况下,里面的人被描述得与第一个不同,他仅仅答对了30%的问题,他在大学中的成绩一般,他尽力加入摄影队但是没有成功。在一半的情况下,将近结束时录音机里传出脚步声,并听到里面的人说:"我把咖啡打翻了,洒满了我的新套装。"在另一半情境中,没有发生这样笨拙的行为。结果显示能力高的人发生笨拙行为后,他们的吸引力增加,而能力低的人发生笨拙的行为后,吸引力……

阿伦森等人的研究表明,一个看起来很有才华的人,如果表现出一点小小的过错,或暴露出一些个人的弱点,反而会使一般人喜欢接近他。有能力的人犯错误反而会增加其人际吸引力。这种现象叫犯错误效应。

> **犯错误效应**:有能力的人犯错误反而会增加其人际吸引力。

2. 外表吸引力

人们最容易注意到的是他人的外表,在其他条件相等的情况下,漂亮的人更招人喜爱。社会心理学研究显示,外表漂亮的人更容易引起周围人的注意,人际吸引力更大,更容易获得他人的帮助、有更多的约会,更受欢迎,也更容易获得职业的成功,很可能还会有更好的身体和精神状态(Langlois 等,2000)。

外表之所以有如此强烈的影响力,一是因为晕轮效应的存在,用 Dion 的话来讲就是"美的就是好的"。另一个因素是所谓的"漂亮的辐射效应"(radiating effect of beauty):人们认为让别人看到自己和特别漂亮的人在一起,能提高他们的大众形象,就像对方的光环笼罩着自己一样。

3. 个性品质

个性品质对人际吸引的影响很大,而且这种吸引比较稳定和持久。我们喜欢那些诚实、正直、友好、热情的人,讨厌那些虚伪、狡诈、自私、贪婪的人。在吸引人的个人品质方面,男性和女性存在着差异。男性吸引他人的品质有真诚、果断、勇敢、理智、忠诚、冒险、胸襟开阔、坚强等;而女性吸引他人的品质有开朗、活泼、温柔、体贴、善解人意、待人热情、随和等。

(三) 相似规则

人们倾向于喜欢在态度、价值观、兴趣、背景及人格等方面与自己相似的人。对人际吸引有重要影响的相似性来自以下几个方面:(1)人口特征的相似性(demographic similarity),它包括性别、种族背景、宗教、社会阶层以及年龄。(2)态度的相似性(attitudinal similarity),包括观点、人格、兴趣、人际风格等。(3)外表相似性也影响人际吸引。在选择约会对象及婚姻方面,心理学家发现,人们往往倾向于选择与自己在长相上相似的异性做伴侣,贝尔斯切特(Berscheid,1971)把这种倾向称为"匹配假设"(matching hypothesis)。希尔(Hill,1976)对约会情侣的一项研究发现,这些情侣在年龄、智力、宗教、外表吸引力,甚至身高上都很相似,在研究中希尔还发现那些背景最相似的情侣,一年以后分手的可能性也小。

(四)互补规则

互补性是指双方在交往时所产生的互相满足的心理状态。当交往双方的需要和满足途径正好成为互补关系时,双方会产生强烈的吸引力。例如,一个优柔寡断的人往往喜欢和果断的人在一起,而一个内向的人往往也会和外向的人成为好朋友。双方可以取长补短,自己的特点正好适合对方的需要。

> **互补性**:双方在交往时所产生的互相满足的心理状态。

三、爱情

学习目标6.3 理解并掌握爱情三元理论

(一)什么是爱情

对爱情进行学术研究是从鲁宾(Rubin)等人的工作开始的。在鲁宾看来,爱情是一个人对另外一个人的某种特殊的想法与态度,它是亲密关系的最深层次,它不仅包括审美、激情等心理因素,还包含生理激起与共同生活愿望等复杂的因素。

(二)爱情的类型

加拿大社会学家约翰·李(Lee)将男女之间的爱情分成六种不同的爱情类型(love style):情欲之爱(eros)、游戏之爱(ludus)、友情之爱(storge)、现实之爱(pragama)、激情之爱(mania)和奉献之爱(agape)。这些爱情类型主要是基于人们在爱情中的不同行为表现。

(1)情欲之爱,也称浪漫之爱。一见钟情式的爱情较容易发生在这种类型之中。情欲之爱者非常注重外表的吸引力,能很快进入爱情。

(2)游戏之爱。这种爱情类型的人,从来不会把爱情当作严肃的事情。他们将爱情视为一场游戏,视自己为这场爱情游戏中的高手。虽然他们并不想给别人造成伤害,但事实上却往往如此。

(3)友情之爱。这是一种缓慢发展的爱情,恋爱关系是从友情中慢慢演变而来。相似性在情侣间极为重要。

(4)现实之爱。这是十分讲求实际的爱情类型。他们会站在现实的角度上,选择最符合其条件的情人。这些条件包括家世、学历、能力、未来成就,等等。

(5)激情之爱。对情人有强烈的依赖感、占有欲。他们的情绪常处在两极化,总为恋爱对方的喜怒哀乐而牵动着。

(6)奉献之爱。这是一种无私、给予的爱情类型。这种恋爱者视付出爱情为理所当然,永远把对方的快乐、幸福放在自己的前面,希望爱人一切都好而不求回报。

（三）爱情行为与感受

为了了解人们在恋爱时的行为，斯文森（Swensen，1972）通过询问不同年龄的人，找出建立与爱情有关的七种行为：

一是对爱情的口头描述，如说"我爱你"。

二是自我展露，把自己的秘密和感受告诉对方。

三是无形的爱情表征，比如对对方的活动表示兴趣、尊重对方的意见并鼓励对方。

四是以非语言方式表达感情，当对方出现时感到轻松和快乐，尽管与对方并无直接交往。

五是有形的爱情表征，如送礼物给对方或帮对方做一些事情。

六是以身体行为表达爱情，如拥抱或接吻。

七是表示愿意容忍对方，并愿意牺牲一切以维持这种关系。

从恋爱时的感受来讲，爱情与友情的最主要的区别是生理上的反应。卡宁（Kanin，1970）让679位大学生评定自己在恋爱中的感受及强度，结果发现79%的人有强烈的幸福感；37%的人注意力难以集中；29%的人有飘飘然的感觉；22%的人希望自己狂奔、大叫；22%的人在约会前感到紧张；20%的人在恋爱时有陶醉感；20%的人有双手冰冷等生理反应。

第二节　人际关系

由于人际关系在人们生活中的特殊地位，社会心理学家一直试图通过研究各种不同的人际关系，揭示出人际关系的一般规律。

一、人际关系概述

（一）人际关系的概念

学习目标6.4　理解并掌握人际关系的基本概念

人际关系是人们在人际交往过程中所结成的心理关系，它表现在人们对他人的影响与依赖。关系一经形成，就会作为进一步相互作用的背景和导向系统，对后续的交往形成定向影响。

人际关系：是指人们在交往过程中所结成的心理关系。

人是有情感和寻求对象及自身行动意义的动物。无论是什么样的人，只要彼此之间有直接的交往，都会导致一定的、性质不同的意义联系，从而导致各种性质的人际关系产生。正因为如此，人际关系或人与人之间的情感联系，是人与人之间最具有普遍性的联系，它对于人的生活与发展有着根本性的影响。

(二) 人际关系的意义

1. 人际关系与心理发展

心理学研究发现,儿童与其照看者之间通过积极的交往所形成的稳定的亲密关系,是其心理乃至身体正常发展不可缺少的条件。

心理学家发现,如果儿童缺乏与成人的正常交往及由此建立起来的亲密关系,不仅性格发展会出现问题(Freedman 和 Brown,1968),连智力的发展也会出现明显障碍(Dennis,1975)。例如,在孤儿院成长的孩子,由于不能像在普通家庭中那样,受到照看者的充分注意,并与他们保持积极的交往和建立稳定的亲密关系,因此,这些孩子的智力发展水平远远低于同年龄的一般儿童,同时也有明显的性格缺陷。但是,当孤儿院的儿童被普通家庭领养,心理交往的状况发生根本变化之后,他们的智力发展速度很快就能赶上普通儿童。

2. 人际关系与身心健康

心理学家发现,如果一个人长期缺乏与别人的积极交往,缺乏稳定的、良好的人际关系,那么这个人往往有明显的性格缺陷。调查研究证实,现实中中小学生人际关系与中小学生心理健康之间显著相关,学校人际关系的困扰程度影响学生的心理健康(王希华、张哲,2006)。

研究表明,有多种人际关系、有亲密联系的人最长寿(Berkmar 和 Syme,1979),而人际关系的崩溃与自杀和精神反常(Bloom,Asher 和 White,1978)有密切联系。因为社会支持可以减少或防止心理紧张焦虑所造成的身心疾病,使人有利于保持心理健康(Coherand Wills,1985)。没有足够社会支持的人感到孤立无援,人际交往过程中得不到足够的自我暴露,而自我暴露与心理健康存在倒"U"形关系,过少和过多的自我暴露都不利于心理健康(Archer,1978;Derlega 和 Chaikir,1975)。

3. 人际关系与生活幸福

研究表明,协调的人际关系有利于心理健康和身体健康,从而有利于生活幸福(Houstone,1988)。

1977年,心理学家克林格(Klinger)做了一个广泛的调查,当人们被问到"什么使你的生活富有意义"的时候,几乎所有的人都回答,亲密的人际关系是最首要的。自己的生活是否幸福,取决于自己同生活中其他人的关系是否良好。如果与别人有深刻的情感联系,那就会感到生活幸福且富有意义。反之,则会感到生活缺乏目标、没动力、不幸福。

4. 人际关系与事业成功

良好的人际关系是一个人的无形资产,与人友好相处,可以互通信息,交流经验,相互切磋,从而增长知识,开阔眼界,开创事业的一片广阔天地。良好的人际关系是事业成功必不可少的重要条件。研究发现,人际关系直接影响人们的事业成功,良好的人际关系会影响到新进员工的工作满足和工作绩效(Thomas 和 Albert,2000)。

据美国卡耐基工业大学对万人案例的分析,取得事业成功是多种因素综合作用的结果,其中"智慧""专门技术""经验"只占成功因素的15%,其余的85%则取决于良好的人际关系。

二、人际关系的发展过程

学习目标6.5　理解并掌握人际关系的发展阶段
重点掌握：①交往定向阶段；②情感探索阶段；③感情交流阶段；④稳定交往阶段。

(一) 人际关系的状态和深度

心理学家按照情感融合的相对水平,将人际关系分为轻度卷入、中度卷入和深度卷入三种。在轻度卷入的人际关系中,交往双方所发现的共同心理领域较小,双方的心理世界只有小部分重合,这一范围内,双方的情感是融合的。在中度卷入的人际关系中,交往双方已发现较大的共同心理领域。相应的,双方的心理世界也有较大的重合。在深度卷入的情况下,双方已发现的共同心理领域有可能大于相异的心理领域,彼此的心理世界高度(但从来不会完全)重合,情感融合的范围也覆盖了大多数的生活内容。在实际生活中,人们只同极少数人能够达到这种人际关系的深度,有些人则从来没有与任何人达到这种深度的关联。

(二) 人际关系的发展阶段

1. 交往定向阶段

交往定向阶段涉及交往对象的选择,包含着对交往对象的注意、抉择和初步沟通等多方面的心理活动。

人际交往的定向阶段,其时间跨度随不同的情况而不同。邂逅相遇而相见恨晚的人,定向阶段会在第一次见面时很快就完成。而对于可能有经常的接触机会而彼此又都有较强的自我防卫倾向的人,这一阶段要经过长时间的沟通才能完成。

2. 情感探索阶段

情感探索是双方探索彼此在哪些方面可以建立信任和真实的情感联系,而不是仅仅停留在一般的正式交往模式上。随着双方共同情感领域的发现,双方的沟通也会越来越广泛,自我表露的深度与广度也逐渐增加。在这一阶段,人们的话题仍避免触及别人私密性的领域,自我表露也不涉及自己深层的方面。尽管,双方关系到这一阶段已开始有一定程度的情感卷入,但交往模式仍与定向阶段相类似,具有很大的正式交往特征,彼此仍然注意自己表现的规范性。

3. 感情交流阶段

人际关系发展到感情交流阶段,双方关系的性质开始出现实质性变化。此时双方在通常生活领域中涉及的人际关系安全感和信任感已经得到确立,因而沟通和交往的内容也开始广泛涉及自我的许多方面,并有较深的情感卷入。如果关系在这一阶段破裂,将会给人带来相当大的心理压力。在这一阶段,正式交往模式的压力已经趋于消失,双方交往的行为表现可以超出正式交往的范围,显示出融合的自发交往关系。此时,人们会相互提供真实的评价性的反馈信息、提供建议,彼此进行真诚的赞赏和批评。

4. 稳定交往阶段

在这一阶段,人们心理上的相容性会进一步增加,自我表露也更为广泛和深刻。此时,人们已经可以允许对方进入自己高度私密性的个人领域,分享自己的生活空间和财产。但在实际生活中,很少有人达到这一情感层次的友谊关系。许多人同别人的关系并没有在第三阶段的基础上进一步发展,而是仅仅在第三阶段的同一水平上简单重复。

(三) 人际关系的破裂

1. 人际关系破裂的过程

通常来说,一种情感关系从融洽走向终结,需要经历五个阶段(Myers,2002):

(1) 分歧

人际关系的本质是情感的相互联系、相互卷入、相互拥有。它的基础,是卷入关系的双方必须有共同的情感。共同的情感存在,彼此的关系就存在。共同的情感消失,彼此的关系就破裂。而分歧,正是共同情感消失的开端。分歧意味着人际关系双方不同点扩大,心理距离增加和彼此的接纳性下降。随之而来的,是双方在知觉和理解上都朝不利于双方关系的方面倾斜,彼此都感到开始难以准确地判断对方。

(2) 收敛

当关系开始出现裂痕时,双方总的沟通量会下降。此时谈话会高度注意、高度选择,并都指向减少彼此的紧张和不一致。在这一阶段,关系的发展还没有足以使人们明确表示对彼此的关系不再有兴趣,情感上的拒绝水平也还较低。因此,双方在表面上仍试图维持关系状态良好的印象。但实际上,此时彼此的关系已出现明显的困难。

(3) 冷漠

在这一阶段,交往的双方开始放弃增进沟通的努力,人际关系的气氛变得冷淡。通常情况下,此时人们已不太愿意进行直接的谈话,而是多凭非语词方式来实现必要的沟通和协调。但与情感融洽时的状态不同,此时的非语词沟通是缺乏热情的,目光是冰冷的,也没有热情的期待。许多人都将与别人的关系在这一阶段上维持很长时间。

(4) 逃避

随着关系进一步恶化,人际交往的双方会尽可能地相互回避,特别是避免只有两个人在一起无所适从的窘境。关系恶化到这一阶段,人们往往感到很难判断对方的情感状态和预言对方的行为反应。因此人们通常避免直接询问、提出要求等。

(5) 终止

关系的终止可能是立即完成的,也可能拖延很久。关系终止的方式也各种各样。在某些情况下,关系终止有一个明显的标志,即在先前关系恶化的基础上发生一次直接的、激烈的冲突。而在另一些情况下,关系的终止则是前几个阶段关系恶化的自然延续。随着彼此相互交往的隔断,或彼此利益依存关系的解脱,冷漠和逃避的关系状态会转变为关系的最后终结。

2. 人际关系破裂的预防

心理学家经过研究，提出了解决冲突的有效步骤。实践证明，这些步骤可以有效地帮助人们控制和消除冲突。这些步骤的具体内容是：

第一，相信一切冲突都可以理性而建设性地获得解决；

第二，客观地了解冲突的原因；

第三，具体地描述冲突；

第四，向别人核对自己有关冲突的观念是否客观；

第五，提出可能的解决冲突的办法；

第六，对提出的办法逐一进行评价，筛选出最佳的解决途径，最佳方法必须对双方都最有益；

第七，尝试使用选择出的最佳方法；

第八，评估实现最佳方案的实际效应，并按照给双方带来最大利益和有利于良好人际关系维持的原则给予修正。

（四）改善人际关系的训练

1. 人际敏感性训练

敏感性训练在美国盛极一时，20世纪六七十年代遍及全美国，被美国著名心理学家罗杰斯誉为"本世纪最有意义的社会发明"。它是一种团体训练技术。它是从团体心理疗法发展起来的。敏感性训练最普遍的方式是训练团体或称T组（T-group，training group 的简称）。这类团体通常由5～15人组成，包括一名心理学家。训练期限可以是1～4周，活动方式主要是语言交流。培训小组主要以非指导性的方式为参与者提供真实体验"此时此地"的情境。在活动的开始，团体成员之间往往先谈论参加这种活动的意图、试图解决的问题和对什么样的目标感兴趣。随着沟通的深入，人们会逐渐了解别人对自己的问题或当时的表现怎样反应。当团体成员之间的信任感和真诚的气氛建立起来之后，团体作为一个整体，会不容忍任何成员拒绝暴露真正自我。此时参与者通常的角色伪装会被撕去，使他们更好地看到自我的本来面目，并在其他成员的支持下理解并接纳真正的自我。

参与者也会在没有社会角色限制的条件下，通过各个成员所提供的多角度的见解，学会准确掌握、理解和评价别人的情绪状态和行为的意义，并在别人真实的反馈调节中，作出正确而为别人所接纳，同时又对人际关系起积极作用的反应。

2. 角色扮演

角色扮演（role playing）是一种常用的训练技术。它是通过充当或扮演某种角色，去体验、了解和领会别人的内心世界，理解自己反应的适当性，由此来增加扮演者的自我意识水平、移情能力，并改变其过去的行为方式，使之更适合自己的社会角色，从而获得新的社交技能。在人际关系方面，角色扮演方法可以直接帮助人们改善双方相互作用的状况，最终有效地改善彼此之间的关系。

三、人际关系的原则

> **学习目标6.6** 理解、掌握并学会运用人际关系原则
> 重点掌握：①真诚原则；②交互原则；③功利原则；④自我价值保护原则；⑤情景控制原则。

（一）真诚原则

近十年来，心理学家对各种类型不同的对象做过调查，发现，不同类型的人们在回答"人际交往上你最喜欢什么样特征的人？最期望别人采取什么样的交往方式同自己交往？自己会采取什么样的交往方式与别人交往？"等几个问题时，答案会高度汇聚于同一个答案：真诚。与男性相比，女性的这种倾向更加明显。可见，真诚的品质与交往方式，在人际交往中具有尤其特殊的地位，一个人要想吸引别人，赢得别人，与别人保持良好的交往，真诚是必须有的品质和交往方式。

（二）交互原则

社会心理学家通过大量的实验研究发现（Aronson 和 Linder，1965），人际关系的基础是人与人之间的相互重视和相互支持，人际交往当中喜欢与厌恶、接近与疏远是相互的。大量研究表明，喜欢我们的人，我们也倾向于喜欢他们；愿意接近我们的人，我们也愿意去接近他们；而对于疏远我们、厌恶我们的人，我们的反应也是相应的，对他们也会疏远或厌恶（Kenny，1994；Kenny 和 Nasby，1980）。在爱情关系中也具有这种人际关系的交互现象（Aron，Dutton 和 Aron, et al.，1989），而且它在第一次见面的几分钟内就能发生（Chapdelaine，Kenny 和 LaFontana，1994）。

日常生活中的事实和观察也很容易证明，对于真心接纳、喜欢我们的人，我们也倾向于接纳对方，愿意同他们交往并建立和维持关系。相反，对于表现出不喜欢、排斥我们的人，我们也倾向于排斥、疏远对方，避免与其有进一步的交往。

（三）功利原则

人际关系的交互原则所强调的，是人际交往行为倾向的相互对应。在日常生活中，人与人之间的交往更多的时候都不只需要倾向的相互一致，还需要保持交换的对等。根据社会交换理论倡导者霍曼斯（Homans）的观点，人与人之间的交往，本质上是一个社会交换过程。这种交换不仅有物质品的交换，同时还包括非物质品，如情感、信息、服务等各方面的交换。福阿（Foa，1974）对人际交换进行了分析，提出了人际交换的六种基本回报类型，包括金钱、物品、信息、服务、地位和感情等。

"费力最小原则"是人类行为的基本原则之一，即人都有用最小付出换取最大回报的倾向，因

> **费力最小原则**：人都有用最小付出换取最大回报的倾向。

此商界人们会讨价还价,走路会倾向于走捷径。具体到人际交换上,人们都希望交换或一种关系对自己来说是值得的,希望在交换或保持关系的过程中得大于或至少等于失。

(四) 自我价值保护原则

1. 自我价值保护倾向

大量的社会心理学研究证明,任何一个人,其心理活动的各个方面,从知觉信息的选择到内部信息的加工,从对行为的解释到人际交往,都具有明显的自我价值保护倾向。在人际交往中,人们的自我价值保护倾向表现在很多方面。比如当别人不同意我们的观点时,我们通常的第一反应是为自己辩护,有时虽然不表现出来也会在心里寻找维护自己的证据;再如当别人夸奖自己时我们会感到高兴,很多人都喜欢跟别人分享自己经历过的能证明自己优秀品质的事情,甚至还有人喜欢在别人面前夸耀自己,等等,这都是人们保护和提高自我价值的行为表现。

2. 人际吸引水平的增减规律

阿龙森与林德(Aronson 和 Linder,1965)曾经做过一个著名实验,发现了人际吸引的增减规律的存在。

人们对于原来否定自己而最终变得肯定自己的交往对象喜欢程度最高,明显高于一直肯定自己的交往对象。而对于从肯定到否定变化的交往对象喜欢程度最低,大大低于一直否定自己的交往对象。这说明,我们最喜欢的是对我们的喜欢水平不断增加的人,而最厌恶的是对我们的喜欢水平不断减少的人。

(五) 情景控制原则

情境控制的含义,是指人都需要达到对所处情境的自我控制。情境的不明确,或不能达到对情境的把握,会引起机体的强烈焦虑。假设我们深夜听到窗子"哐当"一声,接着又是"啪"的一声响,那么,如果我们不弄清声音是怎么回事,是绝难重又安然入睡的。只有起来查看一番,确信是一阵大风吹开窗子,打碎了花瓶,我们才能安然入睡。因为此时声音的意义已经明确,它不是危险的信号,因而继续睡觉是恰当的行为。我们走夜路害怕,到陌生的地方不安,旅途上感到焦躁等,都是由于不能达到对情境的控制引起的。

> **情景控制**:人都需要达到对所处情境的自我控制。

对于人来说,不仅对物理环境的不明确和不能把握会引起焦虑,对社会环境的不明确和不能把握,也同样会引起机体处于高度紧张的自我防卫状态。因此,人们对于这类社会情境也倾向于逃避。我们可能都还记得,在我们新入学或新调入某一工作单位时,由于对周围环境和人都缺乏了解,因而机体会在相当一段时间内都处于高度紧张的自我防卫状态。直到我们熟悉了周围的环境,了解了经常发生联系的同学、教师或同事,我们才真正比较轻松和适应。

四、人际关系的测量

> **学习目标6.7　理解人际关系测量的三种方法**
> 重点掌握：①社会测量法；②参照测量法；③人际关系测验。

（一）社会测量法

社会测量法（sociometry）也称社交测量或社会测量，是由社会学家与心理学家莫雷诺（Moreno,1934）年创造的。它是从群体的角度，定量地揭示整个群体的人际关系状况，以及各成员在该群体内人际关系状况的一种方法。社会测量法一经问世，就受到许多心理学家、社会学家们的广泛注意。后来的许多心理学家都为这种方法的发展做了大量的工作，提出了多种新的社交测量方法的变式及相应的结果处理手段。

社交测量法的原理，是认为人与人之间的相互选择，反映着他们之间心理上的联系，肯定的选择意味着接纳，否定的选择意味着排斥。如果一个人在更多的方面都对另一个人作出肯定的选择，那么就意味着这个人对另一个人有高度的接纳性。如果肯定的选择是相互的，那么接纳也是相互的，双方之间的心理距离也小。反过来，如果一个人在更多的方面都对另一个人做出否定的、拒绝的选择，那么意味着这个人对另一个人是高度排斥的。如果否定的选择是相互的，那么排斥也是相互的，双方之间的心理距离也大。这里的心理距离，就是我们所说的心理学意义上的人际关系。因此，心理学家们认为，人与人之间在反映不同评价意义的各个方面的肯定性或否定性选择，实际上反映着人们之间的人际关系状况。这样，我们就可以通过考察人与人之间在不同方面进行选择的情况，定量地测量每一个人在某个特定群体内的人际关系状况，也可以测量整个群体的人际关系状况。

对所获得的数据，常用的处理方式是行列表格法。根据被测量者的人数（n）来制作 $n \times n$ 的行列表格，将各个被试的选择关系记入各个相应表格。表格中的记分，在肯定的选择上，用正分来记分；在否定的选择上，用负分来记分。得分按照排列顺序递增或递减。例如，给最喜欢的 3 分，其次给 2 分、1 分，给最不喜欢的 -3 分，其次 -2 分、-1 分。对于不选择的情况，一般记 0 分。由于 0 分的选择在最后的数据统计资料中没有反映，因此，实际处理时也就不记分。

除了行列表格法，常用的还有图示法。图示法是把上述的行列表格用图来表示，两两之间用带箭头的线段来指向，实线代表喜欢，虚线代表不喜欢。指向某人的实线越多代表某人越受欢迎，反之，指向某人的虚线越多则代表这人越不受欢迎。

社会测量法现在已广泛地用于各种团体，如学校、机关、企业等，通过这种方法能很快发现团体内部的人际关系状况。但是，社会测量法还不能揭示其选择动机，所反映出的人际关系状况是外部的，对于团体内部深层次的人际关系结构还无法反映，而且进行分析的数据来自问卷，受被试因素影响较大。

（二）参照测量法

1976年，苏联心理学家彼得罗夫斯基在社会测量法的基础上，创立了参照测量法。这是一种测量群体最能发挥作用和最有影响力人物的方法。

参照测量法可以进一步揭示人们在个人品质、行为方式、意见和目标方面重视别人的情况，而不仅仅局限于个人的好感或恶感。进行参照测量时，首先，让群体中成员进行相互评价。其次，给每个成员准备大信封，并把所有对某人的评价集中起来，放在这个信封内。然后，告诉全体成员，你可以从所有这些评价中选择3~4个最想了解的评价来看，你会选择哪几个人对你的评价。而具体想看哪三四个人对自己的评价，可以由每个成员自己自由选择。通常，人们会要求看在他心目中最有威信、最有见解或最受人尊重的人对自己作出的评价。

通过各成员的提名，研究者可以了解到群体中最具有威信、最受人尊重与信赖的人。那些被大家广泛提名的人，在群体中往往起着重要作用并处于群体中心位置，他们有见解，得到大家尊重，是群体内潜在的权威，多数人都想了解他们对自己的意见和评价。

参照测量法的优点在于它隐藏了测量的真实目的，使人们在不知不觉中反映出自己的真正动机，从而获得可靠的结果。但如果群体成员人数很多，要求个人对每一成员均作出评价，则费时太多，且组织过程较为麻烦，可以改进一下，用多重选择来进行评价。

（三）人际关系测验

按照人际交往行为方式的主动性、支配性、规范性、开放性四个维度，可以将人们的人际交往分成主动型与被动型、领袖型与依从型、严谨型与随便型、开放型与闭锁型等8种类型。

人际能力测验分为人际关系建立能力和维持能力两种。人际关系建立能力是按照交往的主动性、交往需要、对别人的接纳性、移情能力、个性真实性等因素来编制的。人际关系维持能力测验有两个侧面。一个侧面是测量人们与别人友好相处的能力；另一个侧面则测量人们平息人际冲突的能力。这两类测验的依据，是认为良好人际关系的维持，要求人们具有较好的接纳和尊重别人的意识和技能，也能够用理性的方式来解决人与人之间的冲突。如果一个人在这些方面的特征是积极的，那么他维持人际关系的能力就较好。反之，则较差。

第三节 人际沟通

人际沟通虽然是我们日常生活中最平常的行为，但沟通失效或沟通不畅却可能给我们带来非常大的损失。

本章关于人际沟通的系统分析，将帮助我们认识人际沟通的概念和重要性，并学会在日常生活中如何进行有效的人际沟通以达到社会互动。

一、人际沟通概述

学习目标6.8　理解并掌握人际沟通的基本概念

（一）人际沟通的定义

人际沟通（communication）一般指人与人之间的信息交流过程。人际沟通是人与人之间发生相互联系的最主要的途径。人醒着的时间大约70%都在进行各种各样的沟通。我们与别人交谈、读书、看报、上课、听广播、看电视，都是在进行沟通。人际沟通的广度和方便程度，是生活质量的重要方面。现代生活最重要的标志是交通的便利和通信的发达，而它们所改善的，也正是人们沟通的状况。随着科学技术水平的高度发展，人们的沟通方式也在发生着翻天覆地的变化。除了原有的一些沟通方式以外，各种数码设备比如手机、数码相机等新的介质正在悄然改变着人们的沟通方式。

> **人际沟通**：一般指人与人之间的信息交流过程。

（二）人际沟通的意义

1. 人际沟通为个体身心发展提供必需的信息资源

在个体的身心发展过程中，沟通承担着极为重要的角色。人们对常年在祖国边陲的边防哨卡守卫的将士的调查发现，由于常年在人际交往单调、沟通环境单一的地区生活，沟通的缺乏导致这些人的语言能力和其他的认知能力不同程度地受到影响，当他们回到社会继续与他人相处的时候，或多或少地会表现出一定程度的不适应。

2. 人际沟通是自我概念形成的途径

米德（Mead,1934）在强调符号相互作用对于自我形成的作用时，直接地指出了人际沟通是自我概念形成的必要条件。米德明确提出，没有语言，没有沟通，就没有自我。人的自我概念是在与他人的沟通过程中逐步发展起来的，并且人们在沟通过程中保证自我作用的发挥和自我自身的不断提升和完善。

3. 人凭借沟通交换信息并建立与维持相互联系

我们每个人都能够体验到，人际沟通与人际关系建立和维持存在着十分紧密的联系。其实人与人之间建立沟通和稳定情感联系的可能性，远比我们想象的要大得多。心理学家米尔格伦（Milgram,1967）通过小世界研究计划（Small World Project）证实，我们的世界小得很。在一个超过200万人的群体中，只需平均6次，最少2次的介绍，任意两个陌生人就能够建立联系。世界多么小！

实际上，日常生活中我们每时每刻都在进行着沟通，人们通过沟通建立起人际关系并由此将各人的努力汇聚起来以产生更大的能量。沟通不仅仅对个体的身心发展产生影响，对社会中的各种群体的发展也具有重要作用。小到家庭，大到国家、全球组织，缺乏了沟通，群体将不能正常运转，无法维持下去。

二、人际沟通的工具

学习目标6.9　理解并掌握人际沟通工具的相关内容

人际沟通必须借助于一定的符号系统作为信息的载体才能实现，符号系统是人际沟通的工具。一般可以把符号系统归为两类，即语言符号系统和非语言符号系统。

（一）信息传递的语言符号系统

语言可以分为口头语言和书面语言，即语音符号系统和文字符号系统。

1. 口头语言（语音符号系统）

在直接交往中，人们大都采用口头语言，它作为使用有声的自然语言而构成的语音符号系统，在日常生活中应用最广、收效最快。例如，会谈、讨论、演讲及见面对话都可以直接地、及时地交流信息、沟通意见。信息发出者在说的过程中积极思维，进行信息编码，筛选出对方最理解的词汇和句法，输出信息。而信息接收者在听的过程中同样要集中注意力积极思考，进行信息译码，筛选出最有用的信息加以储存。由"说"和"听"构成的言语交往情境，直接促使双方在心理上产生交互作用。

2. 书面语言（文字符号系统）

在间接交往中，一般采用书面语言。书面语言不受时空条件的限制，能更为详尽地、丰富地表达叙述者的意见和情感，并可广泛地流传。通知书、信函、公文一般都采用书面语言形式。书面语言不仅能使个人获得他人的知识经验，同时也扩大了人们认识世界的范围。在交往活动中，书面语言虽不及口头语言直截了当、简便易行，但它保存时间长，书写时可以充分考虑语词选择的恰当性，字斟句酌，达到更为完美的心理效果，实现口头语言无法完成的沟通。由"写"和"读"构成的言语交往，使交际范围得到进一步的扩展，丰富了人们交往的内容。

（二）信息传递的非语言符号系统

语言符号系统是人际交往最主要的工具，但并非唯一工具，非语言符号系统在人际交往中也占有重要地位。

非语言符号系统一般有以下几种形式：

1. 视—动符号系统

手势、面部表情、体态变化等都属于这个系统。动态无声的皱眉、微笑、抚摸或静态无声的站立、倚靠、坐态等，以及眼镜、口红、发型等附加物在交往中都能起到一定的作用。

2. 时—空组织系统

准时到达预定的地方会面能表示对对方的尊重、礼貌，使对方感到言而有信，为双方交流创设良好的情境，同时面对面谈话，又有助于产生亲密感。不少社会心理学家已经开始对产生某些社会心理现象的空间距离问题发生了浓厚的兴趣。

陌生人不论同性间还是异性间的接触,总会有一定的空间距离的需要。经实验测定男对女的空间距离平均为 134 厘米,女对女的空间距离平均为 84 厘米,女对男的空间距离平均为 88 厘米,男对男的空间距离平均为 106 厘米。因而在公园里如果一条长凳的两端已经坐着人,第三个人一般不会再去坐在两人的中间,这种现象就可以在此找到解释。

3. 目光接触系统

在交往中视线接触的作用是巨大而强烈的,往往能给人留下深刻的印象。从传统上说,眼睛被认为是最明确的感情表达方式。相爱者深切地注视着对方的眼睛,而仇恨者则怒目而视。长时间的冷眼凝视肯定与侵犯相联系(摩尔和吉里兰德)。有一种意见认为,你越是喜欢一个人,你就越容易用眼睛和他接触,而对不喜欢的人用眼睛接触比对一般关系的人还要少。

4. 辅助语言系统

音质、音幅、声调及言语中的停顿、速度快慢、附加的干咳、哭或笑等,都能强化信息的语义分量,具有强调、迷惑、引诱的功能。辅助语言可以表达言语本身所不能表达的意思,在许多场合下需要利用辅助语言表达同一语词的不同意义。例如"谢谢"一词,可以感动地、喃喃地说出,表示真诚的谢意;也可以冷冷地、缓慢地吐出每一个字,表示轻蔑或不耐烦。

上述四种非语言符号系统的形式,在人际交往中起着十分重要的辅助作用,可以加强或减弱口头语言的力量。但非语言符号系统的使用具有较大的不确定性,这与交往情境、交往者的身份和地位及年龄、性别、社会文化背景等因素密切相关,因此在使用中必须与交往的内容、条件、气氛与场合相联系。在现实生活中,语言符号系统和非语言符号系统的往往是交织在一起的,这两方面配合得越好,交往越能取得良好的效果。

三、人际沟通的障碍和策略

学习目标6.10 理解并掌握人际沟通的障碍因素
重点掌握:①物理环境障碍;②个人障碍;③语义障碍。

(一)人际沟通的障碍

在人际沟通的定义中,我们提到人际沟通是人与人之间的信息交流过程,包括信息传递和理解两个主要成分。在实际的沟通中,我们发现并不是每一次的沟通行为都能达成信息传递和理解这两大目标。各种各样的障碍会影响我们的沟通质量,下面将主要从三个方面对人际沟通中可能存在的障碍进行简要介绍。

1. 物理环境障碍

物理环境障碍是指人们所处的人际沟通环境中存在的障碍。比如说所在环境中的噪音盖过了人们说话的声音,这就是典型的物理环境障碍。此外沟通环境的整洁度、内部座椅安排、周边装饰,甚至气候条件等都会对沟通的质量造成影响。

除了面对面沟通中的环境因素外,以计算机为中介的沟通中也存在不少障碍。如计算机性能、网络速度,以及信息承载量等也会对沟通产生影响(Robbins,2005)。

2. 个人障碍

个人障碍主要指情绪、选择性知觉、信息过滤等个人因素障碍。信息发出者可能过滤(filter)和操控信息,以使人们更乐于接受。如在下级向上级进行工作汇报时,就会出现信息过滤的现象,对某些不利信息进行筛除。信息接收者则可能出现选择性知觉的问题,以自己的需要、动机有选择地视听,并且很多时候选择性知觉过程是人们意识不到的。

3. 语义障碍

语义障碍主要是由我们所使用的符号自身的局限性造成的,尤其在不同的文化背景下,语义障碍成为更加突出的问题。首先,在不同的文化背景下,所使用的语言符号系统可能不一样,这就造成了人际沟通障碍。但这一问题随着全球化的发展,逐渐得到了解决。比如越来越多的中国人开始学习英语,可以和英语国家的人进行有效的沟通。其次,对非语词符号的理解不一致也是突出的人际沟通障碍。如在世界上很多国家,"V"的手势意味着胜利。但在英国,如果掌心或手指向内,则表示"滚出这里"。因此,即便是实现了语言符号的一致,非语词符号内涵的不一致也会对沟通准确性造成严重的影响。

(二) 人际沟通的自我评价与改善计划

一切问题的解决或改善,都是以对问题的意识为前提的。对问题意识得越清晰,改变的努力就会越有效。因此,要想改善个人的人际沟通,必须先系统评价自己的人际沟通状况。

沟通能力的提高和沟通状态的改善是整体的,但又必须通过细节的、具体的步骤来实现。希望提高沟通能力和改善沟通状况的人,需要为自己制订一个每一步具体怎么做的详细计划。

计划首先要明确试图改进自己的哪些方面,是要改变自己的社交策略,扩展自己的沟通范围,是改变自己与某些人的沟通状况,是培养与友人保持联系的习惯,还是试图改变自己不善于与别人沟通等方面的不足。计划的第二步是将选定的改善目标与实际生活联系到一起,并转化成可以在日常生活中实施的每一个具体做法。制订的计划切不可一下要求提得太高,实际上做不到,最终失去努力的兴趣和信心。

(三) 提高人际沟通的准确性

准确是沟通成功的前提。在某种意义上,如果沟通的结果是误解,那发生沟通比不发生沟通更糟糕。不发生沟通,意味着建立良好沟通的可能性依然存在。已经产生了误解,那重建良好沟通的过程往往十分困难。

提高沟通的准确性,首先需要提高自己准确描述事物的能力。在夫妻关系中常常发生的冲突很多时候就是因为双方没能准确理解对方表达的内容,从而导致了冲突的产生。通过讲故事、复述故事的形式,可以很好地锻炼准确描述事物的能力。

提高沟通准确性的另一方面,是对所用的一切非语词沟通方式,都必须有明确的概念,并且对别人是否也会同样理解某种非语词信息保持清楚的认识。非语词信息常常更容易发生误解。一般认为,除非沟通者之间已经建立起了很好的默契,沟通者能够确信信息接收者对某一非语词符号与自己有同样的概念,否则,非语词沟通应被置于支持语词沟通的次要地位。

此外,保持对别人包括直接的语词反馈在内的各种反馈信息足够的敏感,并及时调整自己的信息和符号选择,也是提高沟通准确性的不可缺少的途径。及时接收和准确理解反馈,是准确沟通的一个重要环节。

(四)激发积极沟通的定向技术

人际沟通的"同理心"定向

"同理心"定向是指站在对方的角度和位置上,客观地理解对方的真实看法和内心感受,并且基于这种理解来进行沟通,同时将自己的同理心传达给对方的一种沟通交流方式。同理心有时被说成移情或共情,不同术语来源一致,本质的意义也是相同的。同理心的核心是真正理解对方的观点和情感。要实现这一点,必须对对方有发自内心的兴趣和重视。提供信息的目的是被理解,而由于人们的经验背景不同,理解上可能存在

> **"同理心"定向沟通**:站在对方的角度和位置上,客观地理解对方的真实看法和内心感受,并且基于这种理解来进行沟通,同时将自己的同理心传达给对方的一种沟通交流方式。

显著差异,只有当我们站在别人的角度、体会到别人理解所依赖的情绪与经验的背景时,才可能选择最能够使别人准确理解我们的语词或非语词符号。许多人摆脱不了自我中心,不能对别人的状态进行移情,纯粹从自己的经验和情绪背景出发来选择沟通方式和符号,因而沟通中也往往产生误解,从而使沟通失败或导致不良的后果。

(五)身体语言沟通的改善

1. 理解别人的身体语言

正确把握和理解别人的身体语言,对于提高人际沟通的有效性和可信度有着非常重要的作用。

首先,必须从整体的身体语言背景来确认每一个具体身体语言信号的意义。心理学家曾作过认真的观察,发现情侣之间在身体面对面逐步接近时没有身体角度的变化。而如果是两个朋友或熟人需要凑近谈话,则人们会有明显的身体转动。随着谈话的距离靠近,人们也会逐渐将面对面的姿势调整成肩膀朝向别人。只有情人之间从正前面附近耳朵耳语,而其他关系的人耳语通常都是从侧面进行的。

其次,用移情的方法理解身体语言信息。移情作为对别人内心真实状态的体验,是准确地理解身体语言的重要前提。移情越充分,准确解释别人身体语言信号的可能性越大。作为妻子,如果很好地体会到丈夫在工作上受到挫折后的心情,就不会责怪丈夫表情冷漠;作为家长,如果很好地体会到了孩子考试失败后害怕被责怪的心态,就能够很好地解释为什么孩子的目光总躲着自己,并不愿意与自己挨得很近。

2. 恰当运用自我身体语言

恰当使用身体语言与准确解释身体语言同样重要。要想提高自己有效使用身体语言的能力，首先要增加自己对身体语言的自觉性。

身体语言自觉性的增加，需要经过三个步骤：第一步是观察自我身体语言，了解自我身体语言使用的情况。第二步是对自己的各种身体语言行为和整体模型进行自我体验。增加身体语言自觉性的第三个步骤，是在实践中应用自己总结的身体语言，并进一步检验其有效性，对于不适当的地方，及时加以修正，进一步完善自我身体语言模型。

章节小结

重点概念

人际吸引、自我价值感、印刻、曝光效应、互补性、犯错误效应、人际关系、费力最小原则、情景控制、人际沟通、同理心定向。

复习思考

1. 影响人际吸引的社会心理基础有哪些？
2. 简述人际吸引的规则。
3. 交往是否越多越好？交往需要与独处需要如何平衡？
4. 简述爱情三元理论。
5. 什么是"人际关系"？
6. 人际关系发展具有哪些阶段？
7. 人际关系的改善训练有哪些？
8. 简述人际关系的原则。
9. 试解释自我价值保护倾向与人际吸引水平的增减规律之间的关系。
10. 简述人际关系测量的几种方法。
11. 什么是人际沟通？
12. 简述人际沟通的工具。
13. 有哪些方面的因素可能会构成人际沟通中的障碍？
14. 改善人际沟通能力的方法有哪些？

本章要点

1. 影响人际吸引的社会心理基础包括：①自我价值寻求的需要；②安全感确立的需要；

③独处需要与交往需要;④人际吸引需要形成的途径。

2. 人际吸引的规则包括:①熟悉效应与邻近效应;②个人吸引与个人特征;③相似规则;④互补规则。

3. Sternberg认为爱情由三个成分构成:一是激情(passion);二是亲密(intimacy);三是承诺(commitment)。

4. 人际关系是指人们在人际交往过程中所结成的心理关系,它表现在人们对他人的影响与依赖。

5. 人际关系发展共有四个阶段:①交往定向阶段;②情感探索阶段;③感情交流阶段;④稳定交往阶段。

6. 人际关系原则包括:①真诚原则;②交互原则;③功利原则;④自我价值保护原则;⑤情景控制原则。

7. 人际关系测量包括:①社会测量法;②参照测量法;③人际关系测验,其中有包括人际交往类型测验和他—我融合度量表。

8. 人际沟通(communication)一般指人与人之间的信息交流过程。

9. 人际沟通的工具包括语言符号系统和非语言符号系统。

10. 人际沟通的障碍因素包括:①物理环境障碍;②个人障碍;③语义障碍。

第七章
社会影响

本章学习目标：

7.1　重点理解并掌握社会促进和社会抑制的含义
7.2　理解并掌握社会惰化的含义
7.3　理解社会影响理论
7.4　理解并掌握去个性化的含义和影响因素
7.5　理解并掌握从众的含义
7.6　理解并掌握谢里夫的诱动错觉实验和阿希的经典从众实验
7.7　理解并掌握从众的原因
7.8　理解并掌握从众的影响因素
7.9　理解并掌握服从的含义
7.10　理解米尔格拉姆的服从权威实验
7.11　理解并掌握影响服从的因素
7.12　理解并掌握顺从的含义
7.13　理解并掌握顺从行为发生的心理规律
7.14　理解并掌握增加顺从的效应或方法

案例导入

在大学时代，我们可能都会有这样的经历：

某次去听某知名教授的讲座，却发现讲座的内容是如此的枯燥、难懂，终于等到讲座结束,先是有零星几处的掌声,紧接着大家都热烈地鼓起掌来,你也跟着这样做了,甚至从椅子上站了起来以表达你的尊重。在这种情境下,你跟从了大多数人的行为,尽管你的掌声只是一种礼节性的表示,为什么你会无意识地和群体保持一致?

在所有的情境中,你都会这样做吗?

与群体一致,或是参照他人的行为是一种有益的做法吗?

这就涉及了我们社会影响中的从众、服从和顺从行为了,当他人在场的时候,你是否会选择随大流,保持与他人的行为一致,抑或是选择自己独行?我们所有人身处在社会当中会受到他人或者环境以及自身的因素影响。这就体现出了社会影响的重要性以及研究的必要性。

思考

1. 哪些因素能够影响社会促进和社会抑制?
2. 如何预防社会惰化?
3. 哪些因素会影响日常生活中的从众行为?
4. 如何抵制从众的社会压力?
5. 米尔格拉姆的权威服从实验的主要贡献是什么?
6. 服从的心理原因是什么?
7. 顺从的技巧还有哪些?
8. 我们在哪些情境下会发生顺从行为?

第一节 他人在场

学习目标7.1 重点理解并掌握社会促进和社会抑制的含义

一、社会促进与社会抑制

(一)社会促进和社会抑制的含义

社会促进是指个体从事某项活动时,他人在场促进其活动完成,提高其活动效率的现象,也称社会助长。最早以科学方法揭示社会促进现象的是美国心理学家特里普利特。他发现自行车选手在有伙伴的情况下,比单独一个人时骑车速度快,

> **社会促进**:是指个体从事某项活动时,他人在场促进其活动完成,提高其活动效率的现象,也称社会助长。

提高了80%。为了检验这一结果,他又设计了一系列实验室实验。例如,他安排40个儿童在指定时间里尽快地转动钓鱼竿卷线轮绕线,既安排儿童单独绕线,又安排他们两两结伴绕线,结果证实儿童结伴绕线时的速度更快。这种结伴活动提高效率的现象被称为结伴效应。研究者还指出,社会促进不仅限于人,他们在老鼠、蟑螂、鹦鹉等动物身上也发现了这种效应。如陈(S. C. Chen)发现,当蚂蚁在一起时,每只蚂蚁的平均挖土量是单独挖时的3倍。

日常生活中,我们还经常看到这样的现象,运动员比赛时,如果有很多观众为他们加油鼓劲,他们往往能顺利进行比赛甚至超水平发挥,所以在比赛中东道主更容易获胜,这就是体育场上的主场效应。一些老教师上讲台也是如此,听众越多,讲得越起劲,思路越开阔,而且越发兴致勃勃、神采飞扬,论述问题甚至比备课时还深刻。这些现象都是观众效应作用的结果。观众效应是指有人在场观看某人从事某一项活动,会对此人产生一种刺激作用,从而提高其活动效率。

结伴效应和观众效应是社会促进作用的两个表现形式,都有可能促进活动的完成,但这也不是必然的,有时候,结伴效应和观众效应会以另一种相反的形式表现出来。我们在社会生活中发现,有时别人在场不仅不能让人们更好地工作,相

社会抑制: 即个体在从事某一活动时,他人在场干扰活动的完成,抑制活动效率的现象,又称为社会干扰。

反还会让他们把事情办得很糟。譬如,我们通常所说的怯场,一个新教师或新演员,在登台之前练习时,口齿清楚、表情自然,可是一到台上,面对众人就心里发慌、手足无措。有人说,这是由于不习惯造成的。这个解释说明不了为什么那些已经习惯自己职业的老教师或老演员,如果台下有自己的朋友、熟人或领导,则神情也不同于以往,常会汗流浃背、内心紧张,甚至还会出现不应有的失误。这就是社会抑制(social inhibition),即个体在从事某一活动时,他人在场干扰活动的完成,抑制活动效率的现象,又称为社会干扰。有研究表明,羞怯个体和非羞怯个体在观众效应的影响下,其记忆效果表现出显著差异,羞怯个体在完成记忆任务时表现出社会抑制,而非羞怯个体则表现出社会促进。

实验社会心理学创始人奥尔波特于1916年到1919年,在哈佛大学心理实验室做了一系列有关社会促进的实验。他让大学生被试单独或者结伴从事下列复杂程度不同的活动:(1)连锁联想。实验者说出一个刺激词,被试迅速想出一个与之有关的反应词;以这个反应词为新的刺激词,再联想其他的反应词。如此继续联想下去,直到时限终了为止(3分钟)。(2)删去元音,划掉若干短文中所有的元音字母。(3)透试转换,被试注视可以透视转换的立方体,实验要求被试迅速进行两种透视的转换,并记录他们一分钟转换的次数。(4)乘法运算。让被试进行若干两位数乘法的运算。(5)判断,让被试嗅5组10种(两种一组)香的或臭的气味,然后报告自己的快感程度。(6)写批驳文章,实验者从两个古代哲学家的著作中选几段性质一致的论述,给每个被试一段,要求他们在5分钟时间内写一篇批驳短文,写得越长越好,批驳得越深刻越好。

奥尔波特为了排除竞争因素的影响,要求被试不得相互比较工作进度。实验结果表明,在前五种活动中,被试在结伴的条件下都取得了比单独活动更优异的成绩,但在写批驳文章时,单独活动效果更好。可见,他人在场或与别人一起工作,并不总是产生社会促进,

随着工作难度的加大,社会促进可能会变成社会抑制。

(二)社会促进与社会抑制的理论解释

他人在场为什么会产生两种相互矛盾的作用?心理学家对此作出了各种解释。

1. 优势反应强化说

查荣克以动机和驱动力的研究成果为基础,提出了优势反应强化说。他认为他人在场会造成个体的生理唤醒状态,从而提高其动机水平,使其优势反应能轻易地表现出来,而较弱的反应则会受到抑制。所谓优势反应,是指那些已经学习和掌握得相当熟练、不假思索就可以表现出来的习惯动作。如自行车选手骑自行车,小孩子绕线、跳跃和计数,大学生连锁联想、删去元音等,都属于这种熟练活动,他人在场会提高他们活动的成绩,反之,批驳某一哲学命题、掌握无意义音节等活动是需要动脑筋或是不熟练的,他人在场使动机增强,反而会起干扰作用,降低活动效率这一理论可以用图 7-1 来表示。

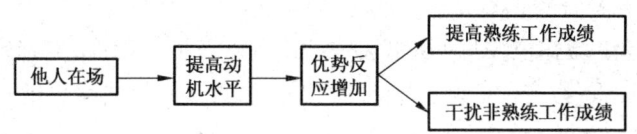

图 7-1 他人在场对人活动的影响过程

资料来源:全国十三所高等院校《社会心理学》编写组;《社会心理学》,293 页。

科特雷尔(N. Cottrell)的一项研究证明了他人在场的促进或者干扰作用。他让被试在单独和他人两种情境中学习单词配对表。配对表有两类:一类由同义词组成,如荒芜—无结果,学习起来非常容易;另一类由无关单词组成,如荒芜—最重要,非常难以学习,结果显示,学习简单的配对表时,他人在场有明显的社会促进作用,而学习困难的配对表时,他人在场则带来了社会抑制。有研究表明,他人在场时他人的成绩水平会对个体工作绩效产生显著影响,高低成绩水平的观众都可提高个体工作绩效,但有比自己成绩高的观众在场时,个体可达到最高的工作绩效。

查荣克认为他人在场一定会影响人们的动机和活动成绩,科特雷尔的另一项实验结果对此提出了质疑。他要求大学生默记词汇,被试被分成三组在不同条件下学习这些词汇。第一种条件是,被试单独完成这项任务;第二种条件是,被试面对两个同学完成这项任务;第三种条件,被试在两个人在场的情况下完成这项任务,但这个人的眼睛被蒙了起来,无法判断被试的成绩。结果发现,第一种条件和第三种条件下被试的成绩相同。按照查荣克的观点,应该是第二种和第三种条件下的成绩相同才对。显然,查荣克的理论无法解释这一现象,于是,这些学者进一步深化和发展了优势反应强化说。

2. 评价与竞争观点

查荣克认为仅仅他人在场就会产生唤醒,但实验已显示他人在场并不一定导致动机水平的提高,观众一旦被蒙上了眼睛,就不会对被试的动机水平产生影响。因此一些学者认为观众的评价是形成社会促进的重要原因,个体在成长过程中不断受到他人的评价,并且会逐渐变得关注他人的评价,争取赢得他人对自己好的评价。因此,他人在场激发了行为者的被评价意识,从而提高了动机水平。这种对评价的关注被称为评价顾忌。在任务简单时,一想到我们正在被评价会使我们更努力;而在任务复杂时,这种被评价的压力会降低绩效。

背景人物

查荣克(1923—2008)(见图7-2),美国社会心理学家,因研究出生次序、家庭规模等因素对儿童智力发展的影响以及社会促进等问题而著名。1975年获美国科学发展协会颁发的科学研究奖,1978年获美国心理学会颁发的杰出科学贡献奖。

图7-2　查荣克

他人评价与动机水平之间的关系受下列因素影响:

(1) 活动者觉知被评价的程度

一般来说,活动者觉知被评价的程度越高,其动机水平就越高。马滕斯(I. R. Martens)和兰德斯(D. M. Landers)用实验巧妙地证明了这一点。他们让一定数量的男学生用小棍子把一个小球从某装置的下方拨到上方,它要求一定的技巧,是一项比较困难的工作,实验安排在三种条件下进行。第一种条件是,每个被试可以看到自己的得分、其他被试的得分和操作情况,这是"直接评价"条件。第二种条件是,每个被试可以看到所有的得分,但看不到彼此的操作情况,这是"间接评价"条件。第三种条件是"无评价"条件,被试既看不到操作情况,也看不到别人的得分。实验结果表明,在"直接评价"条件下,被试的作业成绩最差,说明他们的动机水平大大提高,对复杂活动产生了抑制作用。而"间接评价"和"无评价"条件下的操作结果没有什么差别。由此可见,动机水平提高到何种程度,依赖于活动者觉知他的操作正在被别人评价的程度。对于困难较大的工作,是否有被人评价的意识,其工作结果大不相同。

(2) 评价者的身份和态度

一般来说,评价者越具有权威性,活动者的动机水平越高。一个演员,面对评委和面对观众,其动机水平是不一样的,对青年人来说,同龄异性评价者在场对其活动有较大的影响,动机水平明显提高。这其中有性的吸引力在起作用。从态度上看评价者越是正襟危坐、严肃认真,对活动者影响就越大;如果评价者漫不经心,则对活动者影响较小。

(3) 活动者的年龄和个性特征

年龄、气质、性格不同的人,受他人在场的影响也有差异。从年龄上说,儿童更在乎他人的评价,十分希望得到他人的肯定。有他人在场时,其动机水平比成人提高得更为明显。从性格上说,易受暗示、谨小慎微、独立性差、缺乏自信的人对他人在场更为敏感些。从气质上看,胆汁质和抑郁质的人比多血质和黏液质的人更在乎别人的看法。另外,不同情绪状态下,他人在场对活动者的影响也不尽相同。

此外,他人在场不仅会唤起人们的被评价意识,还会唤起人们的竞争意识。J.弗里德曼解释说,人在社会化过程中,已经学会了将社会情境作为竞争情境来看待。在有他人在场的社会情境中,人们会有意无意地感到社会比较引发的竞争压力,从而使人们行为的内在动力增大,产生促进作用。

3. 分散冲突理论

社会促进不仅在人类身上存在,而且在许多动物身上也有类似现象发生,然而我们认为动物是用不着"担心"评价的。为了解释这一点,桑德斯(G. Sanders)、R. S. 巴伦(R. S. Baron)提出了分散冲突理论(distraction-conflict theory)。该理论认为,他人存在是一种干扰,当个体正从事一项工作时,他人在场会造成他注意力的分散和转移,产生两种基本趋势注意观众和注意任务之间的冲突。这种冲突能增强唤醒水平,对其工作效率产生影响。唤醒是增加还是降低绩效取决于该任务所要求的反应是否为优势反应。如果从事不熟悉或难度大的任务,要高度集中注意力才能完成,分散注意力就会干扰工作进度;如果从事熟练或简单任务,人们已达到"自动化"程度不需要全部的注意力,为了补偿干扰,人们会更加专心、更加努力,实际效果会更好。

4. 生理心理反应模式

最近的一项研究为社会促进提供了生理心理学的解释。这种理论认为,他人在场,可能存在两种冲突的生理心理反应模式:激励或威胁。当个体具有足够的资源来应对任务时就会激发激励模式,在生理上,这种模式类似于做有氧运动时机体产生的反应,当个体没有足够的资源来应对任务时就会激发威胁模式,机体上会产生类似于应对危险时的反应。不同的生理心理反应模式最终会影响个体的成绩。这个理论得到了生理心理学家的支持。总之,可以用各种理论来解释社会促进现象,而越来越多的研究者认为,不同的理论解释之间并不是相互对立的,它们可能同时存在于社会促进的过程中。

二、社会惰化

学习目标7.2　理解并掌握社会惰化的含义

在讨论社会促进和社会抑制时,个人的努力(跑的速度、测验成绩等)都将得到评价。这种被评价的可能性是解释社会促进发生的一个重要因素。如果群体中的成员不能被单独评估,个体感受不到这种压力,情况又会如何?接下来我们就要讨论这种情形下可能发生的一种情况——社会惰化。

(一)社会惰化的含义

社会惰化(social loafing)又称为社会懈怠或社会逍遥,是指群体一起完成一件事情时,个人所付出的努力比单独完成时偏少的现象。林格曼最早发现了社会惰化现象,他发现人们一起拉绳子时的平均拉力比单独拉时的平均拉力要小。随着人数增加,每个人付出的个人努力程度会逐步下降。

> **社会惰化**:又称为社会懈怠或社会逍遥,是指群体一起完成一件事情时,个人所付出的努力比单独完成时偏少的现象。

在研究中,他让被试用力拉绳子并测

拉力,实验包括三种情境:单独、三人组和八人组。结果表明:单独拉时,人均拉力为63千克力;三人一起拉时,人均拉力为53千克力;八人一起拉时,人均拉力只有31千克力。

拉塔等人同样用实验证明了社会惰化现象的存在。在一项研究中,他让大学生以欢呼或鼓掌的方式尽可能地制造噪声,每个人分别在独自、二人、四人和六人一组的情况下做。结果表明,每个人所制造的噪声随着群体人数的增加而下降(见图7-3)。其他研究显示,在智力任务和创造性任务中也会出现社会惰化现象、目标难度和绩效评估因素显著影响个体努力水平,设置高难度的目标,同时评估个体对群体的贡献,可以有效地激发个体努力投入创造性任务,以减少社会惰化的发生。

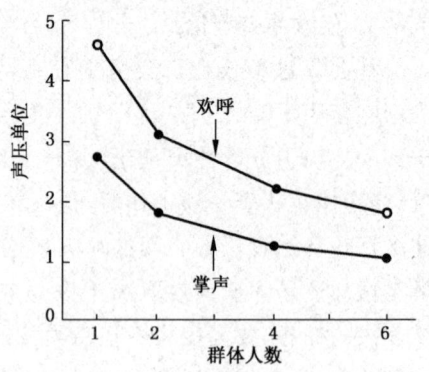

图 7-3　拉塔的实验结果

有关的元分析为社会惰化提供了进一步的证据。杰克森(J. M. Jackson)和威廉姆斯(K. D. Williams)总结了49个有关社会惰化的研究(包含4000多个被试)。结果表明,共同完成任务时的群体规模越大,个人的努力程度越低。当群体规模达到八人时,个人的努力程度仅为单独工作时的80%。在一定范围内,群体规模增大,个人努力还会继续下降。

(二)社会惰化的理论解释

为什么会出现社会惰化呢?一种解释是由克尔(N. Kerr)和布鲁恩(S. Brunn)提出来的。他们认为,在群体中,由于个体认识到自己的行为不会被单独评价,个人的努力会湮没在人群中(lost in the crowd),评价焦虑减弱使其对自己行为的责任意识下降,行为动力相应减少,从而导致努力程度下降。威廉姆斯、哈金斯(S. Harkins)和拉塔内在1981年的研究中设置了三种不同的实验情境,让被试单独大喊或在群体中大喊。第一种实验情境是,让被试相信他们的表现总可以被辨别出来;第二种情境是让他们相信只有单独一人时他们的表现才能被辨别出来;第三种情境则是让他们相信他们的表现永远不会被辨别出来。结果显示,当被试觉得他们的努力在群体中不能被辨别出来时,表现最差。由此证明,当个体认为只有群体的成绩可以被识别而个体的贡献不被识别时,社会惰化就会发生。

背景人物

拉坦(1937—)(见图7-4),美国社会心理学家。他和达利两人对震惊美国的吉诺维斯凶杀案做出了"旁观者效应"的解释。他们的开创性研究说明了人们在紧急事件中什么时候会提供帮助。拉坦也对社会惰化和群体行为进行了研究,进一步发展了社会影响理论。

图 7-4　拉坦

卡饶(S. J. Karau)和威廉姆斯对78项研究进行了元分析,提出了群体努力模型(collective effort model,CEM)。他们认为群体任务中个体的努力程度主要取决于两个因素:(1)个体认为自己的努力对成功完成群体任务的重要性或必要性大小;(2)个体认为群体成功的价值大小。当个体结合成群体工作时,个体不再是决定群体成绩的唯一因素,其他成员的努力水平也会影响最终绩效,而个体努力工作的成果可能被均分,个体的贡献可能最终被抹杀。在付出和所得由于其他成员加入而变得不确定时,社会惰化便会发生,并且群体规模越大,社会惰化程度越高。

对群体绩效的不同报酬也会对社会惰化产生影响。对群体高绩效提供报酬会降低社会惰化。在一项研究中,一些学生被告知如果他们所在的群体针对某一问题能够想出的解决方案越多,就可以越早离开。而另一些学生被要求完成同样的任务,但没有可以提早离开的奖励。在这一情形下,对高努力获得回报的期望抵消了社会惰化效应。当任务有意义、复杂或有趣时,社会惰化也不容易发生。当任务困难或有挑战性时,个体一般也不会松懈下来。

(三) 社会惰化的预防

虽然社会惰化普遍存在,但并不意味着它必然发生。我们可以用一些方法来减少社会惰化现象:(1)单独评价。即不仅公布整个群体的工作成绩,而且公布每个成员的工作成绩,让成员感到自己的努力和成绩是可被单独评价的。如威廉姆斯等的研究所示,如果让被试相信自己的行为效率和努力程度可以被鉴别出来,即使与群体一起完成一项工作,也不会产生社会惰化现象。(2)提高认识。帮助群体成员认识他人的工作成绩,使他们了解不仅自己是努力工作的,他人也和自己一样努力。(3)控制群体规模。群体规模越大,社会作用力越分散,社会惰化就越严重。因此,在群体共同完成一项任务时,要注意群体规模不要太大。除了上述方法外,以群体整体成功为目标的奖励导向,增加工作本身的挑战性,增加群体的凝聚力等都能有效地减少社会惰化现象,提高群体工作效率。

总之,他人在场有时会造成社会促进,有时会导致社会懈怠,有时会刺激我们更加努力工作,有时会使我们努力程度降低,出现哪种情况取决于群体情境是增加了我们对社会评价的关注(因为他人在评价我们的表现)还是降低了这一关注(因为个体的努力在群体中被隐藏)。出现哪种情况还取决于任务的复杂程度以及我们对结果的关注程度。

三、社会影响理论

学习目标7.3 理解社会影响理论

他人在场对个体绩效会产生积极或消极的影响,拉塔于1981年提出了社会影响理论(social impact theory)来关注这些影响的大小。社会影响(social influence)是指运用个人或团体的社会力量(social power)在特定方向上改变他人态度或行为的现象。该理论认为他人对个体总的影响取决于他人(影响源)的三个属性:数量(number)、强度(strength)和接近性(immediacy)。

当周围人数量增加时,来自他人的社会影响增大。一个新演员在50个观众面前比在5个观众面前感受到的舞台恐惧会更强烈。他人的强度也就是他人的重要性,与他人的年龄、地位、权力、是否为专家及其与个体的关系等有关。例如,在许多情况下,一名警官的影响要比一名小商贩的大。他人的地位越高,权力越大,他们的社会影响力就越强。他人的接近性是指他人在时间和空间上与个体的接近程度,对上面提到的那个新演员来说,观众直接观看对其的影响要大于通过录像观看。拉塔认为,社会影响可以比喻成光照在表面上;光的总能量依赖于灯泡的数量、灯泡的瓦数和它们与表面的接近程度。

社会影响理论能够帮我们解释为什么他人的存在有时会造成社会促进,而有时又会导致社会惰化。在社会促进的情况中,个体往往是他人的唯一观察目标,他人对个体的社会影响会增大。相反,当很多人一起工作,而只有一名旁观者时,社会惰化往往就会发生。每个个体只是来自群体外的旁观者的目标之一,因此,旁观者的社会影响就分散到每个人身上,随着群体规模增大,每个个体感受到的压力会降低。

> **社会影响:** 是指运用个人或团体的社会力量(social power)在特定方向上改变他人态度或行为的现象。

四、去个性化

> **学习目标7.4 理解并掌握去个性化的含义和影响因素**
> 去个性化是指个体丧失了抵制从事与自己内在准则相矛盾行为的自我认同,从而做出了一些平常自己不会做出的反社会行为。
> 影响因素:①匿名性;②责任分散;③自我意识下降。

群体对个人产生影响的另一个例证是去个性化(deindividuation)。个体丧失了抵制从事与自己内在准则相矛盾行为的自我认同,从而做出了一些平常自己不会做出的反社会行为。去个性化常常使人们摆脱正常的社会规范约束而表现出极端行为。

对此现象的研究最早源于法国社会学家勒庞(G. LeBon),他发现激动的群体倾向于有相同的感受和行为,因为个体的情绪可以传染给群体。在这种情况下,即使一个成员做了一件大部分人反对的事情,其他人也会倾向于仿效他。勒庞把这种现象称为社会感染(social contagion)。社会心理学家费斯汀格、津巴多用更现代的词命名这种现象为去个性化。

费斯汀格等人于1952年对此进行研究。他们以23组男大学生为被试,让他们以组为单位进行讨论,讨论内容是让每个人说说是憎恨自己的父亲,还是憎恨自己的母亲。这是一个敏感的问题,平常大家很少谈它。一部分小组的讨论在明亮的教室里进行,每个成员都具有高辨认性;另一部分小组的讨论在昏暗的教室里进行,每个成员还穿上布袋装,只露出鼻孔和眼睛,具有低辨认性。研究人员预期,具有低辨认性的被试,即去个性化的被试将会更猛烈地抨击自己的父母。实验结果证实了这种预测。研究人员还发现,去个性化的群体对成员具有更大的吸引力。

津巴多试图研究去个性化在诸如敌视、盗窃等极端行为中的作用。他以女大学生为被试,把她们分为四人一组,告诉她们将进行一项关于人类移情的实验,要求她们对隔壁房间的女生实施电击。她们可以从单向镜里看到女生被电击的情形。一些小组的被试被安排在昏暗的房间里,身着布袋装,不佩戴名签,具有低辨认性,结果证实,和没有去个性化的被试相比,那些去个性化的被试电击受害者的时间延长了一倍,当然,受害者并未真地被电击,她的哭喊挣扎是假装的,装得非常逼真。

津巴多还把受害者的形象作为自变量加以改变:一个受害者看起来是个举止文雅、乐于助人的妇女,另一个受害者看起来是个十分爱挑剔、以自我为中心的妇女。实验表明:在没有去个性化的情况下,被试对那个文雅的妇女电击时间短,对那个尖刻的妇女电击时间长,而在去个性化的条件下,对这两个妇女都进行了更长时间的电击。正如津巴多所说,在这种条件下,那些平时温顺可爱的女学生尽情地电击别人,几乎每个机会都不放过。

研究者认为,去个性化的原因主要来自以下几个方面:

(1) 匿名性(anonymity)。匿名性是引起去个性化现象的关键,群体成员身份越隐蔽,他就越会觉得不需要对自我认同与行为负责。津巴多实验中,当那些女大学生身着布袋装,不佩戴名签,在昏暗中电击受害者时,她们觉得自己是匿名者。

迪纳(E. Diener)等人对儿童偷窃行为的研究也证明了这一点。在研究开始的时候,他们问了一些孩子的名字并记下,对另一些孩子则无这样的处理。研究的情境是当大人不在场时,孩子有机会偷拿额外的糖果,结果支持了匿名的效果:那些被问及名字的小朋友不太会去偷拿,即使他们知道自己不会被抓住,他们也不会去做。

(2) 责任分散(diffused responsibility)。津巴多认为:个体单独活动时,往往会考虑这种活动是否合乎道义,是否会遭到谴责;而个体和群体其他成员共同活动时,责任会分散在每个人的头上,个体不必承担这一活动所招致的谴责,因此会更加为所欲为。津巴多曾做过一个实验,他把两辆外形抢眼的敞篷跑车拉下敞篷、取下车牌,分别放到繁华的纽约和人烟稀少的小城市帕洛阿尔托。结果发现,在纽约这个繁华都市,行人就像展开了一场拆车大赛,纷纷停下来卸走车上的东西;而在帕洛阿尔托,一星期都没有人对车"下手",有一天下雨,还有人将敞篷拉上了。研究者认为,长期生活情境决定了人们的固定行为模式。对于纽约这样人口稠密的城市来说,其居民已习惯了长期处于责任高度分散和匿名的情境中。即使在围观人群不多时,也会由于其长期身处的社会大环境而更容易萌生"我不做也会有其他人做"的心态。

(3) 自我意识下降。迪纳认为引发去个性化行为的最主要的认知因素是缺乏自我意识。人们的行为通常受道德意识、价值系统以及所习得的社会规范的控制。但在某些情境中,个体的自我意识会失去这些控制功能。比如在群体中,个体认为自己的行为是群体的一部分,这使得人们觉得没有必要对自己的行为负责,也不顾及行为的严重后果,从而做出不道德与反社会的行为。人们大多数的去个性化行为是因为自我意识的能动作用丧失而引起的。

第二节 从 众

人是社会性的动物,会直接受到来自社会的影响,社会影响的最直接的表现就是它对人类的行为有着最重要的决定作用,木秀于林,风必摧之,当我们受到外界行为影响时,我们会倾向于符合公众。比如我们会更习惯跟随群体去做某些事情,这样会使我们更容易被群体接受,这就是从众行为。那是什么影响了我们去从众,又是什么会影响从众?

一、从众的含义

学习目标7.5　理解并掌握从众的含义

心理学家 Myers 认为从众(conformity)是个体在真实的或想象的团体压力下改变行为与信念的倾向。而弗兰茨(B. Franz)则把从众定义为对知觉到的群体压力的一种屈服倾向,尽管表达上有差异,但都指出了这一概念的实质,即从众是一种在压力之下发生行为改变的倾向。

> **从众**:是个体在真实的或想象的团体压力下改变行为与信念的倾向。

从众行为的本质,是个体受到某种社会影响作用之后,所产生的一种适应性行为反应。在日常生活中,参照群体、群体规范与群体压力是广泛存在的,个体在受到群体的暗示或提示时,会被引导去从事群体要求或期待的行为或对情境做出一定的反应。

从众行为作为个体处理与群体关系或与情境关系的一种方式,是个体在日常生活中自我调节、适应社会环境的一种普遍心理机制。

日常生活中的从众,可以表现为在临时的特定情境中对占优势的行为方式的采纳,如助人情境中跟随大家旁观等,也可以表现为长期性的对占优势的观念与行为方式的接受,如顺应风俗习惯、传统等,还可表现为现场的对多数人意见的赞同,如开会形成决议时进行举手表决,少数派会由于多数人举手的压力转而也举手赞成多数人意见。

社会生活过程是一个群体互动过程,群体成员在互动过程中不断获得各自需要的信息。任何一个人,无论他怎样聪明,他的知识都是有限的,在适应他所遇到的每一种情境时都需要有环境特别是群体成员的引导。因此,个人需要用从众的方式在最大可靠程度上使自己迅速适应一种自己缺乏判断资源的情境。

从众的行为方式对于个人具有重要的社会适应意义。一个社会从社会功能的执行到社会文化的延续,保持多数人的观念与行为一致都是必要的,社会有共同的语言、共享价值观与共同行为方式,社会成员之间的交往才能够顺利进行,社会作为整体才能够顺利运作和延续,从个人的角度说,一个人只有在更多的方面与社会的主导倾向保持一致,才能够适应其赖以生存的社会,否则他将困难重重。

二、从众的经典研究

学习目标7.6　理解并掌握谢里夫的诱动错觉实验和阿希的经典从众实验

(一) 谢里夫的诱动错觉研究

社会心理学家M.谢里夫最早利用"诱动错觉"研究个人反应如何受其他多数人反应的影响(1935年)。所谓"诱动错觉",是指在黑暗的环境中,当人们观察一个固定不动的光点片刻后,感觉到光点在来回移动的视错觉(Sherif,1961,见金盛华等,1995)。

他要求被试者在暗室里各自独立估计一个实际上是静止的光点的移动范围。实验反复了几次之后,被试就都形成了各自所估计出的光点移动范围。在第一天的实验里,被试要单独在黑屋子里对光点"移动"的距离进行判断,比如甲第一次说移动15厘米,第二次说12厘米,第三次说14厘米,那么他所估计移动范围就是12~15厘米。被试单独估计的移动范围各不相同。在后几天的实验中黑屋子里的被试增加到三人,需要他们同时对光点移动的距离进行判断,结果发现他们个人之间互有影响,判断的结果趋向一致了。谢里夫的实验表明,一个人对于外界的认识或见解,是会受到别人的、众人的见识和见解所影响的。

谢里夫通过实验也揭示了群体规范形成的过程,当一个群体面临模糊不清的事态时,会出现可供了解和把握事态、采取适当方式予以处理的共同判断标准——群体规范,并且各个成员会依据这一规范采取相应的行动。谢里夫认为,他围绕着群体规范的形成过程的研究结果不仅适用于小群体,而且适用于大群体,如组织、城市,乃至整个国家或民族。

(二) 阿希的从众经典研究

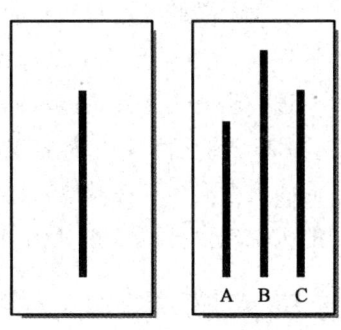

图7-5　阿希的线段判断实验

美国社会心理学家阿希(S. Ashi)在20世纪50年代做过多次关于知觉方面的从众实验,获得一系列重要的研究结果。实验材料是18套卡片,每套两张(见图7-5),分为标准线段与比较线段。例如在阿希的一次实验中,共有7名被试,其中6人是实验者的助手(即假被试),只有1人是真正的被试,而且总是安排在倒数第二个回答。几个被试围桌而坐,面对两张卡片,依次比较判断A、B、C三条线段中的哪条线段与标准线段等长。

18套卡片共呈现18次,前几次判断,大家都做出了正确的选择,从第7次开始,假被试故意做出错误的选择,实验者观察被试的选择是独立的还是从众的。面对这一实验情境,被试在做出反应前需要考虑以下三个问题:

(1) 是自己的眼睛有问题,还是别人的眼睛有问题?

(2) 是相信多数人的判断,还是相信自己的判断?

在确信多数人作了错误判断时,能否坚持自己的独立性?实验者记录被试的每一次选择,然后加以统计分析。阿希在1951年开始实施这一实验,在1956年、1958又重复了这项实验,发现:(1)大约有1/4到1/3的被试保持了独立性,每次选择反应无一次发生从众行为;(2)约有15%的被试均做了总数的3/4的从众行为,即从众反应平均每12次中就有9次;(3)所有被试平均做了总数的13次的从众反应,即每12次中就有4人发生从众行为。

实验结束后,实验者个别访问被试,询问其发生错误选择的原因,从被试的回答中,可以将错误分为:(1)知觉的扭曲。被试确实发生了错误的观察,把他人(假被试)的反应作为自己判断的参照点,根据别人的选择辨认"正确"的答案。但是当错误十分明显时,很少有人发生知觉歪曲。(2)判断的歪曲。被试虽然意识到自己看到的与他人不同,但却认为多数人总比个人要正确些,发生错误的肯定是自己。这种情况下的从众类型最为普遍。(3)行为的歪曲。被试确认自己是对的,错的是其他多数人,但在行为上却仍然跟着多数人作同样的错误选择,这实际上是顺从行为的一个例子。

为了比较从众行为有无文化因素的差异,验证阿希实验的可靠性以及在我国的适用情况,华东师范大学心理学系学生于1982年重复了阿希的实验,被试是30名大学生,实验情境仿照阿希实验。研究结果与阿希实验的结果相类似,表明中国人同样表现出感知方面的从众反应,获得以下几个结果:(1)有44%人次发生了从众行为,56%人次未发生从众行为。(2)有两个被试从头至尾都表现出从众反应,另两个被试自始至终未发生从众行为,表现出独立性。26个被试不同程度地发生了从众行为。(3)实验观察表明,开始时表现从众行为的人次较少,随着实验的进行,从众行为随之增加,反映出从众行为的人次数与实验次数有一定的函数关系。

实验过程中研究者还观察了被试的表情:(1)表现出独立性行为的被试回答果断,毫不犹豫;(2)每次都表现出从众行为的被试,表现为不加思索地人云亦云;(3)其余被试表现为犹豫不决。实验开始时。有的认真地用手比划卡片上的线段,有的还抹抹眼睛,也有的先表示怀疑,越往后发生从众行为的人越多。

进一步的调查发现,坚持自己意见、表现出独立行为的两个被试,是家庭中的长子长女;而缺乏独立性、每次都表现出从众行为的两个被试,家庭中都有长姐。这可能也反映了不同的社会生活条件对他们提出的要求不同,长子长女在家庭中独立自主地处理事务及问题的机会较多;而家庭中有兄姐的人,经常处于随从地位,容易随波逐流。

背景人物

Solomon E. Asch:阿希(1907—1996),美国社会心理学家,他的研究工作主要集中于特质的因素分析、测验编制以及文化因素和团体差异对测验分数的影响等方面。1967年获美国心理学会颁发的杰出科学贡献奖。1932年在哥伦比亚大学获哲学博士学位,后来在纽约社会研究学院和拉特格斯大学任教。他是格式塔心理学派创始人之一,是M.威特海默的密友和同事。

三、从众的原因

学习目标7.7　能够理解并掌握从众的原因

社会心理学家基斯勒认为,从众行为的产生从个体角度看,有四种需求和原因:(1)与大家保持一致,以形成团体的目标;(2)为取得团体其他成员的好感。(3)维持良好的人际关系;(4)不愿意感受到群体不同意见的压力。

综合来看,我们将从众的动机分为以下三个方面:

(一)行为参照

人是一种具有社会属性的动物,在许多的情境中,人们由于知识储备的不足,经验背景的缺乏,可能并不能十分肯定地作出某种选择。依照社会比较理论,这个时候人们会选择一定的参照系统,作为自己行为选择的比较系统,从而指引个体作出一定的选择。而从众所指向的是多数人的行为,自然就成了最可靠的参照系统。人们对多数人共同选择的信任度会大大提高,这样的实例在现实生活中比比皆是。在通常情况下,人们普遍有这样的一个推论:大部分人都这样做,应该是有充足的理由,即使选择错了也不是我一个人错,还有这么多人陪着。因此在不了解更多信息的情况下,我们也会更愿意到人多的商店购物,到人多的地点去旅行。到生意好的餐厅吃饭,生意上则会形成特色一条街。所以,参照他人的行为并加以遵循、模仿是从众的原因之一。

(二)偏离恐惧

"枪打出头鸟"是中国古训,暗喻如果偏离群体,会受到特别打击。在现实生活中,这种现象确实存在,如果一个人表现得过于突出,偏于群体的一般情况,会面临群体的强大压力乃至严厉制裁。社会心理学家沙赫特(Schachater,1951)的一项研究发现,群体成员会更为喜欢与群体保持一致的成员,对于偏离群体的个人,往往会厌恶、拒绝和制裁,当群体出现不稳定状态时,首先被排挤的往往是先前偏离群体的成员。沙赫特发现,群体会对和群体意见不一致的成员努力施加影响,促使其行为和态度发生变化。在他的实验中,安排助手用三种不同方式参与群体小组中,后两种情况的两组成员,都会积极、主动地花许多时间来说服与群体不一致的成员(假被试)改变态度。进一步的实验结果还表明,群体成员对于态度和群体态度一致的新成员,表现出的接纳和喜欢程度更高。对于始终不改变态度的一名顽固分子,群体则明显倾向于将其抛弃于群体之外。

弗里德曼(Freedman,1968)等人通过实验研究很好地证明了群体对偏离者会采取惩罚态度。他实验的任务,是让参加实验的小组分别选择两名成员,一名去参加一个会遭受电击痛苦的实验,另一个参加会有报酬的愉快的学习实验。开始时,通过实验的操作,首先使被试们相信,小组中有5人的意见是一致的,只有一名被试的结果与大家不一致,然后再由小组成员决定谁去接受痛苦,又由谁去接受报酬,实验结果显示,群体5个特征共同的被试几乎一致地选择被认为特征与群体不同的第六人（偏离者）。当选择一人参加有报酬的愉快学习的实验时，群体却尽量避免选择那个与众不同的人。

梅尧（Mayo）在西部电器的霍桑工厂研究发现，在工人工作的非正式群体中，会形成一个自发的默契，每个人的产量不能太高或者太低，否则就会成为偏离者遭受其他人的排挤。在现实生活中也有很多的事例能佐证这个研究结果。

在日常生活中，大部分人都有这种偏离的恐惧感，一旦感觉自己偏离了群体，就会产生焦虑感，而其个人的倾向性越从众，就越害怕偏离群体。从文化特征上说，东方文化更倾向于鼓励人们的从众行为，因而人们对偏离恐惧也更敏感。

（三）人际适应

人的社会性发展历程和用社会定义自己的特性，使得每个个体的人在社会中都不是孤立的，而必定与特定的人形成一定的群体，建立一定的联系，形成一定的人际交往环境。按照自我价值定向理论，人的自我价值感首先来自于社会支持，因此无论人归属哪个群体，都会期望在这个群体中获得认可，维持与他人良好的人际关系。在一个群体中如果一个人能保持良好的人际关系，则有助于这个人取得更好的成绩，良好的人际关系也是一个人心理健康的标准。在人际交往中，有的时候为了获得肯定，建立和维持良好的关系，人在必要的时候就必须改变自己的行为和态度，以保持与大多数人的一致，这个时候常常表现出的从众，也就称为权宜从众，但是如果发生权宜从众的客观条件不容易改变的话，人们会通过个人的认知调节，使这种从众向没有心理失衡的真从众转变。

四、从众的影响因素

学习目标7.8　理解并掌握从众的影响因素
重点掌握：①群体因素；②情境因素；③个人因素；④文化。

（一）群体影响与少数群体作用

1. 群体自身的一致性

群体自身的一致性，是构成群体压力的最重要因素之一，也是影响从众行为产生的主要条件。很多从众行为的产生，都是个体看到群体中的他人采取了相同的行为，个体为了保持和群体的一致性而产生的。一位球迷参与聚众闹事，被警方拘捕。当警察询问他为什么要参与闹事的时候，他坦然承认："别人都在吼，如果我安安静静地坐着，别人会针对我的，所以我就选择了加入。"（金盛华等，1995）

相应的，很多研究，也都证实对群体一致性的任何破坏，都会导致从众率的显著下降。小群体的行为表现会非常明显地影响整个群体从众行为的发生比例。阿希20世纪50年代的实验研究及莫里斯等人（Morris和Miller，1975）的研究证实，无论群体的规模如何，只要群体出现了不一致，即使持不同意见的人没有任何权威，都会使从众的比例大大下降。阿希的研究发现,如果判断群体中再加入一名真被试,则从众比例也会明显下降。也就是说,从众人数的比例下降,或群体中出现个人观点的支持者时,人们更容易抗拒群体的压力。

莫罗夫等人(Malof Lott,1962)及艾伦等人(Allen 和 Levin,1971)的研究则证明,群体不一致意见一旦出现,无论持不一致意见者与真被试在情感和态度上是否相同,都会导致从众率的下降。

群体意见不一致导致从众率下降的原因有三个方面:

第一,出现不一致的时候,人们对于多数人的信任度就会降低,这给本来就对群体意见有所怀疑的个体找到了支持力量,提供了可以怀疑的空间,这就削弱了人们将多数意见作为判断参考的依赖性,导致从众率下降。

第二,这种来自他人的支持力量同时也能提高个体对自我判断的信心,从而降低从众产生的比例。

第三,群体已经不一致的时候,减小了人们的偏离焦虑恐惧,降低了群体对个体造成的压力,使得人们进行独立判断的倾向增加,从而使从众比例下降。

2. 群体的凝聚力

群体的凝聚力(cohesiveness)指群体对其成员的总吸引力水平。群体的凝聚力越高,个体对群体的依附性和依赖心理越发强烈,越容易对自己所属群体有强烈的认同感。他们与群体有密切的情感联系,有对群体做出贡献和履行义务的要求。如果一个群体内都意见不一、四分五裂,群体对个体的压力也就很难形成,个体的从众现象的产生就会越少。

社会心理学家多依奇(Detsch,1955)等人做过一个阿希式的实验。不过在他的实验中,改变了小组间的关系,让几个小组进行竞争比赛,看哪个小组出现的错误更少,并对优胜的一组进行奖励,以此来增加临时性实验小组的凝聚力及与个人关联的密切程度。结果表明,在竞赛的情境中,群体成员会努力地、有意识地、自愿地尽量达成一致意见。

根据自我价值定向理论,个人对某些群体的隶属关系,是其自我同一性的重要构成部分,也是其自我价值感的重要来源。由于个人与群体关联的这种深刻意义,个人在许多时候需要通过维护群体的形象来维持自我的价值。在一个群体凝聚力很强的群体里,每个成员都会有很强的压力感,从而引发更多的从众行为。因此在群体中可以利用这点,通过群体凝聚力造成的压力,对个体行为产生影响,使其维持从众倾向,促进其向群体期望的方向发展。

(二)情境因素

1. 刺激物的性质

刺激物的性质也是影响从众的因素之一,人们更容易对模棱两可的刺激物判断作出从众反应。心理学家克雷奇等人(Krech 和 Crutchfield,1963)的研究也表明,在被试可以非常肯定的项目上,从众率只有15%,较为肯定的项目为24%,而难以肯定的项目从众率为36%。阿希的实验研究也发现,当卡片上线段的客观差异变得较小时,客观进行正确回答的概率下降,从众的比例上升。这一点意味着,当情境的模糊性较大,人们较难作出自信判断时,更容易从众。

任务难度可以影响他人作出正确判断的依赖性：难度越大，引发对团体观点的从众行为就越多(Coleman,1958)。造成这个结果的原因在于，当外来的信息本身十分模糊、模棱两可的时候，会对个体的判断和认知带来困难。当人们不能明确判断一个信息的时候，就会倾向于和群体的意见取得一致，从而增加了从众行为的可能性。

2. 个人地位

人们的从众行为因为其在群体中的地位不同而有所不同。权威者往往因为角色定位的关系，被认为有权利和能力，常常表现出更多的自信和才干，信息渠道多，因此易于赢得地位较低的个体的信赖，从而使得更多的低地位者跟从。

岑国桢等人(1992)对8～12岁儿童道德判断的研究发现，群体情境会使儿童的道德判断发生明显的从众变化，成人权威的群体情境最为有力，小型的群体和友伴群体的情境次之，微型的群体情境又次之。张道田(1999)的一项研究表明，引起从众心理压力的大小，与已经发表过意见的成员人数和威信的高低成正比，如果威信高者和多数成员已经发表过意见，这时，后发表意见的特别是威信相对较低些的成员就会产生从众倾向。

3. 时间因素

时间因素对从众行为的影响可以从两方面理解：一方面，群体交互作用过程中的不同阶段对从众行为的影响是不同的。交互作用的早期更容易发生从众行为，因为这个阶段双方处在相互适应阶段，双方都试图建立规范。在这样的情况下，双方相互接纳对方的程度较高，比较易于被说服和接受他人观点。而到了交互作用的后期，相互之间会试图巩固自己的地位，从而变得不易接受影响而从众。

另外，在早期阶段如果个体自我怀疑，同时又有高群体压力，则易发生从众。这个时候如果在表达自己的意见前，先了解别人的想法并写下来，那么轮到自己表达观点的时候，就会表现出较多的从众；但是如果在听别人说之前先思考过，那么表达的时候就会表现出较少的从众。

（三）个人因素

人们的从众行为倾向也受自身特征的影响，与从众有关的个人因素有以下几个方面：一是自我：内在自我意识强的人做事情往往按照自己的方式，不太会去从众；而公众自我意识强的人往往以他人的要求与期望作为自己的行为标准，所以从众的可能性更大。二是个体保持自身独特性的需求。许多研究证明，有时候人们不从众是为了保持自身独特的自我同一性(Maslach,1987;Snyder,1980)。其中在斯奈德(Snyder,1980)的实验中，他首先让参加实验的被试相信自己最重要的10个态度与另外1000个大学生的态度有的不同，有的则相同，然后这些被试参加从众实验，结果那些被告知与他人态度差异极大的被试往往不接受他人的影响来保持自我的同一性。三是个人的控制愿望。对自己行为的控制愿望也会影响到人们对从众行为的反应。由布雷姆(Jack Brehm,1966,1981)提出的心理抗拒理论(theory of psychological reactance)就认为：人们相信对自己的行为拥有控制权，因此当这种控制自由受到限制的时候，人们往往会采取对抗的方式，以保持自己的自由。

伯格(J.M.Burger)的一项研究说明了控制感对从众行为的影响。他让学生评价一些卡通片的可笑程度(实际上这些卡通片并不可笑),发现在单独评价时控制愿望高的被试与低的被试没有大的差异;但在团体情境中,控制愿望高的人不大会去附和同谋者的较高评价(分数越高越好笑),而是力图保持自己的独立判断。一旦一种意见被表达出来,人们就会更强烈地意识到自己已经选择了某种态度。如果由于群体压力,迫使人们表达与多数人相同而与原来选择不同的态度,人们就会明确知道自己屈服群体压力而做出了态度改变。很显然,这种意识会激发人们的抗拒反应,促使人们保持自己态度的一致,不轻易屈服于他人的压力,从而使人们倾向于做出不从众的选择。如果意见是当众表达的,则不仅有上述自我意识更为强烈的问题,还有在公众面前是否有独立性、能否坚持自己意见的自我形象问题。这种意识会使人们倾向于选择不从众。

除了以上因素之外,个体的社会地位、预先的承诺和性别等都会对从众行为产生影响。在一个群体中,地位高的人往往有更大的影响力,社会地位越低的人从众的可能性越大;对组织或他人的承诺越大,从众的可能性越高。性别与从众行为的关系比较复杂,早期的研究者认为女性的从众倾向比男性高,但最近的研究并不完全支持这一结论。伊格利(Eagly,1987)指出,如果男女在从众行为上有差异的话,也仅仅发生在要求女性当面反对对方的情境下。此外,从众还受到是否公开的影响,阿希实验中的被试在看到其他人的反应之后,如果写下自己的答案只供研究者看,那么他们就较少受到群体压力的影响。

社会压力会引发人们的从众行为,但有时候人们也以其他方式进行反应,最常见的有反从众和独立,其中反从众是指心理抗拒引起的在所有情况下对抗从众的现象,它与社会压力的要求恰恰相反;而独立是指人们不愿意受制他人的倾向,独立的人不在乎社会压力与他人的要求,往往是按自己的意愿行事。

(四)文化

从众现象是否在所有文化中都存在呢?惠塔克和米德(Whittaker 和 Meade,1967)在七个国家和地区里重复了阿希的从众实验,发现大多数国家的从众率接近:黎巴嫩31%,中国香港32%,巴西4%,但是在津巴布韦的班图为51%。班图是一个对不从众者施加强力制裁的部落。当米尔格伦(Milgram,1961)用不同的从众程序来比较挪威和法国的学生时,他发现法国学生表现出较少的从众行为。邦德和史密斯(Bond 和 Smith,1996)对17个国家的133个研究进行了分析,证实了文化价值观确实对从众有影响。与个人主义国家的人们相比,集体主义国家(和谐受到赞扬,关系有助于定义自我)的人们更容易受到他人影响而作出反应。在这些国家和地区,从众则是积极的表现。例如在日本,与其他人保持一致不是软弱的表示,而是忍耐、自我控制和成熟的象征(Markus,Kitayama,1994)。而在西方的个人主义社会中,人们并不赞赏屈从于同伴压力之下,因此在个人主义者看来,从众一词往往含有消极的价值判断。文化对从众的影响也在不断地变化。研究者对英国、加拿大和美国的大学生被试重复进行了阿希的实验,与二三十年前阿希所观察到的情况相比,有时人们会表现出较少的从众行为(Lalancette 和 Standing,1990)。由此可见,从众在全世界都非常普遍,但会表现出文化和时代的差异。

第三节 服 从

服从作为社会影响中的一种,社会生活中,人们总是不得已而为之地做出某些行为,小学生只有完成父母的要求才能出门玩耍,企业职员必须按照领导的命令完成工作量才能拿到应得的工资,汽车驾驶员只有遵守交通规则才能避免惩罚,以上这些行为就是服从行为。

一、服从的含义

学习目标7.9　理解并掌握服从的含义

服从(obedience)是指在他人的直接命令之下做出某种行为的倾向,很多时候人们会服从职位高的他人或权威的命令,父母、老师、警察等都是我们服从的对象,对权威与他人的服从也是一个人社会适应是否良好的标志。

> **服从**（obedience）：是指在他人的直接命令之下做出某种行为的倾向。

服从和从众的共同点是均为压力引发的行为,属于社会影响的产物,但两者在压力来源、发生方式和后果三个方面存在明显不同。服从的压力来源于外界的规范或权威的命令,从众的压力则来源于个体的内心;服从是带有强迫性质的被迫发生的行为,从众则是个体不受任何强迫或命令而产生的自发行为;拒绝服从会使个体受到惩罚,拒绝从众只会引起个体内心的不安和失衡。另外,由于人的行为的复杂性,服从和从众往往相互交织,难以截然分开。

二、米尔格拉姆的服从权威实验

学习目标7.10　理解米尔格拉姆的服从权威实验

米尔格拉姆在报刊上刊登广告,公开招聘被试,结果有40名不同年龄、不同职业的男性市民应招入选。实验者告诉他们将参加一项研究惩罚对学习效果的影响的实验,两人一组,抽签决定一人当老师,一人当学生。老师的任务是朗读配对的关联词,学生则须记住这些词,然后在给定的四个词中选择一个正确的,如果选错了,老师就按电钮电击学生以示惩罚。实际上,每组被试中一个是真被试,另外一个是实验助手。抽签时,总是巧妙地让真被试抽到做老师,而助手则当学生。

"老师"被带到一台巨大的控制台前,那上面有30个电钮,每个电钮都标有电压强度,从15伏依次增强到450伏。按钮四个一组,共分为七组,另外两个是单独的。各组下面分别写着"弱""中""强""特强""剧烈""极剧烈""危险"等字样,最后两个按钮用"×××"表示。

"学生"被安排在另一间屋子的椅子上,让真被试看到"学生"被带子固定到椅子上,并在其手腕上绑上电极,"学生"的手旁边有一个键盘,上有四个电键,供"学生"在学习过程中回答问题使用。在"老师"的房间中,"老师"可以通过操作电极的机器及时看到"学生"的相应回答。"老师"看不到"学生"相互之间通过电讯保持联系,如图 7-6 所示。

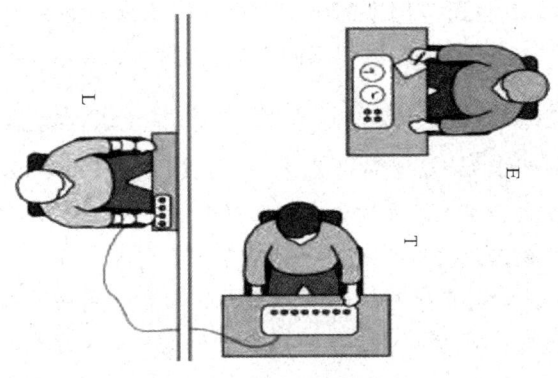

图 7-6　服从权威实验

说明:从左至右分别为"学生"、"老师"、实验者。

实验开始之前,"学生"说他患有轻微的心脏衰弱。实验者让"老师"放心,电击并不会带来危险。之后实验者让"老师"接受了一次 45 伏的示范电击,目的是让其了解他将要给学生施加的电击是什么样的感觉。虽然实验者说这个电击很轻微,但实际上被试已经感到很难受了。

实验开始后,"学生"故意频频出错。"老师"从 15 伏开始,按照实验者的指示,每错一次就增强一次电击。从 15 伏到 75 伏,"学生"没有反应,从 90 伏开始就自言自语地埋怨,到 120 伏就发出痛苦的尖叫,315 伏发出极度痛苦的悲鸣并且已经不能回答问题了。实验者要求"老师"在 10 秒钟以内不见回答就视为误答并施行电击。330 伏以后,"学生"就没有任何反应了。在整个实验过程中,实验者一直督促"老师"继续进行实验:"请继续""实验必须进行下去""你必须继续进行下去",并说所有的责任都由实验者承担,与"老师"无关,让其放心。在这种情况下,会不会有人把电压升至 450 伏?

米尔格拉姆原先预测,在上述实验情境中,极少被试会服从实验者对"学生"施加 240 伏以上的"强电击"。他曾请精神病专家、大学生和一般的白领阶层成人共 110 人来预测结果,三个群体预测的平均电压为 135 伏,没有一个人预测会超过 300 伏。110 人中的 40 名精神病专家预计,在米尔格拉姆的实验情境中,被试对学生施以最强的 450 伏电击的可能性只有 0.1%,但研究的实际结果却令人震惊。虽然,实验在电压加强到 300 伏时,特别设定了受电击时挣扎、蹬踢墙壁的声音,但在 40 名被试中,只有 5 人到 300 伏时拒绝再提高电压。有 4 名到 315 伏时开始不服从实验者的指示。在 330 伏停下的有 2 人,345 伏、360 伏、375 伏停下的各 1 人。总共有 14 名被试最终拒绝了实验者继续增加电压的命令。但是,更多的被试服从了实验者的指示,将电压加至最高的 450 伏。这类被试的人数达 26 人,占总数的 65%。服从的被试也并非对学生的困境无动于衷,一些被试提出抗议,许多被试有出汗、发抖、口吃以及其他紧张现象,甚至有的被试还会发出神经质的阵阵笑声,但最终他们还是服从了。

当然,实验中的"学生"并没有受到任何电击,其所发出的呻吟、叫喊等都是事先排练好并录了音的,实验时只是放出录音而已。实验结束后,实验者把真相告知被试并进行安抚,以消除他们内心的不安。

继米尔格拉姆之后,其他所有国家的研究者也证明了这种服从行为的普遍性。在澳大利亚服从的比例是68%,约旦为63%,德国的服从比例高达85%。

背景人物

斯坦利·米尔格拉姆(1933—1984)(见图7-7),美国心理学家,在社会心理学领域从事了大量研究,因对从众行为的研究而闻名。米尔格拉姆由于对心理学的创造性贡献而获得了许多荣誉。他揭示了对权力主义的服从,使得一些人赞成对另一些清白无辜的人施加痛苦。他认为他的实验还可以说明为什么会出现纳粹残害关押在集中营里的受害者的残暴行为。米尔格拉姆的主要著作有:《对权力的服从》《电视与孤僻行为》(与肖特兰合著)、《社会生活中的个体》。

图7-7 米尔格拉姆

这一研究结果令人震惊,似乎表明如果权威命令普通人去伤害无辜的陌生人,他们虽然有些不情愿,但仍然会去做。这种服从倾向背后的因素是什么?米尔格拉姆列举了几点理由来解释为什么这种特殊的情境会产生如此强烈的服从倾向。从被试角度看,原因主要有以下几点:(1)如果这项研究是由耶鲁大学发起的,那么它一定是好事,没有谁会怀疑这样的著名学校;(2)实验的目的似乎很重要,因为我是志愿者;所以我会尽力完成我的任务来配合研究者实现这些目标;(3)毕竟,学生也是自愿来这儿的,对这项工作也负有责任;(4)我是老师,他是学生,这纯属巧合——我们是抽签决定的,其实另一种情况也完全可能,即我是学生,他是老师;(5)他们为这事给我报酬,我要尽力做好;(6)我完全不知道心理学家和被试的权力,所以我将屈从于他们的安排;(7)他们告诉我,电击是痛苦的,但没有危险。

三、影响服从的因素

学习目标7.11 理解并掌握影响服从的因素

重点掌握:①命令者权威性;②他人支持与服从;③服从者的道德水平与特质;④权威的靠近程度;⑤行为后果的反馈。

从产生外界的压力的他人和规范,到发生服从行为的服从者,再到服从结果的反馈效应,每一个环节都存在影响服从的因素。

(一)命令者的权威性

命令者的权威性越大,越容易导致服从。职位高、权力较大、知识丰富、年龄较大、能力突出等,都是构成权威影响的因素。另外,命令者手中如果掌握着奖惩的权力,也会使服从行为大大增加。在米尔格拉姆的实验中,发出命令的是耶鲁大学一位很有名望的心理学家,并且宣称该实验研究的是一个重要的科学问题,这种权威身份增加了服从的可能性。如果主持实验的不是一位专家,服从率有可能降低。

米尔格拉姆通过进一步的实验验证了这一结论。如果实验者告诉被试,研究发起者是一家公司,则被试绝对服从的比例下降到48%。而在另一个实验中,实验者向被试介绍实验目的及程序,当他还没有来得及告诉他们如何施行电击时,一个事先安排好的电话把他叫走。另一个人(实验助手)接替了他的角色。接替者像实验者那样命令并督促被试施行电击。在这种情况下,服从到最后的被试比例降至20%。这说明,只有高度的权威才能带来高度的服从,任何接替者都无法做到这一点。

但是,若多名权威性命令者的命令发生矛盾,服从比例则会明显降低。米尔格拉姆关于服从的18项研究中,其中一项便是在被试面前呈现两个相互矛盾的权威性命令者的命令。结果发现,被试服从比例下降,并且实施最大电击强度的比例基本上与普通人发出命令的实验结果相同。

(二)他人支持与服从

米尔格拉姆在原有实验的基础上,让三名被试(其中有两名假被试,都是实验助手)在一起进行这个实验,其中依次安排两个假被试在不同电压的时候拒绝服从继续增加电压施加电击的命令。在150伏时,第一名假被试拒绝服从,并且坐在旁边观看其他人;当电压达到210伏时,第二名假被试也拒绝进行。实验结果表明,他人的支持极大地降低了权威者的命令效力,大大提高了被试的反抗程度。当有别人的反抗支持时,90%的被试会对抗实验者,拒绝服从。一些被试在假被试一退出就马上拒绝继续。另一些则延迟一会儿再做出拒绝反应。

很明显,社会支持显著增加了人们对权威的反抗。在原型实验中,被试独自进行实验,没有行为的参照系统。而在群体背景中,人们会转向用同样的行为作为自己行为的参照。当人们发现不必忍受内心巨大的冲突而去伤害别人时,就更倾向于拒绝,而不是服从。

(三)服从者的道德水平和人格特征

在涉及道德、政治等问题时,人们是否服从权威,并不单独取决于服从心理,还与其世界观、价值观密切相关。米尔格拉姆采用科尔伯格的道德判断问卷测试了被试,结果发现:处于道德发展水平第五和第六阶段的被试,有75%的人拒绝服从;处于道德发展水平第三和第四阶段的被试,只有12.5%的人拒绝服从。可见,道德发展水平直接与人们的服从行为相关。

米尔格拉姆对参加实验的被试进行人格测验,发现服从的被试具有明显的权威主义人格特征。有这种权威主义人格特征或倾向的人,往往十分重视社会规范和社会价值,主张对违反社会规范的行为进行严厉惩罚。他们往往追求权力和使用强硬手段,毫不怀疑地接受权威人物的命令,表现出个人迷信和盲目崇拜。同时,他们会压抑个人内在的情绪体验,不敢流露出真实的情绪感受。

(四) 权威的靠近程度

米尔格拉姆在进一步的实验中,把主试和被试的关系分为三种:第一种,主试、被试面对面地在一起;第二种,主试向被试交代任务后离开现场,通过电话与其联系;第三种,主试不在场,实验要求的指导语全部由录音机播放。结果表明,权威越靠近,完全服从的比例越高;反之,服从率越低。权威的压力由于距离的扩大而减小。在第二、第三种情况下,有的被试还会弄虚作假,欺骗主试,例如他们发出的电击强度低于实验者的要求,而且事后不告诉实验者。

可用责任转移对此进行解释,实验中的多数被试对自己用伤害性的电击对待别人心存冲突,但大多数人还是服从了权威的命令,这是因为被试在行为归因上将行为的责任转移给了实验者,认为自己仅仅是帮助实验者达到研究目的的代理人,不对行为后果负有责任。在这种心态下,人们关心的是如何更忠实地履行自己的义务,而不关心行为的后果。而当实验者不与被试直接在一起时,他们的行为自我责任意识明显增强。在这种情况下,只有22%的被试一直服从到最后。在归因上,没有他人在场,更容易将行为责任归于自己,从而拒绝服从、停止对别人实施伤害性电击的人数显著增加。

(五) 行为后果的反馈

米尔格拉姆研究的另一个变式是用不同方式来提供行为后果的反馈。结果发现:不同的反馈形式会显著影响服从行为的比例。

在变式实验中,研究者比较了四种反馈情境:(1)间接反馈。在这种情况下,真被试"老师"与充当"学生"的实验助手不在一间屋子里,因而看不到被电击者的痛苦状态,也听不到声音,只是在电压加到300伏之后,有撞墙壁的声音(录音)。最初的原型实验,使用的就是这种反馈方式。(2)声音反馈。这种反馈通过播放事先准备好的标准录音来提供,让被试听到受害者的喊叫、抱怨、愤慨和挣扎。对应于不同的电压水平,声音的痛苦程度不同。从75伏到105伏,发出不同声响的"啊!"声;120伏时说"啊!真疼!";150伏时,声音变为"啊!实验员!够了。我要出去!"再后来是痛苦的尖叫,声明心脏不好,拒绝再回答,发出要求退出实验等喊叫;330伏时,强烈喊叫变得缓慢,内容为"让我离开,我要走,我的心脏难受";最后变为歇斯底里式的重复"我要离开!让我走!"(3)身体接近。受害者的反应由专门的实验助手做规范化的逼真表演,显示各种痛苦表现和声音反馈,受害者与被试相隔仅约40厘米。(4)身体接触。这种情况与身体接近情况相似,作为"老师"的被试会将受害者的手按在电击台上实施电击。

第四节 顺 从

公元1025年(北宋天圣三年),方仲永无师自通,提笔写诗,震动乡里。声名鹊起,其拿手好戏是"指物作诗"。城里人为了一睹"神童作家"的风采,纷纷邀请方仲永的父亲进城做客,有人甚至愿意为此支付好几吊铜板的价钱。他的父亲认为这样有利可图,每天牵着仲永四处拜访同县的人,不让他学习。由于方仲永顺从了父亲的要求,最后浪费了自己的才能,成为一个普通人。由此看来,不正确的顺从也是会造成损害的。

从方仲永的案例我们可以看出,社会影响中还存在一种称之为"顺从"的行为,这种行为对人对己都会带来一定程度上的消极影响。究竟人为什么会顺从?它与我们前文所探讨的从众和服从又有什么样的区别呢?让我们继续深入学习。

一、顺从的含义

学习目标7.12 理解并掌握顺从的含义

顺从(compliance)是指在他人的直接请求下按照他人要求去做的倾向。在做出顺从行为的时候,人们可能私下同意他人的请求,也可能私下不同意他人的请求,或者没有自己的主意。在现实生活中,我们经常向他人提出这样那样的要求,希望他人能顺从我们的观点和行为。

> **顺从**(compliance):是指在他人的直接请求下按照他人要求去做的倾向。

将顺从行为与我们前面讲述过的从众和服从行为进行比较:从发生者与接受者来看,从众和服从行为是群体与个体或群体与群体的关系,而顺从行为是个体对个体的影响,是单一行为针对单一要求的改变。

从有无强制性来看,服从是在强大外界压力的作用下产生的,而顺从行为则是应人的要求或请求而产生的,要求或请求的发出者既不是权威者也不是权威机构,而是平等的或者低于接受者的位置。

二、顺从行为发生的心理规律

学习目标7.13 理解并掌握顺从行为发生的心理规律
重点掌握:①积极的情绪;②行为的互惠性;③合理原因的结果。

巴斯(D. Buss)对引起顺从的环境与策略进行了探讨,指出促使他人顺从与我们对他人的了解程度、自己的社会地位、请求的性质等有关。要想使他人顺从我们的请求,创建良好的顺从环境非常重要,有三个因素有助于建立一个使人们感到愉快的顺从气氛。

一是积极的情绪。情绪好的时候人们顺从的可能性更大,尤其是要求他人做出亲社会的助人行为时。好的心情之所以有这样的作用,第一种解释认为心情好的人们更愿意也更可能参与各种各样的行为。第二种解释则认为好的心情会激发愉快的想法和记忆,而这些想法和记忆使得人们喜欢提要求的人。由于好的心情有助于增加顺从,所以人们经常会在向他人提要求之前先给他人一点好处。林登(R. C. Linden)和米切尔(T. R. Mitchell)把这种自我表现的策略称为讨好(ingratiation),预先的讨好和奉承对增加顺从十分有效。

二是强调顺从行为的互惠性。在社会规范中,互惠规范对顺从的影响也不小。互惠规范强调一个人必须回报他人给予自己的恩惠,如果他人给了我们一些好处,我们就必须相应地给他人一些好处。这种规范使得双方在社会交换中的公平性得以保持,但同时也变成影响他人的一种手段。互惠规范被广泛地运用于我们的日常生活之中尤其是在市场销售活动中。汽车销售人员在你购买了他们的产品之后,经常会送给你一些礼物;保险销售人员也如此,当他们挨家挨户推销保险的时候,经常会送给人们诸如台历之类的小礼品,他们这样做无非是为了增强人们的顺从愿望。

三是合理原因的效果。我们对他人的顺从也需要合理的原因,当他人能给自己的请求一个合理解释的时候,我们顺从的可能性就大。朗格(E. L. anger)等就给出理由对增加顺从的影响进行了研究。在研究中,她让助手去"加塞"复印一些文件,在一种情况下,助手没有说出理由,只是简单地说:"我可以先印这五页文件吗?"结果60%排队的人顺从了助手的要求。而在另一种情况下,助手给了一个简单的理由,他说:"我时间紧张,可以先印这五页文件吗?"结果94%排队的人顺从了助手的要求。仅仅给出一个简单的理由就可以增加他人的顺从率,是因为人们习惯于对他人的行为寻找原因,并且我们也相信他人不会提出不当的要求。

三、增加顺从的效应

学习目标7.14 理解并掌握增加顺从的效应或方法
重点掌握:①登门槛效应;②低球技术;③留面子效应;④过度理由效应。

营销人员使得顾客掏腰包购买其产品,慈善机构募集捐款,义务献血点征集到献血志愿者,候选人争取到尽可能多的选票……无论人们是否意识到,顺从行为总是受到有意或无意的策略影响。那么,是什么因素导致顺从,又是什么策略促成了顺从行为呢?社会心理学对此进行了研究,主要提出了以下一些观点:

(一)登门槛效应和技术

登门槛效应和技术也叫"脚在门槛内技巧"(foot-in-the-door technique),是一种分两步施行的顺从技巧,最早来源于推销行业的一个推销技巧,原意指如果准销员能把脚踏进顾客家的大门,那他最后定会达到推销的目的,将产品成功销售给大门被踏进的主人。后来社会心理学学者们借用"登门槛效应"一词来泛指在提出一个较大要求之前,先提出一个小的要求,从而使别人对较大要求的接受性增大的现象。

社会心理学家弗里德曼和他的助手(Freedman,1966)最早用实验方法验证了登门槛效应的存在。后来的许多研究都进一步证实了登门槛效应。心理学家普利纳和她的助手(Pliner,1974;参见 Gilbert,1998)研究发现,如果直接一步提出要求,多伦多城郊居民愿意为癌症学会捐款的比例为46%,而如果分两步,前一天先请人们佩戴一个宣传纪念章(每个参与者都同意),第二天再请他们捐款,愿意捐款的人数几乎增加一倍。日本社会心理学家原岗的研究也揭示,如直接到居民区请求家庭主妇给予饮料解渴,要求被接受的比例为45.5%。如果分两步,先提一个较小的要求,然后再提出要喝饮料,则78.5%的家庭主妇愿意提供帮助。

为什么"脚在门槛内技巧"能增加人们顺从他人的倾向呢?Freedman与Dejong(1979)等人认为这与个体自我知觉的改变有关。例如在Freedman的研究中,家庭主妇原先可能认为自己是不参加社会活动的人,一旦她们同意了实验者小的要求(即使是难以拒绝才答应的),她们的自我形象可能会发生变化,既然签了名,那么她就应该属于参加此类活动的人。因此随后出现一个大的要求的时候,她们会比以前更愿意顺从。也就是说,接受小的要求改变了个体对自己的态度,这种改变减少了其对以后类似行为的抗拒。

(二)低球技术

低球技术(low-ball technique)同样是从推销术中发展起来的社会心理技术,也叫门前技巧,它与登门槛效应相近但又有不同的操作方法。它的具体做法也是两个步骤,但不是像登门槛效应先提出一个小的要求,一段时间后再提出较高的要求,而是在提出的一个小的要求被满足后,随即提出较大的要求。

在低球技术的操作上,先提出的小的要求往往是非常容易完成的,因而答应的人的比例会很高,然后在别人接受这个小的要求后马上提出一个别人要付出更大代价的要求。与直接提出大的要求相比较,用低球技术提出要求更容易得到实现。商家经常使用这种策略吸引客户,增加销售。超市会发行某某物品降价的广告,并用这种方式吸引顾客,而实际上顾客并不只买最便宜的商品,还会花费更多买其他更贵的商品。

但是,"低球技术"必须满足三个前提:首先,最初的要求必须很大,从而当人们拒绝该要求的时候不会对自己产生消极的理论(如我不是一个慷慨大方的人等)。其次,两个要求之间的时间间隔不能过长,过长的话义务感就会消失。这一点与登门槛效应不同,后者具有长期性。最后,较小的请求必须由同样的人提出,如果换了他人,该效应不出现。

心理学家们从心理反应的角度分析登门槛效应与低球技术的发生原理,认为人们在接受一个要求之后,增强了人们对一个对象或一件事情的卷入程度,提高了对这个问题的注意水平,责任意识得到增加,因而人们对更大要求的接受性大大增加。进一步的分析还认为,人际关系的作用在两种行为诱导效应中发挥了不可忽视的作用。由于人们倾向于在他人面前保持自我形象的一致性,因而在接受了前面的要求之后,意味着在特定对象身上建立了自己的形象定位。为此,当再有一个更大的要求被提出时,即使是一个可能会让自己为难的请求,为了保持先前已经建立的形象,因而变得更难以拒绝别人,最终增大了同意后续的更大要求的可能性。日常生活中人们难以对熟悉者或朋友说"不"的心理根源,正来之于此。根据自我价值定向理论,除非拒绝别人的要求比在人们面前维持一致形象的价值更大,人们就总倾向于接受别人更大或更多的要求。所以从这一点看来,"低球技术"比登门槛技术更有效,正因为如此,该效应被广泛应用于各种各样的协商处境中。

（三）留面子效应

留面子效应(door-in-the-face effect)也称为互惠让步技术。它正好是与登门槛效应和低球技术相对立的现象。要求者在使用这个技术时，是在开始时提出一个几乎总是被拒绝的极端要求，接着退回到一个更温和的要求，这个要求是要求者从一开始就预先设计的。通过这种从极端要求到温和请求的程序，可以激发被要求对象做出一个互惠的让步，从最初的较大要求的拒绝转移到接受较小的要求。它利用了人们通常的一个心理，在拒绝了一个较大的要求之后，会通过接受一个较小的要求来作为拒绝的补偿，以让别人感到没有被完全拒绝。

人与人之间的交往是人的自我价值意识的重要来源。他人的不愉快，是个人不愉快的主要原因之一。按照社会交换论的观点，人们在人际交往中会自然地倾向于选择给交往双方都带来最大满足的行为。为此，当人们拒绝别人较大的要求，假定由于自己的拒绝使别人产生不愉快之后，出于补偿，通过接受别人后续的较小要求而挽回别人的不愉快情绪。日常生活中，很多买卖交易都在使用留面子效应。自由市场中的售货人会运用留面子策略，先把价格定得远远超过实际应有的价格。然后在讨价还价中，通过让顾客在拒绝高价后形成的高接受性，使实际交易价格比标定的高价低得多而又高于应有价格。

心理学家戈尔德曼(Goldman,1986)将留面子技术和登门槛技术结合到一起使用，结果使更多的人同意提供帮助的请求。研究者以地方动物园的名义，请附近居民装75封信并写上地址。直接提这一要求时，仅有22%的被试同意接受要求。对另一些被试，以留面子技术提出请求，先提出给150人打电话，做有关动物园的调查这一过大的要求，然后再提有关75封信的要求，结果，接受后一个要求的比例上升到了42%，对第二组被试，研究者先用留面子技术，随后再用登门槛技术，即先提过分要求，然后提出很容易的来访要求，最后才提装75封信的要求。这种情况下，被试同意的比例又上升到了57%，可见，恰当使用不同的顺从诱发技术，可以有效地对人们的行为施加影响。

（四）过度理由效应

过度理由效应是指附加的更有吸引力的外在理由会取代人们行为原有的内在理由成为行为支持力量，从而行为由内部控制转向外部控制的现象。当外在理由一旦替代了内在动机，行为就转向依赖外在理由的支持，内在动机就不再发生作用。以下这个生动的例子可以很好地说明过度理由效应的戏剧性作用。有一个院子里的孩子们经常在上夜班的邻里白天休息时嬉戏喧闹。他们一次次劝告和屡次的干涉都没有解决问题，因为孩子们一旦游戏起来就把吵闹会影响别人的事忘得一干二净。偶然来访的心理学家为他朋友找到了一个治理孩子吵闹的方法，结果神奇地收到了意想不到的效果。

这一心理学的方法是将孩子们叫到一起。告诉孩子们，谁的叫喊声越大，谁得到的钱就越多。结果，有些孩子得到5角钱，有些得到2角钱，有些只得到5分钱。自发的游戏变成了"工作"。等到孩子吵闹的理由被吸引到金线奖励上之后,孩子们突然发现,钱给得越来越少了。在接下来的日子里,孩子们希望不公平的对待会被改变,得到的钱能够重新多起来。但结果是,奖励被彻底停止了。哪怕喊叫喧天,没有人再得到一分钱,孩子感到受到的对待更加不公正。没有报酬的工作是没有人做的,"不给钱了谁给你喊叫",至此,孩子们对大声喊叫完全失去了兴趣,原来的行为模式发生了根本改变。以上实例是典型的利用过度理由效应引发人们顺从行为的例子。金钱奖励使得孩子们喧闹行为的理由演变成了挣钱的"工作"。当金钱奖励不存在的时候,吵闹的行为理由也就不存在了,此时停止行为才是合理的。金钱作为外加的过度理由,很好地引发了过度理由效应。

过度理由效应除了为费斯汀格等人 20 世纪五六十年代所进行的大量实验研究所证明外,社会心理学家德西等人(Deci 和 Ryan,1985,1987)、博吉亚诺等人(Bogiano,1985,1987)在后来的实验中也证实了它们的存在。在实验设置的智力测试情境中,一组可以得到报酬,一组不会得到任何报酬。结果,与没有得到报酬的人们相比,得到报酬的人降低了对原来喜欢的测智难题的兴趣,如果停止付给报酬,他们就倾向于放弃解题的机会。而没有受到报酬这一过度理由影响的人,则一直保持对解题的兴趣。过度理由效应的发现,使人们找到了另一种顺从诱导策略。

日常生活事实和实验研究的结果都证明,人们维持认识平衡的自然心理是经常性发挥行为调整作用的,当一种行为的外在理由越来越多时,相应的内在动机理由就会相应的越少,因此,当孩子取得好成绩的时候,如果家长一再给予过多频繁的物质奖励,则很容易引发过度理由效应,使原有的内在理由转向依赖外在理由,而这无疑对孩子的学习和发展是有害的。科学的做法应当是奖励孩子学习的进步,这种奖励会强化孩子对学习的兴趣。

(五)最低要求启动策略

大量社会心理学研究证明,用最低要求的方式来请求别人做出捐助行为,是一种有效地启动别人善意捐助行动的策略。我们称这种策略为"最低要求启动策略"。设想,当你面对"哪怕捐出一分钱也是对我们的帮助"的请求时,你会怎么做?你会拒绝捐赠一分钱吗?拒绝了你还怎么告诉自己是一个善良的人?

最低要求启动策略最早在慈善捐款中使用,并且被证明在增加慈善捐赠者的人数百分比以及捐款数目上是非常成功的。这个技术的主要方法就是提出一个很小的要求,使得对方基本上不好拒绝,然后利用个体期望维护自我良好形象的心理,获得请求的成功,使个体产生依从行为。

社会心理学家西尔迪尼(Caldin)等人 1976 年做了个非常有趣的研究。该研究发现,当募捐人接近城郊居民,并说"我在为美国癌症学会募捐"时,捐款人数为 29%,平均每人捐 1.44 美元。而当募捐人加上一句"哪怕一分钱也有帮助"时,捐赠人上升到了 50%,平均每人捐 1.54 美元。韦耶思特(Weyanst,1984)的重复研究得到同样的结果,加上一句"哪怕一分钱也有帮助",捐款人数从 39% 上升到 57%,1987 年,韦耶恩特等人给多达 6000 人发信,请求他们给美国癌症学会捐款。结果表明，被要求捐小数目的人比被要求捐大数目的人实际捐助的比例更大，并且捐款的数目高于平均数。

按照自我价值定向理论，"做好人"是人们最稳定的追求之一，我们在中国民众价值取向研究中也发现了这一点。人们为了保持自己的利他主义自我形象，更难以拒绝作一点小小的奉献。被要求较大数目时，人们仍然可以用没有太多的钱等理由拒绝，而不伤害自己的利他主义形象。而被要求的数目小到每个人实际上都可以负担时，人们就没有理由再拒绝。拒绝则会提醒人们缺乏起码的利他主义奉献精神，很少人愿意承受如此巨大的自我否定而仍拒绝作一个小小的奉献。而一旦人们实际进行捐助时，他又会拿出一个有利于自己形象确立的社会可接受数目。人们没有只满足被提出的最低要求，而是被最低要求启动，实际作出了满足提出者期望的实际行动。

章节小结

重点概念

社会促进、社会抑制、优势反应强化学说、分散冲突理论、匿名性、去个性化、结伴效应、从众、服从、顺从、登门槛效应、过度理由效应、社会规范。

复习思考

1. 什么是社会影响？文化如何影响中国人的心理与行为？
2. 社会影响理论是怎样解释来自他人的影响的？
3. 什么是社会促进？为什么会有社会促进现象发生？
4. 联系中国的实际，谈谈怎样才能有效地克服社会懈怠。
5. 什么是从众？Sherif 和 Asch 是怎样研究人类从众行为的？
6. 试述影响从众行为的因素。
7. 增加顺从的技巧有哪些？
8. 什么是服从？影响因素有哪些？
9. 举例说明从众的原因。
10. 哪些因素会影响日常生活的从众行为？
11. 列举生活实例说明顺从的实质内涵。
12. 试举例说明怎样运用顺从诱导策略促进日常生活中的亲社会行为。
13. 米尔格莱姆权威服从实验的主要贡献是什么？
14. 服从的心理原因是什么？

15. 试分析不服从行为的两面性。

本章要点

1. 社会促进和社会抑制的理论解释包括：①优势反应强化学说；②评价与竞争观点；③分散冲突理论；④生理反应心理模式。

2. 社会惰化的理论解释包括：①在群体中，由于个体认识到自己的行为不会被单独评价，个人的努力会湮没在人群中，评价焦虑减弱使其对自己行为的责任意识下降，行为动力相应减少，从而导致努力程度下降；②只有群体的成绩可以被识别而个体的贡献不被识别时，社会惰化就会发生。

3. 社会惰化的预防包括：①单独评价；②提高认识；③控制群体规模。

4. 从众的原因包括：①与大家保持一致，以形成团体的目标；②为取得团体其他成员的好感；③维持良好的人际关系；④不愿意感受到群体不同意见的压力。

5. 从众的影响因素包括：①群体因素；②情境因素；③个人因素；④文化。

6. 服从的影响因素包括：①命令者的权威性；②他人支持与服从；③服从者的道德水平与特质；④权威的靠近程度；⑤行为后果的反馈。

7. 顺从行为发生的心理规律包括：①积极的情绪；②行为的互惠性；③合理原因的结果。

8. 增加顺从行为的效应有：①登门槛效应；②低球效应；③留面子效应；④过度理由效应；⑤最低要求启动策略。

推荐书目

1. 金盛华,张杰.当代社会心理学导论[M].北京:北京师范大学出版社,1995.

2. Cialdini R B. Influence: science and practice[M]. 3ed. New York: Harper Collins, 1993. 该书作者对有关社会影响的研究做了深入的分析,并主要结合日常生活讲述它对人们的作用,是一本值得参考的书。

3. Diener E. Deindividuation: The absence of self-awareness and self-regulationin group members[C]//P B Paulus. Psychology of Group Influence(209-242) Hillsdale. NJ: Lawrence Erlbaum,1980.

Diener 在这本书中对去个体化行为的产生以及原因做了深入分析,是他有关这一领域研究的总结。

4. Homans G C. Social behavior as exchange[J]. American Journal of Sociology,1958(63):597-606.

5. Homans G C. Social behavior: its elementary forms[M]. New York: Har-cout, Brace & World,1961.

Homans 是社会交换理论的最初倡导者之一,这本书是对他的理论的完整陈述,有兴趣的话可以好好地研读一下。

6. Milgram S. Obedience to authority:an experimental view[M]. New York:Harper & Row,1974.

本书是 Milgram 的代表作,是他关于服从研究的最经典的著作。

7. Milgram S. The individual in a social world:essays and experiments[M]. Readings,MA:Addison Wesley,1992.

8. Aronson E,Wilson T D,Akert R M. Social psychology[M]. Pear-son,2009.

这是一本很好的社会心理学专著,我们所探讨的很多内容,比如关于从众等的研究,在这本书中得到了很好的总结。

第八章
利他与侵犯

本章学习目标：
8.1 掌握利他行为的基本概念
8.2 理解并掌握影响利他行为的因素
8.3 理解责任扩散效应
8.4 掌握侵犯行为的概念
8.5 能够解释挫折—侵犯理论
8.6 理解并掌握影响侵犯行为的因素
8.7 理解并掌握减少侵犯行为的方法

案例导入

例一：

1997年的一个晚上，23岁的美籍黑人建筑工奥帝斯·盖瑟，看见一团火焰从一间由汽车拖拉的活动房里喷出来，他便破门而入，找到并救出了已经昏迷的44岁的白人拉里·惠滕，而且还为他做人工呼吸。盖瑟在做这一切的时候，并没有计较头顶上飘动着的南部联盟（南北战争时南部邦联是反对解放黑奴的）的旗帜。当别人赞颂他超越种族的英勇事迹时，盖瑟说："我并不值得关注，换了其他人也会这样做。"

2018年9月13日，一位名为马旭的八旬老人与自己的丈夫向自己的家乡黑龙江的木兰县捐款千万，马旭老人也是我国首位女空降兵。更让人肃然起敬的是，二老的生活极为简朴，她与她的丈夫从未去商场为自己额外添置一身衣裤，身上穿的从来都是部队配发的衣服，日常穿的鞋是一双破破烂烂的旧鞋，甚至一双价格15元人民币的鞋是马旭老人最好的一双鞋。但老人还是义无反顾地将除了能够满足自己基本生活之外的所有积蓄进行了捐赠。

例二：

2004年9月1日上午9时30分左右,一伙头戴面罩、身份不明的武装分子突然闯入俄罗斯南部北奥塞梯共和国别斯兰市第一中学,将刚参加完新学期开学典礼的大部分学生、家长和教师赶进学校体育馆劫为人质,并在体育馆中及周围安放了爆炸物。俄罗斯军方包围了学校3天试图解救被围困的平民和学生,事件在9月3日结束但导致了326名人质死亡,从而成为俄罗斯最严重的恐怖主义袭击事件。

2014年3月1日晚,我国昆明火车站发生了一起暴力恐怖事件。阿卜杜热伊木·库尔班、艾合买提·阿比提等五人携带作案工具,持刀从昆明火车站临时候车区开始,经站前广场、第二售票区、售票大厅、小件寄存处等地,打出暴恐旗帜,肆意砍杀无辜群众,致29人死亡,143人受伤,其中40人重伤。

人类的社会行为纷繁芜杂、多种多样,这也是社会心理学家关心的问题。如上面几则新闻所示,有人不惜牺牲自己帮助别人,有人对他人的求助行为则无动于衷,有人甚至给他人和社会带来了巨大的伤害。如果以行为对他人或社会造成的结果作为划分标准的话,那么社会行为可以分为两类:一类是对他人或社会有益的行为,我们可以称之为利他行为,或亲社会行为;一类是对他人或社会有害的行为,我们称之为侵犯行为,或反社会行为。人类的亲社会行为是那些自发帮助别人或者有意图帮助别人的行为,其中包括利他行为和助人行为;而侵犯行为则明显对他人和社会具有不利乃至破坏性的影响。

思考

1. 人们为什么会做出利他行为？哪些人比较容易做出利他行为？
2. 人们为什么会做出侵犯行为？哪些人比较容易做出侵犯行为？
3. 怎样才能尽可能地减少侵犯行为的发生？
4. 怎样才能尽可能地增加利他行为的发生？

第一节 利他行为

利他是个体出于自愿而不计较外部利益地帮助他人的行为。利他行为者可能需要做出某种程度的个人牺牲,却能给他人带来实在的益处。西方社会心理学研究利他行为始于20世纪60年代中后期,到70年代中期已经取得了一些成果。研究的基本方法是提出理论观点,并用实验加以验证,逐渐深入分析这一现象。研究包括两个方面:一是人们在一般社会交往中的利他行为;二是人们在紧急事件中的利他行为,即旁观者介入行为。

一、利他行为概述

爱德华·威尔逊在其《论人性》一书中,将攻击性、利他行为、性本能和宗教行为视为人类行为基本范畴的四个方面,作为一名生物遗传决定论者,威尔逊认为攻击行为是人类为了确保自身的安全而形成的一种本能,利他行为是通过基因的进化和发展而来的,其强度和频率随着亲属关系的疏远而急剧下降。

背景人物

爱德华·威尔逊(1929—)(见图8-1),美国国家科学院院士、哈佛大学功勋教授、社会生物学之父。1929年出生于美国亚拉巴马州伯明翰市,1949年毕业于亚拉巴马大学,1955年获哈佛大学生物学博士学位,同年开始在哈佛大学执教。后来他任教于佩莱格里诺大学,并且是哈佛大学的昆虫学研究员。他的代表作有《昆虫社会》(1971)、《社会生物学——新的综合》(1975)、《论人性》(1978)。

图8-1 威尔逊

有的时候,人愿意无偿地帮助他人。他即便并不认识此人,或者他的助人行为不会给他带来什么可以预见的好处,也仍然选择了助人的行为方式,我们把这种行为称为利他行为(altruism behavior)。利他行为是人类社会中一类美好的事物,也是社会生活中不可或缺的一部分。研究表明,18个月大的婴儿在看到陌生人的笔掉在地上时,即表现出了帮助的意向。有些学者提出动物也有利他行为,例如,某些物种的老年动物会不惜牺牲自己来挽救同类中的年轻动物,用自己的生命来换取种族繁衍的机会。

学以致用

人类的利他与合作

关于人类的进化起源,社会关系和社会组织的基本问题都围绕着利他主义和自私展开。实验证据表明,人类的利他主义是一种强大的力量,在动物世界是独一无二的。然而,在利他主义和自私的个体之间,存在着很多个体差异以及相互作用,这些对人类的合作至关重要。根据不同的环境,少数的利他主义者能迫使大多数自私的个体来合作,或者相反,一些利己主义者可诱发大多的利他主义者叛变。

最后通牒游戏很好地说明了许多来自不同文化背景的人,即使在面临高货币风险时,也愿意放弃自身的利益来惩罚别人,以防止不公平的结果或制裁不公平的行为。在这个游戏中,两个被试必须在一个固定金额的分配上达成一致。被试A作为分配者,可以确切地提出一个如何分配金额的建议。被试B作为响应者,可以接受或拒绝A提出的分配方式。在拒绝的情况下,两者都一无收获;而在接受的情况下,分配者的方案就被执行。这个实验中一个稳健的结果是:当分配者给响应者的金额少于可用资金的25%时,分配者被拒绝的概率就会很高。这表明响应者并不最大化自己的利益,因为一个自私的响应者应该接受任何数额的分配。而大多数分配者似乎也明白,低的报价将被拒绝。因此等分模式在最后通牒游戏中常常出现。

另外,"社会困境"实验范式是利他奖励研究的良好工具。该范式有各种各样的形式,比如礼物交换游戏、信任游戏或者囚徒困境。以基础的信任游戏(trust game)为例,两个被试被随机分配为委托人和受托人,双方都有 10 元启动资金。由委托人决定向受托人转让的数额,然后受托人再决定捐赠给委托人的数额。主试将任何对方给予的数额都双倍处理,如果双方都转让出全部的数额给对方,那么他们的获益是最大的。然而,一个自私的受托人无论收到多少数额都不会捐赠给委托人任何金额,因此,一个自私的委托人预见到这种行为,一开始就不会转让任何资金给受托人。

这些实验范式模拟了大量现实生活的情况。为了加强对人类利他主义进化的研究还需要从不同角度和领域进行检验与探索。

学习目标8.1　掌握利他行为的基本概念
在毫无回报的期待下,表现出志愿帮助他人的行为。

社会心理学家对利他行为进行了大量的科学研究,许多学者将利他行为定义为对他人有好处,没有明显自私动机的自觉自愿的行为。

巴特森(C. D. Batson)认为,利他行为应该是指那些不图日后回报的助人行为。当一个人看到有人需要帮助的时候,他既有可能产生专注于自我的内心焦虑,也有可能产生专注于他人的同情情绪。因此,可能产生两种相对应的利他行为取向:一种为了减轻内心的紧张和不安,而采取助人行为,这种情况的动机是为自我服务,助人者通过助人行为来减少自己的痛苦,使自己感到有力量,或者体会到一种自我价值可以称之为自我利他主义(ego altruism)取向;另一种是受外部动机的驱使,因为看到有人处于困境而产生移情,从而做出助人行为以减轻他人的痛苦,其目的是让他感到幸福,这种情况才是纯利他主义(pure altruism)取向。

二、利他行为研究的范畴

社会心理学家对利他行为的研究涵盖了许多类型,其中最常见的是:
(1) 人们在看到陌生人陷于困境时所表现出来的助人行为;
(2) 人们制止或干预犯罪的行为,这种行为一方面能够帮助受害人,另一方面能使罪犯无法得逞或遭到惩罚;
(3) 个人约束自己不做出越轨的行为,这种行为通过克己的方式取得利他的效果;
(4) 偿还行为,其目的是回报他人的恩惠或补偿自己曾经使别人蒙受的损失。

另外,根据利他行为所发生的情境特点,还可以将之划分为紧急情况下的利他行为和非紧急情况下的利他行为。

毫无疑问,每个人都经历过别人需要他伸出援手的情况,在选择了利他的行为方式之后,人们通常会产生良好的自我感觉——感到骄傲或者自豪,一般情况下,受助者会心存谢意,局外人也会对利他者给予赞扬和鼓励。但事实上我们发现,在有些情况下,受助者并不感谢助人者,有时候反而以怨报德,利他者怀疑自己的助人行为是否适当,局外人没有赞赏利他者的表示。在怎样的情况下利他行为会产生这种消极后果呢?研究表明,在如下的两种情况下,利他行为会产生消极后果。

(一) 当利他行为对利他者有利时

根据我们在前面所作的描述,利他行为是需要助人者付出一定代价同时并不希望借此换取个人利益的行为。但是,人的动机很少如此简单,利他者往往会期望得到奖励或者回报。利他行为常常使利他者沾沾自喜,并能够满足他自我价值感的需要,使他感到自己是有能力的。利他行为也有可能是利他者对自己从前所犯错误的一种补偿,使他由此减少罪恶感,或恢复他原来在人们心目中的形象。不过,利他者是以自己的动机来评价自己的行为的。如果他很清楚自己动机不纯,带有个人自私的目的,那么,在事后,他对自己的评价就不会很高。因此,一旦利他行为对利他者有好处,就会被认定为利他者有所企图的行为,进而带来消极后果。

(二) 当利他行为对受助者有伤害时

有时候利他行为对受助者来说可能是得不偿失的,受助者就会因此而消极地看待利他者。例如,对于某些自尊心非常强的人来说,如果贸然提出借钱给他以解决其当前所遇到的困难的话,就有可能会伤害他的自尊心。因此,利他行为或助人行为都要恰到好处才能体现出它的价值。

三、利他行为成因的解释

(一) 社会生物学解释

社会生物学假设,助人行为是人的先天特性,来自我们的基因,可以遗传。正如达尔文指出的那样,经过物竞天择的自然过程,有利他天性的生物将有更好的种族存留机会,从而使得它们的物种留存下来。社会生物学家威尔逊(Wilson,1975)通过对动物进行的长期观察,认为:利他主义是"人之本性"中由基因决定的。他列举了大量的动物研究资料,从野兔、白蚁到狒狒等灵长类动物,来说明利他行为是动物的一种以自我牺牲换取其他个体与群体生存机会的本能。不过,威尔逊的观点主要来自动物研究,在人类身上是否适用的问题显然存在。但这一理论的确提供了一种解释可能性,并且可以用来解释我们为什么更愿意帮助我们亲近的人和与我们相似的人。

最新研究对9319名双胞胎进行了追踪,发现在孩子3、4、7岁时让父母评定孩子的亲社会行为,结果表明遗传和环境对个体的亲社会行为是共同发生影响的(Knafo 和 Plomin,2006),说明人的社会倾向不仅受到环境的影响,个人遗传特征也在其中发挥着作用,而在个人亲社会行为发展的过程中,必定存在复杂的遗传与环境因素的交互作用。

(二) 社会交换论观点

社会交换论者强调,人与人之间的相互作用,本质上是一个个人试图尽可能获得最大利益,同时又尽可能少地付出代价的社会交换过程。心理学家福阿(Foa等,1975)以及社会心理学家格根(Gergen,1981)等都持这种看法。他们认为,人们在做出亲社会行为之前,往往要先对自己、对别人及对社会背景做出估价,考虑助人行为是否能够给自己带来快乐或减少自己的痛苦。不过,社会交换论者同其他简单强调外在奖励作用的强化论者不同,他们认为,不仅外在的奖励可以有积极强化作用,个人自己内在的自我奖励,也可以有同样的效应。按照福阿等人的观点,即便是最具有利他主义特征的行为,如捐赠、资助路边的乞讨者,也都具有社会交换的色彩。个人在一手拿出钱财的同时,另一手也拿进了自我尊重和赞誉,或者人们是通过助人行为来减少自己的焦虑。

社会交换论强调助人行为的自身理由,似乎任何助人行为都是带着"自私"的目的,有意无意地获得回报。这种观点与人们希望显示自己有好德性的"好人品效应"的倾向是相违背的,而且也确实无法解释特定条件下自发救助的利他行为。但是,社会交换论观点强调了助人行为是一个双向互动过程,即帮助了别人的行为,也会给帮助者回馈积极的自我观念,却显然是合理的。

> "人们不会看重善行的,除非善行能给自己带来好处。"
> ——奥维德,Epistulae ex Ponto

(三) 社会规范论观点

社会学家古尔德纳(Gouldner,1960)提出,人类道德准则中最普遍的成分是交互性规范。也就是说,各种社会对人们的行为都有一个共同的期望:人应当帮助对自己有善意的人,而不是伤害他们。由于这一规范的存在及其在社会化过程中对人的长期影响,使人都获得了报答别人善意和帮助的观点。为此,当别人帮助我们或对我们有善意的时候,会在心理上激起我们回报的压力,迫使我们也以同样的方式对待对方,从而使人表现出亲社会的行为。这也在一定程度上说明了为什么有时候人们会拒绝他人的帮助。当人们担心自己没有能力回报他人时,就变得没有承担接受别人帮助的意愿。

按照社会心理学家梅尔斯(Myers,2002)的观点,交互性规范是支配社会交换、保持社会关系中得失平衡的一个基本原则。伯克威茨等人(Berkowitz,1972)做的一系列实验研究,则直接为社会规范理论提供了科学的支持。

交互性规范可以很好地解释亲社会行为的相互性,却不能解释整个社会中最初的亲社会行为是怎样发生的。回报是推动人们作出应答性亲社会行为的心理原因,那么,作出初始的亲社会行动,并推动亲社会行为的交互循环的动机又是什么呢?

伯克威茨(Berkowitz,1972)提出,我们的社会中除了交互性规范外,还存在另外一类规范——社会责任规范。这一规范是指社会期待人们去帮助需要帮助的人(见图8-2)。父母亲应当抚养孩子、教师应当爱护学生、别人遇到困难时我们应当提供帮助等。交互性规范和社会责任规范是人类社会最为普遍的规范。不过,随着个人发展水平与文化背景的不同,对这些规范的理解也是有差异的。

图8-2　当洪水即将淹没汽车时,社会责任规范驱使人们奋力抢救

社会规范在人类生活中的普遍存在,提供了人们学习这些规范的文化基础,并解释了助人行为的社会根源。随着社会化进程,个人学到了更多的社会规范,并以这些规范作为自己行动的指导。较之生物学观念和社会交换论,社会规范论更强调社会对助人行为的引导作用,从一个更高的角度解释了助人行为的发生。

(四)进化心理学的解释

1. 交互利他行为理论

交互利他行为(reciprocal altruism)理论认为,只要利他者能够在将来的某个时刻,从受惠者那里获得回馈式的收益,那么促使人类在非亲属之间产生利他行为的心理机制就能够得以进化(巴斯,2007)。这个理论自问世以来,不断得到丰富和扩充,而且已经产生了很大影响(Axelrod,1984;Axelrod 和 Hamilton,1981;Cosmides 和 Tooby,1929)。该理论强调双方受益是行为进化的条件,那么就产生一个问题,行为的做出者根据什么来确信他所做出的利他行为在将来能够得到回报,显然这一理论还需要更精细的研究来支持。

2. 社会契约理论

交互利他行为理论假设,个体从合作性交换中将会获得收益,但交互交换活动很容易出现欺骗行为——获得收益的一方没有付出相应的代价(Cosmides 和 Tooby,1992)。因此,进化心理学家(Cosmides 和 Tooby,1992)提出了社会契约理论来解释人类合作性交换活动的进化过程,并特别致力于探究人类如何来解决欺骗问题(巴斯,2007),认为人类已经进化出了5种能力来解决社会交换中的欺骗问题,从而确保交换活动得到保障,包括:人类必须识别其他的个体,记住与不同个体的交换历史,向其他人表达自己的价值观需要和愿望,识别其他人的需要和愿望,并用代价和收益来对各种不同的交换事物进行表征。

很容易看出,随着研究者看问题的角度不同,对助人行为的解释也是高度不同的,这不仅说明助人行为本身有其复杂性,也意味着该领域仍然需要更加深入的研究,特别是需要介绍助人行为的群体差异和个体差异的内在心理机制,解释为什么有些群体助人倾向更明显,有些个体更容易发生助人行为,而另一些群体和个人的行为倾向却相反。

四、影响利他行为的因素

学习目标8.2　理解并掌握影响利他行为的因素
重点掌握:①环境条件因素对利他行为的影响;②助人者的人格因素对利他行为的影响;③求助者性别因素对利他行为的影响。

(一)情境因素

对利他行为的研究发现,即使最具有利他行为倾向的人,在某些情境中也不会去帮助他人,所以情境因素对人们的利他行为有着重要的影响。影响助人行为的情境因素有很多,主要包括文化差异、他人的存在、环境条件和时间压力四个因素。

1. 文化差异

文化的差异主要存在于西方文化和东方文化之间:一个是自我的独立观点,另一个是相互依赖、群体取向的观点,这会影响人们帮助他人的意愿吗?因为有相互依赖观念的人更可能根据他们的社会关系来定义他们自己,更关注与他人的"联系性",我们可能预测,他们会更可能帮助需要帮助的人。

在所有文化中的人,都更可能帮助他们认为是内团体成员的人,都较少可能帮助他们认为是外团体成员的人,即一个他们不认同的群体。文化因素有时候在决定人们划分内团体和外团体之间界限的清晰程度中起作用。在许多互依文化中,内团体成员的需要被考虑得比外团体的更为重要,其结果是,这些文化中的人比个人主义文化中的人更多帮助内团体的成员。同样,因为在互依文化中"我们"和"他们"之间的界线更加明晰,这些文化中的人比个人主义文化中的人更少帮助外团体的成员。因此在互依文化中,如果想要获得更多的帮助,成为群体中的一员是非常重要的。

2. 他人的存在

1964年的一个晚上,纽约市的一个女青年在回家的路上遭到了歹徒的袭击,当时她的38位邻居听到了呼叫声,但是在长达30分钟的时间内,竟无人实施救援,有人甚至一直目睹了惨剧的全过程,却连报警电话也没有打。事件发生以后,许多社会评论家把这种现象看成是一种道德缺失。对此心理学家拉塔内和达利(Latane 和 Darley)认为,恰恰是旁观者的存在成了助人行为缺乏的原因。当有其他人存在时,人们不大可能去帮助他人,其他人越多,帮助的可能性越小,同时给予帮助前的延迟时间越长。拉塔内和达利把这种现象叫旁观者效应(bystander effect),这种现象的产生原因与几个方面的因素有关:

> **旁观者效应**:当有其他人存在时,人们不大可能去帮助他人,其他人越多,帮助的可能性越小,同时给予帮助前的延迟时间越长。

第八章 利他与侵犯

学习目标8.3 理解责任扩散效应

责任扩散(diffusion of responsibility):周围他人越多,每个人分担的责任越少,这种责任分担可以降低个体的助人行为。在一项现场研究中,Latane策划了一个抢劫事件情境。情节很简单,当小商店的售货员到店铺后面核对商品时,两个抢劫犯低声说"绝不能错过这个大好机会!"然后就拿了一箱啤酒跑了。这种事件都是在小店里只有一位或两位顾客时发生。正如研究者所预料到的,单独目击犯罪行为的人与那些尚有其他人在场的人相比,显然更有可能向店员报告偷窃行为。

> **责任扩散**:周围他人越多,每个人分担的责任越少,这种责任分担可以降低个体的助人行为。

情境的不明确性(ambiguity):从决策分析过程来看,人们有时无法确定某一情境是否真正处于紧急状态,这时,其他旁观者的行为就会自然而然地影响到该个体对情境的定义,进而影响到他的行为。假如其他人漠视该情境,或表现得好像什么事情也没有发生,我们也可能认为没有任何紧急事件发生。拉塔内和达利设计了一个实验情境,在实验中让男性大学生填写一份调查问卷,几分钟后有烟雾透过气孔进入房间,在4分钟内烟会越来越多,使被试看东西与呼吸变得困难。结果发现,当被试是单独一人时,他们会到周围去查看一下到底是怎么回事,而且75%的人会向实验者报告这种情况,而当被试与两名实验助手一起填写问卷时(实验者的助手没有起来查看情况),只有10%的人这样做。很显然,其他人的沉默使得被试认为这个情境是没有危险的。

评价恐惧(evaluation prehension):如果人们知道别人正注视着自己,就会去做一些他人期待自己去做的事情并以较受大家欢迎的方式表现自我。在某些情境中,比如烟雾充满屋子的例子中,被试会担心在他人都保持沉默时,如果自己表现出担心的话会使别人认为自己的胆子太小。也就是说,试图避免社会非难的心态抑制了人们的助人行为(Schwartz,1980)。

> **评价恐惧**:如果人们知道别人正注视着自己,就会去做一些他人期待自己去做的事情并以较受大家欢迎的方式表现自我。

3. 环境条件

物理环境也会影响人们的助人意愿,像天气条件、社区大小以及环境中的噪声等都对人们的助人行为产生着影响,坎宁安(Cunningham,1979)就用两项现编研究证明了天气在助人行为上的效果。在第一项研究中,研究者走向行人,让他们帮助填写调查问卷。结果发现在阳光明媚、气温适中的天气条件下,人们较为愿意去帮助他人。另一项研究是在一个与天气关系密切的露天餐厅进行的,坎宁安也发现,在天气好时人们付的小费也较多。

除了天气,人们所处的社区大小也影响人们的助人与利他行为。一般情况下人们有一个刻板印象,即大城市里的人不友善,也不乐于助人;而小城镇里的人则是既合作又乐于助人。豪斯(Houre,1978)、阔特(Korte,1981)等许多研究者指出,在帮助处于困境中的陌生人时,城市大小确实有不同的影响。

不仅所居住的地点会对帮助行为有影响,对从一处搬家到另一处的频率也有影响。在世界的大部分地区,这是一种常见的现象:人们搬家到离养育自己的家乡很远的地方居住(Hochstadt,1999)。例如:在 2000 年,接近 1/5 的美国人(18%)在 1995 年后搬到了别的地方居住。在城市的大部分地区,只有不到一半的人们还居住在他们 1995 年就居住的房子里。鲍迈斯特(Baumeister,1986)的结果表明,长期居住在同一处所的人们更乐意参与帮助社区的亲社会行为。长期居住在同一个地方会导致人们对社区的依恋心理、邻里间更高的相互依赖程度和个体对自己在社区中的声望更为关心。由于这些原因,长期居民更倾向于参与亲社会行为。

噪声也影响人们的助人行为,在一般情况下,人们总是认为噪声降低了人们对环境中全部事件的反应性。舍罗德(Sherrod,1974)以此观念为基础进行研究,发现在噪声条件下,人们帮助困境中陌生人的可能性会大大降低。在一项实验中,马修(Mathew,1975)把许多书和报告故意扔在地上,看来来的人有没有人帮着捡起来。结果发现当屋子的噪声处于正常水平时,72%的被试会帮着收拾散落的书籍;而当噪声很大时,这个比例只有 37%。其他的研究者也发现,巨大的噪声使人们忽略了环境中的其他事物,并驱使人们尽快逃离该情境。

4. 时间压力

时间压力也影响人们的助人行为。假如你正在校园里散步,这时候有人忽然拦住你,让你提供一些帮助,你会不会帮他呢?同样的事情如果发生在你急着去上课,你又会如何对待呢?常识及一些研究均显示,在前一种情境下,我们更可能去帮助他人,人们经常是因为太忙而无法帮助他人。

(二) 助人者的特点

情境因素能增加或减少一个人表现出利他行为的可能性,但是有些研究也发现,一些人即使在不利的情境中也会帮助他人,而有些人即使在最有利的条件下也不去助人。可见助人者的特点在很大程度上决定着人们的助人倾向,从这个角度来看,与助人或利他行为有关的因素包括以下几个方面:

1. 助人者的人格因素

虽然我们无法给"乐于助人的人"画出一个人格剖面图,然而,确实存在着一些人格特质,它能使得一个人在某些情境下表现出较大的助人与利他倾向。萨托(Satow,1975)发现,对社会赞许需求高的人,更可能给慈善机构捐款,但这种助人行为只有在其他人能看到时才出现。这些人之所以助人,是因为他们想受到表扬。另外一种人格因素是个体的爱心与道德感。在一项研究中,伦敦(London,1970)访问了那些在"二战"中冒死救助犹太人的基督徒,发现这些人都有很强的个人道德感,并且与自己的父亲或母亲在这一点上极为相似,父母是他们行为的道德指引者,可见父母的影响在孩子助人行为上的深刻影响。

2. 助人者的心情

心情也会影响人们的助人行为。不少证据显示,当一个人心情很好时,他较乐于帮助他人。伊森(Isen,1972,1978)发现,在图书馆得到一份免费的午餐、在电话厅里捡到一枚硬币、在实验室里工作表现好或听到好听的音乐,都能使一个人助人的可能性增加。如果没有这些令人心情愉快的事情发生,个体的助人倾向便要大打折扣。很显然这些正性情绪增加了人们助人的意愿。

然而正性情绪所产生的效果有时候要受到限制。首先，由好心情引发的助人效果一般很短暂，大约为20分钟，之后便不起作用。其次，假如向他人提供帮助会损及一个人的愉快心情，则愉快情绪将降低个人的助人行为，因为心情很好的人希望自己的良好情绪能得以保持。悲伤或沮丧的心情对助人行为的影响则要复杂得多：有些情况下不好的情绪使得人们只注意自己的需求，从而降低了助人的可能性(Thompson,1980)；但在另外的情形下，帮助他人又能使一个人感到愉快，并因而减轻其不良的情绪。

3. 助人者的内疚感

与亲社会行为有特殊关系的另一种心理是人们的内疚感(guilt)。内疚感是指当人们做了一件自己认为是错误的事时所唤起的一种不愉快情绪。为了降低这种情绪，人们常常会选择去帮助他人。在弗里德曼(Freedman,1967)等人的一项研究中，被试坐在一张桌子边上等待实验开始。在有些情境中，桌子极易被打翻，所造成的结果是桌子上的卡片散落了一地。实验者告诉被试这些卡片是某个人写论文急需的资料，当被试打翻桌子时，他会因打乱了这些卡片而产生内疚感。在另外一种情境里，桌子很稳固，卡片也没有被弄乱。结果与预期一样，诱发内疚感的情境使人们产生了更多的助人行为。对于内疚感的效果，一些研究者认为可能与人的两种动机有关：一方面，有内疚感的人希望通过做善事以弥补自己的过错；另一方面，他们也希望能避免直接面对受害者，以免尴尬。

在内疚感与助人行为的关系中还有个有趣的现象，这就是忏悔(confession)的效果。忏悔能使一个人的心里感到好受，使个体的内疚感降低。卡尔史密斯(Carlsmith,1968)等人的研究支持了这种观点。在一项研究中，实验者要让被试相信，由于被试使用了不好的信息而破坏了实验的结果。之后有一部分被试有机会向实验者忏悔自己的错误，而另一些被试则没有这样的机会。同时还有一个控制组，该组被试并不认为自己破坏了实验结果，随后测量被试愿意继续参加实验的时间。结果如表8-1所示，内疚感增加了人们的助人行为，忏悔降低了罪恶感，也减少了助人行为。

表8-1　内疚感、忏悔与助人行为

情境	自愿参与进一步实验的意愿
内疚组	4.33
忏悔组	2.67
控制组	1.92

4. 个人困扰与同情性关怀

个人困扰(personal distress)是指当我们面对他人受难时所产生的个人反应，如恐惧、无助或任何类似的情绪。同情性关怀(empathic concare)指同情心及对他人关心等情绪，尤其是指替代性的或间接地分担他人的苦难。二者的区别在于前者将焦点集中于自己，而后者把焦点集中

个人困扰：是指当我们面对他人受难时所产生的个人反应，如恐惧、无助或任何类似的情绪。
同情性关怀：指同情心及对他人关心等情绪，尤其是指替代性的或间接地分担他人的苦难。

在受害者身上。个人困扰促使一个人设法去降低自己不舒服的感觉,人们既可以通过帮助他人达到这一目的,也可以通过逃避或忽略苦难事件而达到此目的。而同情性关怀只能通过帮助处于困境中的他人而降低。许多研究证明了同情心能增加人们的亲社会行为(Hoffman,1981)。心理学家戴维斯(Davis,1994)针对人们的这两种特性还编制了一个测量工具,如下所述:

个人困扰与同情性关怀的测量

仔细阅读下面的题目,并在每个题目前边的横线上写上符合你自己情况的分数。
其中:0=完全不像我,1=有点不像我,2=说不清楚,3=有点像我,4=非常像我
同情性关怀量表:
___1. 看到别人有危险,我常常有一种要保护他们的愿望。
___2. 看到别人受到不公正的对待,我有时不觉得他们可怜。*
___3. 对那些比我不幸的人,我常常很关心他们。
___4. 我认为我是一个相当心软的人。
___5. 有时看到别人有麻烦,我并不感到抱歉。*
___6. 他人的不幸并不经常使我不安。*
___7. 我常常受到发生在我周围事情的影响。
个人困扰量表:
___1. 在紧急情况下,当我看到别人急需帮助,我会提供援助。
___2. 在一个非常情绪化的情境中,我常常感到很无助。
___3. 在紧急情况下,我感到恐惧和不舒服。
___4. 我常常能够相当迅速地处理危难事件。*
___5. 处于紧张情境中的时候,我很害怕。
___6. 看见别人受到伤害,我也能够镇定自如。*
___7. 紧急情况常常使我有一种不能控制自己的感觉。
做做看,你是一个关心他人的人吗?
同情性关怀:男=19.04 女=21.67
个人困扰:男=9.46 女=12.28
注:打"*"的题目反向计分,即被试评价为 0 分,实际计分时应为 4-0=4 分。

5. 宗教信仰

汉森(Hansen,1995)和彭纳(Penner,2002)等人对大学生的研究表明,有宗教信仰的人比没有宗教信仰的人在从事志愿者工作时花的时间更多,诸如课外辅导员、救济工作、维护社会治安等。1987年的盖洛普调查报告显示,自述从不去教堂的美国人会捐出他们收入的1.1%给慈善事业,而每周去教堂的人捐款的数额是这些人的2.5倍。随后的1990年和1992年的盖洛普调查,以及2001年的独立调查也都证明了信仰和慈善行为的相关性很高。

6. 性别影响

所有的文化对男性和女性的特质和行为都有不同的规范,男孩和女孩在成长中学习这些规范。在西方文化中,男性性别角色包括骑士风度和英雄主义;女性则被期望承担养育和关怀的责任以及珍惜亲近、长期的关系。数据显示,因为冒险救助陌生人而得到卡内基英雄基金会奖章的7000人中,91%是男人。相比之下,女人比男人更倾向于对她们的朋友提供社会支持以及从事帮助他人的志愿者工作(Eagly 和 Koenig,2006;McGuire,1994;Monin、Clark 和 Lemay,2008)。弗朗那根(Flanagan,1988)的跨文化研究得到了相同的结果,在一个对7个国家青少年的调查中,女孩比男孩在其社区从事志愿者工作更多。

（三）求助者的特点

人们的助人行为也受求助者特点的影响。斯洛乔尔(Slochower,1980)发现人们对慈善事业捐款的行为就与接受捐款的人有关,如果募捐者是一个非残疾人的话,大学生不大会捐款。影响助人行为的求助者特点包括以下几个方面:

1. 是否受他人喜爱

人们经常会帮助自己喜欢的人,而人们对他人的喜欢与否一开始便会受到像外貌与相似性等因素的影响。在许多情况下,长相漂亮的人更可能获得他人的帮助。在本森(Benson,1976)等人的一项现场研究中,研究者把一份填好的入学申请表放在机场的公用电话厅里,申请表上面已经贴好了邮票,只等寄出。研究同时操纵了外貌特征这一变量:有时申请表上贴上很漂亮的照片,有时则贴上不漂亮的照片。结果证明,照片上的人无论是男是女,只要漂亮,人们更可能帮他或她寄出申请表。除了外貌的因素,求助者与助人者的相似性对助人行为的发生也很重要。埃姆斯威勒(Emswiller,1972)在一项研究中以嬉皮士为被试,研究他们的助人行为。研究中他把助手打扮成"嬉皮士"或"正直的人",结果发现:77%的嬉皮士帮助了同类,而只有32%的嬉皮士帮助"正直的人"。来自同一国家,具有某些相似的态度等都能促进助人行为的产生。

2. 是否值得他人帮助

一个人是否会得到帮助也部分取决于他是否值得帮助。比如在路上人们大多会去帮助一个因生病而晕倒的人,而不太会去帮助一个躺在地上的醉汉。韦纳(Weiner,1980)通过对大学生的研究发现,如果大学生认为自己的同学是由于某些不可控的因素,如教师讲得不清楚而借笔记,他们较为乐意把笔记借给同学;但如果是由于可控性的原因,如从不好好记笔记,则他不大乐意将笔记借给该同学。假如一个人能靠自己的力量完成某项任务,人们便不会去帮助他。

3. 性别的影响

性别因素也影响助人行为的出现。伊格利(Eagly,1986)等人发现在危险出现时,男性比女性表现出更高的助人倾向,但可惜的是这种行为只针对女性的求助者,尤其是漂亮的女性,而不是男性求助者。与男性的这种偏好不同,女性助人者的助人行为则不受求助者性别的影响,并且在特定情境下女性也会有较高的助人倾向。比如舒梅克(Shumaker,1991)指出,他人所需要的帮助是同情等情绪与社会支持时,女性的助人倾向比男性更大。

五、培养利他行为的方法

(一) 明确责任与增加互动

我们在前边的助人决策的过程中其实已经提到了责任感的重要性,也就是说,只有我们意识到我们有助人的责任时,我们才有可能付诸行动。既然如此,要提高助人行为,我们可以帮助人们正确解释事件,从而增加责任的明确性,增加人们的助人可能性。贝克曼(Bickman)与其同事们在 1975—1979 年所做的一系列实验研究证明了这一假设的正确性。该系列实验用目击别人在商店行窃后是否报告来衡量亲社会行为。实验让有些被试先看到一些指示牌,旨在提醒他们注意商店中的偷窃行为,告诉他们怎样报告案件。结果表示,指示牌几乎不起作用。而对另一些被试操作则是听到另一个旁观者在解释所发生的事件:"唉,看她。她正偷东西。她把那件东西放进了自己的包里。"这一实际为实验助手的旁观者假装急于寻找不见了的孩子,离开时被试还可以听到他在说:"我们看见了事情的发生。我们应该报告。这是我们的责任。"结果证明,这种面对面的评论显著增加了人们报告偷窃行为的比例。旁观者的提醒,使得事情的解释和责任都变得更为明确了。

直接的人际相互作用可以明显增加人们的助人行为。因此,通过增加人际相互作用来激发人们的助人动机是十分有效的方法。所罗门(Soloman)等人在 20 世纪 70 年代与 80 年代交界时所做的研究证明,甚至简单的相识也会使人们的助人倾向比不相识时有显著的增加,他发现,如果先让人们彼此相识,然后再让实验助手装作突然生病,那么人们要远比不相识时更愿意提供帮助。

有关直接利用个人影响来呼吁帮助的研究,更进一步证实了人际相互作用对助人行为的促进作用。福斯(Foss,1978)调查了数百名献血者,结果发现,新入教的教徒都是由于有某个人的请求而献血的。贾森等人(Jason等,1984)的研究确认用亲友个人请求的方式呼吁献血效果远比进行通常的公众宣传更好。利用增加人际相互作用来激发人们助人动机的方法,在实际生活中可以被广泛地运用。

(二) 示范作用

示范作用对助人行为的提高实际上是基于社会学习理论的,即我们的助人行为可以通过观察他人的助人行为而获得,具体来说,有两种形式的示范作用:

1. 现场的示范作用

正如其他旁观者在场时会使想提供帮助的人犹豫不决一样,利他行为的榜样人物会促进其他人的助人行为。

研究资料显示,行为榜样能有效地引起助人行为。罗森汉(Rosenhan)和怀特(White)让四年级和五年级的男女学生玩一种滚球游戏。在这种游戏中儿童赢得一种可到玩具店换礼物的代币。让一组儿童看到一个成年人把他的一些代币投入一个箱子中——"特伦顿孤儿基金"箱,箱上画着穿破烂衣服的儿童。这组儿童中,有 47.5% 的人后来在他们单独一个人时也做出了助人行为——把代币投入箱子中。反之,另一组没有看到成人榜样的儿童,没有一个做出助人行为。

2. 媒体人物的示范作用

研究表明,电视节目中的亲社会榜样对人的影响作用比反社会榜样还要大。心理学家希罗德(Hearold,1979)以统计学方法进行了 108 个亲社会节目与中性节目比较,结果发现,如果一个观看者看亲社会节目,而不是中性节目,那么他的亲社会行为会显著增加,而且这些亲社会行为都是典型的利他行为。

我们可以看到:观察到他人的助人行为增加了我们助人的可能性,实际上,不同的强化形式会深层次地影响到我们的助人行为。当我们看到他人的助人行为受到鼓励表扬时,我们倾向于助人;当他人的助人行为受到责备批评时,我们倾向于不助人,这种强化同样也适用于我们自己的经验。有研究结果证明了对待助人行为的不同反应导致了不同的助人行为。当孩子看到他人的助人行为受到表扬时,他给予他人玩具的数量最多;看到他人的助人行为受到惩罚时,他给予他人玩具的数量是最少的。

(三)助人情感倾向的培养

1. 移情能力培养

移情是对他人情绪的理解而唤起自己的与此相一致的情绪状态的过程,属于人际交往中情感的相互作用。移情研究的代表人物是霍夫曼(Hoffman),他认为,非常年幼的儿童已经能够体验其他人的情绪状态,一旦儿童能够区分自我和他人,就通过帮助困境中的他人来对这种共鸣的情绪作出反应。纳弗等人(Knafo, Zahn-Waxler, Van, Rbinson 和 Rhee,2008)通过研究发现,儿童表现出移情和亲社会性(prosociality)的平均年龄是 14～36 个月。

> **移情**:对他人情绪的理解而唤起自己的与此相一致的情绪状态的过程,属于人际交往中情感的相互作用。

大量的研究表明,移情增加了助人和其他的亲社会行为(Batson,1991;Eisenberg 和 Miller,1987,1989),是亲社会行为的重要促进因素。

那么,如何培养移情能力呢? 移情训练无疑是一种较有效的方法。研究者让儿童参加一系列人为设计的活动,活动中引导儿童考虑他人的想法和情感,并想象自己在类似情境中的感受(寇彧和王磊,2003),结果发现,通过每周三次(每次 15 分钟),共 10 周的训练,儿童普遍增加了亲社会行为,减少了攻击性行为。

艾森伯格(Eisenberg,1994)认为,移情对亲社会行为的影响是按"移情—同情—亲社会行为"模式产生的,有效的移情是对他人产生同情心的基础,而同情心又是对困境中他人实施亲社会行为的重要条件。因此,通过移情训练培养儿童的同情心就成为移情训练的直接目标。

2. 动机提升

过度的外在理由,会使人将行动归因于外在理由而不是内部动机。但是,如果我们用引导人们内在动机的方法,使人们以充分的内在理由来促进一种有益的行为,则可以帮助人们最大限度地通过实施这种行为而使自己获得满足与快乐。

很显然,人们在解释"我为什么要帮别人"这一问题时,最佳的条件是使人们回答:"因为有人需要帮助,我是一个关怀、奉献和乐于助人的人。"并且,人们越是相信自己帮助别人是出于高尚的利他动机,以后在遇到别人需要帮助时,作出助人行为的可能性就越大。而如果人们将助人行为归于利己动机,则再遇到有人需要帮助时,人们会倾向于首先从自己的角度考察是否值得伸出援助之手。

(四)助人技能的学习

心理学家斯陶布(Staub,1978)认为,助人行为有两个最关键的因素:一是对不幸者的状态进行设身处地的设想和体验的能力,即移情能力;二是掌握帮助别人的知识或技能。因此,通过训练儿童的移情能力和实践助人的行为,可以培养儿童的助人行为。

通过研究发现,角色扮演的游戏训练收到了良好的效果。与控制组相比,实验组表现出更多的亲社会行为,并且效果至少可以保持一个星期。该研究证明通过行为实践来培养亲社会行为是一种有效的方法,可以成功地提高人们以后助人的可能性。

(五)价值取向的教育

在前边我们已经探讨了助人行为产生的具体因素,如当时的情境、助人者的特征、被助者的身份等,也从不同的方面对提高助人行为提出了一系列建议。但是,我们应该看到,社会行为的产生,在多种因素影响的同时,必然会有一种或几种因素在其中占据主导地位,它决定着其他各辅助因素,在一定程度上,会直接决定着个体是否做出某种行为。就助人行为的产生来说,其最直接的根源还是助人者的价值取向,这种内在的主导因素支配着其他外在因素。心理学家斯普林撒尔(Sprinthall,1981)等人发现,在柯尔伯格道德发展阶段上达到高水平的被试,更倾向于拒绝在实验条件下对别人实施伤害性侵犯,证实价值取向确实影响到个人对其他人行为的方向,并且道德水平越高,相应的亲社会倾向也越强。

价值取向是指在社会化的过程中,逐渐形成的较为稳定的评价事物的标准和态度,是个体的信仰、价值、行为标准和规范的总和。它是个体社会化活动产生的重要动力,价值取向会影响个体对相同社会活动的态度。助人行为作为社会活动的一部分,自然也会受到价值取向的影响和制约。我国学者研究表明,价值取向与个体的亲社会行为有一定的或接近显著的关系(董婉月,1989;刘磊,1990);当多种因素一起影响亲社会行为时,价值取向(利他取向)的主观效应尤为显著(张志学,1991)。由此可推论,改变个人的现有价值观可增进亲社会行为,研究也证实了这一点。

第二节 侵犯行为

一、侵犯行为概述

(一)什么是侵犯行为

学习目标8.4　掌握侵犯行为的概念

侵犯行为(aggression)是心理学家最为关注的人类社会行为之一。它是指任何试图伤害或危害他人的行为。这种行为之所以受心理学家的重视,不仅是因为这种行为对人类有伤害,主要与第二次世界大战以及1964年发生在美国的一起暴力案件有关。

侵犯行为:是指任何试图伤害或危害他人的行为。

对侵犯行为的界定要考虑到三个方面:

(1)强调它必须是一种行为,而不是一种意图,尽管这种行为伴随有意图。如果人们只是有伤害他人的意图,而没有做出实际的伤害行为,就不能算作侵犯行为。

(2)从效果上看,这种行为大多数情况下是反社会行为,但也可能是亲社会行为。大多数侵犯行为不为社会所认可,比如打架斗殴等,但也有一些侵犯行为是社会所许可的,我们称后者为认可的侵犯行为(sanctioned aggression),比如教练对不认真训练的球员加以惩罚,父母惩罚在外面和别人打架的孩子,以及当国家受到侵略的时候,人们的奋起抵抗。

(3)侵犯行为必须伴有侵犯性的情绪(aggression feeling),比如愤怒。尽管外在行为不一定总能够反映一个人的内部情绪,但大部分情况下侵犯总是与愤怒联系在一起。之所以强调这一点,是为了把侵犯行为与一种被称为工具性侵犯的概念区别开来,后者是指为了获得利益而做出的伤害他人的行为,如职业杀手的杀人行为。

另外,区分敌对性侵犯和工具性侵犯也是有意义的(Berkowitz,1993)。敌对性侵犯(hostile aggression)是一种源自愤怒的行为,目的是将痛苦或伤害施加给别人。而工具性侵犯(instrumental aggression),则是有伤害他人的意图,但这伤害是作为达成某种目的的手段,而非以造成痛苦为目的。例如:在职业橄榄球比赛中,防守前锋通常会使尽办法来阻止对手,并摔倒带球的队员,这便是工具性侵犯。但从另一方面来讲,如果他认为对手要诈,他可能会变得愤怒,并且故意去伤害对手,即使这样做并没有增加他摔倒带球队员的概率,也为敌对性侵犯。

两种不同的侵犯行为

大多数恐怖活动属于工具性侵犯。罗伯特·佩普(Robert Pape,2003)对1980—2001年间发生的所有自杀性爆炸事件进行研究后指出:"所有自杀性恐怖活动的一个共同特征是都有明确的、现实的和战略性的目标——迫使美国从恐怖分子眼中属于他们家园的领土上撤军。"Arie Kruglanki和Shira Fisman也注意到,心理病态的人一般都不是恐怖分子,但在冲突中,自杀性袭击是一种策略性的工具。人类历史上大多数战争是工具性的侵犯。比如2003年,英美领导人发动的伊拉克战争。

然而,谋杀大多是敌意性的。其中约有一半因为意见不合而引发,其余的谋杀则源自恋爱中的三角关系和酒精或致幻毒品导致的争吵(Ash,1999)。这些谋杀是冲动性的情感爆发,这有助于解释为什么来自110个国家的数据显示:对死刑严厉的惩罚并没有减少杀人案件的发生(Costanzo,1998;Wilkes,1987)。尽管如此,一些谋杀以及由于报复、胁迫导致的暴力活动却是工具性的(Felson,2000)。在美国禁酒时期和后来的几年里(1920—1933),发生在芝加哥的1000多起黑社会谋杀中,大部分是冷静并有计划地进行的。

二、侵犯行为的分类

侵犯行为从表面上看都是给受害者带来了生理和心理上的伤害,但其表现形式、动机和最终的行为结果却存在差异。按照不同的标准可以将侵犯行为划分为不同的类别。

(1) 根据侵犯行为的方式不同,可以划分为言语侵犯和动作侵犯。言语侵犯(verbal aggression),是使用语言、表情对别人进行侵犯,诸如讽刺、诽谤、谩骂等;动作侵犯(behavioral aggression),是使用身体的特殊部位(例如手、脚)以及利用武器对他人进行侵犯。

(2) 按照侵犯者的动机,侵犯可以分为报复性侵犯和工具性侵犯。如果侵犯者只是想让受害者遭遇不幸,目的在于复仇和教训对方的话,那么,这就是报复性侵犯(retaliatory aggression);如果侵犯者为了达到某种目的,只是把侵犯行为作为达到目标的一种手段的话,这种侵犯就是工具性侵犯(instrumental aggression)。

(3) 我们还可以将侵犯分为狭义侵犯和广义侵犯。狭义侵犯是有意违反社会主流规范的伤害行为;广义侵犯则涵盖了全部有动机的伤害行为,而不论其是否违反了社会主流规范。根据侵犯行为是否违背社会主流规范,可以将之划分为三种亚类型:反社会的侵犯行为、亲社会的侵犯行为、被认可的侵犯行为。人们一提到侵犯行为,往往首先想到的是反社会的侵

> **言语侵犯**:使用语言、表情对别人进行侵犯,诸如讽刺、诽谤、谩骂等。
>
> **动作侵犯**:使用身体的特殊部位(例如手、脚)以及利用武器对他人进行侵犯。
>
> **报复性侵犯**:侵犯者只是想让受害者遭遇不幸,目的在于复仇和教训对方。
>
> **工具性侵犯**:侵犯者为了达到某种目的,只是把侵犯行为作为达到目标的一种手段。
>
> **狭义侵犯**:有意违反社会主流规范的伤害行为。
>
> **广义侵犯**:全部有动机的伤害行为。

犯行为(antisocial aggressive behavior)，诸如人身攻击、凶杀、打群架等故意伤害他人的犯罪活动，这样的行为显然违背社会主流规范，因而是反社会的；所谓亲社会的侵犯行为(prosocial aggressive behavior)是指不但不违背社会主流规范，还可以为维护社会秩序而服务，例如为了治安而执行除恶的任务、公检法人员抓小偷、调查贪污、惩罚罪犯都属于这类情况；所谓被认可的侵犯行为(received aggressive behavior)是指既不违背社会主流规范，但也不是为社会规范服务所必需的，是经过长时间而形成的社会习惯，比如父母使用体罚方式教育不听话的孩子等，是介于反社会的侵犯行为和亲社会的侵犯行为之间的一种行为。

三、侵犯行为成因的解释

关于侵犯的成因，不同的学者有不同的解释。第一种是寻求侵犯的内在因素，即认为侵犯是由内部原因所引发的，认为个体是在本能力量的推动下或者由某种内在的生物机制所引发而做出侵犯行为，因而研究的重点在于考察机体的内部。第二种是寻找侵犯的外部因素，即认为个体在外部原因的推动下做出侵犯行为，此类研究则重在探讨外部的环境条件或情境条件是如何影响个体的侵犯行为的。综合内外两种因素共同作用构成了第三种解释。

在对侵犯行为的解释中，本能理论生物学理论倾向于从生物学机制解释侵犯，认为侵犯的成因在于其内在因素；挫折—侵犯理论和社会学习理论则关注侵犯的外部因素的作用。

（一）侵犯的本能理论

侵犯的本能理论认为，侵犯是一种本能，也就是说，侵犯是由遗传获得的，而非习得的。弗洛伊德(Freud)和洛伦茨(Lorenz)都是本能理论的支持者。但是，他们在对侵犯功能的认识上并不相同：弗洛伊德认为，侵犯是一种破坏性行为；而洛伦茨则认为侵犯是一种适应性行为。

1. 弗洛伊德的精神分析观点

弗洛伊德早期认为，人有两种基本的本能：性本能与自我保持本能。性本能是人类行为的基本动力，由性本能驱动的行为不仅包括明显的性欲行为，还包括几乎所有寻求快乐的行为；而自我保持本能或自我本能则使人具有变通性，能够适应现实环境、趋利避害。侵犯性是性本能的一部分。

但在1920年，弗洛伊德出版的《快乐原则之外》一书中，将原来提出的两种本能，修正为生的本能(性本能)和死的本能(侵犯本能)。按照弗洛伊德的观点，死的本能是一种对内自我破坏的倾向。但生的本能与死的本能是对立的，死的本能会受到生的欲望的阻碍，人们很少会表现为明显的自毁行为。大多数情况下，生的本能会把侵犯推离自我，推向他人，把对内的破坏力量转向外部，表现为对他人的攻击。

弗洛伊德认为，人生来就有侵犯本能。他认为人的攻击力是由内而发，而且人类的侵犯行为不会消失。因此，重要的是让人们有机会以非破坏性的方式将侵犯冲动释放出来，比如,进行体育竞技、自由搏击等活动。这些社会许可的替代性侵犯方式都是很好的侵犯冲动的释放途径。

2. 洛伦茨的习性学观点

洛伦茨是一位习性学家。他有关侵犯的理论观点是从动物研究推演得来的。

同弗洛伊德一样,洛伦茨也认为侵犯是一种本能,这种本能在动物身上非常普遍。但与弗洛伊德不同的是,他不认为侵犯指向毁灭,而认为侵犯是具有生物保护意义的生的本能的体现。而且,同类的侵犯不一定以毁灭为结局,而是以失败者的让步为目的。

他从动物行为学的角度出发,认为同种系内的侵犯是一种适应行为,对物种的延续非常重要,侵犯是一种本能,被释放出来促进生存。动物通过攻击来犯的其他动物保护自己的领地和食物。动物为交配相互争斗,最强壮的个体才能赢得伴侣,繁衍后代。在种群之中,只有适应能力强的才能存活下来,而弱者则遭到淘汰。侵犯则是动物适应性的一种表现,有助于动物的物种延续,并控制动物的过度增长。

因此,由此推演,侵犯也是人类生活不可避免的组成部分。人类之所以在每个时代都有大规模战争发生,是由于人的侵犯本能发泄的结果。他认为,现代社会使人们在日常生活中难以实施侵犯,而战争就成了发泄侵犯冲动的重要途径。他建议,人类要想避免战争,就需要多开展冒险性的体育活动,耗散侵犯本能。

许多生物学家支持洛伦茨的看法,他们认为,人类许多社会行为都是演化的结果,特别是对繁衍后代有利的行为模式。

3. 对本能论的评述

本能论认为人类之所以会出现侵犯行为,是因为具有与生俱来的侵犯本能。这种观点遭到很多研究者的质疑,这些质疑主要集中在以下两个方面:

一类质疑是,在动物身上,是否真的存在侵犯本能。郭任远(Zing Yang Kuo,1930,参见 Worchel,2000)曾做过一项研究,试图给本能论一个有力的回击。他在实验中喂养了三组小猫,第一组和母猫一起生活,第二组独自生活,第三组和老鼠一起生活。经过一段时期后,把长大的小猫放在老鼠面前。根据本能论的假设,如果存在侵犯本能的话,那么,无论是跟母猫还是跟老鼠生活在一起的小猫,都应该表现出捕老鼠的行为。但是,与母猫一起生活的小猫之中,有85%做出捕鼠的行为;而与老鼠一起生活的小猫之中,只有17%做出捕鼠的行为。这似乎说明侵犯行为不是本能行为。但是事实上,这个研究并不能把先天的本能和后天的学习剥离开来,因此,我们并不能得出小猫没有侵犯本能的结论,后天的学习环境可能在某种程度上对本能有抑制作用使其不表现出侵犯性。

另一类质疑是,即便在动物身上存在侵犯本能,那么是否就意味着人类就一定具有侵犯本能呢?如果人类具有侵犯本能,那么我们可以预期,人类应该在侵犯本能的驱动下程序化地表现出侵犯性。由此推断,人类侵犯行为的表现上应该有许多相似之处。事实上,人类的侵犯行为的表现方式多种多样,无论从数量还是从种类上(见图8-3)。如果侵犯纯粹是一种人类本能而不受环境影响的话,研究者应该发现不同的国家在侵犯案件的种类和数量上有着惊人的一致。然而,事实并非如此。

第八章 利他与侵犯

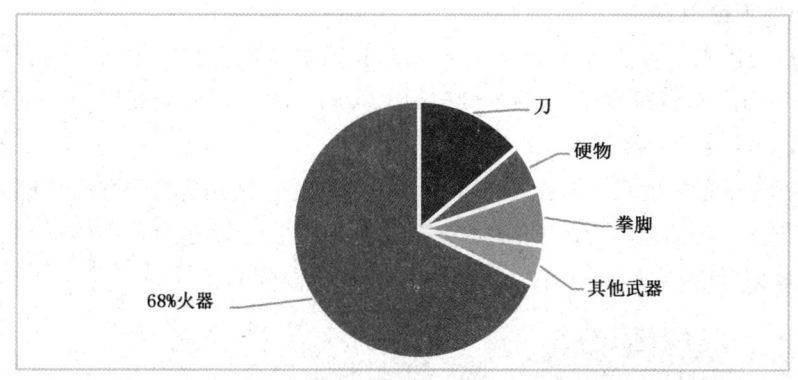

图8-3　1999年美国罪犯使用的武器

（二）侵犯的生物学理论

生物学理论同样认为,侵犯源于个体内部。

该理论的研究者试图找出诱发人类做出侵犯行为的内在生物学机制,识别出那些可能与侵犯有关的特定脑区。影响我们情绪的边缘系统已被证实是这样的一个区域,海马体（边缘系统的一部分）在侵犯行为中起着重要作用(Hitchcock,1979)。有研究者也发现,杏仁核与人类以及低等动物的侵犯行为相关联。当该区域受到电击时,温和的机体变得暴躁;当该区域的神经活动被抑制时,暴躁的机体变得温和。还有研究者认为大脑皮层也起着重要作用。似乎当皮层受损时,人们会表现出更激烈的侵犯行为。

曼若兹提等人(Marazzitti,1993)则分析了血液中的成分。他们分析了三组人的血液成分,结果发现自杀组和攻击组成员的血液成分中,有一种神经传导复合胺与控制组的复合胺大相径庭,而这种复合胺的缺乏则降低了他们控制攻击的能力。还有研究者发现因暴力犯罪的囚犯,其睾丸激素的自然水平远远高于因非暴力犯罪入狱的囚犯。

虽然部分脑区被识别出与侵犯有关,但是,仍然不能得出这些部位就是刺激人们做出侵犯行为的原因所在。而化学物质在侵犯中的作用也非常不明朗,究竟哪些化学物质或说什么样的化学物质影响着侵犯性,仍需要更多研究来搞清楚它们在侵犯行为的出现中所起的具体作用。

（三）挫折—侵犯理论

学习目标8.5　能够解释挫折—侵犯理论

认为侵犯行为的发生总是以挫折的存在为条件的,即侵犯只有一个原因——挫折,挫折只有一个反应——侵犯。

挫折—侵犯理论是第一个为解释侵犯行为而提出的理论。与本能理论以及生物学理论不同的是,它避开侵犯本能的论争,把目光投向了侵犯的外部条件:究竟是什么样的外部条件促使人们做出侵犯行为?这个理论试图对此做出回答。

1. 最初的理论观点

(1) 挫折与侵犯。多拉德(Dollard,1939)和其同事对挫折和侵犯两个概念做了清晰的定义,挫折(frustration)即"对行为后果的阻碍",换句话说,"当我们想要什么东西却又得不到的时候,我们就会遭受挫折"。

(2) 挫折与侵犯的关系。多拉德(Dollard,1939)等人把挫折与侵犯联系起来,认为"侵犯永远是挫折的一种后果","侵犯行为的发生总是以挫折的存在为条件的"。他们认为,侵犯只有一个原因(挫折),挫折只有一个反应(侵犯)(见图 8-4)。

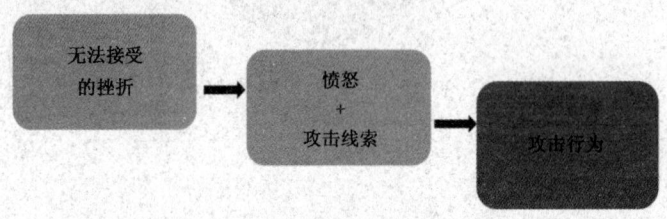

图 8-4 挫折与侵犯的关系

勒温(Lewin,1941,参见 Barker,1941)的研究很好地说明了挫折同侵犯行为之间存在着某种关联。实验者把实验组的孩子领到一个全是玩具的房间前。虽然孩子们非常期待玩那些玩具,但是实验者只允许他们从窗外观看,不许他们进去玩。在经历漫长而痛苦的等待之后,这些孩子最终有机会玩那些玩具。控制组的孩子则一开始就被允许玩那些玩具,没有遭受挫折。结果发现,在玩玩具的时候,实验组比控制组的行为更具破坏性:将玩具摔在地上,往墙上砸,或是踩踏玩具。这个实验巧妙地创设了挫折情境,使孩子们感到挫折,表现出侵犯行为,说明了挫折会引发侵犯行为。

研究者还发现,如果捣乱者的行为能够被合理解释(例如捣乱者情绪不好),则被试可以重新理解捣乱者的行为,减少侵犯。这一发现说明,在实验的条件下,人们仍然掌握着对自己行为的控制感,并要求自己的侵犯行为能得到合理的解释。如果他们把捣乱行为归因为是故意的,则感到有理由给他们实施更强的电击。如果捣乱者的行为能被合理解释,则对其实施侵犯的理由就不充分,从而减少侵犯行为。

这种理论还假定挫折感越大,导致的侵犯越强。哈里斯(Harris,1974)的研究支持了这一假设。他让实验助手在商场、银行和售票窗口排队的人群中插队,插到第二个人或者第十二个人的前面。被插队的反应被编码成言语攻击和非言语攻击(包括不友好的动作及推搡)。

观察表明,第二个人对插队者的反应比第十二个人更具有侵犯性(见图 8-5)。由于第二个人比第十二个人能更快地达成目标,所以体验到更多的挫折感。

(3) 替代性侵犯。挫折—侵犯理论也探讨了受到挫折后可能出现的侵犯类型。多拉德和其同事认为,直接的身体侵犯和言语侵犯是最常见的侵犯类型。然而很多情况下,侵犯由于种种原因并不能够直接实施在引发挫折感的对象身上。例如,当侵犯者发现对方的力量强大或是地位很高,自己的力量不足以与其抗衡时,那么替代性侵犯就可能出现,如散播挫折源的谣言或是攻击他的好友。

替代性侵犯(displaced aggression)有两种类型:侵犯对象的替代和侵犯类型的替代。

这两种替代在日常生活中经常出现。举个例子来说,受到父亲责打的孩子由于不能直接挥拳打倒父亲,可能会嘟嘟囔囔地骂父亲几句(侵犯类型上的替代),或是欺负比自己弱小的弟弟妹妹(侵犯对象上的替代)。米勒(Miller,1948)认为,替代性侵犯的对象应该和最初引发挫折感的对象有某些相似之处。因此如果引发挫折感的对象是父亲,那么侵犯可能替代性地指向母亲,因为他们是受挫者的双亲。还有研究者(Bekowitz 和 Knurek,1967,参见Worchel,2000)认为,侵犯可能替代性地指向最初引发挫折的对象的名字相同的个体。但是,无论哪位研究者,都未给出寻找替代性侵犯对象的通用法则。

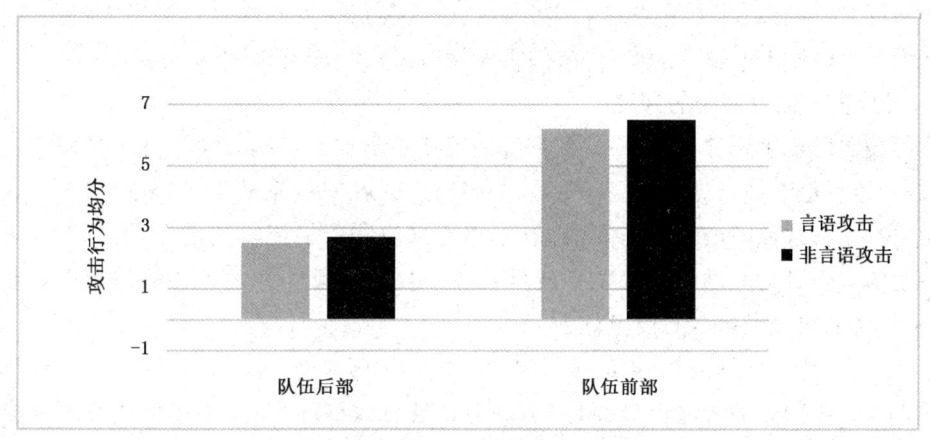

图 8-5　排队的位置对侵犯行为的影响

简而言之,最初的理论认为受到挫折的人总是采取某种形式的侵犯,之前所有的侵犯行为都产生于挫折。

2. 理论的修正

挫折—侵犯理论的显著特点是简洁明了。但是,挫折—侵犯理论在解释生活中的许多现象时都遇到了困难。因此,批评者认为挫折不是侵犯的唯一原因,而且挫折并不总是导致侵犯,侵犯也不一定是挫折的自动化反应,从挫折到侵犯,这中间有时还存在其他影响要素:

(1)侵犯线索。许多研究者(如 Berkowitz,1965)开始修正这一理论。根据伯克维茨(Berkowitz,1965)的观点,挫折引发了个体做出侵犯行为的预备状态,以及被个体标定是"愤怒"的情绪状态;只有当环境中出现能引发侵犯的适当线索时,侵犯才会出现。因此,他提出了"侵犯线索"(aggression cue)这一概念。

侵犯线索被定义为那些经常伴随着引发挫折的对象和侵犯行为出现的刺激物。它可以是任何事物,比如刀枪、人等,而且侵犯线索具有个体差异性。也就是说,对于某个人来说是侵犯线索的事物,对另一个人来说可能就不是。只有当个体将某个事物与侵犯行为联系在一起时,线索才具有引发侵犯的作用。有研究者推断,某些诸如刀枪之类的武器可能是诱发侵犯的主要线索。

(2)武器效应。为了证明武器线索在诱发侵犯时所起的作用,伯克维茨和其同事作了大量关于武器效应的研究。伯克维茨和李·佩奇(Berkowitz 和 Le Page,1967)先让实验助手故意制造挫折情境,激怒被试,然后使被试有机会对实验助手实施电击。一种实验条件是,桌子上除了放有电击设备外,还有一杆猎枪和一支左轮手枪(武器条件)。另一种实验条件是,在电击设备旁边放置两副羽毛球拍。结果表明当被试愤怒时,他们在武器条件下比在羽毛球拍条件下对实验助手实施了更多电击。后来,人们将武器增强侵犯行为的现象称作"武器效应"(weapon effect)。伯克维茨认为这些结果支持了"武器促使愤怒的被试做出侵犯"这一假设。

伯克维茨(Berkowitz,1989)还对其理论进行了进一步的拓展。他认为,不仅仅是挫折或愤怒能引发侵犯,任何的负面情绪都能引发侵犯。当人们感到愤怒时,侵犯线索会增加侵犯的强度,这可能是由于愤怒的个体更易注意到侵犯线索的缘故。简言之,侵犯线索的出现会增加个体做出侵犯行为的可能性;但在没有线索时,侵犯行为也可能出现。

3. 对挫折—侵犯理论的评述

前面我们已经谈到过,挫折—侵犯理论的观点并不完全正确。挫折并不是侵犯的唯一原因,而且挫折也不是总导致侵犯行为。但研究证实,在一些条件下,挫折确实会导致人们做出侵犯行为。这种理论区别于本能理论,它可以用实验来证实其观点,因此引发了大量关于侵犯的实验研究。这类研究的目的旨在探求挫折在哪些外部条件的作用下会导致侵犯,以及如何能减少受挫后的侵犯行为。

一些研究者则对侵犯和挫折的概念提出质疑。有研究者认为,暴力行为是一种体现控制感的方式。我们对事物进行破坏,并不是为了破坏而破坏,而是为了证明我们有能力掌控它们,决定它们的去留。侵犯行为是我们形成控制感的手段,旨在证明我们有能力掌控自己的行为和周遭的环境。

挫折究竟是指一种外部的环境条件(某一事件),还是一种个体的内部状态(由这事件引起的内部感受),挫折—侵犯理论在这一点的阐述上有些不足。举个例子来说,孩子们观看一期有趣的电视节目,在情节将要达到高潮时,关掉电视。毫无疑问,孩子们受到了挫折。但是,挫折是关掉电视这一行为,还是指孩子们被这一行为所引起的感受呢?

另外,替代性侵犯的观点非常有趣,可是,人们对于究竟什么样的事物会成为替代性侵犯的目标物还没有给出充分的界定,也没有足够的研究加以证实。而且挫折—侵犯理论也无法解释攻击行为多样性的问题:为什么受到挫折后,人们的反应会如此不同,有些人责骂不休,有些人挥拳相向,而有些人则忍气吞声。

侵犯线索理论也没能逃开研究者的质疑。一些研究者认为,被试可能猜测出这种条件下的要求特征,并对此做出相应的反应。被试可能会把武器条件当作来自实验者的线索,它表明实验者想让被试在这种条件下做出侵犯,因此被试才做出侵犯行为的。

尽管挫折—侵犯理论遭到很多质疑,但是由于此理论的提出,使研究者从本能论的小圈子中暂时跳出来,不再在"侵犯是不是一种本能"的问题上转来转去,开始关注侵犯的外部条件,并采用了实验研究的方法,这无疑对侵犯研究起了极大的推动作用。然而,可以看出它在解释侵犯行为上还是存在局限性的。

(四) 社会学习理论

社会学习理论的倡导者班杜拉(Bandura 和 Walters,1963;Bandura,1973)提出,儿童的侵犯行为并非生来就有，而是后天习得的。通过直接经验和观察学习，儿童学会什么时候做出以及怎么样做出侵犯行为。因此，侵犯是直接经验和观察学习的结果。

1. 侵犯行为习得的机制

（1）通过强化（reinforement）习得侵犯行为。孩子们常常因为做出攻击行为而获得奖励（口头表扬或是物质奖励）。打架输了的孩子哭着跑回家时，可能得到的只是父亲的一阵臭骂；而打赢了的孩子可能反而会得到父亲的夸奖。另外，孩子由于侵犯行为而受到家长和老师额外的关注，其行为也会被强化。害怕被大人忽视的孩子非常愿意付出这样的代价来赢得由侵犯带来的家长和老师们的关注。

另外，科文和沃尔特斯（Cowan 和 Walters，1963，参见金盛华等，1995）还提出强化的模型对将来的侵犯行为起决定作用。沃尔特斯在 1963 年做了项经典研究。这项研究的实验材料是一个肚子上写着"打我"的玩具娃娃。打娃娃的肚子时，它的眼睛和插在纽扣洞上的一朵花会发光。参加实验的儿童分为四组，第一组的孩子每次拳击玩具娃娃，都会得到一个有色玻璃球作为奖励；第二组的孩子间断获得同样的奖励；第三组没有外加奖励，只有拳击时娃娃的发光作为积极反馈；第四组为无强化支持的控制组。

实验进行两天后，用巧妙的方式引起被试的挫折，然后安排被试同一个未参加实验的儿童玩游戏，看被试如何解决游戏中出现的矛盾。结果发现，各个奖励组被试实施的侵犯行为（推人、踢人、撞人等）明显多于控制组，而其中又以间断强化组为最高，显著高于其他各组。这项研究的结果表明，即使没有奖励，间断强化模式也能维持更长时间的侵犯行为。

（2）通过观察习得侵犯行为。另一种习得侵犯行为的机制是观察学习或说是模仿。儿童通过观察他人的侵犯行为习得侵犯。班杜拉与其助手做过许多研究，证明通过观察榜样的行为，儿童就可以学习到侵犯。班杜拉等人 1961 年在美国加州斯坦福幼儿园做了一项实验。他们让被试儿童与一个成人一起待在一间屋子里（屋子里有一个高约 1.5 米的充气娃娃）。与实验组被试在一起的成人，先装配会儿其他玩具，之后对充气娃娃实施长达 9 分钟的暴力侵犯，不仅拳打脚踢，而且或骑到娃娃身上，或使劲摔它，并用木棍抽打它。侵犯的同时，嘴里还不停喊叫："揍它的脸""打倒它"。与其在一起的孩子则一直看他如何对玩具娃娃实施侵犯。与控制组在一起的成人则装修其他玩具，不去理会充气娃娃。之后，每个孩子都被单独留在游戏室 20 分钟，室中除其他玩具外，有三个充气娃娃。

结果发现，实验组儿童出现了成人的许多侵犯行为，对充气娃娃的侵犯远远多于控制组，两组差异十分明显，表 8-2 为该研究的具体结果。

表 8-2　儿童观察不同榜样后的侵犯行为

实验条件	攻击行为总量（得分）	
	身体侵犯	言语侵犯
暴力模式（实验组）	12.73	8.18
平静模式（控制组）	1.05	0.35

在另一项研究中，班杜拉和其同事（Bandura，1963）发现，孩子们除了会模仿真实生活中的人物之外，还会模仿电影中的成年人或者卡通人物，出现攻击玩具的行为。研究发现，

不仅是儿童,即使是成年人,也会模仿榜样所做的真实或虚假的侵犯行为。

但是,人们在模仿不同的榜样时,程度并不相同。有研究证明,孩子们更倾向于模仿同性别的被试,即男孩子更多模仿男性榜样,女孩子则更多模仿女性榜样。而且,比起地位低的榜样来说,人们更倾向于模仿地位较高的榜样。

从做出侵犯行为的榜样是受罚还是受奖来看,被试更可能模仿榜样侵犯后受奖的侵犯行为(Bandura 和 Ross,1963;Walters 和 Willows,1968)。而从侵犯行为的性质来看,与无理的侵犯行为相比,被试更可能模仿合理的侵犯行为(Geen 和 Stoner,1973)。

2. 对社会学习理论的评述

社会学习理论关于侵犯的论述非常重要,这是因为,社会学习理论在习得的侵犯行为和实际出现的侵犯行为间作了重要区分。个体可以通过得到的奖励或者观察习得侵犯行为,但是不一定会表现出侵犯行为。因此,孩子观察到因做出侵犯行为而受罚的榜样后就不会做出侵犯行为。

这并不是孩子们没有学会侵犯行为,而是其侵犯行为被抑制:在条件允许的情况下,孩子们可能会把侵犯行为表现出来。而且,它解决了挫折—侵犯理论所不能回答的问题:人类侵犯行为的多样性。根据社会学习理论,我们以前的生活经验和学习对表现侵犯的方式起着重要的影响。因此,有的人可能是在打架斗殴的环境里长大,所以他习惯于使用拳脚相加的方式处理问题;有的人可能生活在喜爱看枪战片的家庭里,所以他在极度愤怒时会开枪打倒对方;还有的人可能从小父母就会斥责侵犯行为,所以他会忍气吞声,不做出侵犯行为。

四、影响侵犯行为的因素

学习目标8.6 理解并掌握影响侵犯行为的因素
重点掌握:①敌意归因偏差因素对侵犯行为的影响;②高温、酒精和药物因素对侵犯行为的影响;③媒体与暴力因素对侵犯行为的影响。

(一) 个人因素

在生活中我们往往会发现,有些人的侵犯行为要比另一些人的多得多。是否真的存在某些特质,使一部分人表现出比他人更多的侵犯性?下面我们将从不同角度剖析这一问题。

A 型人格:非常有竞争意识的、行事匆忙、遇事特别容易生气以及攻击性比较强的一类人。

B 型人格:竞争性不是很强的、行事从容的、不容易发怒的这么一类人。

1. A 型人格

格拉斯(Glass,1977)和施特鲁贝(Strube,1989)提出了相对应的两种人格特质:A 型人格和 B 型人格。A 型人格的人被描述为是非常有竞争意识的、行事匆忙、遇事特别容易生气以及攻击性比较强的一类人。相对地,B 型人格的人被认为是竞争性不是很强的、行事从容的、不容易发怒的一类人。研究者找到了 A 型特质的三种最主要的特点:第一,A 型人格的人更有竞争性,更能为成功而奋斗;第二,A 型人格的人有时间紧迫感;第三,A 型人格的人在对待挫折情境时,更容易产生攻击性和敌意。

有些研究证明了 A 型人格的人比 B 型人格的人更具有侵犯性(Baron、Russel 和 Arms,1985;Carver 和 Glass,1978)。大部分人都能够从容地对待日常生活中的碰撞和摩擦,但是 A 型者会有过激的反应,他们对极其微小的烦恼都会"表现出对抗暴怒、粗鲁、乖戾批评和不合作"(Dembroski 和 Costa,1987)。例如,对于雨天交通拥堵的状况或是公事上出现的小差错,大多数人都会从容应对,而 A 型人格的人都会焦躁不安,行为失控。还有研究者认为,A 型人格的人也较容易出现虐待儿童或虐妻的行为(Strube,1984)。

2. 敌意归因偏差

归因对侵犯产生的过程有重要的影响。假设你漫步在图书馆前的小路上,突然一个冒失的家伙撞倒了你,并且对你破口大骂。你会有怎样的反应呢?你会觉得他的行为是故意的。如他在撞倒你之后,把你扶起来并对你道歉,如果他表现出真诚的歉意,你就不会变得很愤怒,也不会想寻找机会报复他。

我们对他人行为目的的归因直接影响着我们对他人行为的反应,然而,要识别他人行为的动机非常困难。姆门迪和奥滕(Mummendey 和 Otten,1989)曾做过一项研究,他们让被试观看男孩打斗的录像片段并告诉一部分被试从打人者的角度观察,而另一部分从被打者的角度观察。从被打者角度观察的被试更倾向做出侵犯者怀有恶意的解释。的确,我们在情境不明确的状况下会将对方的动机或意图视为有敌意的倾向。我们把这个称为敌意归因偏差(hostile attributional bias)。

当我们的归因有偏差的时候,通常不会把他人的动机归因为是善意的,而是做出恶意归因,继而可能做出报复性的侵犯行为。有研究证实了这点(Dodge 和 Coie,1987),当男孩子的敌意归因偏差倾向愈高时,他们愈有可能表现侵犯行为。

3. 性别

当男性被问到是否曾参与过攻击性事件时,研究者发现男性参与的频率高于女性。但是,能否说,是性别差异造成了这种现象,或从这一调查研究中得出"男性比女性更具有侵犯性"的结论?一些研究者对这类研究进行了回顾,发现大量事实表明男性比女性更具有侵犯性(Bettencourt 和 Miller,1996;Knight Fables 和 Higgins,1996),这种侵犯的性别差异的确存在。

男性和女性不仅在侵犯的数量上存在差异,而且在侵犯的方式上也不相同。男性的攻击多为身体侵犯,而女性的攻击多为言语侵犯和其他间接的侵犯行为。有证据表明,男性出现的身体侵犯多于女性,而对于言语侵犯来说,其性别差异会减小甚至消失(Eagly 和 Steffen,1986;Reinish 和 Sanders,1986)。有研究发现,这种男女攻击方式上的差异,在 8 岁时即出现(儿童时期的间接侵犯形态有说谎、冷漠、报复等形式),然后差异逐年增加,并延续到成人时期(Bjokqvist,1992)。然而,当男性和女性被他人直接激怒时,侵犯的性别差异也会缩小(Bettencourt 和 Miller,1996)。

但是,究竟这种性别差异是先天因素决定的,还是后天学习导致的呢?一些研究者认为,这种差异是受激素的影响而产生的,而且是先天的。有研究证实,雌性荷尔蒙较高的男性的侵犯性较高(Christiansen 和 Knussman,1987)。这种观点受到其他研究者的猛烈抨击。他们认为,侵犯的性别差异并不应该归于先天因素,而是在社会化过程中,学习起着重要的作用,社会赞许性和社会角色认同可能扮演着重要的角色。有研究发现,侵犯行为上表现出的性别差异实际上是一种误解,性别对于侵犯行为的预测作用很小,而性别角色对侵犯情境中侵犯行为的发生有更大的预测作用(Richardson 和 Hammock,2007)。

需要指出的是,我们在实验研究中无法把性别作为单一变量完全控制其他因素,因此,即使是生物因素对侵犯有影响作用,我们也不能得出"性别对侵犯起着重要的作用"或者"男性比女性更具有侵犯性"的结论,我们只能说"侵犯行为存在着性别上的差异",而且我们无法对这种差异作出精确的解释。

(二) 情境因素

研究者除了把目标投向个人因素外,还试图寻找那些影响侵犯行为的情境因素。研究者发现了许多情境因素:高温、酒精、药物、唤醒水平、去个性化等。

1. 高温

很多人在闷热的天气里经常会感到容易发怒和脾气暴躁。是不是温度越高,人们的侵犯行为就越多呢?

有研究者收集了美国50个城市45年(1950—1995)的年平均温度。另外,他们获得了关于暴力犯罪和财产犯罪以及强奸犯罪的信息。然后,他们对温度和犯罪的关系进行分析。结果表明,在天气越热的年份里暴力犯罪的比例越高,但是财产犯罪或强奸犯罪并不明显。安德森、戴厄舍和德勒维(Anderson、Deuser 和 DeNeve,1995)则是求助于实验的方法来探究出现热度效应的原因。在研究的第一阶段,被试在一个可调温度的房间内打游戏。房间内可调为适宜温度或是非常高的温度。结果发现,温度越高,被试体验到更多敌意,人们会出现更多的侵犯念头。

科恩和诺顿(Cohn 和 Rotton,1997,2000;参见巴伦等,2004)则是考察了美国两个不同的城市(达拉斯和明尼阿波利斯)两年内的身体侵犯记录。侵犯和温度的记录都来自每天之中的两个小时。结果表明,温度和侵犯行为之间的关系为曲线关系而非直线关系,结果如图8-6所示。

可以看出,随着气温的升高,侵犯性会增加,但是到达某一点时,侵犯性到达最高值;超过这一个点,随着气温的升高,侵犯性反而会减少。因此,"温度—侵犯"的关系并非直线关系那样简单,还有待进一步的研究考察。

2. 酒精和药物

许多研究证实,酒精在某种程度上会导致侵犯行为。斯姆特和泰勒(Schmutte 和 Taylor,1980)曾做过一项研究,即让喝醉的人和没喝酒的人完成一项任务。在完成任务的过程中,他们能电击对手,对手也能电击他们。一个条件是,被试听不到对手疼痛的叫声;另一个条件是,他们能听到对手非常难受,发出惨叫声。结果显示,喝醉的被试比没喝酒的被试更具有侵犯性,他们的侵犯行为不会受到对手惨叫声的影响。另一方面,没喝醉的被试在听到疼痛的反馈后,减少了他们的侵犯行为。研究表明,大剂量的酒精会使人们对周围环境以及侵犯后果的意识程度降低,以至于他们表现出更多的侵犯行为。

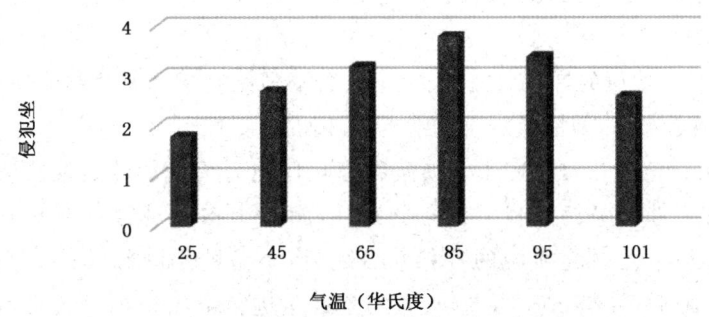

图 8-6 温度和侵犯:二者是曲线关系

兰普雷斯(Laplace,1994;参见 Brehm 和 Kassin,1996)得出一项有趣的结果:当以往喝酒经验少的人喝了大量的酒时,他们比起那些喝酒经验多的人更容易表现出侵犯性。在实验中,他们告诉男性被试要在一项任务中开展比赛。一半的被试服用大剂量酒精,另一半被试服用小剂量酒精。在实验中竞争对手没有表现出挑衅行为,对于那些以往很少饮酒的被试来说,服用大剂量酒精者和没有服用大剂量酒精者之间的侵犯行为差异显著,如图 8-7 所示。

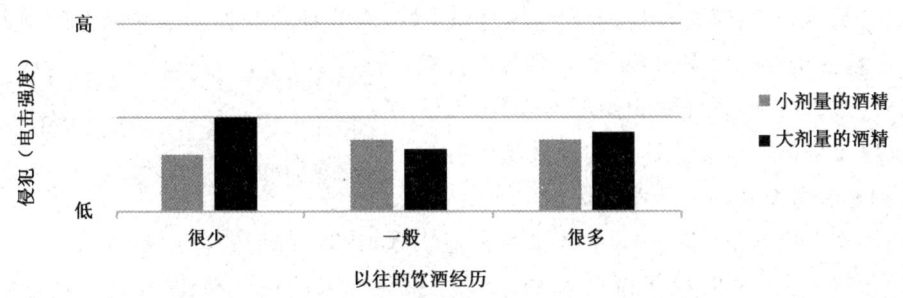

图 8-7 饮酒、以往的饮酒经历和侵犯

药物对侵犯行为的影响非常显著,但是其作用的方向取决于药物的种类、剂量的大小以及被试的状态。泰勒及其同事(Tayor 和 Camon,1975)研究了酒精和大麻对侵犯的影响,结果发现即使是超大剂量的酒精,就其本身而言也并不会诱发侵犯行为。但是如果被试处于被激怒或是被威胁的状态下,那么大剂量的酒精会引发更多的侵犯行为。但是大麻的作用与酒精并不相同,在服用大剂量的大麻后受到威胁的被试,比起服用小剂量的大麻和没有服药的被试来说,表现出较少的侵犯性。

研究者还发现用于治疗亢奋的镇静剂具有与酒精相似的作用(Gantnot 和 Taylor,1988)。

3. 唤醒水平

沙赫特和辛格的情绪二因素论把情绪体验分为两个部分:生理唤醒以及个体对这种唤醒状态的认知性标定。何谓"认知性标定"?即个体对这种生理唤醒状态的解释,如把这种唤醒(amusal)标定为高兴、愤怒等情绪感受。总的说来,个人的情绪唤醒水平会直接影响到他的侵犯行为。齐尔曼及其同事(Zillmann,1971,1978,1994;参见 Worchel,2000)把此理论应用于侵犯的模式,并做出推断:被其他原因唤醒(如性唤醒)的个体可能会把这种唤醒状态标定为愤怒。

20世纪70年代之后的许多研究证实,不仅总的情绪唤醒水平直接影响到人们的侵犯行为,特异性的唤起水平,如性唤醒,也会改变人们的侵犯性。

齐尔曼(Zillmann,1971)研究了性唤醒状态对侵犯行为的影响。他把被试分为三组。第一组被试观看一部能引起性唤醒状态的影片,第二组被试观看一部暴力拳击片,第三组被试观看有趣但不会引起唤醒的资料片。之后,实验助手激怒其中一些被试,而不激怒另一些被试。最后,让被试充当老师,对实验助手进行电击。结果表明,观看能引起性唤醒影片的被试表现出最强的侵犯性(即他们实施的电击强度最强)。这一结果正与下述观点相吻合:被试把由色情电影引起的性唤醒状态解释为愤怒,这导致了更强的侵犯性。

马拉姆斯和其同事则认为这类影片会对男性观众的态度产生令人不安的影响。他们证明观看此类影片的男性会对强奸产生更多的幻想(Malamuth,1984),对强奸的敏感度降低,并且更强烈地认为自己也可能犯强奸罪(Malamuth、Haber 和 Feshbach,1980)。

4. 去个性化

去个性化(deindividuation)的概念最初是由费斯廷格等人于1952年最先提出的。所谓"去个性化"是指个人在群体中自我同一性意识下降,自我评价和控制水平降低的现象。在群体中,一旦去个性化状态出现,个人的行为会较少受自己的个性支配,责任意识会明显丧失,而倾向于跟随整个群体的状态。群体的规模越大凝聚力越强,越易于引发人的去个性化状态。

> **去个性化**:是指个人在群体中自我同性意识下降,自我评价和控制水平降低的现象。

社会心理学家辛格(Singer,1965,参见金盛华等,1995)的研究采用匿名的方式引发被试去个性化状态。在被试处于匿名条件时,与可被认出来的条件相比,在有关色情问题的集体讨论中明显地更多使用威胁语言。

津巴多在1969年所做的一个经典实验则很好地证明,个人在去个性化的状态下攻击性明显增强。被试是来自纽约大学的女学生。每4个被试分为一组,在两种情况下进行实验。一种情况是给被试每人发一件从头蒙到腿的大罩布,不使用她们的姓名,并在黑暗中进行实验,因而同一组被试无法相互辨认。另一种情况则安排被试每人胸前都有一个很大的姓名卡片,并相互引见,同组被试之间就知道了每个人的姓名。前者为去个性组,后者为控制组。

研究者告诉被试,实验的目的是测定大家的移情能力,方法是给被评价对象以电击,引发痛苦然后对其进行评价。被评价对象(实验助手)有两种情况:一种是一个温柔的富有献身精神的年轻妇女,她正为资助未婚夫上大学而工作;另一种是一个令人讨厌的自私自利的女性。实验进行时,被试可以看到被评价者正在说话但听不到声音。每当她们按电键给予电击时,被评价者就身体扭动挣扎,表现出痛苦的样子。电击共20次,分两个阶段操作。当电击进行到第10次时,被评价者痛苦强烈,以至于挣脱了电极带,然后继续进行后10次的电击。图8-8为该实验的结果。

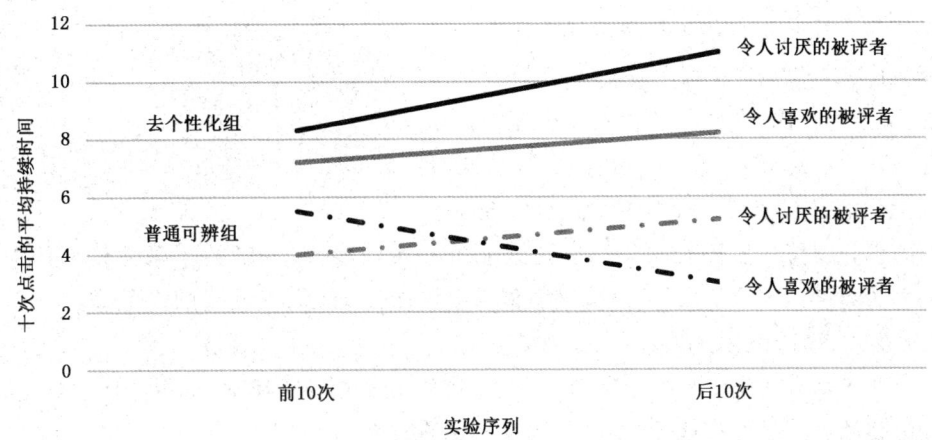

图 8-8 去个性化条件下侵犯行为明显增加

从图中可以看出,无论是前10次还是后10次电击,也无论是对善良的人还是对令人讨厌的人,去个性化组都实施了差不多两倍时间的电击。去个性化状态使人最大限度地降低了自我观察和评价的意识,降低了对于社会评价的关注。因此,通常的内疚、羞愧、恐惧和承诺等行为控制力量都被削弱,从而使压抑行为外露的阈值降低,使人表现出通常社会不允许的行为,也使人的侵犯行为增加。

(三) 社会因素

我们知道,某些特定文化崇尚暴力,某些暴力行为在那些文化所主导的社会里是被认可的;但是在另一些文化中则不然。侵犯行为在不同的文化中似乎有着不同的定义。这样,我们就发现一个更为宏观的、影响侵犯行为的因素——社会因素。下面我们主要探讨文化与侵犯的关系以及媒体暴力、暴力视频游戏对个体侵犯行为的影响。

1. 文化与侵犯

从已有的资料来看,文化与侵犯行为之间有着密切的关系(余建华,2007)。在一个名叫豪坯(Hopi)的印第安人村庄,恐惧、互相不信任等主导着人们的生活,但他们之间却很少发生身体冲突。因为这里的儿童自出生起就被灌输恐惧意识,以达到对儿童的控制,而且当儿童成长到一定时期,公开的侵犯行为被严厉禁止。

在本质上,文化影响侵犯不是决定侵犯行为是否发生,而是文化规范了侵犯行为的表达方向。居住于北美苏必利尔湖附近主要靠渔猎为生的索图克斯(Saulteaux)族群,表面上人与人之间相互合作,每个人似乎都有很好的忍耐性和自控力,甚至找不到关于谋杀、自杀的官方记录,但在合作的外像下面,隐藏着敌意和厌恶,当地文化认可背后传播流言诽谤他人,甚至用巫术报复他人的不公开侵犯行为方式。显然,这种不公开侵犯方式具有替代性侵犯作用(McNeil,1959)。

2. 媒体暴力

媒体暴力是引发侵犯的重要社会因素。"媒体暴力"(media violence)是指大众媒体(包括电影、电视、报刊、网络等)传达的暴力内容对人们的正常生活造成负性影响的现象。电影电视这些普及率高的大众媒体对暴力概念的重新解释与传播,显然有着其他媒体不可替代的更为直观、形象的作用,逼真的暴力画面也就对观众更具有蛊惑力。而互联网的不断普及,一方面让人们体验到信息获取的方便快捷,而另一方面也

> **媒体暴力**:是指大众媒体(包括电影、电视、报刊、网络等)传达的暴力内容对人们的正常生活造成负性影响的现象。

使暴力内容和色情内容随处可得。实验室研究和生活事实,都证明了暴力传播的潜在危险。绝大多数社会心理学家都赞同,暴力传播会增加公众尤其是儿童的侵犯性。

(1) 媒体暴力与侵犯性的关系

对于媒体暴力在侵犯行为中所起的作用,几种主要的侵犯理论(挫折—侵犯理论、侵犯线索理论和社会学习理论)对此得出了截然相反的结论。

挫折—侵犯理论的支持者认为,个体做出侵犯行为(无论是真实出现或是仅仅模拟),都会得到精神上的宣泄,这样就降低了将来出现侵犯行为的可能性。因此,如果让人们观看暴力电视从而替代地宣泄出侵犯性,宣泄出积聚的负性能量,减少自己想要侵犯他人的念头,那么他们将来的侵犯行为就可能会减少。在他们看来,观看电视上的暴力节目不失为解决暴力的良方。

另一方面,社会学习理论和侵犯线索理论提出,目睹暴力行为并不是一种宣泄,而会导致更多的侵犯行为。从社会学习理论的角度来看,人们的很多行为是习得的,而媒体上的暴力会被观众所认同,当作榜样来模仿;从武器线索理论的角度来看,媒体上的暴力则是诱发观众出现侵犯行为的线索,引发人们做出侵犯行为。

大量的研究证实了观看暴力电视会增加观众的侵犯行为。利伯特和巴伦(Liebert 和 Baron,1972,参见 Aronson,1999)让实验组的孩子观看非常暴力的警匪片的片段,而让控制组观看时间长度相仿的无暴力的体育节目;然后允许他们每个人(实验组和控制组)与另外一组孩子一起玩。结果发现,无论是男孩还是女孩,看过暴力警匪片的孩子比看过体育节目的孩子对同伴表现出更多的侵犯行为。

帕克等人(Parke,1977)所做的实验也证实了这一点。首先,他们连续三个星期观察被试行为以得到侵犯行为的基线水平之后,将被试随机分成两组。在接下来的一个星期内,一半被试每晚看暴力电影,而另一半被试看非暴力电影。之后,连续三个星期再对他们的日常生活进行观察,并在"侵犯性"维度上对他们的行为进行评定。在每种情况下,观看暴力电影的被试都比观看中性电影的被试表现出更多的侵犯行为。这与社会学习理论一致。

但是,一些研究则认为,观看暴力电视之后,侵犯行为将有所减少。费斯贝奇(Feshbach,1961)证实,原本处于愤怒状态的观众在观看暴力电影后其侵犯行为会减少。他让被试(处于愤怒或非愤怒的状态)观看暴力或非暴力的电影,之后给被试侵犯的机会。结果发现,在生气的被试中,观看暴力电影的人比观看非暴力电影的人表现出更弱的侵犯性;而在不生气的被试中,观看暴力电影的人比起观看非暴力电影的人感到更强的敌意。他认为这项结果表明,观看电影里的侵犯行为,会降低生气观众的侵犯动机。费斯贝奇和辛格(Feshbach 和 Singer,1971)发现,在一项涉及 625 名 10~17 岁男孩(包括来自上层家庭的私立学校男

生,以及来自流浪者救助社区中心的男孩)的研究中,观看暴力电影会减少侵犯行为。费斯贝奇和辛格的研究被认为支持了精神宣泄假说。费斯贝奇的研究遭到许多学者质疑:他选用了过于暴力的被试,所得结论不能推广到正常人群。

以上谈到的大多是较为短期的横向实验研究的结果,下面我们转向长期的纵向研究。一些纵向研究都表明,长期观看电视和电影上的暴力场面与暴力行为之间存在相关(Huesmann 和 Miller,1994;Huesmann、Moise 和 Podolski,1997)。纵向研究还发现,这种电视暴力的影响很可能在孩子身上显现出短期效应,也可能出现长期效应。赫伊斯曼(Huessmann,2003)从1977年到1992年做了长达15年的纵向研究。结果显示,儿童期过多观看暴力电视能预测男性和女性在成人初期的侵犯行为,并且根据其对暴力电视人物的认同度和他所理解的电视暴力的真实程度也能预测后续的侵犯行为。

菲利浦斯(Philips,1983)做过一项研究,考察了凶杀率和拳王争霸赛中的公开暴力之间的关系。他比较了1973—1978年18次重量级拳王争霸赛之后的预期凶杀率和实际凶杀率。结果显示,凶杀案平均增加了7.29起。而凶杀案最高的增长产生在媒体宣传力度最大、收视范围最广的比赛(著名的阿里弗雷泽之战)结束之后。这场比赛结束之后,凶杀案增加了26起之多。

总体上来说许多研究者都认为,观看媒体暴力会增加观众的侵犯行为。虽然宣泄被证实是一种减少暴力行为的途径,但是观看暴力电视能否作为一种有效的宣泄途径,其作用及其适用范围有待进一步的研究和证实。

就现有的研究来看,观看暴力电视确实是影响侵犯行为的重要因素。然而,我们无法解释观看暴力电视和侵犯性之间的关系:究竟是侵犯性高的人更倾向于观看暴力电视,还是个体由于观看暴力电视而导致侵犯性?研究表明,侵犯性高的人爱看攻击性的电视节目(Bushman,1995;Fenigstein,1979)。但是,研究者用统计方法控制了儿童最初的侵犯性,研究结果仍然表明看电视会导致以后的侵犯行为(Lekowitz,1977;Singer 和 Singer,1981)。

(2) 媒体暴力对儿童的影响

媒体上的暴力画面屡见不鲜。从暴力电视到暴力电影,从暴力书籍到暴力漫画,陪伴孩子们成长的卡通人物常常"大打出手"。据调查,我国中小学生最经常的课外活动是看电视,多数孩子每天看电视时间达100分钟。节假日收看电视的儿童还会更多。除了电视暴力以外,网络上随处可得的暴力信息更是让家长忧心忡忡。儿童的心智仍处于发展阶段,他们有极强的学习能力和模仿能力,而媒体暴力给孩子们带来了巨大的影响。

① 媒体暴力影响孩子对于暴力的认知。看着由于暴力行为而达到目的的电视人物,孩子很可能就会对"暴力行为是解决问题的方式"这一观点产生认同。尤其当他们喜欢的英雄痛打敌手时,他们可能会认为"好人"也会使用暴力行为,从而接受"在某些情况下使用暴力未尝不可"的观点。而且,很多情况下,这些"电视英雄"的暴力行为还会受到奖励(如旁观者欢呼喝彩),这无疑是对孩子的替代性强化,让他们更加坚信暴力是一种解决问题的方式,甚至是最"好"的解决方式。

② 媒体暴力改变孩子关于暴力的态度。对于长期观看暴力电视的孩子来说,暴力镜头

已经不构成新异刺激,孩子们对此已形成漠视的态度。甚至有些孩子会形成错误的认识,认为电视中常出现的枪战和武打场面在现实的生活中是真实的。观看暴力节目减弱了他们对暴力行为的敏感度,降低了他们对受害者的同情,使他们无法站在受害者的角度思考,导致他们对暴力出现"免疫"。

③ 媒体暴力引发孩子对暴力的模仿。孩子们看到电视上看似真实、没有受到惩罚的暴力行为,很可能模仿这种行为而在学校、家里实施侵犯,如摔打玩具、推倒同伴等。他们的道德观、价值观正处于形成阶段,很难依照社会准则对"对错"进行准确判断,从而出现对某些电视英雄的暴力行为盲目认同,做出"好酷""厉害"的评价。他们对行为造成的后果缺乏认知,甚至可能认为"人死是能够复生的""英雄好汉是打不死的"。由于认知上的缺乏,他们很可能去模仿一些非常暴力的行为,或者在处理问题时,采取以暴制暴的方式。而那些在情感、行为、学习和控制能力等方面有问题的孩子更可能受到媒体暴力的影响。

3. 暴力视频游戏

暴力视频游戏近十年来被越来越多的研究所关注(Ferguson,2007)。研究者认为,暴力视频游戏将会引发游戏者的侵犯行为(见图8-9)。研究已经证明,实验室中设置的暴力视频游戏,会增加被试的侵犯想法和行为,暴力视频游戏与侵犯行为、违法行为有高正相关关系,这一效应在具有侵犯倾向的个人及男性身上表现得更加明显(Anderson 和 Dill 2000,转引自 Ferguson 2007)。

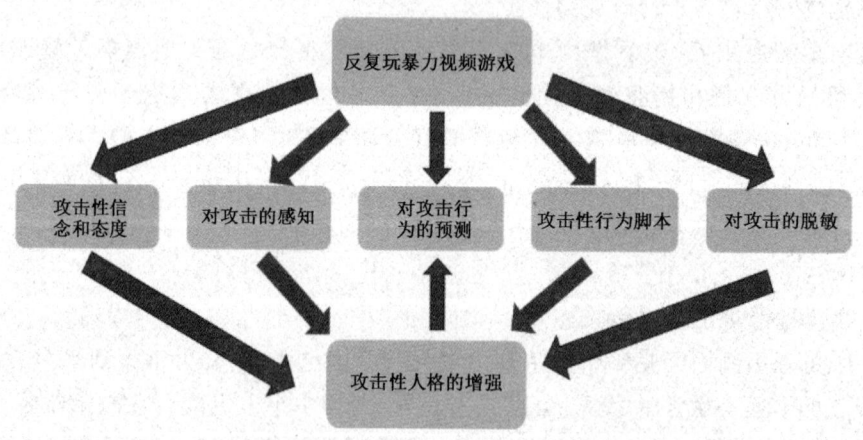

图 8-9　暴力视频游戏将会引发游戏者的侵犯行为

五、减少侵犯行为的方法

学习目标8.7　理解并掌握减少侵犯行为的方法
重点掌握:①移情能力的培养;②成熟个性的培养;③宣泄;④社会公平的建立。

(一)移情能力的培养

移情是指当一个人感知到对方的某种情绪时,他自己也能体验到相应的情绪,即能够体察到他人的情绪状态,并产生共鸣。移情包括两个方面:一是识别和感受他人的情绪、情感状态;二是能在更高级的意义上接受他人的情绪、情感。

> **移情**:是指当一个人感知到对方的某种情绪时,他自己也能体验到相应的情绪,即能够体察到他人的情绪状态,并产生共鸣。

社会心理学家米尔格拉姆在其著名的权威—服从实验中发现,受害者痛苦状况的反馈越直接,人们也就越难以服从命令对别人实施伤害性的电击。另一方面,个人对别人的痛苦状况体会得越深刻,就越倾向于抵御外在压力,拒绝服从去伤害别人。移情对于侵犯行为的抑制作用,已经为犯罪学研究所证实。犯罪心理学家发现,让性暴力犯罪者观看他所侵犯的受害者痛苦反应的录像,可以有效地降低其重新犯罪的可能性。而没有看录像的对照群体,重犯率显著高于看录像的实验组。而费希巴赫等人的长期系统研究也表明,移情能力与侵犯行为之间是负相关的关系,移情能力越高,也就越不容易对别人采取侵犯行为。社会心理学家建议,移情能力的评价和培养应成为罪犯改造的一个重要步骤。

有研究表明,小学生在移情能力上得分高,则教师评定其出现的侵犯行为很少;移情能力得分低的则表现出很高的侵犯性。在一项研究中,高攻击性的11~13岁的少年犯参加了为期10周的移情训练后,他们的敌意和攻击性明显减少,对9~11岁儿童的移情训练也获得了同样的结果。

家长和老师可以通过培养儿童的移情能力降低其侵犯性。日常生活中易于运用的角色扮演方法,是培养移情能力的良好方法。角色采择是个体自我发展的重要机制,儿童通过扮演某个重要他人的角色才能逐步地学会身临别人所处的情境,暂时充当别人的角色,真实体验别人在一定情境下的内心状态。家长在强调指出儿童侵犯性行为带来的不良后果的同时,也要注意引发儿童移情,培养其同情心,让儿童把自己置于受害者的地位,设身处地地体会受害者的痛苦,想象受害者的痛苦、难受的感觉和心情,产生对受害者的"感情共鸣"。这是从根本上消除儿童侵犯性的一种好办法。

尽管多数研究者认为,具有侵犯性的儿童或成人,比起那些不具侵犯性的儿童或成人,被假定为具有较低的移情能力,但是,洛维特(Lovett,2007)等人通过综述17个关于移情和侵犯之间关系的研究,结果得出,儿童侵犯和低移情的关系并不是很稳定,然而,成人的侵犯和低移情的关系得到了证实。

(二)成熟个性的培养

不同领域的心理学家,由于研究的着眼点不同,对成熟个性的理解也有一定差异。但心理学家在成熟个性的内涵上看法比较一致。犯罪心理学家强调,个性成熟者的自我意识和控制水平较高,对别人侵犯的可能性也越小。犯罪心理学家强调的成熟个性特征主要有:(1)有道德责任意识和成熟的敏感性;(2)关心别人的福利和得失;(3)不保留敌意与怨恨;(4)不歪曲现实。不成熟的个性特征则与此相反。

研究表明,个性不成熟者自我意识水平较低,倾向于运用侵犯的方式来达到目的。此类个体运用社会允许的方式满足自己需要的能力较低,缺乏客观的自我意识和自我控制能力,因而运用突发性、破坏性、侵犯性行为方式满足自己需要的可能性大大增加。

其中道德水平是成熟个性的核心标志。心理学家斯普林撒尔(Sprinthall,1981,参见金盛华,1995)等人在《教育心理学》一书中引用了能说明这一问题的研究。

该研究用心理学家柯尔伯格(Kohlberg)的道德发展阶段作为对被试道德水平的衡量手段,然后考察不同道德水平的被试在米尔格莱姆式权威服从实验上实施侵犯行为的差异。研究的结果证明,道德发展水平处于第一至第四阶段上的被试拒绝服从权威而没有对别人施以伤害性电击的比例仅有13%。也就是说,道德水平停留在惩罚与服从定向阶段、工具性相对主义定向阶段、人际协调定向阶段、维护权威或秩序定向阶段这四个阶段的被试,在知晓自己的行为将会伤害别人的情况下,其抵抗外在权威力量影响的能力很小。

与前四个阶段形成鲜明对照的是,道德发展水平达到第五和第六阶段的被试,拒绝服从权威而没有对别人实施伤害性电击的比例高达73%。道德发展的第五阶段为社会契约定向阶段,第六阶段为普遍道德原则定向阶段。道德发展达到这两个阶段后,人们开始以一般的道德原则来指导自己的行为,而外在的影响则退居次要位置。因此,在米尔格莱姆式的实验中,虽然有权威的指示但大多数被试仍拒绝对别人实施伤害性的侵犯。

个人的道德发展水平越高,就越倾向于体察他人的感受;道德发展水平越低,就越倾向于忽视他人的感受。个人道德水平的提高,会减少侵犯行为的发生。

(三) 宣泄

侵犯的本能论者,无论是弗洛伊德还是洛伦茨,都倡导侵犯的宣泄。宣泄(catharsis)的基本假设是,侵犯性的精神能量是一个常数,能量聚集越多,其发生侵犯性行为的可能性愈大。若这些不良情绪得以合理宣泄,就可以减小其侵犯性的强度,攻击行为也会随之减弱。一切实际的

> **宣泄**:把心理创伤、心理遭遇和感受到的消极情绪发泄出来,以达到缓解和消除消极情绪的目的。

侵犯行动或在想象中实施的侵犯行为,都可以使侵犯性的精神能量得到释放,从而减少侵犯性冲动,达到减少侵犯行为的目的。

随着挫折—侵犯理论广为人们所接受,人们开始将这一理论同宣泄联系起来,认为人们一旦为挫折的情境惹怒,愤怒的情绪状态就会作为一种有侵犯危险的心理准备而存在。被激起的愤怒情绪必须得到宣泄,才可以有效地降低人们的侵犯性。

宣泄对于减少侵犯的作用,得到了大量事实证据的支持。心理学家霍坎逊(Hokanson,1961)研究发现,受到假被试(实验助手)侮辱的被试被激怒后,其生理水平发生改变:血压升高,心跳加快,处于一种高唤起水平的攻击准备状态。此后实验安排部分被试有机会电击侮辱他们的假被试。另一部分作为控制组则没有这样的机会。过后的生理测量表明,实际施行了攻击行为后的实验组被试血压回降,心跳恢复正常,生理紧张性下降,表明高唤起水平的攻击准备状态已经消失。而没有实施攻击的控制组被试,攻击准备状态则依然存在。

进一步的研究表明,想象的攻击行为和观察他人攻击也具有宣泄的作用。心理学家杜博(Doob,1972,参见金盛华等1995)进行过这样一项实验。研究者将被激怒的和未被激怒的被试分为三组。对第一组的操作是让他们有机会电击激怒他们的人;第二组则为目睹实验者对激怒他们的人实施电击;第三组为控制组。研究结果发现,三组被试在后一阶段对别人施以电击攻击时,被激怒的被试中,原先已对别人实施电击的第一组实施的电击最少,目睹实验者电击的第一组居中,控制组最多;而未被激怒的被试中,控制组最少,已对别人实施过电击的第一组居中,目睹实验者电击的第二组实施了最多的电击,如图8-10所示。

结果表明,对于被激怒的被试,自己先实施攻击产生了宣泄作用,因而减少了后继的攻击冲动;而目睹别人实施攻击也有代偿性的宣泄作用。但对于未被激怒的被试,先进行攻击和目睹别人攻击引起的不是宣泄作用,而是学习和强化作用,因而再次实施攻击时其强度反而高于控制组。最新的实验研究也证明,通过想象侵犯目标的实现(goal-fulfillment)可以降低侵犯的发生的可能性(Denzler 和 Liberman,2009)。

必须强调,宣泄是针对已经产生了对一定对象的侵犯准备而言的。对于未产生愤怒攻击准备的人,想象、目睹别人实施侵犯行为,可能反而会更增加侵犯的危险性。

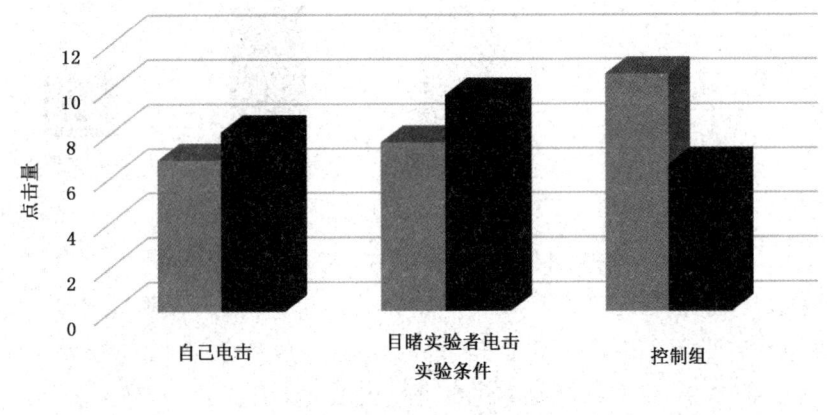

图8-10 实践的宣泄和学习作用

(四) 社会公平的建立

从古至今,公平性一直是人们所追求的目标。在现代社会中,完整的社会公平体系包括权利公平、规则公平、分配公平、社会保障公平等方面。其中,分配公平是社会公平中的重要内容,社会财富(包括物质财富和精神财富)分配的合理性往往是人们评价一个社会是否公平的核心依据。

由于人类作为被试的不可控性,生物心理学家布鲁斯南和德瓦尔(Brosnan 和 DeWaal,2003)用卷尾猴作为被试进行实验研究,探究高级灵长类动物对不公平现象的反应。在实验中,研究者给一对猴子每只各一个代币,它们可以用代币从人类实验员那里换取报酬(黄瓜或者是猴子更喜欢的葡萄)。其实验条件有四种:第一种是平等条件,两只猴子都得到黄瓜；第二种是不平等条件，一只猴子得到葡萄（高价值的报酬），另一只猴子得到黄瓜（低价值的报酬）；第三种是努力对照条件（effort control），一只猴子没有付出努力（没有换代币）就获得葡萄，而另一只猴子用代币只能换得黄瓜；第四种是食物对照条件（good control），一只猴子用代币换得黄瓜后，发现在另一只猴子常待着的地方放有葡萄。

结果发现，猴子出现了拒绝行为。研究者把猴子的拒绝行为分为两类：一种是拒绝归还代币，一种是拒绝接受提供的低价值报酬。从图8-11中可以看出，在后三种实验条件下，猴子在遭受到不平等待遇后的拒绝行为明显增加。这一现象可用"相对剥夺理论"解释。美国心理学家亚当（Adam，1965，参见刘磊2001）认为，人们总将自己所做的贡献和所得的报酬进行比较，如果这两者之间的比值相等，双方就都有公平感；否则，就会产生相对剥夺感。特德·古尔（Gurr，1970，参见Worchel，2000）认为，粗略地讲，"相对剥夺"和"挫折"的含义相当。当个体认为该得到的东西没有得到时，就会产生相对剥夺感，由此体验到各种负性情绪，做出各种拒绝行为。

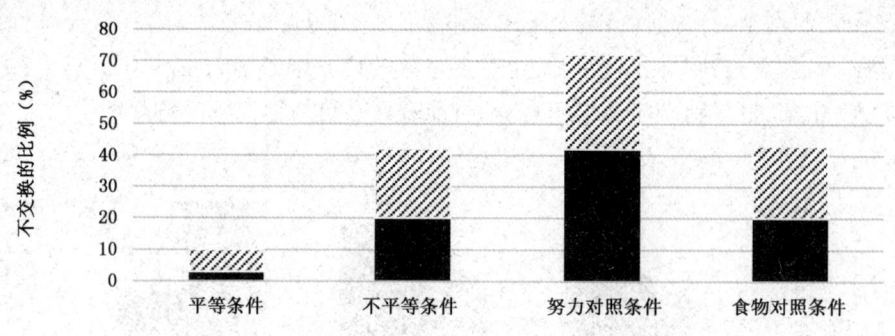

图 8-11 猴子拒绝不公平的报酬

在人类社会中，许多情况都会导致相对剥夺的产生，如社会各阶层贫富差距的拉大。实践表明，"大锅饭"的收入模式并不利于经济的发展；在收入分配上适度扩大差别性，有助于提高经济增长的效率，促进社会财富的积累。然而，差别过大，少数人占有过多社会资源，就会对经济增长产生负面影响。这种生活质量上的悬殊会使广大人群产生巨大的心理落差，使其产生嫉妒、不满及仇恨等不良情绪，抢劫、绑架等严重的社会案件就会急剧增加，继而引发更为强烈的社会动荡。

> "是时候开枪直射宣泄假说的心脏了。这种通过观察暴力（或是'发泄'）使得敌意消失的想法，实际上从未获得研究的支持。"
> ——卡罗尔·塔佛瑞斯（Carol Tavris,1988）

第八章 利他与侵犯

章节小结

重点概念

利他行为、旁观者效应、责任扩散、评价恐惧、个人困扰、同情性关怀、移情、侵犯行为、言语侵犯、动作侵犯、报复性侵犯、工具性侵犯、广义侵犯、狭义侵犯、挫折—侵犯理论、A型人格、B型人格、去个性化、媒体暴力、移情、宣泄。

复习思考

1. 利他行为的概念是什么？
2. 简述责任扩散效应。
3. 简述影响利他行为的因素。
4. 侵犯行为的概念是什么？
5. 简述挫折—侵犯理论。
6. 简述影响侵犯行为的因素。
7. 试述减少侵犯行为的方法。

本章要点

1. 利他行为是指在毫无回报的期待下，表现出志愿帮助他人的行为。

2. 责任扩散效应是指周围他人越多，每个人分担的责任越少，这种责任分担可以降低个体的助人行为。

3. 影响利他行为的因素包括情境因素、助人者的特点因素以及求助者的特点因素。情境因素包括：①文化差异；②他人的存在；③环境条件因素；④时间压力因素。助人者的特点包括：①助人者的人格因素；②助人者的心情；③助人者的内疚感；④个人困扰与同情性关怀；⑤宗教信仰；⑥性别影响。求助者的特点包括：①是否受他人喜爱；②是否值得他人帮助；④性别的影响。

4. 侵犯行为是指任何试图伤害或危害他人的行为。

5. 挫折—侵犯理论认为侵犯行为的发生总是以挫折的存在为条件的，即侵犯只有一个原因（挫折），挫折只有一个反应（侵犯）。

6. 影响侵犯行为的因素包括：个人因素、情境因素以及社会因素。个人因素包括：①A型人格；②敌意归因偏差；③性别。情境因素包括：①高温；②酒精和药物；③唤醒水平；④去个性化。社会因素包括：①文化与侵犯；②媒体与暴力；③暴力视频游戏。

7. 能够理解并掌握减少侵犯行为的方法：①移情能力的培养；②成熟个性的培养；③宣

泄;④社会公平的建立。

推荐书目

1. 章志光,等.社会心理学[M].北京:人民教育出版社,1996.
2. 艾里奥特·阿龙森.社会性动物[M].郑日昌,等译.北京:新华出版社,2002.
3. 金盛华,张杰.当代社会心理学导论[M].北京:北京师范大学出版社,1995.
4. 艾德·凯勒,琼·贝利.影响力[M].北京:中国社会科学出版社,2001.
5. Flescher, Worthen. The Altruistic Species: Scientific, Philosophical, and Religious Perspectives of Human Benevolence [M]. Shift at the Frontiers of Consciousness, 2007.
6. Yoram. War, Aggressive and Self-Defence[M]. Cambridge: Cambridge University Press, 2011.
7. Iredal, van Vugt. Altruism as Showing off: A Signaling Perspective on Promoting Green Behaviour and Acts of Kindness[C]//Roberts. Applied Evolutionary Psychology. Oxford University Press, 2011.
8. Huesmann. Aggressive Behavior: Current Perspectives[M]. Springer, 2013.
9. Ricard. Altruism: The Power of Compassion to Change Yourself and the World [M]. Atlantic Books, 2015.

第九章
群体心理

本章学习目标：
9.1 理解并掌握群体的概念
9.2 掌握群体结构的必备要素；记住群体规范的概念
9.3 掌握群体的种类
9.4 理解并掌握群体的功能
9.5 理解群体成员资格身份形成的五个阶段
9.6 理解并掌握群体对个体的影响，及其对应的概念
9.7 记住群体凝聚力的概念
9.8 理解影响群体凝聚力的因素
9.9 记住群体决策的概念
9.10 记住群体思维、冒险转移、群体极化的概念
9.11 记住领导行为的概念及其构成三要素
9.12 掌握影响群体内成员竞争与合作的主要因素
9.13 记住人际——群际非连续效应的概念，并举例说明

案例导入

例一：竞争与合作的故事

一个外企招聘白领职员，吸引了不少人前去应聘。应聘者中有本科生，也有研究生，他们头脑聪明、博学多才，是同龄人中的佼佼者。招聘开始了，董事长让前六名应聘者一起进来，然后发了15元钱，让他们去街上吃饭。并且说明，如果所有人都吃上饭，

则全部入职;如果有人没吃上饭,则挨饿的人被 out。

六个人从公司里出来,各怀心思,想的都是怎么才可以不让对方跟自己抢名额。不久,他们来到大街拐角处的一家餐厅。他们上前询问就餐情况,服务员告诉他们,这儿的米饭、面条每份最低也得 3 元。他们一合计,照这样的价格,六个人一共需要 18 元,可是现在手里只有 15 元,无法保证每人一份。于是,他们开始互相争抢,有的人破口大骂,有的人苦口婆心地劝对方:"这份工作不适合你,你还有更好的选择",还有的人选择把一生的苦水都倒出来"卖惨",希望获得同情赢得机会,场面好不热闹。最终,饭店老板嫌这群人影响自家生意把他们全部赶了出去。

回到公司,董事长问明情况后摇了摇头,说:"真的对不起,你们虽然都很有学问,但是都不适合在这个公司工作。"

其中一人不服气地问道:"15 元钱怎么能保证六个人全都吃上饭?"

董事长笑了笑说:"我已经去过那家餐厅了,如果五个或五个以上的人去吃饭,餐厅就会免费加送一份。而你们是六个人,如果一起去吃的话,可以得到一份免费的午餐,可是你们每个人只想到自己,从没有想到凝聚起来,成为一个团队。这只能说明一个问题,你们都是以自我为中心、没有一点团队合作精神的人。而缺少团队合作精神的公司,又有什么发展前途呢?"

听闻此话,六名大学生顿时哑口无言。

例二:群体的力量及其带来的影响会有多大?——"暴力乱港"事件

自 2019 年 6 月以来,香港反对派和一些激进势力借"反修例"为幌子进行各种激进抗争活动,其中包括:给部分市民和大学生"洗脑",公然鼓吹"港独",喊出"光复香港、时代革命"的口号,包围和冲击中央政府驻港机构,阻断交通,影响市民正常生活,围堵香港机场导致大量国内及外国旅客滞留,肆意侮辱国旗、国徽和区徽,公然挑战国家主权和"一国两制"原则底线,其气焰之嚣张、行径之恶劣,令人发指。

同时,香港的激进非法示威活动牵动着海内外中华儿女的心,美、英、日、澳多国侨胞集会向香港暴乱说不,学生们高唱国歌,勇敢喊出"反对暴力""一个中国""我们爱中国,我们爱香港"的口号,表达对伟大祖国的支持,对香港和平安定的心愿。

可以说,在面临主权问题的时候,中国人民的群体意识被激活了,中华民族成为人们的群体标识,表达捍卫主权的决心、抒发爱国情怀成为社会赞许的行为,群体表现出强大的凝聚力和认同感。

在社会生活中,人们是不能离开社会群体的,人总是作为群体成员而存在。在群体中人们获得了安全感、责任感、亲情和友谊、关心和支持。群体是个体的价值、态度及生活方式的主要来源,而个体在群体中互动,维持了群体的活力,发展了群体的规范,巩固了群体的结构。群体具有特别的研究价值,这是因为:首先,群体是能够被群体成员和非群体成员感知的心理现实;其次,人们在群体中的行动往往不同于独处时或双人互动时;最后,虽然群体是由个体集合而产生的,但个体的这种集合是动态的、有机的,群体心理绝非个体心理的简单叠加,它是社会心理学研究的又一层次。本章将讨论群体的心理与行为,解读群体过程,并将涉及一系列如群体规范、凝聚力等群体相关内容。

> **思考**
>
> 1. 找出现实生活中竞争与合作的例子,说说竞争和合作是如何影响群体形成的。
> 2. 爱国群体和暴乱群体为什么会产生,又有什么作用?以群体形式出现在不同场合的人们,彼此之间有怎样的关系?爱国群体和暴乱群体又是如何影响其群体内成员的呢?

第一节 群体概述

社会心理学要研究群体,明确清晰地认识群体本身非常重要。本节将对群体的含义、结构、类型、功能等进行探讨。

一、群体的含义和本质

学习目标9.1 理解并掌握群体的概念

许多学科会对群体进行研究,在社会心理学的研究意义上,群体(group)是指一群相互依赖的人所组成的集合,群体成员间通常有面对面的接触或互动的可能性。成员之间的"相互依赖"(inter-dependence)是群体的重要特征,这种依赖不仅指成员之间相互依靠以实现群体目标,还包括成员之间的相互影响。

群体: 一群相互依赖的人所组成的集合,群体成员间通常有面对面的接触或互动的可能性。

简单的统计集合体、围在路边看热闹的人群、喜欢看电视新闻的观众等不能被归为群体之列,因为其成员不存在依附关系,不发生互动,在多数情况下,这些人彼此无丝毫影响。而学校篮球队、家庭、工厂中的班组等,则可称为群体,因为其成员常常是为了共同的目标而组合在一起的,彼此间不但有面对面的接触,而且有频繁的互动,受到对方多方面的影响。

群体动力学家肖(Shaw)把群体定义为两个或更多互动并形成影响的人。麦格拉思认为,群体就是一群聚集在一起的人,他们在生活的多个方面可以自由交往,这种交往过去就有且预期未来也会持续。英国社会心理学家布朗将群体界定为"由于某种共同的经验或目的而结合在一起的一群人,或者在一个微观社会结构中紧密联系的一群人,也就是说彼此互动的一群人"。社会心理学家特纳(Turner)则认为,能够被认为是"我们"的一群人,就是个体所在的群体。

二、群体的结构要素

学习目标9.2　掌握群体结构的必备要素；记住群体规范的概念

每个群体都具有其独特的群体结构，这形成了群体的多样性。有些群体结构形成得非常快，可能在群体成员刚见面的几分钟之内完成，也可能立刻形成于一个外群体成员的介入之时。然而一旦群体结构形成，群体结构就变得很难改变，即使当群体内部组成发生改变时也是如此。社会学家在分析群体结构时，确立了一些共同的成分，如地位体系（status system）、群体规范（group norms）、角色（roles）以及凝聚度（cohesion）。

（一）地位体系

地位体系是指群体成员间的权力分布情况。这种权力分布的差异可以体现在语言层面和非语言层面。在语言层面，高权力地位的人说话更多，声音更大，并且更喜欢批评、命令、打断他人，他们也常常成为其他成员的语言对象。而在非语言层面，高权力地位的更喜欢挺身而立，和别人保持眼神接触，更容易介入他人的个人领域。在没有正式地位体系的群体，比如朋友圈子，各成员之间依然存在威信和权威的差异。群体地位的获得一般会被归因于帮助群体实现目标，但是帮助群体实现目标并不能让个体一定获得群体地位；群体成员会将更高的地位给予那些值得给予的人。

（二）群体规范

群体规范是为了保证目标的实现，群体本身必须有制约其成员思想、信念与行为的准则，这种要求群体成员必须严格遵守的准则就是群体规范。群体一旦形成，就需要群体规范来统一群体成员的信念、价值观和行为。一方面，可以起到区别于其他群体的作用；另一方面，也是为了保证群体目标的实现。

> **群体规范**：为了保证目标的实现，群体本身必须有制约其成员思想、信念与行为的准则，这种要求群体成员必须严格遵守的准则就是群体规范。

有时候，群体规范会以成文形式明确地告知群体成员。但在通常情况下，人们是通过日常的交流或观察其他群体成员的行为来理解和遵守群体规范的。群体规范一旦形成就会保持稳定，即使群体成员已经发生了变化，群体规范也能够继续保持一段时间甚至不改变。群体规范会增强群体内部的一致性，减少偏离群体的行为。如果群体的结构鼓励个人成就、效率和工作质量，那群体也能够表现出较高的工作绩效。

群体规范是群体存在的最根本条件，有关群体规范的细致内容，将会在本章第二节中详细展开。

（三）角色

角色与群体规范有些相似，角色也包含对群体成员行为的期望，但是角色一般不是普适于全部群体成员的,而是对某个特定人或少数特定人的行为预期。它规定了群体中特定人所应该有的行为,例如在班集体中学生对班长的行为预期,领导者、替罪者、新成员是群体中常见的角色,一般情况下,群体成员会预期一个领导者积极主动、热情洋溢、有决断,而一个新成员是焦虑的、被动的,依赖性比较高,也比较顺从。

在一个群体内,角色常常是按照劳动分工来定义的,而定义良好的角色会增强群体的活力和凝聚力,提高群体绩效。角色有可能通过群体成员间的互动发生改变,例如新成员成为老成员。也有人会将自己以前所属群体中的角色带入新群体。例如:在班级里当班长的同学,也会在学生社团中争取领导者的位置;在家庭中是"逗乐角色"的人,也会成为朋友圈子里的"开心果"。

(四)凝聚度

凝聚度是群体的文化属性,它是一个群体的能量和弹性。从直观上讲,一个凝聚度高的群体能更容易克服群体困难,不容易瓦解。高凝聚度的群体中,群体成员的相似性更高,成员间也拥有更加一致的信念,更忠于自己的群体。

目前,社会心理学关于凝聚度的关注大都集中在群体凝聚力(group cohesiveness)这一概念上,本章第三节将会进一步说明群体凝聚力的形成过程,以及其对群体的价值和影响因素。

三、群体的分类

学习目标9.3 掌握群体的种类

群体的分类方法有很多种,最常见的方法是根据群体是否真实存在将群体划分为统计群体与实际群体。所谓统计群体(statistic group),是指实际上并不存在,只是为了研究和分析的需要,把具有某种特征的人在想象中组织起来,成为群体。这种群体主要存在于统计学中,如老年群体。实际群体(actual group)是指在一定空间和时间范围内存在的群体。这类群体有着明显的界限和实际交往,如学校的班级。实际群体又可划分为正式群体和非正式群体、成员群体和参照群体,以及大群体和小群体。

> **统计群体:** 实际上并不存在,只是为了研究和分析的需要,把具有某种特征的人在想象中组织起来,成为群体。
> **实际群体:** 在一定空间和时间范围内存在的群体。这类群体有着明显的界限和实际交往,如学校的班级。

下面介绍的群体都是实际群体。

(一)正式群体与非正式群体

这个划分方式由美国心理学家梅奥(E. Mayo)提出。群体根据自身在人们社会生活中所发挥的作用,也可划分为正式的和非正式的两种。

正式群体(formal group)是指那些有明确规章,成员地位与角色、权利与义务都很清楚,并具有正式编制的稳定群体,如机关的科室、工厂的班组、学校的班级等。正式群体按其存在时间的长短又可分为永久性正式群体和暂时性正式群体。永久性正式群体前面已提到,如科室、班组等。暂时性正式群体是指新产品设计组、毕业生分配组等临时性组织。

非正式群体(informal group)是指那些自发产生的,无明确规章的,成员的地位与角色、权利与义务都不确定的群体。人们除了完成工作和学习任务,还有交友、娱乐、消遣等各种各样的欲望与需要。非正式群体往往借助同乡会、集邮爱好者协会、诗社、绘画小组等形式,帮助其成员满足某种需要,非正式群体往往以共同的利益、观点为基础,以感情为纽带,有较强的内聚力和较高的行为一致性。

正式群体:指那些有明确规章,成员地位与角色、权利与义务都很清楚,并具有正式编制的稳定群体。
非正式群体:指那些自发产生的,无明确规章的,成员的地位与角色、权利与义务都不确定的群体。

正式群体和非正式群体并非截然分开,而是相互交叠的;非正式群体可能存在于正式群体中,也可能跨越几个正式群体。实际上,非正式群体普遍存在于正式群体中,特别是在正式群体的目标与其成员的需求和愿望不一致,正式群体不能发挥正常的功能,缺乏合理的领导机构时,非正式群体更容易产生。比如,在大学中,由于班级不能充分发挥其功效,同乡会、各种形式的联谊会便能吸引大量学生。

(二)成员群体与参照群体

成员群体是指个体为其正式成员的群体。但是在现实生活中,常常有人抛弃自己所属群体的观念,而向往其他群体的观念,例如低年级学生对高年级学生的模仿和向往。这种被个体视为行动标准加以模仿的群体,就是参照群体。

参照群体不是个体所属的群体,而是个人想要加入或个人理想中的群体。个体把该群体的价值、规范和目标作为自己行动的指南,努力按照该群体的规范约束自己。有研究者认为参照群体有两种功能,即比较功能和规范功能。比较功能即个体比较自身和参照群体成员在行为、观念、收益等方面的不同或相似之处,是人们借以评价自己和他人的标准和出发点。规范功能是指个人会按照参照群体的规范自主自觉地约束自己。例如以科学家为参照群体的学生会努力学习文化知识,而以黑社会势力为参照群体的青少年更易表现出越轨行为。

参照群体是人们生活之舟上的"社会之锚",认识、分析人们心中的参照群体,有助于更好地发挥参照群体的积极意义,及时发现和消除消极影响。

(三)大群体与小群体

群体规模即群体内成员的数目,它是区分群体类型的重要维度。大量的社会心理学研究者发现,群体规模与群体凝聚力有关,也很大程度决定了群体的组织结构和群体规范,它能直接影响群体成员的情感和行为。因此,对群体规模之大小的区分,具有重要意义。大小群体,可以从三个方面进行区分。

首先,二人群体与三人群体。在二人群体中,任何一人的退出都可导致群体解体,这一事实迫使二人群体成员的不断参与,相互依存。二人群体成员间因此产生了特殊的亲密感、责任感、压力感。在三人群体中,即使一个人退出,群体仍然存在,彼此间的亲密感、责任感都没有那么强烈。同时,成员间关系不再像二人群体那样面对面和公开,有了一定的匿名性和隐私性。"三个和尚没水吃",就是三人彼此推卸责任的结果。有研究者认为,二人群体是一种特殊组合,通常是一对一的交流,这种二元结构和三个或三个以上的人组成的群体有着明显区别。

其次,小群体。小群体研究仅限于2~50人的群体。群体每增加一个成员,彼此之间的关系就会复杂很多倍,不仅有两个人的关系,还有个人与群内群之间的关系、群内群与群内群之间的关系等。

最后,大群体。大群体是指人数众多、成员间只是以间接方式联系在一起,没有直接的社会交往和互动的群体。例如,某一学校的全体师生所属的群体就是一个大群体。大群体和小群体的区别主要在于群体成员之间是否有面对面的直接接触和互动。

四、群体的功能

学习目标9.4 理解并掌握群体的功能
重点掌握:①在群体中个人可以满足安全的需要;②在群体中个人得以明确自我,获得自尊;③在群体中个人可以获得归属与认同;④在群体中个人可以达成目标成就;⑤在群体中个人还可以获得 社会支持;⑥群体的存在使得人们具有更强的环境适应能力;⑦群体还具有传承社会文化的作用。

群体是个人和社会的中介,其存在对于个人和社会来说都具有重要的功能。

其一,在群体中个人可以满足安全的需要。安全或安全感是个人正常心理与行为的基础,加入群体,能够获得他人的关心和帮助,减少孤独和恐惧,获得心理上的安全感。

其二,在群体中个人得以明确自我,获得自尊。根据符号互动论,个人有关自我的概念来源于与他人的交流和比较,群体能够为个体提供这种交流与比较的环境。此外,在群体活动中,受到别人的欢迎和尊重,获得一定的群体地位,也是个体自尊的重要来源。

其三,在群体中个人可以获得归属与认同。不确定认同理论认为,人们对群体的认同使得他们更加明确该如何行动,将会被如何对待,从而使个人世界更可预测并且能够有效地减轻不确定感。

其四,在群体中个人可以达成目标成就。在完成任务和目标时,分工协作是群体区别于个体的重要方面。分工将个体的优势加以区分和组合,分工导致的熟练经验还能够催生创新,这一切都使个人难以完成的目标变得具有实现的可能。

其五,在群体中个人还可以获得社会支持。群体是成员交流沟通的场域,能够提供给个人知识和信息。当个人的行为、思想符合群体要求时,就会受到群体的赞许和鼓励,这些都是社会支持的重要来源。

从社会层面来讲,首先,群体的存在使得人们具有更强的环境适应能力。聚集在一起的人们可以互相帮助,形成劳动分工,完成复杂的生存环境改造任务,从而增加人们的生存优势,提高生活水平。其次,群体还具有传承社会文化的作用。个体是容易消亡的,但即使少量成员消亡,群体还可以长久稳定地存在,而群体所推崇的价值观念、所依照的行为规范和制度法则等都是社会文化的重要内容。

第二节 个体与群体

群体由个体组成,却不等于个体的简单叠加。个体是如何形成群体的,又受到什么制约和影响,是社会心理学群体心理研究的关注重点。本节将对这些内容进行分析。

一、群体的形成

罗伯斯洞穴实验

谢里夫等的罗伯斯洞穴实验采用自然实验法,研究了群体的形成过程,以及群体之间由对立到合作的全过程,揭示了群体形成的一些基本条件。研究者请互不相识的 22 名 12 岁男孩参加为期三周的夏令营。他们来自不同的学校和街区,都属于中产阶级白人家庭。研究分三个阶段进行。

第一阶段:把参加实验的被试分为两个独立群体,它们彼此并不知道对方的存在。研究者分别安排两个群体进行一系列活动,如一起做饭、修游泳池、玩垒球、一起做绳梯。结果,通过这一阶段的活动和交往,每个小组都发展起了自己不成文的规范、非正式的领导者,成为组织化的群体。甚至两个小组分别自发地为自己的群体起了名字,一个叫"响尾蛇",一个叫"雄鹰"。至第一阶段结束,群体内每个成员的角色已发生明显分化,并且稳定下来。

第二阶段:开展两个群体之间的竞赛。这些活动必然导致一方胜利而另一方失败,于是双方的纠纷接踵而至,攻击言行明显增多,引起了对另一群体的敌意。两个小组出现了明显的"我群感"(we-feeling),"我们"和"他们"的意识发生了明显分化。群体成员分别将自己的群体看作内群体(in-group),认为自己所属的群体更优越;而将对方看成外群体(out-group),似乎对方的特点都不合自己的期待。

第三阶段:开展两个群体之间的合作。开始时,两个群体对立情绪严重,研究者安排两个群体一起进行一系列共同活动,增加双方的接触和联系,但并未有效减轻双方的敌对情绪,冲突时有发生。于是研究者安排了必须由双方成员分工合作、齐心协力才能完成的活动,结果,两个群体的敌对情绪明显减弱。

这一实验揭示了直接交往、共同活动和目标一致,是群体形成的基本条件。

二、群体规范

群体成员之间的互动是在群体规范中进行的,同时,成员之间的互动也会产生群体规范。群体规范约束着群体成员的行为方式,影响着群体内心理契约的形成,对群体内部和外部的竞争与合作也有一定作用。

谢里夫的诱动光点实验

有关群体规范的研究,始于美国社会心理学家谢里夫。为了考察群体对个体成员的影响,谢里夫设计了一项实验,他让被试观察一间屋子里的固定光点。由于背景的原因,这个光点看起来似乎在微微移动。主试问被试,在他们看来,光点移动了多远。问过几次之后,被试的判断基本固定了,有人说 2 英寸(1 英寸约为 2.54 厘米),有人说 3 英寸等。然后被试被重新分组,再做一次实验,这次允许他们听到别人的判断。结果发现,被试的判断开始向一个新的群体平均数集中。最后,对每个被试单独施测一次,但他们的估计仍向整个群体的平均数集中。谢里夫认为,这一结果说明群体对个人在社会认知水平上的影响,个体逐渐形成了以群体的眼光来看光点移动的态度。这是因为,人们在共同的生活中,对于外界事物的经验,具有一种将经验格式化、规范化的自然倾向即定式。群体规范就其形成过程来说,显然属于定式。此外,群体规范的产生还受到模仿、暗示、从众、服从等因素影响。

> **群体规范**:是为了保证目标的实现,群体本身必须有制约其成员思想、信念与行为的准则,这种要求群体成员必须严格遵守的准则就是群体规范。

谢里夫的其他实验还表明,在形成群体的初期,成员之间的差异是明显的,但是随着时间的推移,成员之间的差异性逐渐消失,一致性就会明显表现出来(见图 9-1)。

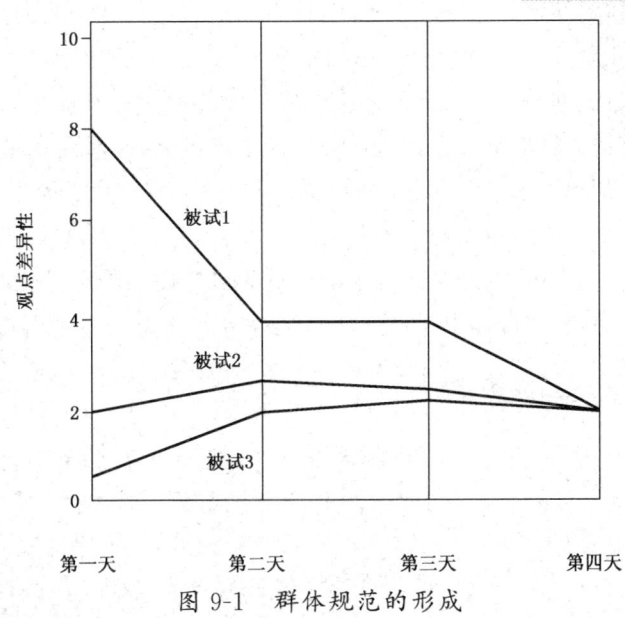

图 9-1 群体规范的形成

三、群体成员资格

学习目标9.5 理解群体成员资格身份形成的五个阶段
审查阶段、社会化阶段、保持阶段、再社会化阶段、追忆阶段。

当一个人与其他人组成了一个群体,形成了群体规范,那么他就具有了这个群体的成员资格。群体成员资格并非固定不变,而是具有动态特征,包含不同的阶段和过程。莱文和莫兰认为,个体的某一群体成员资格的身份形成通常有五个阶段。

审查阶段(investigation phase),群体会寻找那些能帮助群体实现群体目标的人,而潜在的群体成员也在寻找能够为满足个人需要提供机会的群体。如果个体和群体之间的相互承诺度足够强的话,那么这个潜在的成员就会加入该群体。虽然许多群体的进入标准很低,在不停地吸纳新成员,但是有的群体却建立了非常严格的进入标准,而且只是定期接受其他成员加入。

社会化阶段(socialization phase)是个体以新成员的身份在群体中活动的阶段。群体会努力塑造新成员的思想和行为,以便他们能够和愿意为群体做出自己最大的贡献。在这个过程中,新成员通常也会努力改变群体以符合自己的需要。在个体和群体的承诺度水平增强到个体足以成为群体的正式成员的时候,这个社会化阶段就结束了。

保持阶段(maintenance phase),群体会对那些为群体尽了最大努力的正式成员给予一个特定的角色。同时,正式成员通常会努力确定自己在群体中的角色,以便能够最大限度地满足自己的个人需要。如果双方施加的社会影响都能满足彼此的需要,那么双方的承诺水平都会提升,而没能使双方的需要都满足的话,群体及其成员就会认为这是一种缺乏回报的关系,双方的承诺水平就会下降。

如果群体与个体之间承诺水平不断下降,原有的正式成员就可能变成边缘性成员。他们就会进入再社会化阶段(resocialization phase)。在这个阶段,群体和该成员都会再次努力说服对方以满足自己的期望。如果群体或该成员成功地使对方接受了自己的期望,或双方达成妥协,那么该边缘性成员又会被重新认为是正式成员,即回到承诺水平更高的阶段。否则,该个体和群体的承诺水平将会进一步下降,并最终导致该成员脱离群体。

当群体成员退出了群体,他就进入了随后的追忆阶段(remembrance phase),而这个人变成群体的前成员。一方面,群体会就这个前成员为群体做出的贡献达成共识;另一方面,这个前成员也会追忆自己在群体中的付出与收获,并成为其作为其他群体成员的经验。

四、群体对个体的影响

群体具有动力功能,每一成员的心理状况都与其他成员息息相关,也与群体本身的特点密切联系。群体对个体的影响主要表现在以下几个方面。

学习目标9.6　理解并掌握群体对个体的影响,及其对应的概念

(一)社会助长

心理学实验表明,他人在场能够缩短人们完成任务的时间或提高准确性,我们可以将这种现象称为社会助长或社会促进。早在一个多世纪前,心理学家特里普利特就注意到,自行

社会助长: 他人在场能够缩短人们完成任务的时间或提高准确性。

车手在一起比赛时,成绩要比各自单独和时间赛跑时的成绩好。后来的实验也发现,儿童们一起完成在卷轴上绕线的任务比单独完成这项任务更快。在另一些心理学课堂教学中,人们又发现,他人在场会提高学生团队合作的积极性。

社会心理学家查荣克对此的解释是:他人在场会增加个体的驱动力或动机。但是能否提高绩效取决于任务的性质。对于简单任务或者人们的优势反应(即已经学习或熟练的任务),他人在场可以提高其效率;然而对于复杂或者困难的任务,他人在场反而会降低其绩效。电视剧中经常出现的情况,如第一次参加重要比赛的选手在赛场上看到父母而表现得更好。这在现实生活中不大可能出现。更常出现的是,选手因看到父母在场,情绪紧张而出现失误。实际上,当个体处于群体中时,群体对个体的积极或消极反应都会有增强作用——原本做得很好的事情做得更好,原本做得不好的事情变得更糟。

社会助长这一现象的出现主要是由于以下三个因素:第一,评价顾忌(evaluation apprehension)。人们通常想知道别人是如何评价自己的,这种考虑到自己会被别人评价的忧虑会导致社会助长。同时,感知自己被评价时引发的自我意识,也会干扰人们的表现。第二,分心。他人在场让人们分心去考虑在场的他人在做什么,或者他们会有什么样的反应,注意他人和注意任务之间的矛盾带来了认知负荷,分配给任务的认知资源减少,导致自动化行为做得更好而认知复杂行为做得更差。第三,纯粹在场。查荣克认为,即使在没有评价顾忌和分心的情况下,他人的纯粹在场也会对个体产生影响。

(二)社会懈怠

如果说社会促进是他人在场让人们感到紧张,那么社会懈怠便是他人在场的另一种效应,即让人们松懈。法国工程师林格曼(M. Ringelman)发现,团体拔河中集体的努力仅有个人单独努力总和的一半。实际上,在集体任务中,小组成员的努力程度反而比较小,这就是社会抑制或社会懈怠(social loafing)。拉塔内等研究者注意到,六个人一起尽全力叫喊或鼓掌所制造的噪音还没有一个人单独所制造的噪音的三倍响。

社会懈怠:也称社会抑制,是指他人在场使个体延长完成任务时间或降低准确性。

有趣的是,所有被试都承认自己出现了懈怠,但是没有一个人承认是自己制造了懈怠。在社会懈怠实验中,个体认为只有他们单独操作时才会受到评价,群体情境降低了个体的评价顾忌。从这一点来说,社会促进和社会懈怠存在同样的机制。若在场他人是评价者、观察者,就会增加个人的评价顾忌而产生社会促进,而在场他人是同伴,掩盖了个人被评价的可能,那么就会发生社会懈怠。如果人们不用单独为了某件事负责或者不会被单独进行评价,群体内的责任感就会被分散。如果不考虑个人的贡献,而是在群体内一味采用平均分配,那么群体内这种"搭便车"的行为便会出现。

群体活动就一定会引发懈怠吗?答案是否定的。当任务具有挑战性、吸引力、引人入胜等特点时,群体成员的懈怠程度就会减弱。当面临挑战性任务时,人们可能会认为付出自己的努力必不可少,即使人们认为群体内的其他成员靠不住或者没有能力做出过多贡献,他们也会付出更大努力。

（三）去个性化

研究者一致认为，当个体的身份被隐藏时，就会出现去个性化（deindividuation）。群体中的去个性化是指个人忘记了自己的身份，遵循群体规范行为的现象。社会促进和社会懈怠解释了他人在场的两方面影响：提高人们的唤起度和责任分散。

当这两种情况同时发生，即个人在责任分散的情境下被高度唤起时，就会出现去个性化，并且所在的群体越大，去个性化的程度就越大。

群体活动有时候会引发一些失控的行为，群体方面能对个体产生社会助长作用，同时也能使个体身份模糊。这种匿名性使人们自我意识减弱，群体意识增强。在群体中，如果人们看到别人和自己做出同样的行为，就会对自己做出的冲动性举动产生自我强化的愉悦感。当看到别人和自己做的一样时，人们会认为他们也和自己想的一样，因而这又会强化自己的感受。例如，"球迷聚众闹事"就是这样一个典型的事例。当大量球迷出现过激行为时，他们中个体的身份被模糊化。同时，见到其他球迷和自己做出一样的行为，大大强化了他们的感受，造成了严重的后果。

> **去个体化**：指群体中个人丧失其同一性和责任感的现象，导致个人做出在独自一人的正常条件下不会做的事情。

第三节　群体表现

群体一旦形成，就会影响成员的思想和行为，从而产生一系列的群体特有表现。群体表现（group performance）是指群体成员完成群体任务的过程和结果。群体压力作为群体约束个体的主要动力，贯穿影响群体表现的方方面面，而群体凝聚力是影响群体成员的重要因素。本节将对群体压力和群体凝聚力进行分析，之后探讨群体决策和领导行为。

一、群体压力

群体对个体的影响主要是通过群体压力形成的。群体压力（group pressure）是指群体对其成员的约束力，它直接影响着群体成员行为的一致程度，影响着群体效力的发挥。

群体压力与权威命令不同：它非明文规定，只是群体内多数人的一致意见；它虽不具强制性，却是个体难以违抗的。群体压力有时比权威命令更具效力。

> **群体压力**：指群体对其成员的约束力，它直接影响着群体成员行为的一致程度，影响着群体效力的发挥。

（一）群体压力的形成过程

阿希的一系列从众行为研究发现，人们趋于从众，是因为群体为他们带来了某些信息性的或规范性的压力。莱维特分析了群体压力的形成过程，认为主要包括以下四个阶段。

第一为辩论阶段。群体成员充分发表自己的意见，并尽量耐心听取别人的意见。经过讨论，意见逐渐趋于分为两派，一为多数派，一为少数派。这时，少数派已感到某种压力，但群体还允许他们据理力争。

第二为劝解说服阶段。多数派力劝少数派放弃他们的主张,接受多数派的意见,以利于群体的团结。此时,少数派感受到越来越大的群体压力,有些人因此而放弃原来的观点,顺从多数人的意见。

第三为攻击阶段。少数派中个别人仍然坚持己见,不肯妥协,多数派便开始攻击其固执己见。此时,少数派的个别人已感到压力极大,但为了面子只能硬撑。

第四为心理隔离阶段。对于少数不顾多方劝解和攻击,仍然固执己见的人,大家采取断绝沟通的方法,使其被孤立。这时个体会感到已被群体抛弃,处于孤立无援的境地。除非脱离群体,否则将处于一种极为难堪的境地。

可以说,群体压力产生于人们对自己成为少数派的恐惧。因为成为少数派意味着更多的对手和更少的帮手,而且面临被群体抛弃的风险。少数派与多数派对立,可能遭受更多的攻击而缺少同盟和支持者,并且还面临一种风险,即一旦少数派的力量已经完全无法与多数派抗衡,将遭遇多数派的排挤和驱逐,可能丧失在群体中的地位,甚至失去群体的庇护。为了避免成为少数派并减少树敌,大多数人有选择地成为多数派,也就是从众。这也是群体压力形成的基本动力。

(二)群体压力的意义

群体压力约束了群体成员的异端行为,促使群体成员采取一致的行动。群体压力对群体至少有以下两种积极意义。

(1) 群体成员的一致行为有助于群体任务的完成及群体组织的存在和发展。群体压力促使群体成员以合作的方式在群体内互动,协调了群体内不同意见及矛盾冲突,增强了群体团结,维护了群体秩序,提高了群体效率。反之,如果群体内部毫无约束力可言,成员各行其是,则必将降低群体效率,妨碍群体任务的完成,甚至会引起群体内部的不和与分裂,直至威胁群体的生存。

(2) 群体成员的一致行为有助于增加个体的安全感,个体只有在社会生活中才能摆脱孤独和恐惧感,保持安定和平衡的心态。群体压力使个体与他人行为一致,促使个体的妥协和退让,增加个体被群体接受的可能。个体发现自己的观点和意见得到了多数人的赞同与支持,感到得到了多数人的欢迎和接纳,内心才有安全感。

二、群体凝聚力

学习目标9.7　记住群体凝聚力的概念

群体凝聚力是保证群体存在、发展的必要条件,也是群体表现的一个方面。一个群体失去了凝聚力,就失去了生命和力量,也就名存实亡了。群体凝聚力的强弱,决定了群体自身发展的快慢,决定了群体能否较好地发挥自己的功能以顺利达成群体目标。

（一）群体凝聚力的含义

群体凝聚力（group cohesiveness）也称内聚力，是指能使团体团结一致的力量，它往往用团体对成员的吸引力和成员彼此之间的吸引力来衡量。

> **群体凝聚力**：也称内聚力，是指能使团体团结一致的力量，它往往用团体对成员的吸引力和成员彼此之间的吸引力来衡量。

凝聚力形成过程由三个基本层次组成，三个基本层次体现了三种不同的发展水平。第一层次是以群体成员彼此感情依恋为特征的低层或表层。成员间没有密切的交往和更多方面的一致。成员对群体规范的遵守还是不自觉的、被迫的。这个层次凝聚力最弱。

第二层次是以价值取向的统一为特征的中层。成员间关系较密切，互动频繁，成员比较自觉地接受群体规范，并用它来衡量一切。这个层次凝聚力较强。

第三层次是以群体活动目标的统一为特征的深层。所有成员为实现群体活动的共同目标而自觉地协调一致、统一行动。群体规范和群体活动的目标已内化为全体成员的行动准则和活动目标。这个层次凝聚力最强。

群体凝聚力不仅会影响群体或组织的绩效，还会对个体的态度、行为、情感产生影响。群体决策、群体结构也会受其影响。与此同时，群体凝聚力也是多种因素共同影响的结果。

（二）影响群体凝聚力的因素

学习目标9.8　理解影响群体凝聚力的因素

群体成员的同质性或互补性、群体的规模、群体的目标、群体对成员需求的满足、群体的领导者、群体的成熟程度。

群体凝聚力类型不同，其影响因素也不同。其中，最主要的因素有以下几方面。

(1) 群体成员的同质性或互补性。同质性是指成员在兴趣、爱好、动机、价值观等方面的相似或类同。在一般情况下，成员在某个或某些方面的同质性会使成员感到彼此接近，增加人际吸引，相互产生好感，因而能增强凝聚力。互补性是指具有一致性的成员在某方面的互相补充、渗透和交融。在多数情况下，群体成员会存在异质性。如果具有异质性的群体成员之间感到彼此在某个或若干方面能够取长补短、互相补充，那么也会增进感情和密切关系，从而增强凝聚力。

(2) 群体的规模。群体规模与凝聚力大小成反比。群体规模越大，群体成员间互动的机会和可能性就越小，从而难以形成凝聚力；反之，群体规模越小，群体成员间互动的机会和可能性就越大，群体成员就越容易融为一体，从而形成更强的凝聚力。

(3) 群体的目标。目标一致是形成凝聚力的前提条件。首先，如果群体目标与个体目标是一致的，那么个体就会为群体所吸引。其次，群体建立共同目标的过程往往意味着确立竞争对手或"共同敌人"的过程，"共同敌人"的出现会加强群体内部的认同，也会使群体成员的身份显得更加重要，从而增强群体凝聚力。最后，如果群体目标与个体目标是一致的,那么群体目标的实现,有利于群体成员产生成就感,进而增强群体凝聚力。

(4) 群体对成员需求的满足。群体越是能够满足其成员各种合理的需求,其成员凝聚力就越大。每个群体成员都有自己的心理需求,每个人的心理需求却各不相同。有些人有归属于某一群体的需求,有些人则对权力有很高的要求,有些人有沟通与身份地位的需求,也有些人有自我评价的需求等。群体领导者可以在很大程度上影响和控制这类影响群体成员需求的因素。

(5) 群体的领导者。领导者是群体目标的主要决策者和群体执行任务的重要指引和动力。领导者的权威对于群体的构成、规范、群体成员需要的满足等都会产生重要的甚至是决定性的影响,从而对群体凝聚力具有很大的影响力。此外,群体中的领导者本身的人格魅力也会成为群体成员愿意继续留在群体中的重要动力因素。

(6) 群体的成熟程度。群体自身要经历一个发展周期,从不成熟向成熟发展。在群体成熟过程中,如果出现了失败,则必然会影响士气,影响群体凝聚力。随着群体的成熟、成功率的不断提高会不断加强群体的凝聚力。图 9-2 就表明了群体成熟程度与成功率的关系。

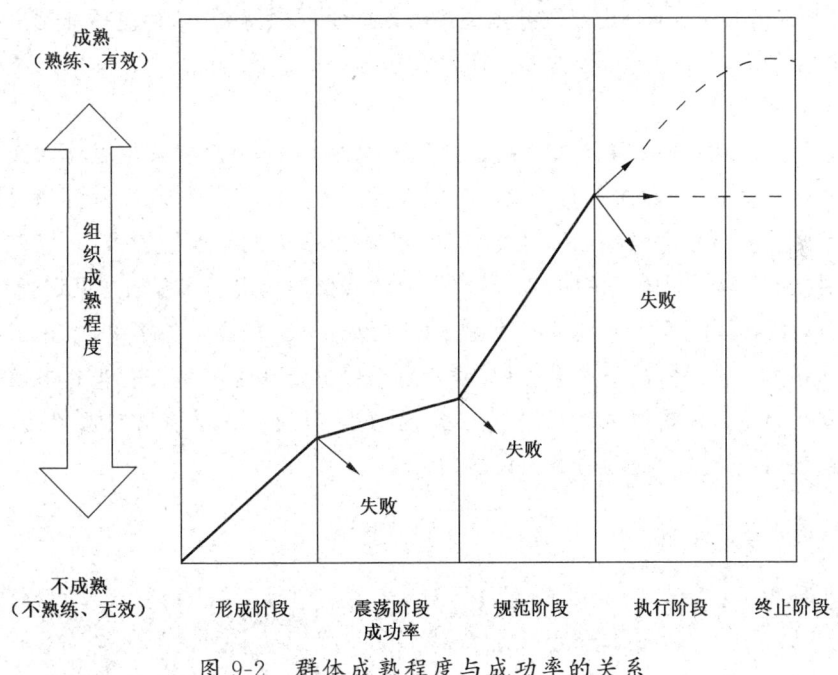

图 9-2　群体成熟程度与成功率的关系

三、群体决策

学习目标9.9　记住群体决策的概念

群体决策(group decision)是指当群体面临决策需要时,群体成员参与讨论,表达观点和意见,寻找解决问题的策略和途径。它是群体成员的主张和意志对群体行为的作用过程。

社会心理学

群体决策具有几种原则:首先,"少数服从多数"原则。当决策内容是判断性内容,没有明显对错时,群体会采取此种规则。其次,"真理至上"原则。当群体决策明显有对错之分时,一旦正确的决策被群体成员提出,即使只有一个成员提出,大家也会做出正确的选择。最后,当问题答案的对错没有那么明晰时,就会出现"受支持的观点是正确的"原则。群体成员接纳一个观点和看法的条件是,除了提出者以外,至少还有其他人支持这一观点。

> **群体决策**:指当群体面临决策需要时,群体成员参与讨论,表达观点和意见,寻找解决问题的策略和途径。它是群体成员的主张和意志对群体行为的作用过程。

群体决策要经过发现问题,提出各种解决方法,分析、比较各种方法,做出决定等几个环节。其中每个环节都由群体成员集体开动脑筋,积极思考,共同讨论。群体决策在很多情况下比个人决策更有效,但群体决策过程也会受到一些因素的影响和限制。

(一) 过程损失

过程损失(process loss)是导致群体决策偏差的重要因素之一,它包括抑制良好的问题解决方案产生的群体互动的多个方面。产生过程损失的原因是多样的,其中最主要的是团队中的信息沟通问题。

首先,群体决策过程中,最有能力提出最优方案的人,不一定能够说服他人接受自己的观点。在有些群体中,人们并不会互相倾听他人的观点,而对于大多数人而言,要承认自己错了也是困难的。群体决策中也很可能不会努力找出那个最能胜任的人选,而会依赖那些在言语上更具有感染力和煽动性的人,最有能力的人反而会遭遇众多的意见和怀疑。

其次,群体决策中,个人所拥有的独特信息难以分享。在群体决策中,大家都会将注意力集中在那些大家都了解的信息上,而忽略只有部分成员知道的事实。非共享信息通常会在一段时间的讨论后才被提及,而且群体成员很少意识到非共享信息的独特性,这会导致非共享信息难以纳入决策时的考虑因素之列。

(二) 群体思维

学习目标9.10　记住群体思维、冒险转移、群体极化的概念

群体思维(group think)也叫小集团意识,它是指在一个高凝聚力的群体内部,人们在决策及思考问题时由于过分追求群体的一致,而导致团体对问题的解决方案不能做出客观及实际的评价的一种思维模式,这种思维模式常常导致灾难性事件的发生。

群体思维主要的表现有:(1)不可战胜的错觉,即成员认为团体足够强大,能够战胜一切困难和敌人。(2)群体的道德正确性,群体成员认为我群体不会犯错,群体的判断是正确的,是占据道德制高点的。(3)对外部群体的刻板观念,以过分简单刻板的方式看待敌对群体。(4)缺乏自我检查,群体成员不会对群体决策提出任何反对意见,想要提出反对意见的人也会因考虑到团队气势受挫、受到其他人的批判等种种问题而放弃。(5)对反对者直接施压使其顺从。即使群体成员中有人提出反对意见,众人也会迫使他顺从多数人的意见,而不会对他的建议进行考量。(6)集体一致性的错觉。群体不会征求异议者的观点,从而使群体决策看上去是集体一致性的结果,是大家都同意的。(7)卫道士的存在。群体某些成员为了保证决策的顺利,也会保证领导者听不到任何反对意见。

> **群体思维**:也叫小集团意识,它是指在一个高凝聚力的群体内部,人们在决策及思考问题时由于过分追求群体的一致,而导致团体对问题的解决方案不能做出客观及实际的评价的一种思维模式,这种思维模式常常导致灾难性事件的发生。

在群体思维主导下的群体决策,往往具有多种缺陷。首先,群体对解决问题的其他方案的调查不完全,没有细致比较多个方案之间的优劣,成员们也不会尽力搜索有助于决策的信息,而容易产生随众附和。其次,如此产生的群体决策不会检验偏好方案的实施风险,容易产生冒险性转移。最后,这样的群体决策是一种未建立应变计划的决策,一旦发生特殊情况就会出现恐慌、骚乱和互相责备。

为了避免群体进入群体思维,一些研究者着重研究了影响群体思维的因素。例如,有一些群体成员更可能去挑战群体的错误,有着两种不同文化经历并同时认同两者的人,更有可能顶住群体压力而表达出不同建议。此外,领导者在群体陷入群体思维的过程中具有重要作用,睿智的领导者可以采取以下几种措施来避免陷入群体思维:保持中立;邀请非群体成员发表见解,寻找外界观点;组建小组进行讨论并对不同小组的讨论结果进行考量;征询匿名意见。

(三)冒险性转移

群体和个体面临挑战时,谁更富于冒险精神呢?人们在社会生活中常会面临选择,要么选择风险小、报酬低的机会,要么选择风险大、报酬高的机会。例如,一个准备报考研究生的大学四年级学生,是选择一所水平低、容易考上的学校,还是选择一所质量高、很难考上的学校呢?这里的问题是,究竟是在个体决策的情况下更富于冒险性还是在群体决策的情况下更富于冒险性。已有的研究表明,群体决策往往会比个体决策更加冒险。在群体讨论中,不同的看法会趋于统一。人们趋于统一所得出的观点往往比他们原始观点所得出的平均值更倾向于冒险。群体倾向于获利大但成功率小的行为。经过群体讨论后的结果比个人的结果更为冒险的现象被称为冒险性转移(risk shift)。这种现象表明,当人们集合在一起时,比他们单独活动更富于冒险精神。研究者们发现,在日常生活中、在国家的内政外交中,都有类似的现象。

> **冒险性转移**:经过群体讨论后的结构比个人的结果更为冒险的现象。

关于冒险性转移的原因有以下几种解释:

首先,责任扩散论。这种观点认为,群体比个体更容易做出冒险决定,是由于决定的责任广泛落到了每个成员身上,任何个体都不必对错误的决定承担全部责任,所以群体比个体更大胆。

其次,文化价值论。这种观点认为,要看人们所处的文化背景推崇冒险行为还是谨慎行为。在西方社会中,竞争激烈,强调个人的发展与表现,电影、戏剧、故事中的英雄人物往往都是大胆、勇敢的人。所以，人们在群体互动中，为了表明自己并不比别人胆小，就倾向于冒险。

最后，领导者影响论。小群体中，往往有一些极富冒险精神的领导型人物，其他成员受到他们的影响，也倾向于冒险。

以上所提到的对冒险性转移原因的三种解释，只有文化价值论最能说明群体极化现象。

（四）群体极化

群体极化（group polarization），是指通过团体讨论使得成员的决策倾向更趋极端化的现象。与解决一般问题相比，人们解决重要问题时更容易产生团体极化现象。在一些心理学家所设计的某些两难情境中，人们在讨论之后会变得更为谨慎。

> **群体极化**：是指通过团体讨论使得成员的决策倾向更趋极端化的现象。

为什么群体在决策中会出现这种现象呢？大多数心理学家支持社会比较理论和说服性辩论（persuasive arguments）的观点。社会比较理论强调在极化产生过程中规范性影响的作用，而说服性辩论的观点则把重点放在了信息性影响之上。按照社会比较理论的思路，在群体讨论过程中，成员比较关心自己在某些问题上的观点与群体其他成员相比到底如何。人们在决策开始时往往认为自己的观点在社会要求的方向上比别人的更好，但在决策过程中，通过与他人观点的社会比较，却发现自己的观点并不像当初想象的那样与社会要求一致。因为人们希望他人能对自己做积极的评价（社会规范性影响），所以会采取更为极端的方式以与他人或社会的要求保持一致，最终造成群体决策趋于极端。

与社会比较理论不同，说服性辩论的思路则认为群体极化并非由于人们希望自己或他人对自己有积极的评价，而是因为人们期望获得有关问题的正确答案。在这里，论点对决策选择更为重要（信息性影响）。因为个体从他人那里获得论点和信息，如果多数人支持这个论点，个体就会倾向于支持它，并且更多支持而不是反对的论点会出现，从而使得由它们形成的观点变得极端。

四、领导行为

学习目标9.11　记住领导行为的概念及其构成三要素

领导（leadership）是对团体行为与信念施加较大影响的人（leader），他们引发活动、下达命令、分配奖惩、解决成员之间的争论以及促使团体向着目标迈进。

> **领导**：是对团体行为与信念施加较大影响的人，他们引发活动、下达命令、分配奖惩、解决成员之间的争论以及促使团体向着目标迈进。

领导行为是一个动态过程，包含领导者、领导群体和情境三个因素。在群体中，产生领导者的主要因素有：(1)个体在群活动中表现出才智、良好的人际关系、优秀的个人品质，对他人有影响力。(2)关心群体利益，能够代表群体利益。(3)领导者一般处于信息优势地位，拥有大量的交流信息，掌握群体中的大量信息，也对群体信息有控制权。

在现实生活中,影响领导行为有效性的因素可以分为两类,分别是领导风格和情境因素。

(一)领导风格

勒温从权力定位的角度分析了领导者的领导方式及其对群体的影响,他定义了三种形式的领导方式(也称为领导风格):专制型、放任型和民主型。

专制型领导方式是指权力集中于领导者手中。领导者自己一个人设计工作的一切方针,讲解技术,指定任务,确定群体成员的作业时间,亲自进行表扬和批评,领导者和小组成员保持一定的距离,缺乏人情味。在这样的群体中,群体任务可以被完成,但是有赖于领导者的监督,领导者一旦离开,就容易出现懈怠。此外,这种群体中易出现攻击行为和冷漠。群体成员对领导者也具有强烈的依赖感,缺乏自主性和独创性。

放任型的领导方式正好相反,群体中的权力集中在群体成员的个人手中。领导者在群体中对群体活动采取不管理、不评价、不参与的策略。只有当群体成员主动提出要求时才提供信息和建议,否则就放任自流。群体成员不依赖领导者,也很少寻求领导者的帮助。这样的群体中人际关系是良好而积极的,但是群体任务经常难以完成,且任务完成质量很差。

民主型的领导方式权力定位于团体,但不放任在每个人手中。领导者把自己当作群体中的普通一员,鼓励群体成员讨论并决定群体任务相关的各方面内容,如执行方案、技术路线等。领导者从不下命令,自己提出的方案仅供参考,群体成员能够自由选择。领导者的批评与表扬尽量做到公正客观。在这样的群体中,群体成员能够很好地团结起来,高质量地完成任务,表现出良好的自觉,工作中的创造性也比较强。

以上三种领导风格具有一定的理想性,是领导风格的极端表达。勒温强调,在现实生活中,大量的领导者往往会采纳两种或多种领导方式对群体进行领导。

此外,有研究者指出,领导行为可以分为两类:任务型领导(task leadership)和社会情绪型领导(social emotional leadership)。任务型领导主要是为了实现群体目标,这类领导者通常是高知识性的,经常发布命令,缺乏人情味。而社会情绪型领导关注群体成员之间的交往感受和人际关系,这类领导人一般以友善、富有同情心为特征。在有些群体中,任务型领导者和社会情绪型领导者是一个人,而另一些群体中,则可能是两个人。

一般情况下,任务型领导者多采取专制型,社会情绪型领导者则多采用民主型。

(二)情境因素

情境对领导行为有效性的影响主要表现在三个方面。

首先,领导者与群体之间的关系。领导者和群体成员的个人关系可能很好,但也可能很差。当领导者与部分群体成员保持良好的人际关系,而并没有与其他群体成员交恶时,他在群体内部的影响力也会随之增加。他对群体的领导也就更加有效。

其次,任务结构。任务结构是指群体任务或目标界定的明确性。任务结构清晰明确,领导者能够明确划分任务责任人,则领导行为倾向于有效。否则,就容易出现权责不清,引发成员的不公平感,导致群体凝聚力下降。

最后,领导者的职权。领导者如果有能力对群体成员的行为进行奖惩,且群体中大部分人支持领导者,那么这个领导者将在群体中具有权威,他的建议和决策能够在群体中施行,他对群体的协调能够得到成员的认可,从而领导行为也会更加有效。

综合考虑这三方面的因素,如果一个领导者与成员的关系很好,任务结构清晰,具有强大的群体权力,这个领导就具有高水平的情境控制能力。反之,则说明领导者的情境控制水平比较低。没有任何一种领导风格在所有情境中都是有效的。任务型领导者在低水平和高水平的情境控制下,都会有较高的领导效力,但是当情境控制水平在中等程度时,领导效率会显著下降。

为什么会出现这样的情况呢?在低水平情境控制的情况下,群体需要有人能带领大家提高生产力,任务型领导者所采用的命令方式能够达成这一目标,从而实现有效领导。此时社会情绪型领导者能够提供的帮助和指导很少,不能帮助群体明确任务、提高效率。当群体处于高水平情境控制下时,任务型领导者惯常使用的简洁的任务型指导会使群体效力达到最大化,而社会情绪型领导对人际关系的关注反而会降低运行功能良好的群体的生产力。与此同时,当任务不太清晰,或者领导者没什么权力可言时,社会情绪领导者通过对关系的运作更可能集结群体中的大部分力量,从而提高群体效率。

第四节 群际关系

一、竞争与合作

学习目标9.12 掌握影响群体内成员竞争与合作的主要因素
影响因素:群体成员之间的沟通程度、群体的奖励结构、个体关于竞争的价值观。

不同的群体发生接触和交流,就会形成群际关系。群际关系衍生于人际关系即群体成员之间的相互影响,却不完全等同于人际关系。每一个群体都有其独特的群体价值取向和目标,也会形成风格迥异的群体规范和群体结构,因此不同群体之间的交往,往往会引发复杂的群际关系难题。

竞争和合作是人际互动的主要形式,广泛存在于群体内外的所有关系互动中。合作是指至少两个人通过互动,互相配合做某事或者共同完成某项任务,任务的结果不仅有益于本人,也有益于对方。相反,竞争是指每个人都在努力,以求自己获得最高报酬而不给其他人任何好处的互动方式。

在有些群体中或者某些情境下,成员之间彼此以合作的方式互动,他们互相沟通、互相帮助,为群体成员的共同利益协调行动,例如科研团队一起做科学研究,同一宿舍的人轮流打扫宿舍卫生等。但是在另一些群体中或另一些情境下,群体成员以相互竞争的方式互动,他们将个人的利益放在首位,努力表现自己的过人之处,例如考试中争当班级第一名。

第九章 群体心理

人们想要抢先得到某事物或者做某事的机会都是竞争心理的表现。同样,群体与群体之间也会出现这种竞争或合作的互动模式。

虽然似乎合作能带给人们更大的利益,但是在社会互动中多数人宁愿竞争也不愿意合作。这是因为人们在选择合作与竞争时,实际上面临的是一个"社会困境"(social dilemma):人们可以选择不合作而争取最大的个人利益,然而当大多数人采取竞争模式时,所有人的利益都会受损,即眼前利益和长远利益相矛盾的困境。

在实验室中研究社会困境问题最常见的方法是"囚徒困境"游戏。在这个游戏中,两名被试需要在选项中做出选择,但不知道对方的选择结果。而他们最终的获益则取决于两个人的选择。游戏的每个回合,两个被试都面临两个选择X和Y。如果两人都选择X,那么两个人各自获得一份收益;如果两人都选择Y,那么两个人都各自遭受一份损失;如果一个人选择X,一个人选择Y,选择X的人将面临两份损失,而选择Y的人获得两份收益。很显然,两个人都选择X是最好的结果,两个人都将获得可观的收益,但是研究结果却显示,人们常常无法确定自己能否信任对方,而最终选择所谓的安全选项Y,即损失较小也有可能获得高收益的选项,也就是竞争模式。许多研究已经发现,这样的情境会导致一系列竞争性行动的升级,最后没有人能获益。

"运输竞赛"是一项说明竞争与合作之间关系的经典研究。这项研究是道奇(M. Deutsch)和克劳斯(R. M. Krauss)在1960年进行的。研究者要求两个被试想象他们正在经营着一家运输公司(阿克米公司和波尔德公司),并要求每人驾驶一辆货车尽快由一个地点到达另一个地点。两辆货车并非彼此竞争,它们有不同的起点和终点(见图9-3)。但两辆货车的捷径是一条单行道,且两辆车是以相反方向行进的。两人走捷径的唯一方式是等一辆车通过后另一辆车再走,每个人在捷径的起点都有一扇控制门,可按按钮使之关闭,以防止对方通过。此外,每辆货车还有一条备用路线,不会与另一辆车发生冲突,但路线要远得多。研究者告诉被试,他们的目标是尽快到达终点,越快得分越高,但并没有提到要比另一被试得分更高。

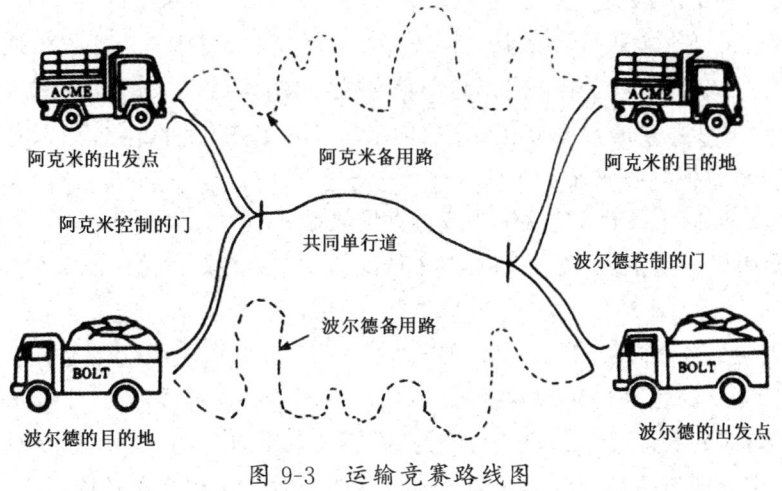

图9-3 运输竞赛路线图

两名被试无疑都十分清楚,最佳方案是相互合作,轮流使用单行道,两个人都走捷径,但其中一人需稍候片刻,等另一人通过。而研究结果是,两名被试不肯合作,都想抢先通过单行道。在单行道中间碰头后,彼此拒绝让步,最终一辆车退回,关闭控制门,走另一条路。双方都得不到高分。多次实验结果表明,只是偶尔出现合作行为,大部分是竞争行为。

在社会互动中,人们不愿合作,宁愿竞争,那么在群体内部是展开竞争有利,还是展开合作有利呢?道奇做了一个简单实验,用以说明合作与竞争如何影响群体凝聚力。研究者对某一班级的一半学生说,他将以合作为基础给学生打分,全班学生都是同一分数,关键在于大家在辩论时如何成功地击败其他班级。对于另一半学生,研究者告诉他们将以竞争为基础打分,谁对所辩论的问题贡献大,谁的得分就高。研究结果表明,合作解决问题的群体要比竞争解决问题的群体协调,合作群体成员比竞争群体成员更能采纳别人的意见、更能友好相处。而竞争群体成员彼此很少沟通,观点重复,容易产生误解,成员间互相侵犯,心情压抑。研究表明,在一般情况下,竞争影响群体内人际关系的协调,破坏群体凝聚力。

有许多因素影响群体成员的竞争与合作。首先,成员之间的沟通程度是重要因素之一。一般而言,沟通的机会越多,合作的可能性就越大。在道奇等人的运输竞赛研究中,曾设计了三种不同的沟通情况:一组被试要求彼此沟通信息,另一组被试只是被提供一些谈话的机会,还有一组被试不允许彼此沟通。结果发现彼此沟通组产生了一些合作行为,不允许沟通组极少合作行为。沟通将起到促进群体成员合作的作用,他们有了相互讨论计划、相互信赖、相互学习的机会,有了合作的前提和可能。

其次,群体的奖励结构影响着群体成员做出竞争或合作的选择。当一个人的获得意味着另一个人的损失时,就形成了一个竞争性奖励结构。如果考试成绩使用正态曲线划定,那么只有很少的学生能取得高分。也就是说,一个人获得高分的同时意味着别人的成绩会较差。这种情境被称作竞争性共存(competitive interdependence)。在这样的情境中,如果个体希望得到奖励就必须竞争。在合作性奖励结构的情境中,群体成员结果之间的相互关系是正性的,这种情境被称作合作性共存(cooperative interdependence)。例如足球比赛中,只有球队通力合作才能取得比赛的胜利。每名球员的表现越好,球队获胜的可能性就越大。在合作性奖励结构的情境中,对希望获得奖励的个体来说,最佳途径就是合作。

最后,个体关于竞争的价值观也是重要因素之一。个体在与他人发生关系的过程中通常采用以下三种价值倾向或策略中的一种。

(1)合作者倾向于最大化个体和他人的共同收益。

(2)竞争者倾向于使自己的收益相对于他人的收益达到最大化。他们希望比其他人做得更好。

(3)个人主义者倾向于最大化自己的收益,而不考虑他人的收益或损失。

当人们面对运输竞赛这样的情境时,他们的价值观对他们最初的行为有着重要的影响。当然,随着时间的推移,人们会根据对方的表现改变自己的行为。如果对方是个高度竞争性的人,那么即使是最希望合作的个体也可能会对其采取竞争性的行为。同时,群体规模和相互性也会影响群体内的竞争与合作。研究发现,随着群体人数的增加,合作行为会减少。群体成员的增加，使成员对群体的责任心降低，自利行为更具隐蔽性，合作因此减少。相互性是人际关系的一个基本要素。人们行为的基本准则之一是以德报德，以怨报怨。在社会互动中，如果以竞争为开端，将引起更多的竞争行为。增强合作最好的办法是相互妥协，彼此让步。这是人与人之间合作的基础，也是群体成员协调的前提。

此外，共同外部威胁的出现也会促使群体合作的产生。也就是说，面对一个明确的外部威胁，人们的群体归属感会高涨。例如，"9·11"事件之后，美国人面临着恐怖主义的进一步威胁，"由来已久的种族对抗在一段时间内得到了缓和"。18岁的路易斯·约翰逊说："在'9·11'之前，我只以为自己是一个黑人，现在我比以往任何时候都更加觉得自己是一个美国人。"

二、人际—群际非连续性效应

学习目标9.13　记住人际—群际非连续效应的概念，并举例说明

人际—群际非连续性效应（interpersonal-intergroup discontinuity effect）是指群际互动比人际互动表现出更多的竞争性或更少的合作性的现象，也就是说，群体表现出更多的机会主义和对他群体的不信任。由于群体极化和冒险性转移，社会心理学家注意到群体似乎比个体更具暴力性，在研究者将注意力锁定带有互动性的社会交往时，证实了该效应的稳定存在，并用其解释了很多社会问题。

> **人际—群际非连续性效应：**是指群际互动比人际互动表现出更多的竞争性或更少的合作性的现象，也就是说，群体表现出更多的机会主义和对他群体的不信任。

典型的问题即国际裁军问题，几乎每个国家都会强调和平是自己的唯一目标，但许多国家依旧会蓄有大量部队，为部队提供供给将占用大量的国家财政收入。虽然不少人呼吁裁军，但是国际上真正的裁军举措却少之又少，可见对他群体的不信任是无法通过保证和呼吁转变的。人际—群际非连续效应的研究也主要运用"囚徒困境"。研究者将被试分派到两间共同连接着中央屋的实验室，明确游戏规则后，被试双方的群体代表（或个体）会到中间的房间与对手沟通，探讨他们可能的选择，然后各自回到自己的房间中作出决定。其中，有两个实验环节存在多种可能性，分别是：(1)群体决策是民主达成还是代表决定；(2)决策双方是否进行沟通。无论在哪种情况下，人际—群际非连续性效应都稳定存在，只不过效应量的大小有所区别。

人际—群际非连续性效应在不同文化中都普遍存在。有研究证实，在集体主义文化下的日本，该效应也稳定存在。为什么会出现这种效应呢？社会心理学家给出了以下几种解释。

第一，基于图式的不信任感和恐惧（schema-based distrust and fear）假说认为，可能是既往经历中形成的记忆，也可能是社会文化演进过程中群体为保证自身所属的社会和文化更加繁荣，人们具有一种稳定的认知图式——"群体是贪婪的，具有攻击性"。此外，这种不信任感和恐惧还可能来源于自然选择。一项研究发现，被试对群体的信任度要小于对其个体成员信任度的平均数，基本等于其成员中的最小值。这一假说强调群际偏见是群体之间互不信任的重要原因。

第二，如果仅是群体之间互相不信任导致了群际竞争，那么相似的群体因为互相了解，群际竞争应该减少，但是事实并非如此。实际上，群体不仅会让他人恐惧产生不信任感，群体自身也具有贪婪的本性，相似性会驱动由知己知彼导致的贪婪，从而引发竞争关系。休普勒（J. Schopler）等提出的可辨识性（identifiability）假说认为，群体就像一把匿名的保护伞，使得群体成员的个人身份不被识别，进而不必为自己出于利己的竞争行为负责。匿名性的主要作用是增加了个人的贪婪倾向，而由于无法降低不信任感，相似群体之间的竞争就在所难免。

第三，为了使所在群体受益，群内成员会支持彼此在群际竞争中为所在群体争取利益最大化，进而导致群内成员在整体上表现出更高的竞争性。在普通的人际情境下，竞争行为是不受鼓励的，有违个人道德。而在群体内部，由于群体成员的社会支持，减少了社会规则的限制，因而表现出群际比人际更容易产生竞争行为，这就是共享利益的社会支持（social support for shared self-interest）假说。研究者还发现，群体中对竞争的社会支持很少出现盲从，且这种支持在"增加相对收益"的情况下效应更为显著。

第四，内群体偏好标准（in-group favoring norm）假说则从群体压力的角度解释人际—群际非连续性效应；群内成员之间有种潜在压力，促使个人决策始终以增加该群体的收益为首要目的，并且当群体决策是由个体独自做出时（如领导决策），由内群体偏好标准带来的压力会进一步加剧。科恩指出，群际互动和人际互动遵循两套不同的道德系统；个人道德强调公平、诚实、信任和互惠；群体道德强调增益内群体，包括内群体偏爱、狭隘主义和狭隘的利他主义。这种增益即使是以伤害外群体为代价的也为内群体所接纳，因而引发群体不信任和竞争。可以说，人际与群际互动会激活不同的道德标准。

第五，有研究者指出，在群际情境下，群体成员可以将个人的利己行为当作是亲群体行为，这就是合理利他主义（rational altruism）假说。社会心理学家已经发现，群体成员收益的异质性程度并不会影响人际—群际非连续性效应的大小。平特（B. Pinter）等人在研究中比较了那些由领导者决策的群际互动和人际互动，结果发现，即使领导者不用对收益负责也依然存在人际—群际非连续性效应。而在高内疚倾向、要承担群体收益责任的领导者身上这一效应更强。由此他们推论其原因可能是领导者发生了"自利行为"向"亲群体行为"的转化，即领导者将获取更高利益当作为群体谋利的行为。

此外，也有研究者提出群内讨论促进了混合动机情境下的理性思考，从而导致了人际—群际非连续性效应。在群体决策中，群体能集合更多人的智慧，从而比个体有着更强的推理能力，也能更好把握博弈游戏的规则，因而更能通过理性的竞争获取收益。同时，群体极化也会导致该效应出现。

人际—群际非连续性效应揭示了群际互动与人际互动的区别，也使社会心理学家们关注群际冲突的实质。

三、群际冲突

设想一下，在资源有限且固定的情况下，一部分人聚合起来组成群体从而争取到大多数资源。社会中的其他成员也会因此被激发起来,试图保护自己的利益,并保证自己有获取利益的权力,这样,就形成了最常见的群际冲突。

冲突(conflict)的本质是感知到的利益分歧,冲突的各方都希望获得某种对方不愿意提供的结果。面对利益分歧有四种不同的处理策略:一是斗争(contending),即一方试图将存有偏好的解决方案强加于另一方,斗争容易升级为暴力冲突。二是让步(yielding),即降低自己的期望值,并且对自身所得的低于期望的地位并无不满。三是问题解决(problem solving),即双方选择一项能够满足双方愿望的解决方案。四是回避(avoiding),即暂时从冲突中抽身,不卷入冲突,其主要的形式是不作为(inaction)和撤退(withdrawal)。

本书中将群际冲突定义为一种过程,是群体各方感知到与其他方的利益分歧之后,通过一系列行动,最终达成利益分配结果的过程。因此,群际冲突包括上述四种策略的组合或轮番使用过程。

群际冲突在社会生活中普遍存在。从国家与国家之间的军备竞赛,到恐怖主义袭击,群际冲突确实出现在人们生活的各个领域。尽管社会互动是群际冲突发生的场域,但社会互动不一定会引发群际冲突。那么究竟什么会引发群际冲突呢?

(一)引发群际冲突的因素

引发群际冲突的关键要素是利益,各种群际冲突都与利益的分配分不开。利益可以指有形的自然资源,如金钱、领土等;也可以指无形的社会资源,如声望、权力等。有些利益是普遍的,人人都需要,例如健康、自由等;也有些利益是其他利益的基础,或者比其他利益更为重要。在这样错综复杂的利益链条中,双方或多方发生利益分歧,便在所难免。

引发群际冲突的第一个因素是社会困境。公共悲剧(tragedy of the common)是社会困境的最直观表达。假设有100个农民占有一块能够放牧100头牛的草地,当每个农民在这块地上养1头牛的时候,对资源的利用是最优的。但是某一个农民可能会想:"如果我多养一头牛,我的收入就可以翻倍,而土地只会受到一点影响",因此他很有可能添置一头牛。当所有农民都这么想的时候,土地就变得无法承受,出现土地荒芜,公共悲剧就这样发生了。在社会生活中,大多数利益的分配法则是不明确的,人们都想消费更多,但是消费带来的更多是资源枯竭。这就是社会困境的本质。广泛面临社会困境的群体,都倾向于选择竞争模式与他群体竞争互动,以期望获得低风险高收益,从而引发社会冲突。

第二个因素是竞争。虽然不同群体对不同利益的价值定义不同,但存在大部分群体定义为高价值的利益,如稀缺资源、生存空间等。这个时候,群体之间的利益是相抵触的,为了能够获得稀缺资源,群体之间必然存在竞争,从而产生群际冲突。大多数情况下,人们面临的是非零和博弈,但是人们却习惯于零和思维,即相信他人多得就是自己所失。许多冲突的形成并非因为问题的本质是零和的,而在于冲突双方相信它是零和的。竞争会进一步引发群内成员知觉到外群体差异,引发外群体偏见。使得群体之间产生敌对,激化群际冲突。研究人员让被试两两配对参与电子游戏:一半参与者用竞赛模式玩游戏,即游戏结束后比较两人的得分;另一半参与者用合作模式玩游戏,游戏结束后将两人分数加总。结果显示,在竞争模式下,游戏玩家会更经常而不必要地杀死游戏中的非玩家角色(non-player character, NPC)。由此可见,竞争会引发攻击行为。

第三,相对剥夺感或感受到的不公正也会引发群际冲突。人们通常将公正理解为公平,即付出与收获成比例,人们希望自己的付出和回报与他人的付出和回报是相等的。但是在社会生活中,人们对自己的付出和回报与他人的付出和回报往往不能达成一致。年龄大的员工希望按资排辈,因为自己已经为公司付出了青春和精力,但是年轻的员工则希望按绩效评价。这种认知上的不一致将导致相对剥夺感,从而引发不满和侵犯,即群际冲突。

第四,偏见和误解也是引发群际冲突的重要诱因。实际上,社会生活的大量群际冲突,真正存在对立目标的只是其核心处的小部分,更多的问题来自对对方动机和目标的误解。自我服务偏见会使个人或群体乐于承认自己做的好事,而推卸自己做的坏事。而且当人们形成一个群体时,就会自然而然地划分他们和我们,强调差异而形成群体偏见,而负面的刻板印象一旦形成就很难改变,并成为群际沟通的重要阻碍。"当局者迷,旁观者清。"处于冲突中的双方都会扭曲地认知对方,难以消除误解。此外,社会心理学家还发现一个有意思的现象,那就是在冲突中,双方对对方的误解常常具有令人吃惊的一致性,这就是镜像知觉(mirror image perception)。镜像知觉是双方对他群体缺陷和危害的自我证实,大家都会产生"我们想要合作但是他们不愿意"的判断失误。

(二) 群际冲突的影响

群际冲突具有重要的社会影响,它往往会带给社会、个人巨大的痛苦和损失,但是对社会和个人也具有积极作用。从积极方面讲:(1)群际冲突是社会变迁的动力。当人们认为自己受到了不公平的对待,或者当前的政策不合理的时候,就会与旧有秩序的维护者形成群际冲突,从而改变现状。人类社会巨大的进步和变迁都是在群际冲突的基础上实现的。(2)公开冲突有益于避免不成熟的群体决策。惧怕群体内部对抗是群体成员接纳第一个貌似合理的决策的重要原因。群体中第一个提出的建议往往具有不成熟的缺陷,而公开冲突则有利于人们充分表达自身的想法。(3)群际冲突有助于协调人们的合法利益。一些冲突以一方获胜另一方失败告终,而另一些冲突则最终结束于群体之间的妥协让步,以及寻求共赢。群际冲突使得各方的利益都有表达空间,冲突成为一种创造驱动力。(4)群体内部的冲突往往能够促进长期的群体团结,而群际冲突则是群内团结的重要推动力。那些已经发生过冲突的群体是更为成熟的群体,群体成员之间也更为团结。而在缺乏变迁活力和成员利益没有得到恰当协调的群体,群体效力和群体凝聚力都会下降。

但是群际冲突带给人们的危害常常掩盖了其积极方面,群际冲突演化的暴力事件乃至战争是人类社会极力避免的。群际冲突首先会消耗大量的时间和精力,妨碍其他事情的正常进行。当人们陷入剧烈的群际冲突中时,生理和心理的健康都会受到干扰和损害。特别是,冲突有可能导致第三方受害者,例如家庭之间的冲突会给儿童、青少年带来深远的负面影响。群际冲突还会演化为暴力事件和战争,给整个社会带来灾难,第二次世界大战便是由强烈的民粹主义引发的。

因此,如何减缓群际冲突是社会心理学家特别关注的问题。

（三）减缓群际冲突

社会心理学家认为，要想减缓群际冲突，获得和平，可以通过以下四种方式：接触、合作、沟通、和解。

（1）接触（contact）。接触能增加群体之间的了解，减少偏见，从而减缓冲突。接触所带来的接近性、曝光效应等都会增加群体之间的好感。但是并非所有的接触都能减缓冲突。如果接触是竞争性的，或者是缺乏权威支持的不平等接触，则会引发更加激烈的群际冲突。此外，在现实环境中，直接的群际接触可能会遭遇很多障碍，比如群体制度与准则不允许、接触的机会太少，而且直接的群际互动还可能引发群体成员的交往焦虑、恐惧、不自在等负性情感，使得群际关系无法继续深入。社会心理学经过研究发现，如果个体得知内群体成员与外群体成员之间存在友谊关系，则可以减少其对外群体的偏见，改善对外群体的态度，这就是扩展群际接触效应（extended contact effect）。扩展接触作为一种间接的群际接触形式，有助于改善群际态度。

（2）合作（cooperation）。尽管群际接触能够改善态度，但是这对于解决群体冲突来说还是不够的。正常情况下，经历冲突的双方群体已经难以接纳彼此。面临共同的外部威胁引发的合作行为能够使得处于冲突情况下的群体暂缓冲突，接触并相互了解，形成团结。实际上，面对种族冲突，领导人会刻意创造出一个假想的敌人来提升民族团结。此外，建立一个超级目标，要求发生冲突的群体之间必须互相配合、相互依赖才能解决，也是促进合作减缓冲突的一个好方法。竞争制造陌生人之间的敌意，而合作创造敌人之间的友谊。

（3）沟通（communication）。群际解决冲突的方法还有沟通。常见的沟通方法有直接谈判，以及由第三方加入的调解或仲裁。谈判是最直接的冲突解决方式，通过讨价还价，冲突双方可以降低对对方的期望，从而有助于互相让步。当然直接谈判可能进一步激化双方的冲突，并引发进一步损失。第三方调解人的介入有助于暂缓矛盾对立的程度，并且可以提出恰当的建议，此外他还可以使冲突双方在克制中沟通，因此更有可能消除误解，解决冲突。当冲突双方的矛盾难以达到调和却需要解决时，可以选择一个具有强力权威的第三方作出仲裁。

（4）和解（reconciliation）。社会心理学家认为，通过让步、互惠、主动地减少紧张，也可以使群际冲突得以减缓，这就是和解。主动和解的一方可以在宣布希望和解的愿望后，做出小的降低冲突的行为，并在实施每个降低冲突的行为之前都做出声明。这种做法可以使对方正确理解意图而不会认为主动和解的一方示弱或欺诈，也会带给对方舆论压力，要求对方"投桃报李"。已经有研究证实，在实验室环境下的合作竞争游戏中，这种方法是有效的。

学以致用

关于竞争的实验——经济学中的蜈蚣游戏

蜈蚣游戏（centipede game）是一个特别的有限次序游戏（finite sequential game），从下面游戏的示意图（见图9-4）可以看出游戏名称的由来。

在有限阶段里，两个人（以红方和蓝方分别表示）对两份大小不一的资产交替做选择。

《《《 社会心理学

在任何阶段中,先选者可以选择"接受"或"放弃"。如果接受,他取得较大的一份(假设每个人使自己收益最大化),而另一人则得到较小的一份,游戏结束。如果放弃,游戏进入下一阶段。在新的阶段里,除了原来的两份钱加倍以及上一阶段后选者有优先选择权外,其他规则保持不变。

假设游戏共有五个阶段:

第一阶段的两份钱是10美分、40美分(以下省去单位"美分"),且红方为先选者。如果红方接受40,则蓝方获得10,游戏结束。如果红方放弃,游戏进入第二阶段。

在第二阶段,两份钱加倍成20、80,且蓝方首先选择。如果蓝方接受80,则红方获得20,游戏结束。如果蓝方放弃,游戏进入第三阶段。

在第三阶段,两份钱加倍成40、160,且红方为先选者。如果红方接受160,则蓝方获得40,游戏结束。如果红方放弃,游戏进入第四阶段。

在第四阶段,两份钱加倍成80、320,且蓝方首先选择;如果蓝方接受320,则红方获得80,游戏结束。如果蓝方放弃,游戏进入第五阶段。

在第五阶段即最后阶段,面对两份加倍的钱160,640,红方选640(最后阶段没有"放弃"的选择)而把160留给蓝方。

如图9-4所示,游戏从图中的左边开始,红方首先做接受或放弃的选择,直到第五阶段红方做最后的选择。从博弈理论来看,这一过程不外是一个具有完备信息的游戏(game with perfect information)。

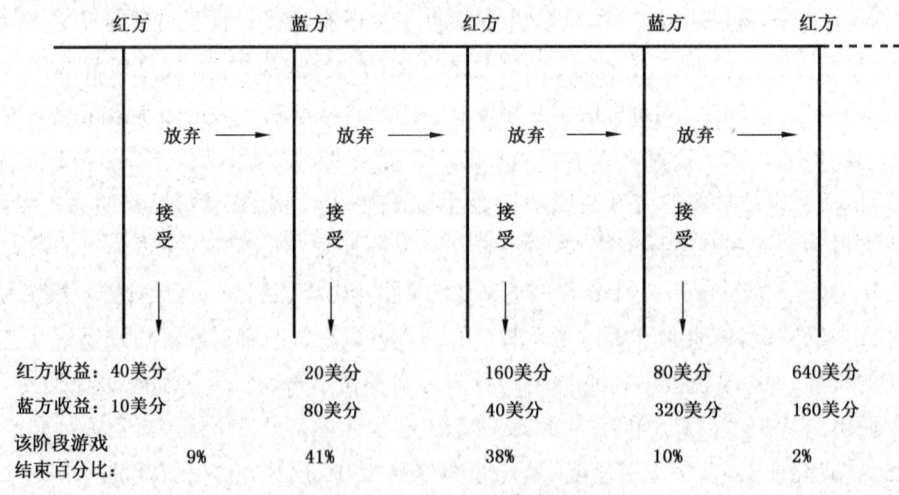

图 9-4 蜈蚣游戏数据

这一游戏的现实结果是,第一个选择者(即红方)选择"接受",取走较多的收入(即40美分),马上结束游戏。

这个结果可以从终点倒推(backward induction from the terminal period)、完备信息以及双方的"理性"得出。

美国加利福尼亚理工学院的麦克维和鲍伏瑞于1991年以上述参数做了一系列的研究实验。每一次实验,他们各用10个红蓝方为被试。每一个被试参加10次。实验报告发现,与完备信息游戏的理论模型相反,被试并不马上在第一阶段取走较多的钱而结束游戏。第一阶段只有少数红方取走 40 美分(8%),多数游戏在第二和第三阶段结束。但是,被试越有经验(参加过更多次实验),游戏结束得越快。

这些数据提出了一个明显的困惑。倒推式理性(backward induction rationality)具有其理论的完美性,也部分地解释了游戏显著地早于最后阶段结束的事实,但是它却无法完全预测被试的行为。被试似乎在参加多次(与不同的人进行游戏)实验后,更常显示出倒推式理性。一种可能的解释是,行为者的理性可能不是公共信息,所以,每一个行为者是理性的,但是他不能确定其他人是否理性。

章节小结

重点概念

群体、参照群体、社会助长、社会懈怠、去个性化、群体压力、群体凝聚力、群体思维、冒险性转移、群体极化、人际—群际非连续性效应。

复习思考

1. 群体的概念是什么?
2. 群体结构的必备要素有什么?
3. 群体有哪些种类?
4. 群体有什么功能?能否举例说明?
5. 说出群体对个体的影响及其对应的概念。
6. 说出群体规范、群体凝聚力、群体决策、群体思维、冒险转移、群体极化的概念。
7. 简述影响群体凝聚力的因素。
8. 领导行为的概念及其构成三要素是什么?
9. 群体内成员竞争与合作的主要因素是什么?
10. 人际—群际非连续效应的概念是什么?能否举例阐述?

本章要点

1. 群体是指那些成员间相互依赖、彼此间存在互动的集合体。构成群体必须具备以下几个条件:一定程度的互动;相互依赖;关系相对稳定;具有共同的利益和目标;个体能明确意识到自己属于群体;具有共同的价值观和规范。

2. 群体可以分为统计群体和实际群体,实际群体又可以分为正式群体和非正式群体、成员群体与参照群体、大群体和小群体。

3. 群体成员资格身份形成通常会经历五个阶段：审查阶段、社会化阶段、保持阶段、再社会化阶段、追忆阶段。

4. 群体对个体的影响可以归纳为社会助长、社会懈怠和去个性化。社会助长是指他人在场能够缩短人们完成任务的时间或提高准确性。出现这一现象的主要原因是评价顾忌、分心和纯粹在场。社会懈怠是指在集体任务中群体成员的努力程度反而比较小的现象。当任务具有挑战性、高吸引力、引人入胜的特点时，成员的懈怠程度会减弱。去个性化是指个人忘记了自己的身份，遵循群体规范行为的现象。

5. 群体规范是群体区别于简单人群集合体的原因之一。群体规范形成后，成员会自动地、不假思索地与群体行为保持一致，从而形成群体压力。

6. 群体凝聚力，也称内聚力，是指能使团体团结一致的力量，它往往用团体对成员的吸引力和成员彼此之间的吸引力来衡量。

7. 群体决策一般情况下优于个人决策，也存在冒险性转移和群体极化现象，从而导致群体决策偏差。群体思维是导致群体决策出现重大失误的重要诱因。

8. 领导行为是群体或组织中特定的人在一定环境条件下，为实现既定目标，对所在群体或组织和所属成员进行引导和施加影响的过程。领导行为包含领导者、领导群体和情境三个因素。

9. 群体成员之间的沟通程度、群体的奖励结构、个体关于竞争的价值观是影响群体内成员竞争与合作的主要因素。

10. 人际—群际非连续性效应是指群际互动比人际互动表现出更多的竞争性或更少的合作性的现象。产生这种现象，一方面是因为人性的贪婪和恐惧，另一方面是受群体决策的影响。

11. 冲突的本质是感知到的利益分歧。群体冲突是群体双方感知到与对方的利益分歧之后，通过一系列行动，最终达成利益分配结果的过程。可以通过接触、合作、沟通、和解来解决群际冲突。

推荐书目

1. 勒庞. 乌合之众——大众心理研究[M]. 宇琦，译. 长沙：湖南文艺出版社，2011.
2. 肯里克，纽伯格，西奥迪尼. 自我·群体·社会：进入西奥迪尼的社会心理学课堂[M]. 谢晓非，等译. 北京：中国人民大学出版社，2011.
3. 布朗. 群体过程[M]. 胡鑫，庆小飞，译. 北京：中国轻工业出版社，2007.
4. 特纳. 社会理论指南[M]. 李康，译. 上海：上海人民出版社，2003.
5. Luthans. Organizational Behavior[M]. 9th ed. New York: McGraw Hill, 2002.